Computer
Spiel
Welten

IIquIIIII

Herausgegeben von
Claus Pias und Joseph Vogl

Claus Pias

Computer
Spiel
Welten

diaphanes

2. Auflage
(1. Auflage: sequenzia, München 2002)
ISBN 978-3-935300-47-6
© diaphanes, Zürich 2010
www.diaphanes.net

Alle Rechte vorbehalten
Layout und Druckvorstufe: 2edit, Zürich
Druck: Pustet, Regensburg

Inhalt

	Einleitung	7
Erstes Kapitel	**Action**	
	Kairos	13
	Experimentalpsychologie	16
	Army Mental Tests	20
	Arbeitswissenschaft	29
	Erste Abschweifung: Ereignisse der Schrift	46
	Zweite Abschweifung: Helden der Arbeit	49
	Dritte Abschweifung: Organische Konstruktion	53
	Rechnende Bewegung	56
	Differential Analyzer	57
	Project Pigeon	61
	Sichtbarkeit und Kommensurabilität	68
	Whirlwind: Die Frage der Unterbrechung	68
	Bildverarbeitung in der Williams Tube	73
	SAGE	76
	TX-0 und die Techno-Logik des Hackers	80
	Spacewar	84
	Sensorama	87
	Eine neue Arbeitswissenschaft	89
	Sketchpad	89
	Der Mensch als Lückenbüßer	92
	Textverarbeitung als Schießspiel	96
	XEROX Star	102
	Computerspiele	105
	Odyssey	105
	PONG	110
Zweites Kapitel	**Adventure**	
	Höhlen	119
	Der Aufbau der künstlichen Welt	124
	Das Sein, …	125
	das Seiende …	127
	… und die »technische Sprache«	133
	Softmoderne	139

Erzählung	142
Kerne und Katalysen	143
Das »rote« Denken	146
Soap Operas	153
Programme, Labyrinthe, Graphen	156
flowcharts	156
Arbeit am Labyrinth	163
Graphen und Netze	170
MEMEX	180
Die beste Welt	183

Drittes Kapitel   **Strategie**

»that naive concept of utility«	191
Schachspiel und Computer	197
Taktisches Schach und Kriegsspiel	203
Hellwigs »Taktisches Spiel«	204
Hoverbeck und Chamblanc	213
Reißwitz, das Kriegsspiel…	216
… und die Folgen	225
Operations Research und Wetter	228
Lanchasters Gesetz	229
Operations Research	231
Vilhelm Bjerknes	234
Richardsons Computer-Theater	237
John von Neumann	242
Die fünfziger Jahre	244
Computer Games	244
Zelluläre Automaten	253
Politik und Geschäft	260
Spieltheorie und Kalter Krieg	266
Die sechziger Jahre	271
Vietnam	271
Integration	273
Kritik der Spieltheorie	287
object oriented programming	292
Die siebziger Jahre	299
Computer für alle	299
Pädagogisches Nachspiel	306

Nachwort	311
Literatur	313
Glossar	329
Index	335

Einleitung

In Spielemuseen mit dem dilettantischen Charme privater Erotikmuseen, in *high*- und *low-brow*-Computerzeitschriften, vor allem aber im Internet – überall wird derzeit die ›Geschichte des Computerspiels‹ verfasst. Dieser Satz, geschrieben bei der Fertigstellung dieses Buches im Dezember 1999, gilt nicht nur unvermindert, sondern bedarf heute der Erweiterung. Denn nicht nur die Museen sind in den letzten drei Jahren seriös geworden, sondern mit ihnen auch ihre Exponate. In dem Maße, in dem die Spieler der ersten Generation mittlerweile das diskursproduzierende Alter erreicht haben, schwellen die Publikationen zum Thema an, stapeln sich Exposées zu Diplom- und Magisterarbeiten auf disziplinär noch unbestimmten Schreibtischen, werden wissenschaftliche und gestalterische Tagungen organisiert, werden Zeitschriften gegründet, Akademien ins Leben gerufen und Lehrstühle ausgeschrieben.[1]

Am methodischen Stand der Diskussion hat sich allerdings deutlich weniger geändert. Denn neben der anekdotischen Form der Chronik, wie sie auf unzähligen Homepages gepflegt wird, lassen sich immer noch drei grundsätzliche Fabeln oder Ansätze ausmachen: 1. Eine *Fortschrittsgeschichte*, entlang derer die Verteilung der Ereignisse durch verschiedene Kriterien bestimmt sein kann und die teleologisch auf den jeweiligen Ist-Zustand fluchtet. Dies mag eine Geschichte der Hardware oder der Software sein, eine Geschichte über Geschwindigkeit, Animation oder Sound, aber auch eine Gattungs- oder Genregeschichte nach dem Schema »x war das erste Spiel, das ...«. 2. Eine *Pädagogik*, die davon ausgeht, dass wir im Spiel für das sogenannte ›Leben‹ lernen und das Spiel folglich keine extraspielerischen Finalitäten, wohl aber eine strukturelle Homologie zum Bereich des Außerspielerischen unterhält. Die herrschenden Methoden reichen dabei (mit unterschiedlicher Finesse) von den quantitativen Methoden einer Mediensoziologie über den pädagogischen Kriterienkatalog einer »Bundesprüfstelle für jugendgefährdende Schriften« bis hin zum Konstruktivismus. 3. *Hermeneutik und Philologie*, also im weitesten Sinne Analysen und Vergleiche von Spielen untereinander, aber auch von Spielen mit Filmen und Literaturen. Zum methodischen Kernbestand gehören dabei Erzählforschung, Ikonographie und Filmanalyse, die – meist in ein-

---

1 David S. Bennahum, *Extra Life. Bekenntnisse eines Computerspielers*, Stuttgart 1999; Steven Poole, *Trigger Happy. Videogames and the Entertainment Revolution*, New York 2000; Britta Neitzel, *Gespielte Geschichten. Struktur- und prozeßanalytische Untersuchungen der Narrativität von Videospielen*, Weimar (Diss.) 2000; *Game Studies. The International Journal of Computer Game Research*, Hg. E. Aarseth, 1(2001); *Ästhetik und Kommunikation: Computerspiele* 115/2001; Konrad Lischka, *Spielplatz Computer. Kultur, Geschichte und Ästhetik des Computerspiels*, Hannover 2002; Mathias Mertens/Tobias O. Meißner, *Wir waren Space Invaders. Geschichten von Computerspielen*, Frankfurt a.M. 2002. Zum historischen Zusammenhang von Krieg, Spieltheorie und Ökonomie als Computerspiel inzwischen Philip Mirowski, *Economics becoming a Cyborg Science*, Cambridge 2002.

Typische Fortschritts-
geschichte des Computer-
spiels (frühe 1980er)

trächtiger Technikvergessenheit – die tradierten literatur-, kunst- und filmwissenschaftlichen Verfahren auf Software applizieren.

Das vorliegende Buch siedelt sich weder neben noch in diesen gängigsten Verfahren an, sondern schreibt sich im Namen einer Disziplin in ihre Zwischenräume, deren Gegenstand nicht kanonisch und deren Abkunft unklar ist. So treffen in einer Mediengeschichte des Computerspiels die Auslagerungen der alten und erprobten Philologien, der kunst- und geschichtswissenschaftlichen Diziplinen, mit Nachrichtentechnik und Ökonomie, mit kommunikationswissenschaftlichen und wissenshistorischen Fragen in einem unbestimmten Mischungsverhältnis aufeinander und machen nur deutlich, dass ein gemeinsamer Ort ungewiss und ein gemeinsamer Gegenstand wenigstens problematisch ist.[2] Wo Mediengeschichte die notorischen Vorgaben von pädagogischen und soziologischen, philologischen und gattungsgeschichtlichen

---

2 *Kursbuch Medienkultur. Die maßgeblichen Theorien von Brecht bis Baudrillard*, Hg. C. Pias/ J. Vogl/L. Engell, Stuttgart 1999, S. 9.

Fragestellungen nicht ignoriert, sondern selbst noch auf ihren diskursgeschichtlichen Platz verweist, mag sich jedoch die Chance zu einer ebenso programmatischen wie bislang blinden Frage eröffnen: Warum gibt es überhaupt Computerspiele? Wenn nämlich etwas an allen bisherigen Untersuchungen zu Computerspielen verwundert, dann ist es die Selbstverständlichkeit, mit der hingenommen wird, dass es sie gibt. Schon deshalb ist dieses Buch ein Ausdruck des verwunderten Staunens über die Existenz von Computerspielen selbst, das konsequent dort endet, wo die Erwartbarkeiten kommerzieller Spiele beginnen und die ersten »Computerspiele« auch als solche zu kaufen sind.

Computerspielwelten bezeichnet also zunächst einmal das ›Welten‹ der »Computerspiele« selbst als Frage nach den Umständen ihres Erscheinens und nach dem diskursiven Feld, aus dem sie emergieren. Gleichwohl soll der Eindruck vermieden werden, es handle sich um eine »Vorgeschichte«. Die Emergenz des Computerspiels ist keine epistemologische Baustelle, die im fertigen Gebäude aufginge.[3] Gegenstände wie Arbeitswissenschaft oder Graphentheorie, wie *Operations Research* oder numerische Meteorologie enthalten das Computerspiel weder im vorbewussten Stadium noch weisen sie teleologisch auf dessen Genese hin, noch sind sie »ursprünglich« ernste und esoterische Gebilde, die erst »nachträglich« in spielerische und exoterische umgemünzt werden. Vielmehr geht es um die Frage nach gemeinsamen Elementen und Formationen des Wissens, die diese heterogenen Bereiche durchziehen und ›verhalten‹ und nicht zuletzt daran erinnern, dass Computerspiele mehr als das sind, was Spielezeitschriften tagtäglich rezensieren. Wenn nämlich etwas den Rahmen des Computerspiels transzendiert, dann ist es die Einsicht, dass heutige Wissenschaften selbst, direkt oder indirekt, Computerwissenschaften sind. Nicht nur jene frenetischen Nintendo-Kids, auf deren schmalen Schultern der Kulturpessimismus der Gegenwart lasten muss, sondern auch hochdotierte Physikprofessoren, nobelpreisverdächtige Mikrobiologen und staatstragende Ökonomen sind streng genommen Computerspieler.

Deshalb meint *Computerspielwelten* zugleich auch die Beziehung zwischen »Computerspielen« und »Welten« und damit die Frage nach den Technologien, Ordnungen und Präsentationsformen, die bestimmen, was von ihren Grenzen her als »Welt« enthalten werden kann. Computerspiele als Methoden der Erzeugung künstlicher Welten ziehen insofern ihre ganz eigenen Demarkationslinien zwischen Sagbarem und Unsagbarem, Sichtbarem und Unsichtbarem, Ordnung und Differenzlosigkeit und damit genau jene Grenzen, die den Stand eines Wissenszusammenhangs vom Außen seines Nicht-Wissens trennen. Computerspiele weiten die Diskursanalyse auch auf jene Aussagen aus, die Programmiersprachen und gebaute Hardware selbst sind. Eine Geschichte des Machtwissens im weiteren Sinn verschränkt sich so mit einer Geschichte von Steuerungstechnologien im engeren Sinn und vermag vielleicht als Archäologie der Gegenwart jene Zäsuren prägnant machen, die ein gegen-

---

3   Dazu Michel Foucault, *Archäologie des Wissens*, Frankfurt a.M. ⁵1992, Kapitel 6.

wärtiges Wissen ermöglicht haben. Denn in der Verwaltung möglicher Welten und der Simulation von Realprozessen geht es um Implementierungen, die die traditionellen Differenzen des Spiels zu seinem Anderen zu löschen suchen, die mit der Definition eines Spiels koinzidieren, das selbst kein Außen und keine Grenzen besitzt, und die schließlich noch den Platz und die Rolle des ›spielenden Menschen‹ vorgeben.

Und darin verweisen *Computerspielwelten* zuletzt auf den Zusammenhang von »Computer« und »Spielwelten«. Denn im Digitalcomputer als universaler Maschine, die alle anderen symbolischen Maschinen auf sich abbilden kann, ereignet sich selbst schon ein ›Über-Spiel‹ in den Begriffen von begrenztem Symbolvorrat und Ausgangsstellungen, von regelhaften Zugmöglichkeiten, Regelverletzungen und Spielausgängen. Daher geht es nicht nur um die Frage, welche spezifische Veränderung der Eintritt des Computers für bisherige, nicht computerisierte Spielwelten bringt, sondern zugleich darum, was es bedeutet, dass die Welt des Computers selbst immer schon eine Spielwelt *ist*. Die Spielwelten des Computers zu denken heißt also zugleich, die Geschichte und Theorie des Computers selbst zu denken.

★

Dieser Versuch, Computerspiele nicht nur zu historisieren, sondern ihre Geschichte als eine des Wissens zu schreiben, hat auch die Anlage dieses Buches bestimmt. Denn in dieser Hinsicht geht es weniger um Einbildungskräfte als um Frameraten, weniger um Erzählungen als um Netzwerkoptimierung, weniger um Ikonographien als um Mess- und Regelungstechnik. Damit entfielen alle Gliederungsversuche, die ihren Gegenstand beispielsweise nach Spielgenres wie »Fantasy«, nach Gattungen wie »Sportspiele« oder nach anderen inhaltlichen Gesichtspunkten kategorisieren.[4] Als Versuch der Systematisierung werden daher die sehr weiten Begriffe »Action«, »Adventure« und »Strategie« benutzt, die jedoch weniger für Gattungen einstehen, sondern eher für das, was Michel Foucault ›Äußerungsmengen‹ nennt. Als Gegenstandsgruppen, die sich an ganz eigentümliche Probleme anlagern und diese zugleich formatieren, bringen sie ein je spezifisches Wissen in Form von Daten, Verfahren, Darstellungsmodi usw. hervor. So liegen beispielsweise Actionspiele, Arbeitswissenschaft und graphische Benutzeroberflächen im gleichen diskursiven Feld, befinden sich Adventurespiel, Datenbankorganisation und Routingaufgaben im gleichen Problemkontext und teilen Strategiespiele, Wetter und objektorientierte Programmierung viele theoretische Implikationen.

---

4   An Vorschlägen herrscht kein Mangel: vgl. z.B. Chris Crawford, *The Art of Computer Game Design*, (o.O.) 1982 (www.erasmatazz.com); Rainer Korte »Elektronische Spiele und interaktive Qualitäten«, in: *Interaktiv. Im Labyrinth der Wirklichkeiten*, Hg. W. Zacharias, Essen 1996, S. 248-259; Jessie C. Herz, *Joystick Nation. How Videogames Gobbled Our Money, Won Our Hearts and Rewired Our Minds*, London 1997, S. 24-31; Wulf R. Halbach, *Interfaces. Medien- und kommunikationstheoretische Elemente zu einer Interface-Theorie*, München (Diss.) 1994; Fritz Redl/Paul Gump/Brian Sutton-Smith, »The Dimension of Games«, in: *The Study of Games*, Hg. E. M. Avedon/B. Sutton-Smith, New York 1979, S. 408-418.

Am eingängisten lässt sich diese Dreiteilung vielleicht durch die Stelle ihres Risikos und Einsatzes beschreiben. *Zeitkritisch* ist die Interaktion im Gegenwärtigen von Actionspielen: Sie fordern *Aufmerksamkeit* bei der Herstellung zeitlich optimierter Selektionsketten aus einem Repertoire normierter Handlungen. *Entscheidungskritisch* ist die Navigation durch ein Zuhandenes in Adventurespielen: Sie fordern optimale *Urteile* beim Durchlaufen der Entscheidungsknoten eines Diagramms. *Konfigurationskritisch* ist die Organisation eines Möglichen in Strategiespielen: Sie fordern *Geduld* bei der optimalen Regulierung voneinander abhängiger Werte. In den drei ›naiven Tropen‹ ausgedrückt wäre die Echtzeit von Actionspielen *metaphorisch* (idiographisch), wären die Entscheidungsbäume von Adventurespielen *metonymisch* (mechanistisch) und wäre die Integration mehrerer Datenquellen in Strategiespielen *synekdochisch* (organizistisch) – womit der Programmierung all solcher Spiele vielleicht der »sentimentalische« Modus der *Ironie* zustünde. Natürlich reizen solche Dreifaltigkeiten zu gematrischen Spielen, und es ließen sich weitere Begriffstripel anführen: Beispielsweise (in Anlehnung an Greimas' Aktantenmatrix) das *Subjekt der Handlung* (Action), das *Subjekt der Suche* (Adventure) oder das *Subjekt des Wunsches* (Strategie). Oder (systemtheoretisch) *Zeitdimension*, *Sachdimension* oder *Sozialdimension*. Oder (mit Todorov) *mythisch*, *gnoseologisch* oder *ideologisch*. Und vielleicht spielt *Es* Action-, *Ich* Adventure- und *Über-Ich* Strategiespiele. Doch das mag der Phantasie der Leserinnen und Leser überlassen sein.

Immanuel Kants berühmten drei Fragen schloss sich jedenfalls eine vierte an, die sich auf »den Menschen« bezog und ein Rettungsprogramm namens »Subjekt« aufrief, das Bewusstseinsakte zur Operationsbasis hat. Gleichwohl dem Menschen kein eigenes Kapitel gewidmet ist, tauchen doch immer wieder verschiedene Füllungen dieses Ungrunds auf. Was in der Systemtheorie »Person« heißt[5] und als Effekt der Notwendigkeit kondensiert, das Problem der doppelten Kontingenz sozialer Systeme zu lösen, erscheint dabei im Mensch-Maschine-System von Computerspielen als Spieler, der sein Verhalten dem Spiel gegenüber davon abhängig machen muss, dass dieses wiederum ihm gegenüber zufrieden stellend handelt, sich also Spielerfolg einstellt. Was jedoch Computer von der alltagsweltlichen Implementierung dieses Theorems durch einen ›Unterbau‹ von *black boxes* unterscheidet, die den Umgang mit »etwas« erlauben, das nicht weiter verstanden werden muss, ist die schlichte Tatsache, dass Computer selten schwarz und gewiss keine Schachteln sind. Computer besitzen eine Hardware mit Schaltplänen und einen lesbaren Programmcode, der seine Leser (im doppelten Sinne) anlässlich von Laufzeit instruiert und sie damit in eine Geschichte der historischen Programmierungen vom griechischen Alphabet bis zu den Standards der Arbeitswissenschaft einreiht. »Mithin zählen nicht die Botschaften oder Inhalte, mit denen Nachrichtentechniken sogenannte Seelen für die Dauer einer Technikepoche buchstäblich ausstaffieren, sondern […] ihre Schaltungen, dieser Schematismus von

---

5   Im Unterschied zum »Menschen«, der kein Element von Kommunikation ist, sondern nur in spezifischen Kommunikationen als Entparadoxierungsleistung erzeugt wird.

Wahrnehmbarkeit überhaupt.«[6] Was jedoch anlässlich der Emergenz von Computerspielen wie PONG geschieht, ist eine Verbergung von Hardware und Software durch die Phantasmagorie von buntem Plastik und geschütztem Code, die sie tatsächlich zu *black boxes* macht und Spielspaß dadurch gewährt, dass sie Kontingenz dort suggeriert, wo Programmierung waltet. Während die Freiheit des Spielers sich notwendig auf der Ebene (s)eines Unwissens abspielt, wird die Kompatibilität zwischen Mensch und Maschine dadurch gewährleistet, dass Hard- und Software ihn nach ihrem Ebenbild entwerfen, und dies »Menschengerechtigkeit«, »usability« oder »Spielbarkeit« nennen. Der Spieler erscheint an dieser Systemstelle als rückgekoppeltes *device* oder zweites Programm, dessen Outputs zeitkritisch abgefragt werden (Action), das schon gebahnte Verknüpfungen in einer Datenbank nachvollziehen muss (Adventure) oder das eine Konfiguration variabler Werte zu optimieren hat (Strategie). Dies ist aus der Sicht der Kybernetik, deren »epistemologisches Experiment« ja gerade darin bestand, die angestammten Differenzen zu dekonstruieren, den Anthropozentrismus der Menschenwissenschaften zu beenden und eine Theorie der Regulation, Steuerung und Kontrolle zu entwickeln, die für Lebewesen ebenso wie für Maschinen, für ökonomische ebenso wie für psychische Prozesse, für soziologische ebenso wie für ästhetische Phänomene zu gelten beansprucht, allemal einsichtig.

Computerspiele bilden in diesem Sinne überall dort, wo sie Verbindungen von Körpern und Apparaten, Hard- und Software, Symboliken und Ökonomien, kurz: wo sie Einheiten aus Verschiedenheiten herstellen, *Spielmaschinen*. Und als solche haben sie, jenseits von Narzissmen, weniger mit Werkzeugen oder Prothesen zu tun als mit der »Art und Weise, wie beliebige Elemente durch Rekursion und Kommunikation dazu gebracht werden, Maschine zu sein«.[7] Als Spielmaschinen werden sie aber nicht einfach »benutzt, sondern organisieren selbst die Grenzen oder Schnittstellen zwischen jenen Einheiten, die man Mensch und Natur, Mensch und Apparat, Subjekt und Objekt, *psyche* und *techne* nennen mag.«[8]

★ ★ ★

---

6   Friedrich Kittler, *Grammophon Film Typewriter*, Berlin 1986, S. 5.
7   Gilles Deleuze/Félix Guattari, *Anti-Ödipus. Kapitalismus und Schizophrenie*, Frankfurt a.M. 1974, S. 498.
8   *Kursbuch Medienkultur*, S. 275.

I. Action

1. Kairos

> ... aber es gibt ja auch keine Regel dafür z.B., wie hoch man im Tennis den Ball werfen darf, oder wie stark, aber Tennis ist doch ein Spiel und es hat auch Regeln.
>
> Ludwig Wittgenstein, *Philosophische Untersuchungen*, §68

Knapp 100 Jahre nachdem der Heidelberger Privatdozent Wilhelm Wundt den ersten Band seiner *Beiträge zur Theorie der Sinneswahrnehmung* veröffentlicht hatte, in denen der Begriff der »Experimentalpsychologie« erstmals fiel,[1] und fast genau 80 Jahre nach der Gründung des Leipziger Instituts und der von Wundts Schüler Max Friedrich eingereichten Dissertation über Reaktionszeitmessung,[2] öffnet das *Brookhaven National Laboratory* (BNL) seine Tore zum *Visitor's Day*. Nichts Geringeres ist in Long Island an diesem Tag zu sehen, als eine verschwindend kleine, aber eigens für diesen Anlass verdrahtete Installation mit dem schlichten Titel *Tennis for Two*, die vielleicht als das erste Actionspiel gelten darf.[3] Jedenfalls aber könnte sie Wittgensteins Spekulation mit der Angabe der maximalen Spannung beantworten, die an einem aufgedrehten Potentiometer anliegt.

Ihr Konstrukteur, der Physiker William Higinbotham, begann seine Karriere um 1940 am MIT *Radiation Lab* und war an der Entwicklung des in B-28 Bombern zur Boden-Zielerfassung installierten *Eagle Radar Display* beteiligt. Später arbeitete er als Ingenieur im *Manhattan Project* am Zündmechanismus der ersten Atombombe und wurde legendärerweise durch Zeugenschaft ihrer Detonation zum Pazifisten bekehrt. 1958 jedenfalls war er am *Instrumentation Department* des BNL tätig, das sich mit den zivilen Auswirkungen der Nukleartechnik und u.a. mit der Konstruktion von Geigerzählern befasste. Da aber solcherlei Tätigkeiten nur schwer ausstellbar sind, verschmolzen Higinbothams alte militärische Probleme von Ballistik und Timing zum Tag der offenen Tür in der zivilen Semantik fliegender Bälle und im rechten Moment treffender Schläger.[4] Der kleine Rechner des Department war zur Kalkulation von Trajektorien nicht nur geeignet, sondern schlug deren Programmierung sogar als Übung im Handbuch vor.[5] Schon deshalb konnte sein 5-Inch-Oszil-

---

1 Wilhelm Wundt, *Beiträge zur Theorie der Sinneswahrnehmung*, Leipzig/Heidelberg 1862.
2 Max Friedrich, »Über die Apperceptionsdauer bei einfachen und zusammengesetzten Vorstellungen«, in: *Philosophische Studien*, Hg. W. Wundt, Bd. 1, Leipzig 1883, S. 39-77 (die Versuchsreihen fanden im WS 1879/80 statt).
3 David H. Ahl, »Editorial«, in: *Creative Computing. Video & Arcade Games*, 1(1983); Frederic D. Schwarz, »The Patriarch of PONG«, in: *Invention and Technology*, Fall 1990, S. 64 (www.fas.org/cp/pong_fas.htm); Marshal Rosenthal, *Dr. Higinbotham's Experiment. The First Video Game or: Fun With an Oscilloscope* (www.dicovery.com/doc/1012/world/inventors100596/inventors.html); Video Games – Did They Begin at Brookhaven? (www.osti.gov/accomplishments/videogame.html).

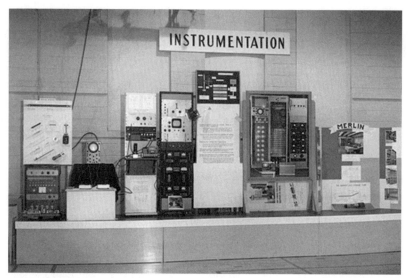

William Higinbothams *Tennis for Two* von 1958. Links das 5"-Oszilloskop mit den beiden Steuerknöpfen

loskop statt der Bedeutsamkeit gestaltloser Messdaten auch die gestalthafte Sinnlosigkeit von Tennisschlägern darstellen. Der Rest war angewandte Elektrotechnik.

Der runde Bildschirm, auf dem sich ein Computer- wohl erstmals auch als ein Videospiel präsentierte, zeigte ein abstrahiertes Tennisfeld in Seitenansicht: in der Mitte ein Ausschlag als Netz, zwei Striche links und rechts als Schläger und dazwischen ein punktförmiger Ball in parabolischer Flugbahn. Bewegte und unbewegte Teile machten zusammen jeweils ein Halbbild aus, und über eine damals noch wenig gebräuchliche Transistorschaltung[6] wurden beide – die Überforderung des Kinos verdoppelnd und das Prinzip aller Shutterbrillen vorwegnehmend – getriggert und im Auge des Betrachters zu einem Bild verschmolzen. Die beiden Spieler steuerten die Winkel ihrer Schläger mit Potentiometern und lösten via Tasten den Schlag aus. Augenzeugen kolportieren, dass die Besucher den *Chase-Higinbotham Linear Amplifier* übersahen und stattdessen vor *Tennis for Two* Schlange standen, so dass in den Jahren darauf eine 15-Inch-Version folgte, bei der nicht nur die Schlagstärke, sondern auch die Gravitationskonstante manipuliert werden konnte und Tennis unter

4   Zu Tennis als ballistischem Problem vgl. zwei Jahre vor Higinbotham: T. J. I'A. Bromwich, »Easy Mathematics and Lawn Tennis«, in: *The World of Mathematics*, Hg. J. Newman, Bd. 4, New York 1956, S. 2450-2545. In der akustischen Stereophonie war die Zielerfassung schon zum Ping-Pong-Spiel geworden (vgl. Reginald V. Jones, *Most Secret War*, London 1978, S. 60-78), ebenso wie optisch in der Philips-Maus, die durch den Abgleich von zwei Selenzellen auf ein illuminiertes Ziel zusteuern konnte, oder Walter Cannons Elsie und Elmer.
5   Leonard Herman, *Phoenix. The Fall & Rise of Home Videogames*, Union 1994, S. 10.
6   Thomas J. Misa, »Military Needs, Commercial Realities, and the Development of the Transistor, 1948–1958«, in: *Military Enterprise and Technological Change. Perspectives on the American Experience*, Hg. M. R. Smith, Cambridge, Mass. 1987, S. 253-288.

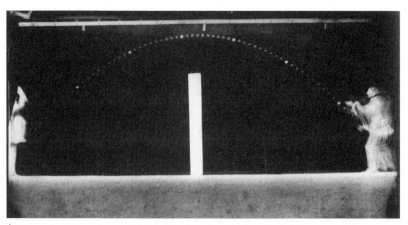
Étienne Jules Marey, Chronophotographie eines fliegenden Balles (1886)

den Bedingungen von Mond oder Jupiter möglich war. Dies zeigt schon an, dass Computerspiele, anders als realweltliche Ballspiele, eben Modelle zur Grundlage haben, die parametrierbar sind. Denn während eine Squash-Wand immer nur den schlichten Gesetzen von Einfall- und Ausfallwinkel, von Reibung und Gravitation folgen wird, können Computer solche Variablen bei jedem Schlag ändern und das Abprallverhalten von Gummi oder Stein, Samt oder Morast simulieren. Dass sie dies allenfalls von Spiel zu Spiel tun (wie bei Higinbotham), hängt nur damit zusammen, dass Spiele bestimmter Erwartbarkeiten bedürfen um spielbar zu sein, dass also beispielsweise die Schwerkraft in Form der Redundanz vom Gesetz zur (Spiel-)Regel wird. Die Notwendigkeit einer vorgängigen Modellbildung fordert jedoch immer, dass auch das zur programmierten Regel wird, was bei Wittgenstein noch als Spielraum einer Performanz über alle geschriebenen Spielregeln hinausging.

Dass *Tennis for Two* nicht kommerziell verwertet wurde und erst 1972 Nolan Bushnells PONG das historische Scharnier zum Markt bilden sollte, lag weniger an Higinbothams Tätigkeit im Staatsdienst, die ihm möglicherweise Rechtsansprüche verwehrte, als vielmehr an konzeptuellen Beschränkungen, von denen noch zu handeln sein wird (vgl. S. 110). Jedenfalls erscheint *Tennis for Two* als eine amphibische Form: 1958 sind die Tennisbälle als Projektile erkennbar, und die Schläger steuern noch auf Abfangkurs. Noch verbietet die überall bloßliegende Technik die beruhigende Vertrautheit privater Fernsehgeräte und die Phantasmagorie unscheinbarer, in buntem Plastik verborgen eingegossener Elektronik. Zugleich zeigen sich aber schon die wesentlichen Züge von Actionspielen. *Erstens* bieten sie visuelle Interaktion von Menschen und Maschinen in Echtzeit. *Zweitens* sind sie »zeitkritisch«: Ihr Spiel besteht darin, aus bestimmten Optionen zeitlich optimierte Handlungssequenzen herzustellen, also etwas zur rechten Zeit am rechten Ort zur Erscheinung zu bringen. *Drittens* – und damit verbunden – tritt der Computer als Messgerät seiner Benutzer auf. Er produziert und speichert ein Wissen vom Spieler in Form von Daten, die im Falle von *Tennis for Two* mit denen eines anderen

Spielers verrechnet werden und das gelingende (Ball-)Spiel als gelöstes Synchronisationsproblem heterogener Teile erscheinen lassen. Dieser Test der Kompatibilität des Spielers mit seinem Spiel ist nicht nur eine je konkrete Abfrage seiner Anwesenheit oder spielerischen Verantwortlichkeit, sondern *viertens* – ob mit oder ohne Buchhaltung von Punkteständen – Training und Kontrolle seiner Lernfähigkeit.

Diese vier Bestimmungen markieren die historischen Stränge, aus denen Actionspiele emergieren: die Vermessung der sensomotorischen Leistung in der Experimentalpsychologie, die Lern- und Verhaltenstests ihrer funktionalistischen und behavioristischen Schulen, die Standarisierung von Handlungsoptionen verbunden mit der Sequenzierung von Raum und Zeit in der Arbeitswissenschaft und zuletzt die Frage nach Sichtbarkeit und Kommensurabilität von Computern selbst.

2. Experimentalpsychologie

Wenn Computerspiele also die sensomotorischen Fähigkeiten ihrer Benutzer testen und trainieren, dann beginnt ihre Vorgeschichte spätestens mit der Institutionalisierung einer Experimentalpsychologie durch Wilhelm Wundt. Denn indem diese den Experimentator nicht mehr als privilegierten Beobachter eines Experiments hinnimmt, macht sie sein Erleben selbst zum Gegenstand des Experiments und der Messung.

> »Meßtechniken führen ab 1850 ein neues Dispositiv von Wahrheitsprozeduren herauf. […] Die Meßtechniken der klassischen Physik waren auf die Sinne bezogen und mithin eine Funktion psychophysiologischer Prozesse. […] Die Annahme von korrekten Messungen beruhte so auf der stillschweigenden Voraussetzung, daß die Reaktion auf einen Reiz in Nullzeit verläuft. Nun geht die Geschichte der Meßtechniken zusammen mit einer Glaubwürdigkeitskrise der Sinne«.[7]

Auffällig geworden waren diese schon 1796 bei jener Kalibrierung von Uhren am *Greenwich Observatory*, die zur folgenreichen Entlassung des Assistenten Kinnebrook führte, die wiederum zwei Jahrzehnte später Friedrich W. Bessels Aufmerksamkeit erheischte. Bessels Entdeckung, dass die Messungen zur Zeitbestimmung von Sternendurchgängen je nach Beobachter variieren, war nicht nur für Wundt Anlass genug, die astronomischen Messverfahren selbst als Experiment und Vorläufer seiner eigenen Versuche zu betrachten:

> »Bekanntlich haben die Reaktionsmethoden ihre Quelle in gewissen astronomischen Zeitbestimmungen, bei denen man den Augenblick irgend eines Ereignisses am Himmel, z.B. eines Sternendurchgangs durch einen Meridian, mittelst einer willkürlichen Bewegung an einer zeitmessenden Vorrichtung registrirt.«[8]

---

[7] Bernhard Siegert, »Das Leben zählt nicht. Natur- und Geisteswissenschaften bei Dilthey aus mediengeschichtlicher Sicht«, in: *dreizehn vortraege zur medienkultur*, Hg. C. Pias, Weimar 1999, S. 161-182.

[8] Wilhelm Wundt, »Über psychologische Methoden«, in: *Philosophische Studien*, Bd. 1, S. 33; Simon Schaffer, »Astronomer's Mark Time. Discipline and the Personal Equation«, in: *Science in Context*, 2(1988), S. 115-145.

EXPERIMENTALPSYCHOLOGIE 17

Wilhelm Wundt mit Spielern am
Telegraphentaster zur Reaktionszeitmessung

Wilhelm Wundts Leipziger Labor

Die Bewegung eines Sterns am Nachthimmel oder eines Punktes auf einem Oszilloskop, das Drücken eines Zeitmessers oder eines Feuerknopfes im richtigen Moment scheinen die Enden zu bilden, in deren historischer Mitte das Studium des Sehens und Reagierens selbst liegt. Die »Gesichtsvorstellungen«, die Wilhelm Wundts Doktorand Max Friedrich untersuchte, bilden schon deshalb die Grundlage von Actionspielen, weil sie Benutzer und Display über eine Mess- und Aufzeichnungsapparatur verschalten. Der »Reagierende« am Telegraphentaster, der »Ablesende« an der Stoppuhr und die Messanordnung selbst bilden einen Medienverbund, der die Prinzipschaltung eines Computerspiels figuriert. Der Reagierende hält beispielsweise, in einen schwarzen Kasten blickend, einen Taster gedrückt, der »Ablesende« schließt durch einen Schalter den Stromkreis, so dass Licht auf ein Täfelchen fällt und eine Stoppuhr ausgelöst wird. Der Reagierende lässt daraufhin seinen Taster so schnell wie möglich los, so dass das Licht erlischt und die Uhr wieder stehen bleibt. Der schöne Ausdruck »Ablesender« kommt zustande, weil die Geschwindigkeitsdifferenz zwischen Experimentator und Proband so gering ist, dass nurmehr ein technisches Instrument ein Ergebnis aufschreiben kann. Doch nicht nur die Apparatur liest Daten vom Reagierenden ab; auch dieser selbst liest ein Display ab, auf das er reagiert. Und diese Reaktion führt zum Verschwinden dessen, was gerade durch Lichtung erschien, in erneuter Dunkelheit. Die Friedrich'sche Experimentalanordnung illuminiert Ziele und lässt sie durch Reaktionen verlöschen.[9] Oder anders gesagt: »Das Spiel muss die Vorstellung des Todes beinhalten«, wie es in den elf Geboten *Ataris* für erfolgreiche Spie-

---

9 Friedrich Kittler, »Eine Kurzgeschichte des Scheinwerfers«, in: *Der Entzug der Bilder. Visuelle Realitäten*, Hg. M. Wetzel/H. Wolf, München 1994, S. 183-189.

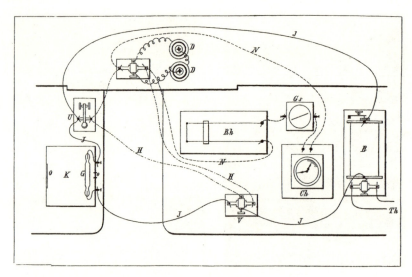
Schaltplan zur Reaktionszeitmessung von Max Friedrich

leprogrammierung heißt.[10] Eine solche, im Wortsinne ›treffende Bezeichnung‹ hat schon Georg Seeßlen als Grundlage von Actionspielen beschrieben:

> »Die Produktion von eindeutiger Bedeutung durch die einfache, schwere Tat des Schießens: Das ist […] nicht zuletzt ein semantischer Akt. Die Tat bezeichnet einen bestimmten Denkinhalt (wie es das Lexikon von einem semantischen Akt fordert), auch wenn dieser (ich definiere das Objekt, indem ich es vernichte) mit sehr vielen Bedeutungen belegbar ist. Mein Schuß kann bedeuten: Ich trenne mich durch einen einfachen Akt von einem Objekt, einer Bindung, diesem und jenem, das euch nichts angeht; er kann ebenso gut bedeuten, daß dieses Objekt, das ich bezeichne, sich meiner Bezeichnung keinesfalls widersetzen wird.«[11]

Seeßlens Vorschlag macht jedoch erst Sinn, wenn der Begriff des »Schießens« so erweitert wird, dass er das Auslösen eines bestimmten Vorgangs zu einem bestimmten Zeitpunkt als Reaktion auf eine spezifische Sichtbarkeit meint. So gilt es beispielsweise bei einem *Jump and Run*-Spiel mit den Optionen Hüpfen und Werfen, bei Sichtbarkeit eines Gegners im richtigen Moment eine der Optionen zu wählen und auszulösen. Diese Kombination aus Wahrnehmung und Selektion oder – in Wundts Worten – aus »Apperzeptionszeit« und »Wahlzeit«, würde im erweiterten Sinne eines ›semantischen Aktes‹ so etwas wie »schießen« bedeuten. Solcherlei Schüsse haben also nichts mit dem zu tun, was sich ikonographisch auf dem Bildschirm abzeichnet. Sie bleiben allemal indifferent gegenüber dem Splatter indizierter Kriegsspiele oder den bonbonfarben Niedlichkeiten japanischer Bilderbuchwelten und beharren

---

10 Stephen Peirce, »Coin-Op: The Life«, in: *Digital Illusion. Entertaining the Future with High Technology*, New York 1998, S. 455 (Übers. C.P.).
11 Georg Seeßlen/Christian Rost, *PacMan & Co. Die Welt der Computerspiele*, Reinbek 1984, S. 111.

nur auf der Verbindlichkeit von Objektwahrnehmung und Handlungsauslösung.

Und solches Schießen kann trainiert werden. Max Friedrich erwähnt stolz, wie es »Herrn Professor Wundt« als Versuchsperson seines eigenen akademischen Prüflings gelang, »fünf- und sechsstellige Zahlen in derselben Zeit zu appercipiren, als ein-, zwei- und dreistellige«.[12] Bei diesen Messungen »zusammengesetzter« Gesichtsvorstellungen wird die Bedeutung des Schießens als semantischem Akt nochmals deutlich. Ziel ist es nämlich, die erscheinenden Zahlen durch laute Nennung wieder zum Verschwinden zu bringen. Der Name der Zahl wird zum Kommando ihres Abtretens, das Nennen zur (Aus-)Übung von Befehlsgewalt:

> »[B]eim ersten Lernen der Sprache [werden] gleichsam die Verbindungen zwischen der Sprache und den Handlungen hergestellt [...] – also die Verbindungen zwischen den Hebeln und der Maschine«,[13]

wie es in Wittgensteins später Pragmatik heißt. Bei diesem Training interessiert – ähnlich wie bei den späteren Bezeichnungsübungen am Bildschirm (vgl. S. 96) – nicht der *Sinn* der Zeichen, sondern jene *Materialität*, von der ihre Sichtbarkeit unter zeitkritischen Bedingungen abhängt. Max Friedrich beispielsweise gibt detailliert darüber Auskunft, dass die wahrzunehmenden Zahlen 6×3,8 mm groß sind, eine sechsstellige Zahl also 23 mm breit ist und daher (im gewählten Versuchsabstand) ein Sichtfeld von 2°33' umfasst, so dass keine unnötige Augenbewegung anfällt.

In den Reaktionsmessungen der Experimentalpsychologie zeichnen sich also drei Aspekte von Actionspielen erstmals ab. *Erstens* geht es um das zeitkritische Ablesen eines veränderlichen Displays und die Auslösung einer Handlung aus einer diskreten Anzahl von Optionen; *zweitens* erscheint die Möglichkeit einer Optimierung durch Training, die sich von der Ermittlung beispielsweise einer absoluten Nervenlaufgeschwindigkeit (Helmholtz) oder dem Weberschen Gesetz durch eine zeitliche (oder auch: pädagogische) Perspektive unterscheidet;[14] und *drittens* werden in dem Mensch-Maschine-System der Testanordnung von Probanden (oder Spielern) Daten durch Apparate abgezogen und verwaltet, die diesen geschwindigkeitsmäßig überlegen sind.

---

12 Friedrich, S. 61.
13 Ludwig Wittgenstein, *Philosophische Bemerkungen*, Hg. R. Rees, Frankfurt a.M. 1981 (III, 23).
14 Friedrich stellte beispielsweise fest, dass mit »18« beginnende Zahlen aufgrund lebenslänglicher Kalender-Erfahrung erheblich schneller erkannt wurden.

3. Army Mental Tests

»Before the war mental engineering was a dream; today it exists«[15]

G. Stanley Hall, erster amerikanischer Graduierter in Psychologie,[16] Postdoktorand bei Wundt in Leipzig[17] und nebenbei Verfasser einer Spieltheorie,[18] importierte die Experimentalpsychologie zwischen 1883 und 1885 an die *Johns Hopkins University* und löste damit eine Welle von transatlantischen Institutsgründungen aus.[19] Wie nicht anders zu erwarten, überstand sie diese Passage nicht unverwandelt, sondern wurde erst einmal, was Eliot Hearst später die amerikanisch-»funktionalistische Schule« der Experimentalpsychologie nannte, also »practical« und »down-to-earth«.[20] Im Vordergrund stand die darwinistische Frage, welche Rolle Lernverhalten, Motivation, Reiz und Wahrnehmung bei der Anpassung an eine Umwelt spielen. Anders als im Strukturalismus Edward B. Titcheners, dem es um eine Art Anatomie des Geistes und die Isolation basaler und damit universaler mentaler Elemente ähnlich denen der Chemie ging, interessierte sich der Funktionalismus gerade für Unterschiede. Er war weniger an axiomatischen als an klassifikatorischen Erfassungsstrategien interessiert oder, mit den Worten Harvey Carrs: »Psychologie beschäftigt sich mit all jenen Vorgängen, die unmittelbar an der Anpassung eines Organismus an seine Umgebung beteiligt sind«.[21] Vorrangige Forschungsgebiete waren daher Motivation und Intelligenz, Erziehung und motorische Fertigkeiten, Arbeit und Ermüdung.

Die darwinistische Frage,[22] welchen natürlichen Weg wohl die niederen Vermögen der Tiere eingeschlagen haben könnten, um als höhere beim Menschen anzukommen, bestimmte die Arbeiten der vergleichenden Psychologie von Edward L. Thorndike und Robert M. Yerkes. Beide verlegten ihre Untersuchungen nach dem Verhältnis von Lernen, Instinkt und Problemlösen in einen Labor-Zoo, dessen komparatistische Weite sich jedoch rasch auf eine Handvoll Tiere (Tauben, Ratten, Affen und Katzen) in und vor Kisten und Labyrinthen zusammenzog. So arbeitete Thorndike beispielsweise mit Katzen am erwähnenswerten *missing step*-Experiment. Eine Katze in einer Kiste muss eine Tür öffnen und hindurchgehen, um an Futter zu gelangen und wird dann sanft zum Ausgangspunkt zurückgeleitet, bis sich die Tür hinter ihr schließt und das Spiel erneut beginnen kann. Dagegen wird eine zweite Katze durch ein Loch in der Decke unmittelbar zurück in die Kiste gesteckt. Trotz einiger

---

15 Clarence S. Yoakum/Robert M. Yerkes, *Army Mental Tests*, New York 1920, S. 197.
16 1878 in Harvard bei William James.
17 Vgl. Halls schlechte Reaktionszeiten beim Erkennen von mehr als dreistelligen Zahlen in Max Friedrichs Experimenten.
18 G. Stanley Hall, *Aspects of Child Life and Education*, Boston 1907, derzufolge sich in der Morphogenese kindlicher Spielphasen die Phylogenese der Menschheitsgeschichte wiederholt.
19 Richard A. Littman, »Social and Intellectual Origins of Experimental Psychology«, in: *The First Century of Experimental Psychology*, Hg. E. Hearst, Hillsdale 1979, S. 49f.; Edwin G. Boring, *A History of Experimental Psychology*, New York ²1950.
20 Dazu Eliot Hearst, »One Hundred Years: Themes and Perspectives«, in: Hearst, S. 26f.
21 Zit. nach Hearst, S. 27.
22 C. Lloyd Morgan, *An Introduction to Comparative Psychology*, London 1894.

mildernder Variationen der Versuchsanordnung fand sich keine Katze, deren Assoziationsvermögen ausreichte, den fehlenden Schritt zu tun. Nachdem Thorndike seit 1898 also erhebliche Schwierigkeiten hatte, menschliche Abstraktions- und Mediationsleistung bei Tieren nachzuweisen, spekulierte er, dass es vielleicht immerhin eine Ähnlichkeit zu animalischer Unvermitteltheit bei kleinen Kindern und sportlicher Aktivität gebe,[23] um sich dann ab 1911 auf seine als allgemein gültig proklamierten »laws of effect and repetition« (also die befriedigenden Stimulus-Reaktions-Verknüpfungen und ihre Verstärkung durch Wiederholung) zu konzentrieren.[24] Das komparativ-evolutionäre Rahmenwerk verschwand und machte der experimentellen Ermittlung von Belohnen und Strafen als neuer Grundlage der Lernpsychologie Platz.

Mehr Glück hatten seit 1916 Robert M. Yerkes und Wolfgang Köhler bei ihren berühmten Studien zum Problemlösungsverhalten von Menschenaffen.[25] Ihre Versuchstiere waren konfrontiert mit einem direkten (aber blockierten) Weg zum Futter und einem Umweg, der jedoch den Gebrauch von Werkzeug voraussetzte. Immerhin waren einige Fälle zu beobachten, bei denen anscheinend ein Zusammenhang von Mitteln und Zweck hergestellt wurde, in denen Problemlösung also nicht als Zufall, sondern als Einsicht betrachtet werden konnte.

Der Erste Weltkrieg – und dies mag die anekdotische Vorgeschichte rechtfertigen – führte nicht nur beide Forscher zusammen, sondern erlaubte auch die Fortführung der an Versuchstieren begonnenen Experimente an Menschen und in großem Maßstab. Thorndike leitete die *Statistical Unit* der Army und erarbeitete die *Examiners Guide for Psychological Examining in the Army*,[26] und Yerkes gab nach dem Krieg zusammen mit Clarence S. Yoakum eine (leicht gekürzte) Zusammenfassung der *Army Mental Tests* heraus. In der Annahme, dass »the proper utilization of man power, and more particularly of mind or brain power, would assure ultimate victory«,[27] wurde im *National Research Council* ein *Comittee for Psychology* gegründet, das sich mit den Ingenieursproblemen »quality, capacity, stress and strain« auf Seiten des Menschenmaterials beschäftigen sollte.[28] Die Ziele der im Jahr des Kriegseintritts zusammengestellten Kommission für »practical mental measurement« waren Aussonderung nach unten, Klassifikation in der Mitte und Selektion nach

---

23 Edward L. Thorndike, »Animal Intelligence. An Experimental Study of the Associative Process in Animals«, in: *Psychological Monographs*, 2(1898).
24 Edward L. Thorndike, *Animal Intelligence. Experimental Studies*, New York 1911.
25 Robert M. Yerkes, »The Mental Life of Monkeys and Apes«, in: *Behavior Monographs*, 3(1916).
26 Washington 1918.
27 Yoakum/Yerkes, S. vii.
28 Yoakum/Yerkes, S. viii. Beteiligt waren u.a. das *Committee on Classification of Personnel in the Army*, das *Signal Corps* (eine Untersektion der *Division of Military Aeronautics*, die sich mit den Auswirkungen großer Flughöhen beschäftigte), die *Division of Military Intelligence* (Auswahl und Wahrnehmungstraining für »scouts« und »observers«), die Navy (Auswahl und Training für »gunners«, »listeners« und »lookouts«) und die *Medical Division*, die die *mental tests* entwickelte.

oben.²⁹ Den Maßstab dieser mentalen Vermessung bot die bekannte, 1905 erschienene Arbeit Binets über Intelligenztests, die in Amerika großen Anklang und mehrere Revisionen (*Goddard-Revision, Yerkes-Bridges Point Scale, Stanford-Binet-Scale* usw.) gefunden hatte. Die Ansprüche an die Versuchsbedingungen waren klar definiert und lauteten u.a.: schnell durchführbare Tests, zuverlässig im Ergebnis, skalierbar, landesweit kompatibel, einfach auswertbar (und daher möglichst schriftfrei), unabhängig von Bildungsstand und Erziehung der Probanden, nicht redundant, nicht binär (um Wahrscheinlichkeitstreffer bei ja/nein-Fragen zu vermeiden) und fälschungssicher.

Die erste Testserie an 5000 Männern der Army und der Nationalgarde wertete Thorndike, damals an der *Columbia University*, aus, indem er sie mit nichtmathematisierten Beurteilungen von Führungsoffizieren, Lehrern und College-Dozenten verglich. Eine weitere Testserie an 80 000 Männern fand ebenfalls noch 1917 statt, so dass wenig später der finale Test an 1.7 Millionen Wehrpflichtigen durchgeführt werden konnte. Zufrieden bemerkte Yerkes:

»Die Bewertung, die ein Mann erhält, liefert einen ziemlich verlässlichen Index seiner Fähigkeit, zu lernen, schnell und präzise zu denken, eine Situation zu analysieren, einen Zustand mentaler Wachsamkeit aufrechtzuerhalten und Anleitungen zu verstehen und zu befolgen. Der Punktestand wird durch die Ausbildung kaum beeinflusst. […] Sie [Punktestände] messen nicht die Loyalität, die Tapferkeit, die Befehlskraft oder die emotionalen Wesenszüge, die einen Mann „bei der Sache" bleiben lassen. Doch finden sich diese Qualitäten auf lange Sicht wesentlich wahrscheinlicher bei Männern überlegener Intelligenz als bei Männern, die intellektuell unterlegen sind. Intelligenz ist der vielleicht bedeutsamste Einzelfaktor militärischer Effizienz abgesehen von physischer Eignung.«³⁰

Rasches Verstehen von und Reagieren auf Instruktionen in einem Zustand anhaltender Alertheit und ohne Vorbildung sind Grundlagen jener Optimierungsleistung, die nicht nur den Soldaten, sondern auch – wie sich zeigen wird – den Arbeiter und den Actionspieler ausmacht. Ronald Reagans berühmtes Rekrutierungsangebot an die Computerspieler der 80er Jahre scheint hier schon vorweggenommen, wenn die Autoren auffordern: »Only high-score men should be selected for tasks which require quick learning or rapid adjustements«.³¹ (Wobei vielleicht der Begriff *high-score*, späteres Begehrensobjekt aller Actionspieler und Fetisch der Ökonomisierung im Selbsttest, historisch zum ersten Mal fällt.)

Interessanter für Actionspiele (und ihre späteren graphischen Benutzeroberflächen) ist jedoch, wie man von schriftbasierten Bildungsgeschichten absehen und *high-scores* auch ohne Zwischenschaltung des Symbolischen erreichen kann. Medientechnologie richtet sich bekanntlich bevorzugt an Mangelerscheinungen auf, und die liegen auf Seiten jener Illiteraten, für die der

29 »(a) to aid in segregating the mentally incompetent, (b) to classify men according to their mental capacity, (c) to assist in selecting competent men for responsible positions« (Yoakum/Yerkes, S. xi; detaillierter 12f.).
30 Yoakum/Yerkes, S. 24 (Übers. C.P.).
31 Yoakum/Yerkes, S. 26.

Beta-Tester bei der Arbeit

sogenannte *beta*-Test ausgearbeitet wurde. Deutlich vor Otto Neuraths berühmter Ausrufung eines »optischen Zeitalters« und seiner ikonischen Statistik sollte er transnationale Voraussetzungslosigkeit durch die Konvertierung von Nationalsprachen in Icons herstellen.[32] Die Frage, die sich stellte, lautete also: Wie konnte man die unzähligen wehrdiensttauglichen Emigranten und vornehmlich farbigen Illiteraten evaluieren und zugleich einer Explosion bürokratischen Aufwands entgehen?

Die elegante Lösung lag darin, rein visuelle Prüfungsaufgaben auch visuell zu erklären. Anders als bei der mimetischen Vermittlung handwerklicher Fertigkeiten und dem Bedeuten von Taubstummensprachen wird im *Army Mental Test* genau jene Übertragungsleistung eingefordert, die Thorndikes Katzen weitgehend verweigerten. Die Intelligenzleistung des Probanden besteht darin, den vorgeführten Einzelfall auf das Problem zu reduzieren und dieses Problembewusstsein auf einen anderen, ähnlichen Einzelfall zu übertragen, also vom Besonderen aufs Allgemeine, vom Fall aufs Modell und wieder zurück zu schließen. Zwischen Prüfer und Prüfling wird daher statt der Schrift ein sogenannter *demonstrator* geschaltet: »The demonstrator should have the single task of doing before the group just what the group is later to do with the examination blanks. The blackboard is his beta blank.«[33] Thorndike hatte bekanntlich in einer späteren Versuchsreihe eine erste Katze korrekt konditioniert und ließ dann eine zweite der ersten zuschauen. Genau dies war die Rolle des *demonstrator* als vorgängigem Stellvertreter des Prüflings, und das bis ins letzte Detail reglementierte Verfahren ist durchaus einer Betrachtung wert.

Das auffallendste Problem bestand natürlich darin, dass es keine Metasprache gibt, auf der die Objektsprache des Verfahrens selbst beschrieben werden kann.[34] Das Verfahren des Demonstrierens durch einen *demonstrator* als Rahmenbedingung des gesamten Tests muss selbst erst einmal durch einen *demonstrator* demonstriert werden:

---

32   Otto Neurath, *International Picture Language. The First Rules of Isotype*, London 1936; ders., *Modern Man in Making*, New York 1939.
33   Yoakum/Yerkes, S. 81.

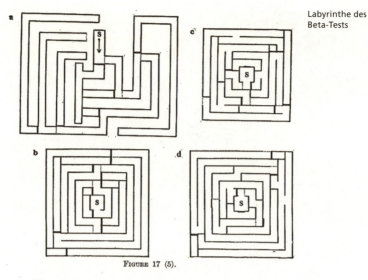

Labyrinthe des Beta-Tests

FIGURE 17 (5).

Scoring.—Time is recorded in seconds from start signal to successful exit. If this occurs within the time limit, credit for time is given for each maze as follows:

Time	Credit
0– 20	3
21– 40	2
41– 70	1
71–120	0

»*Achtung!* Beobachtet *diesen* Mann (zeigt auf den Demonstrator). *Er* (zeigt wieder auf den Demonstrator) wird *hier* (tippt mit einem Stock auf die Tafel) machen, was *ihr* (zeigt auf verschiedene Teilnehmer der Gruppe) auf euren *Papieren* machen sollt (P.[rüfer] zeigt auf verschiedene Papiere, die vor Teilnehmern der Gruppe liegen, nimmt eines auf, hält es neben die Tafel, legt es zurück, zeigt nacheinander auf den Demonstrator und die Tafel, dann auf die Prüflinge und ihre Papiere). Stellt *keine Fragen*. Wartet, bis ich sage ›Fangt an!‹«[35]

Das Übergewicht an deiktischen Akten (zeigen, antippen, nebeneinander halten) und Regieanweisungen resultiert aus der Schwierigkeit, »bedeuten« zu bedeuten. Diese paradoxe Form der Selbstbeschreibungsfähigkeit ist nicht nur Signum von Action-Computerspielen, die seit Nolan Bushnell keiner Anleitung, sondern allenfalls eines Demo-Modus bedürfen sollen, sondern auch seit ihrer Entstehung erklärtes Ziel aller graphischen Benutzeroberflächen.[36]

---

34 Ein Problem, das Tarski Anfang der 1930er Jahre mit anderer Akzentsetzung formulieren wird (und das sich etwa gleichzeitig auch Gödel stellt), nämlich dass keine vollständige epistemologische Beschreibung einer Sprache A innerhalb der Sprache A gegeben werden kann, weil das Konzept der Wahrheit von Sätzen in A nicht in A definiert werden kann.
35 Yoakum/Yerkes, S. 82 (Übers. C.P.).
36 W. Bewley/T. Roberts/T. Schroit/W. Verplank, »Human factors testing in the design of Xerox's 8010 Star office workstation«, in: *Proceedings of the ACM Conference on Human Factors in Computing Systems*, 1983, S. 72-77. Seit 1988, also vier Jahre nach Apples *Lisa*, als »self-descriptiveness« auch in der DIN-Norm 66234 verankert.

 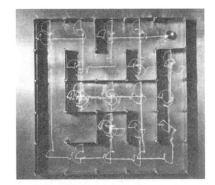

Claude E. Shannon an seinem Labyrinth

Von den Tauglichkeitsaufgaben sei hier nur der »Maze Test« erwähnt. Die Dienstanweisung zur Durchführung dieser labyrinthischen Prüfung gleicht einem kleinen Theaterstück mit Regieanweisungen von Gerhard Hauptmann'scher Ausführlichkeit, das vorzugsweise mit erwerbslosen Vertretern in der Rolle des *Demonstrators* aufgeführt wurde:

> »Das ist Test 1, hier (zeigt auf unausgefüllte Seite?). […] Jetzt *seht her*. Nachdem er beide Pfeile berührt hat, zeichnet der P.[rüfer] das erste Labyrinth mit einem Stock nach und fordert den Demonstrator auf, weiterzumachen. Der Demonstrator zeichnet den Weg durch das erste Labyrinth *mit Kreide*, langsam und zögerlich. Dann zeichnet der P.[rüfer] das zweite Labyrinth nach und fordert den Demonstrator auf, weiterzumachen. Der Demonstrator macht einen Fehler, indem er sich in die Sackgasse in der oberen linken Ecke des Labyrinths bewegt. Der P.[rüfer] nimmt scheinbar nicht wahr, was der Demonstrator tut, bis dieser die Linie am Ende der Sackgasse kreuzt; dann schüttelt der P.[rüfer] energisch den Kopf und sagt ›Nein – Nein‹, nimmt die Hand des Demonstrators und führt ihn durch den Rest des Labyrinths, als wolle er Eile nahe legen, nur an mehrdeutigen Stellen zögernd. Der P.[rüfer] sagt ›Gut‹. Dann, ein leeres Formular hoch haltend, ›Schaut her‹, und zeichnet für jedes einzelne Labyrinth auf der Seite eine imaginäre Linie von links nach rechts über das Blatt. Dann sagt er ›Gut. Fangt an. Los geht's (zeigt auf die Männer und anschließend auf die Unterlagen) Beeilt euch.‹ Während des Maze Tests muss den Männern die Vorstellung schnellen Arbeitens eingeprägt werden. P.[rüfer] und Aufsichtspersonen gehen im Raum auf und ab, treiben Männer, die nicht arbeiten, an und sagen ›mach es, mach es, beeil' dich, schnell‹. Nach 2 Minuten sagt der P.[rüfer] ›Stopp‹.«[37]

Der Test, der zur Bewertung topographischen Vorstellungsvermögens und navigatorischer Kompetenz diente, nahm nicht nur Thorndikes Experimente mit Küken in Labyrinthen wieder auf und die Situation ungezählter Laborratten vorweg, sondern auch die späteren Versuche, Bahnungen durch Labyrinthe von Rechnern vornehmen zu lassen. Die prominenteste Lösung ist sicherlich die von Claude E. Shannon, die sich allerdings vor dem veränderten Problemhorizont des strategischen Schließens in ordinalen Relationssystemen, also mithin einem Problem der Graphentheorie, stellte. Bezogen auf die

---

37   Yoakum/Yerkes, S. 83 (Übers. C.P.).

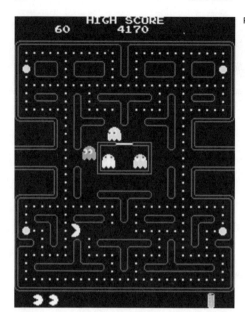

PacMan (Namco), 1980

Schaltungsprobleme in komplexen Telefonnetzen war Shannons Maus ein Ansatz, Labyrinthprobleme nach dem *trial and error*-Verfahren, oder genauer: nach *exploration strategy* und *goal strategy*, zu lösen, wobei sich das Labyrinth eben verändern kann und die Maus nicht nur das Speichern, sondern auch das Vergessen lernen muss: »[...] capable of solving a maze by trial-and-error means, of remembering the solution, and also of forgetting it in case the situation changes and the solution is no longer applicable«,[38] wie Shannon schreibt.

Für Actionspiele ist jedoch zunächst einmal bedeutsam, dass Geschwindigkeit zählte. Folglich gilt es, das Zeitfenster so zu bemessen, dass der Proband genügend Zeit hat, sein Bestes zu geben, aber zu wenig Zeit, um Pausen einzulegen.[39] Die temporalen Rahmenbedingungen werden zu einer Frage der Ökonomie, einer Frage nach der Balance oder Bilanz zwischen unausgeschöpften Ressourcen bei zu enger Bemessungsgrundlage und vergeudeten Ressourcen bei zu weiträumiger. Action-Computerspiele formulieren dieses Optimum schlicht um in die Frage nach der *addictiveness*, einer gängigen Kategorie der Spiele-Rezensenten und also einem Faktor, der innerhalb der Spieleentwicklung in aufwendigen Versuchsreihen an Testpersonen ermittelt wird. Das gelungene Spiel ist weder zu schnell und damit unspielbar, noch ist es zu langsam und damit langweilig.[40] Das Timing des Computerspiels ist allerdings nur manchmal (und erschwerend) eine Frage der Festsetzung einer Gesamtspielzeit, sondern vielmehr eine Frage von vielen kleinen, aneinander gereihten Zeitfenstern. Da jedoch diese temporale Binnendifferenzierung ali-

---

38 »Presentation of A Maze-Solving Machine«, in: *Cybernetics. Circular Casual and Feedback Mechanisms in Biological and Social Systems*, hg. H. von Foerster, New York 1951, S. 173.
39 Yoakum/Yerkes, S. 6.

Telegraphische Lernkurve
nach Bryan und Harter

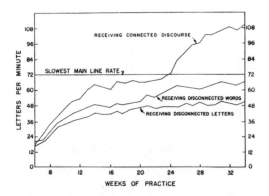

as Rhythmisierung der gespielten Zeit selbst auf der papiernen Medienbasis von 1917 nicht implementierbar ist, ging es nur um die (ebenfalls von Spieledesignern wohlbedachte) *average playing time*. Innerhalb der zwei Minuten des »Maze Test« kann sich die Zeichengeschwindigkeit erhöhen (an Passagen ohne Verzweigung) oder vermindern (an Entscheidungsknoten oder »ambigous points«). *PacMan* kann dagegen beispielsweise beim Durchqueren des Labyrinths weder gebremst noch beschleunigt werden, sondern frisst seine Wegmarken mit immer gleicher Geschwindigkeit.

Orientierungsfähigkeit unter zeitkritischen Bedingungen ist jedoch nur einer der relevanten Aspekte in Kriegen und Actionspielen. Die anderen sind sensomotorische Fertigkeit und alerte Wahrnehmung, wie sie schon seit Ende des 19. Jahrhunderts – etwa im Telegraphenwesen – systematisch erforscht wurden. Bryan und Harter beispielsweise stellten 1899 bei ihren Messungen an Telegraphenempfängern ein Plateau in der Lernkurve fest.[41] Dieses Plateau wurde dadurch erklärlich, dass der Empfang von sinnvollem Text erst dann eine bestimmte Geschwindigkeit überschreiten kann, wenn die ›niederen‹ Fertigkeiten des Buchstaben- und Wortempfangs zuvor genügend lange eingeübt wurden und nun quasi ›automatisch‹ geschehen. Die *parole* des Telegrafisten wird gewissermaßen erst dann flüssig, wenn ihm das Wörterbuch entbehrlich geworden ist und er mit Übergangswahrscheinlichkeiten rechnen kann. Computerspielern ist dieses Phänomen wohlbekannt: Es ist der Moment, ab dem man nicht mehr überlegt, welche Tastenkombination welche Aktion auslöst, sondern sie innerhalb der Erwartbarkeiten eines Spielverlaufs (dem Pendant des »connected discourse« in der Telegraphie) benutzt.

---

40 Einige Beispiele bei J. C. Herz, *Joystick Nation. How Videogames Gobbled Our Money, Won Our Hearts, and Rewired Our Minds*, London 1997, S. 119ff. Dabei kann sich das Optimum der Geschwindigkeit innerhalb des Schwierigkeitsempfindens in verschiedenen Kulturkreisen und zu verschiedenen Zeiten unterscheiden. In ungezählten Spielen finden sich die vertrauten Befehle an säumige Rekruten (»Go!« und – kurz vor Ablauf der gegebenen Zeit – »Hurry up!«) wörtlich wieder.

41 W. L. Bryan/N. Harter, »Studies on the telegraphic languages. The acquisition of a hierarchy of habits«, in: *Psychological Review*, 6(1899), S. 345-337.

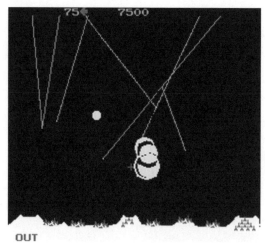

Missile Command (Atari), 1980

Daher lautete die erste Frage des *Sub-Committee on Vision* nicht mehr nur, wie man jene Rekruten herausfiltert, die sich als Schützen eignen, sondern vor allem, wie man am schnellsten geschickte Schützen aus ihnen macht.

> »Der erste Schritt bestand darin, genau zu untersuchen, was ein Schütze zu tun hat. Der nächste darin, den mehr oder weniger komplizierten Vorgang der Feuerleitung auf einfachste neuro-muskuläre Begriffe zu reduzieren. Es war ein scharf umrissenes Problem der Analyse und aufgrund der vollständigen Systematisierung und hohen Spezialisierung von Marine-Aufgaben relativ einfach. Der dritte Schritt bestand darin, wissenschaftlich gesicherte Methoden auf das Studium dieses speziellen Komplexes neuro-muskulärer Vorgänge anzuwenden. Zu diesem Zweck wurde ein Instrument ersonnen, das alle der folgenden Daten in einer einzigen Aufschreibbewegung zeigen sollte: 1. die Zeit, die ein Matrose brauchte, um seine Zielerfassungs-*Reaktion* zu beginnen, nachdem das Objekt, auf das sie sich richtet, seine Bewegung aufnahm; 2. die Genauigkeit, mit der er fähig war, am beweglichen Ziel ›dranzubleiben‹; 3. die Zeit, die er brauchte, um auf einen Richtungswechsel in der Bewegung des Objekts zu *reagieren* [respond]; 4. die Fähigkeit, den Feuerknopf zu *drücken*, wenn er es erfasst hatte; 5. die Auswirkung des Feuerns auf sein Zielen [pointing].«[42]

Die einfache Reaktionszeitmessung spielt hier nur noch eine geringe Rolle beim ersten Zielkontakt. Entscheidend – nicht zuletzt für die Bildschirmlogik der Action-Computerspiele – ist vielmehr die Umstellung von *singulären* und *diskreten* Reaktionsanforderungen wie Telegraphentasten auf *serielle* und angenähert *kontinuierliche* Aufgaben wie das *tracking* von ›animierten‹ Objekten im Luft- oder Spielraum.[43] Der zweite entscheidende Faktor, der zugleich Grundbedingung für die Übertragung aller Arten von Kontinuität auf Digi-

---

42 Yoakum/Yerkes, S. 187f. (Übers. und Hervorh. C.P.). Die Tests waren so erfolgreich, dass sie in Pädagogik jenseits des Ernstfalls umgemünzt werden konnten: »Somewhat later it was possible to construct a robust training instrument along similar lines that was rather enthusiastically reported on by various Naval officers, and was widely reproduced by the Navy for use in the Naval Training Stations« (ebenda).

talrechner ist, besteht in der Zerlegung kontinuierlicher Aufgaben in abrechenbare Einheiten von Zeit und Raum. Angesichts der Evaluation und des Trainings von Schützen bedeutet dies zunächst die Übernahme der Taylor'schen Zeitstudien und die Vorbereitung der Gilbreth'schen Bewegungsstudien.

4. Arbeitswissenschaft

Als Frederick Winslow Taylor 1915 – geradezu emblematisch mit einer Uhr in seiner Hand – starb, hinterließ er eine Aufgabe von bis heute ungeminderter Aktualität: das Programmieren von »Betriebssystemen«.[44] Seine Schrift über die *Grundsätze wissenschaftlicher Betriebsführung* von 1911 beginnt mit einem Zaubertrick von Verschwinden und Erscheinen. Es verschwindet die »Persönlichkeit«, und »in Zukunft wird die Organisation und das [Betriebs-]System an erste Stelle treten«.[45] Das Betriebssystem nahm sich nicht dessen an, was immer schon da war, sondern erzeugt seinen Gegenstand in einem poetischen Akt. Schon Siegfried Giedion hat auf diese Beziehung zwischen Freud und Taylor hingewiesen, die im gleichen Jahr geboren wurden und deren Karrieren etwa gleichzeitig begannen.[46] Dem Quäker Taylor ging es um die bislang »unsichtbare Verschwendung«[47] von Ressourcen, die durch das neue Dispositiv einer Arbeitswissenschaft *sichtbar* gemacht, gefunden werden konnte, um dann auf dieser (Er-)Findung einen therapeutischen Diskurs zu fundieren. Wie das Symptom wartet die Verschwendung also nicht schon im Vorhinein in einer ›Tiefe‹, sondern wird am Ende eines psychoanalytischen oder arbeitswissenschaftlichen Prozesses erst konstruiert sein.

Scientific Management ist eine Ingenieurs-Wissenschaft, die sich einem ›energetischen Imperativ‹ unterstellt.[48] Als Ökonomie eines »Kraftsparsystems«[49] ist sie dem Zeitalter der Thermodynamik verpflichtet,[50] also jenem kapitalistischen Pessimismus, den die Feststellung nährt, dass der Arbeitsprozess in jedem beliebigen System die investierte Energie degradiert.[51] Ihre Methoden

---

43 Zur prominenten Frage von Verfolgung und Vorhersage vgl. Axel Roch/Bernhard Siegert, »Maschinen, die Maschinen verfolgen«, in: *Konfigurationen*, Hg. S. Schade/G. C. Tholen, München 1999, S. 219-230.
44 Der Taylor- und Gilbreth-Übersetzerin Irene M. Witte gebührt m. W. die Ehre der Einführung dieses Wortes (Frederick Winslow Taylor, *Die Grundsätze wissenschaftlicher Betriebsführung*, München 1913, S. 25).
45 Taylor, S. 4.
46 Siegfried Giedion, *Die Herrschaft der Mechanisierung. Ein Beitrag zur anonymen Geschichte*, Hg. H. Ritter, Hamburg 1994, S. 124ff.
47 Taylor, S. 1.
48 Wilhelm Ostwald, *Der energetische Imperativ*, Leipzig 1912.
49 Taylor, S. 29.
50 Norbert Wiener, »Newtonscher und Bergsonscher Zeitbegriff«, in: *Kybernetik. Regelung und Nachrichtenübertragung im Lebewesen und in der Maschine*, Düsseldorf/Wien 1992, S. 63-81.
51 Claus Pias, »Wie die Arbeit zum Spiel wird. Zur informatischen Verwindung des thermodynamischen Pessimismus«, in: *Anthropologie der Arbeit*, Hg. U. Bröckling/E. Horn, Tübingen 2002, S. 209-229.

sind räumliche und zeitliche Vermessungen von Mensch-Maschine-Systemen, die zur Optimierung und Normierung von Werkzeugen und Ausführungsmethoden führen.

Trotz der Arbeitsteilung seit Adam Smith beruhte zu Beginn von Taylors Studien um 1880 das Wissen der Arbeit noch stark auf der Arbeitsgeschichte des Einzelnen. Es wurde mündlich überliefert und mimetisch nachvollzogen und war folglich nicht nur durch Übertragungsverluste, sondern auch durch Varianzen gekennzeichnet. Arbeiten lernen glich unter Taylors kritischem Blick dem Lernen des Kindes durch ›Herumspielen‹ und Mimesis. Erst die Arbeitswissenschaft sollte daraus ein Spiel mit klaren Regeln machen, so »wie man Schachfiguren auf dem Schachbrett hin und her schiebt«.[52] Ihre erste Aufgabe war es folglich, Erfahrungswissen in prozessierbare Daten zu verwandeln, diese in einer angemessen strukturierten Datenbank zu speichern und anschließend eine frühe Form von *data-mining* zu betreiben, aus dem Spielregeln abgeleitet werden konnten. Am systematischen Beginn stand also die Forderung, »all die überlieferten Kenntnisse zusammenzutragen, [...] sie zu klassifizieren und in Tabellen zu bringen, [und] aus diesen Kenntnissen Regeln, Gesetze und Formeln zu bilden«.[53] Diese sollten weniger in eine Enzyklopädie als in eine Programmbibliothek münden, aus der Routinen zur Steuerung des je aktuellen Arbeitsflusses abgerufen werden können: »Die praktische Anwendung von wissenschaftlichen Aufzeichnungen erfordert einen Raum, in dem die Bücher, Statistiken etc. aufbewahrt werden, und einen Tisch, an dem der disponierende Kopfarbeiter arbeiten kann.«[54] Andererseits – und dies wird für die Kriegswirtschaft und die logistischen Strategiespiele relevant sein – ließen sich Arbeitszeiten, Material- und Produktionsmengen vorausberechnen.[55]

Trotz des immer wieder betonten »herzlichen Einvernehmens«[56] zwischen Arbeiter und Betriebssystem ist schon bei Taylor abzusehen, dass auch die besten Arbeiter nie die Wissenschaft dessen verstehen werden, was sie tun. Der Arbeiter als illiterater User hat jeweils nur die Optionen, die das bereits compilierte Programm bereitstellt, und ist weder kompetent noch befugt, den Sourcecode zu lesen, der ihn verhält.[57] Wo Engels die These der ›Menschwerdung des Affen durch die Arbeit‹ vertreten hatte, da lässt sich bei Taylor der Arbeiter oft genug wieder durch einen »intelligenten Gorilla«[58] ersetzen, also genau jene bewusstseinsabsente Verkettung von Bewegungen, in der das behavioristische Modell Lohnarbeiter und Gorilla in eins setzt. Bezeichnender-

---

52 Taylor, S. 72 (vgl. Kapitel III, S. 197ff.).
53 Taylor, S. 38.
54 Taylor, S. 41.
55 Irene M. Witte, *Taylor, Gilbreth, Ford. Grundfragen der amerikanischen und europäischen Arbeitswissenschaft*, München/Berlin 1924, S. 28.
56 Taylor, z.B. S. 39, 75.
57 Friedrich Kittler, »Die Evolution hinter unserem Rücken«, in: *Kultur und Technik im 21. Jahrhundert*, Hg. G. Kaiser/D. Matejovski/J. Fedrowitz, Frankfurt/New York 1993, S. 221- 223.
58 Taylor, S. 43. Gleiches gilt für den Soldaten (E.W. Paxson, »War Gaming«, in: *The Study of Games*, Hg. E.M. Avedon/B. Sutton-Smith, New York 1979, S. 292).

Alan Kays Vorstellung des Computerbenutzers, 1969

weise taucht daher der Affe am Ursprung graphischer Benutzeroberflächen wieder auf, nämlich in Alan Kays Dissertation im Umfeld des XEROX PARC.

Trotz zahlreicher Verweise auf Psychologie, Bewegungslehre und Rhythmus gilt Taylors Hauptinteresse dem Nenner der Zeit in der physikalischen Gleichung: Leistung = (Kraft × Weg)/Zeit. Dabei interessiert weniger die Grenzleistung wie beispielsweise in den Experimenten Wundts, sondern die Dauerleistung, die ein Arbeiter an einer bestimmten Arbeitsoberfläche gemessen in PS vollbringen kann.[59] Grundlage reproduzierbarer Versuchsbedingungen ist die genaue Dedizierung und Normierung der Arbeitswerkzeuge. Taylors genormte Schaufeln für verschiedenes Schaufelgut und die zugehörigen Schieber zur Berechnung des Schaufeldurchsatzes sind dabei nur ein winziges Beispiel der noch viel zu wenig untersuchten globalen Normierungsbewegung des 20. Jahrhunderts.[60] Normierung (oder in Anlehnung an Jürgen Link: Normalisierung) bedeutet die Gesamtheit der Regulierungen und Diskurse, die an der Eichung des Subjekts auf einen historisch jeweils als normal geltenden Toleranzbereich arbeiten.[61] Die Normierung setzt dazu vor allem technische Standards, die nicht mehr der Naturalisierung, sondern nur noch der Effektivität zur Legitimation bedürfen, um zu definieren, was als »normal« Geltung beanspruchen darf.[62] Und das heißt bei Taylor einfach »die [zu einem bestimmten Zeitpunkt] vernunftgemäß zu verlangende höchste Geschwindigkeit«.[63] Dabei zeigt sich, ähnlich wie bei der Einführung des *mental enginee-*

---

59 Taylor, S. 58ff.
60 *Ernst Neufert. Normierte Baukultur im 20. Jahrhundert*, Hg. W. Prigge, Frankfurt a.M. 1999 (Edition Bauhaus, Bd. 5); Peter Berz, *08/15. Ein Standard des 20. Jahrhunderts*, Diss. (masch.) Berlin 1997.
61 Jürgen Link, *Versuch über den Normalismus*, Opladen 1999.
62 Zu den Vorläufern Merritt Roe Smith, »The Ordnance and the ›American system‹ of Manufacturing, 1815-1861« und Charles F. O'Connell, »The Corps of Engineers and the Rise of Modern Management, 1827-1856«, in: *Military Enterprise and Technological Change*, S. 39-86 bzw. 87-116.

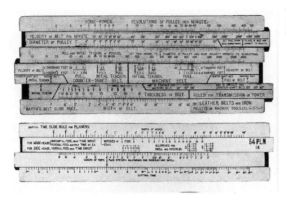

Taylors Werkzeuge zur Berechnung und Normierung von Schaufel-Leistungen

Für die einzelnen Handlungen gelten folgende Beziehungen.
$s =$ Zeit zum Füllen der Schaufel und zum Wurfansetzen,
$t =$ „ „ Werfen einer Schaufelfüllung,
$w =$ „ „ Gehen von 1 m mit gefüllter Schaufel,
$w' =$ „ „ Rückkehren von 1 m mit leerer Schaufel,
$L =$ „ zur Beladung einer Schaufel in Kubikmeter,
$P =$ „ des täglichen Anteils an Ruhe und notwendigen Unterbrechungen,
$T =$ „ für die Schaufelung von 1 cbm.

Es ergibt sich die Formel für Schaufelung gelöster Erde:

$$T = \left([s + t + (w + w') \cdot \text{Weg}]\frac{1}{L}\right)(1 + P).$$

Wenn nur geschaufelt, nicht gegangen wird, bekommt die Formel folgende Gestalt:

$$T = [s + t]\frac{1}{L}(\cdot 1 + P).$$

Wenn Gewichte anstatt der Inhalte eingesetzt werden:
Zeit für die Schaufelung von

$$1000 \text{ kg} = \left([s + t] \cdot \frac{1000}{\text{Gewicht einer Schaufelfüllung}}\right)(1 + P).$$

ring in die Pädagogik, eine differenzierende und normalisierende Einschließungsstrategie anstelle einer binären und gesetzmäßigen Ausschließungsstrategie. Es gehe – so Taylor – nicht um »brutale Entlassung«, sondern um Erziehung und »individuelle Behandlung«.[64] Und genau wie Yerkes (bei der Überführung der Kriegs- in Friedenstests) in der Normierung das Ende der Diskriminierung und den Beginn der adäquaten Charakterisierung des Einzelnen visioniert, ist auch für Taylor die Zeit der »individuellen Taten« zwar vorbei, doch wahre jeder seine Individualität in Form persönlicher Leistungskoeffizienten.[65] »Im Gegensatz zu dem weit verbreiteten Glauben, dass W[issenschaftliche] B[etriebsführung] die Individualität tötet, ist sie auf dem Grundsatz der Anerkennung des Einzelnen nicht nur als einer volkswirtschaftlichen Einheit, sondern als einer Persönlichkeit aufgebaut – der Persönlichkeit mit allen ihren Eigenheiten.«[66]

63 Taylor, S. 87; Taylor bezeichnet die Werkzeuge und Verfahren auch als »Normalien« (S. 124).
64 Taylor, S. 73.
65 Taylor, S. 152 bzw. 93.
66 Gilbreth 1922, S. 13.

Die berechenbare Gliederung des Arbeitsverlaufs in zeitkritische Segmente auf der Basis normierter Werkzeuge lässt einen wesentlichen Aspekt von Actionspielen erkennen, nämlich die Synthese eines Spielverlaufs aus einer Folge von einzelnen, zeitkritischen Handlungen, ausgewählt aus einer bestimmten Anzahl von Handlungsmöglichkeiten. In der Testphase jeder arbeitswissenschaftlichen Erfassung einer Arbeit, bevor noch genügend Datenmaterial vorhanden ist, um mit dem Einsatz von Geschwindigkeitsmeistern (*speedboss*) und Zeitnehmern (*timeclerk*) zu beginnen, fällt es dem Arbeiter zu, im Selbsttest seine Arbeits- alias Spielleistung zu protokollieren. Damit es anschließend umgekehrt sein kann, damit aus dem Daten- also ein Instruktionsfluss werden kann, ist eine Gestaltungsleistung erforderlich, die nicht nur auf die kommenden *beta*-Tests, sondern ebenso auf graphische Benutzeroberflächen und Spiele verweist. Um nämlich ein betriebssystemkonformes Verhalten der illiteraten Arbeiter zu gewährleisten, ist die Einführung einer Zwischenschicht nötig, auf der Präskriptionen möglich sind, die aber zugleich ein Eingreifen auf metapräskriptiver Ebene verhindert, eine Schicht, auf der die Arbeitsparameter ablesbar sind, die aber eine Lektüre jener Formeln verhindert, die diese Parameter generieren. Taylor führt dies beispielsweise an der Drehbank aus,[67] für die er ein Gleichungssystem mit zwölf Variablen (Vorschub, Drehzahl, Materialhärte etc.) ermittelt hat, das auf verständliche und von Arbeitern lesbare Anweisungen reduziert werden muss. Er schlägt daher die Entwicklung mnemotechnischer Systeme vor,[68] die es im Idealfall erlauben, den Arbeiter zu Beginn seiner Arbeit durch einen schriftfreien, rein graphischen oder ikonischen Anweisungsbogen zu instruieren. Die Performanz dieser Instruktionen wäre durch mehrere Ingenieure für Raum (*gangboss*), Zeit (*speedboss, timeclerk, routeclerk*) und Kommunikation (*inspector, disciplinarian*) zu kontrollieren.[69]

Dieser anfänglich noch sehr schlicht strukturierte Taylorismus, dem schon Wundts Schüler Hugo Münsterberg einen ›hilflosen psychologischen Dilettantismus‹ vorwarf und eine Erweiterung in Richtung einer »Psychotechnik« forderte,[70] sollte in den folgenden Jahrzehnten eine subtile Ausdifferenzierung und weltweite Verbreitung finden. In Amerika war es vor allem Taylors Schüler Frank B. Gilbreth, der die Vorkriegserkenntnisse mit denen des Krieges verbinden und erweitern sollte. Unter dem Titel »Aus der Praxis der Kriegs-

---

67 Taylor, S. 113ff.
68 Taylor, S. 139f.
69 Taylor, S. 132f.
70 Hugo Münsterberg, *Psychology and Industrial Efficiency*, 1913; Hugo Münsterberg, *Grundzüge der Psychotechnik*, Leipzig 1914, bes. S. 358-439. Münsterberg geht es um ein Zusammenspiel von Technik, Physiologie und Psychologie, das zugleich ein Um- und Überspielen der Grenze zwischen Mensch und Technik ist. Ko-evolutionär rückgekoppelt erscheint nicht nur die Technik als Umwelt des Menschen, sondern auch der Mensch als Umwelt der Technik: »Keine Maschine, mit der der Mensch arbeiten soll, kann den Kampf ums technische Dasein überleben, wenn sie dem Nerven- und Muskelsystem und den Möglichkeiten der Wahrnehmung, der Aufmerksamkeit, des Gedächtnisses und des Willens geübter Individuen nicht in gewissem Maße angepaßt ist.« (S. 380).

Unterweisung für Arbeitsauftrag Symbol 2. *M. V.* ⁵/₈. *K. D.*

1 Blätter, Blatt Nr. *1*		Zeichnung Nr. *4241* Stück Nr.	Maschine Nr. *V. 30*	Auftrag Nr. *9300*
Material	Klasse Nr.	Anzahl einer Auftragserie: *200*	Gesamtzeit: *730 Min.*	Bonus: *35%*

Beschreibung der Bearbeitung
    Prüfen der Vibratoren.

Nr.	Einzelunterweisungen.	Vorschub	Arbeitsgeschwindigkeit	Maschinenzeit Min.	Einrichtungs- und Handhabungszeit Min.
	I. Vorarbeiten.				
1	*Die Zeitkarte wechseln*				2,50
2	*Lies die Unterweisungskarte*				2,00
3	*Luftschlauch befestigen*			.	0,28
4	*Stelle die Blechbüchse mit den Vibratoren auf die Werkbank*				0,28
5	*Stelle eine zweite Büchse auf die Bank*				0,10
6	*Lege einen Holzblock auf die Bank*				0,10
	II. Arbeiten.				5,26
7	*Nimm einen Vibrator aus der Büchse*			0,06	
8	*Schraub den Vibrator an das Schlauchende*			0,08	
9	*Dreh langsam die Luft an; prüfe das Anlassen in verschiedenen Lagen*			0,90	
10	*Dreh die Luft ganz an; laß den Vibrator 1—2 Minuten laufen und beobachte durch Niederhalten des Deckelendes auf den Holzblock, ob das Vibrieren regelmäßig ist*			0,50	
11	*Stell die Luft so an, daß der Vibrator langsam arbeitet*			0,08	
12	*Laß den Vibrator ¼ Minute langsam laufen und beobachte, ob die Luft nicht hinter dem Kolben bläst und ob die Öffnungen richtig verschlossen sind* . .			0,25	
13	*Stell die Luft ab, nimm den Vibrator vom Schlauchende*			0,15	
14	*Wenn der Vibrator in Ordnung ist, lege ihn in die zweite Büchse*			0,14	
15	*Wiederhole die Unterweisungen 7—14 für jeden Vibrator, ruf den Oberprüfmeister, damit er die schlechten Vibratoren ansieht. Er wird dann bestimmen, an welchen Vibratoren Änderungen zu machen sind. Ein Bericht über nötige Arbeiten muß an das Betriebs-Bureau auf einem Beschädigungsbericht eingesandt werden*				
16	*Der Arbeiter hat nach Benachrichtigung des Oberprüfmeisters mit seiner gewöhnlichen Arbeit fortzufahren*				
17	*Die guten Vibratoren sind mit richtigem Zettel zu versehen und die Blechbüchsen in das Regal zu stellen*				0,28
18	*Mach den Luftschlauch los und lege ihn in das Regal zurück*				0,28
19	*Reinige die Werkzeuge und lege sie an ihren richtigen Platz zurück*				0,30
20	*Mach die Werkbank in Ordnung*				0,30
				2,16	1,16
21	*67% Zuschlag auf Handarbeiten*			1,45	
22	*Zeit für 200 Stück = 728,42 oder 121 Zehntel-Stunden*			3,61	
Wenn die Maschine nicht so laufen kann, wie befohlen, muß der Geschwindigkeitsmeister sofort an den Ausfertiger dieser Karte berichten.		Monat	Tag	Jahr	Ausgefertigt
				Nachgesehen	

Taylor'sche Unterweisungskarte, alles andere als schriftfrei

jahre« schreibt er in seinem *Ermüdungsstudium*, dass der Krieg die Sparsamkeit mit dem materiellen und »dem menschlichen Element« gebracht und nicht nur »die Literatur [...] bereichert« habe, sondern auch die »praktische Arbeit der Ermüdungsausmerzung, die im ganzen Lande geleistet wurde«.[71] Krieg erscheint bei Gilbreth als das Ausbleiben von Müdigkeit und aus einer Front-

---

71   Gilbreth 1921, S. 92f.

Gilbreths Versuchsanordnung zur Fortbewegung eines sieben Pfund schweren Gewichts; gemessen wird die Zeit vom Beginn bis zum Aufheben des Gewichts, vom Aufheben bis zum Wiederhinlegen und die Länge der Erholung nach dem Wiederaufrichten

neurose namens *battle fatigue* wird zu Friedenszeiten der Krieg gegen die Müdigkeit.

»Alles in allem genommen kann festgestellt werden, [so Gilbreth] dass die Fortschritte, die der Krieg auf dem Gebiete der Ermüdungsausmerzung gezeitigt hat, als eines seiner befriedigendsten Ergebnisse bezeichnet werden kann.«[72]

»Es besteht sicherlich nirgends die Absicht, die alten ›Vorkriegs‹verfahren wieder aus der Rumpelkammer hervorzuholen und die erzielten wirklich guten Fortschritte wieder in die Versenkung verschwinden zu lassen, weil sie nur ›Kriegsmaßnahmen‹ gewesen sind! [...] Die Frage der Ermüdungsausmerzung ist als ein Kriegsproblem und mit gleicher Berechtigung als ein Friedensproblem zu bezeichnen, es ist im höchsten Sinne des Wortes aufbauend und erhaltend!«[73]

Gilbreth, der weniger an der Vermessung der Zeit als an der des Raumes interessiert ist, definiert sein »Bewegungsstudium« selbst

»als Zerlegung der Elemente einer Arbeit in ihre kleinstmöglichen elementaren Unterteilungen, als die Untersuchung und Messung jeder dieser verschiedenen fundamentalen Einheiten einzeln und in ihrer Beziehung zueinander und als der sich daraus ergebende Auf- und Zusammenbau von Verfahren aus einer Auswahl von Einheiten, die am wenigsten Verschwendung aufweisen.«[74]

Wie bei Taylor geht es zunächst darum, dem Feind durch eine Frage Gestalt zu verleihen, also um eine Sichtbarmachung (eine Er-findung) der überflüssigen Bewegungen, die es anschließend ›auszumerzen‹ gilt. Dabei bedient sich

72 Gilbreth 1921, S. 93.
73 Gilbreth 1921, S. 96.
74 Gilbreth 1921, S. 6.

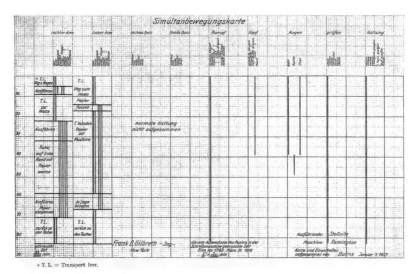

Simultanbewegungskarte nach Gilbreth

Gilbreth selbstredend avanciertester Medientechnologie. Dazu zählt beispielsweise die Verbindung von Filmkamera und hochauflösender Stoppuhr, die während der Aufnahme eingeblendet wird und Messungen bis in den Nanosekundenbereich erlaubt, die dank eines gerasterten Bildhintergrundes auch als Geschwindigkeiten identifiziert werden können. Nicht minder entscheidend ist der Zyklegraph, bei dem Glühlämpchen an bewegten Körperteilen durch jene Langzeitbelichtung, die auf frühen Architekturfotografien noch alles Bewegte verschwinden ließ, eine neue Sichtbarkeit von Lichtspuren schaffen. Eine Stimmgabel triggert um 1920 noch das Glühlämpchen mit fester Frequenz und ermöglicht so den Chronozyklegraphen, der Bewegungsrichtung (Lichtspur) und Bewegungsgeschwindigkeit (Punktdistanz) in einer Darstellung vereint. Stereoskopie schafft dabei einen plastischen Raumeindruck. Die so entstandenen Aufnahmen bereiten nicht nur heutiges *motion capturing* und *gesture recognition* vor. Sie lassen auch Apollinaires Traum, eine Skulptur aus Luft zu formen, konkretes Bild werden und bilden die Grundlage für Picassos berühmte Zweitverwertung, die aus den gestaltlosen, aber bedeutsamen Daten der Arbeitsvisualisierung jene bedeutungslosen Daten mit ›Gestalt‹ namens Kunst macht. Solche Wechsel von indexikalischen Daten auf Gestalthaftigkeit werden noch mehrfach zu beobachten sein (vgl. S. 68).

Die Ergebnisse der Gilbreth'schen Messungen konnten anschließend in sogenannte Simultanbewegungskarten von 1/1000 min Auflösung eingetragen werden. Nicht nur die Bewegungen von Armen und Beinen bis hinab zu einzelnen Fingern wurden darin notiert, sondern auch die Bewegungen von Kopf und Rumpf, Augäpfeln und Pupillen, die Körperhaltung und die Aktivierung einzelner Sinne verzeichnet. Von diesen Karten ist nicht nur ablesbar, welche Bewegungen eingespart oder verkürzt werden können, sondern es wird auch möglich, invariable Bewegungszusammenhänge zu isolieren, die

Elementarbewegungen im
Arbeitsraum nach Gilbreth

Normalisierte Symbole, Farben und Farbstifte für die SIMO-KARTEN (Simultanbewegungskarte)			
Symbol	Name des Symbols	Farbe des Symbols	Bezeichnung u. Nr. d. Farbstifte
◠	Suchen	Schwarz	
◉	Finden	Grau	
→	Wählen	Hellgrau	
∩	Greifen	Seerot (lake red)	
⌣	Transport mit Last	Grün	Im Original
9	In Lage bringen	Blau	erscheint
#	Montieren	Violett	hier eine
U	Ausführen	Purpur	genaue
##	Abmontieren	Hellviolett	Bezeichnung
0	Kontrolle	Gebräunte Ocker	der zu
0⸲	In Lage bringen für nächsten Arbeitsgang	Himmelblau	verwendenden
⌒	Last loslassen	Karminrot	Farb- und
⌣	Transport ohne Last	Olivgrün	Zeichenstifte
⟍	Ausruhen — Pause	Orange	
⌒	Unvermeidbare Verzögerung	Gelb-Ocker	
⌣	Vermeidbare Verzögerung	Zitronengelb	
?	Vorbereiten	Braun	

gewissermaßen irreduzible Elemente zusammengesetzter Bewegungen darstellen. Dies sind die sogenannten *Therbligs*, die als Symbole anschreibbar sind, für die es genormte Farben gibt und die z.B. Suchen, Wählen, Greifen, Loslassen zusammenfassen. Ihre Erfüllung finden sie schlicht in den Tastenbelegungen von Computerspielen. Die Taste mit dem gelben Dreieck bedeutet beispielsweise in *Tomb Raider* »Waffe ziehen« und nach dem Drücken wird die animierte Spielfigur – verlässlicher als jeder noch so trainierte Arbeiter – die Waffe in einem immer gleichen Bewegungsablauf und immer in der gleichen Geschwindigkeit ziehen.

Bei Gilbreth hat die Simultanbewegungskarte jedoch noch einen ganz anderen Sinn. Ebenso wie die *beta*-Tests ihre medialen Innovationen am Mangel der Illiteralität aufrichten, entfaltet die SIMO-Karte ihre volle Leistungsfähigkeit erst bei der »Wiedereinstellung der von der Front zurückkehrenden verkrüppelten oder blinden Soldaten.«[75] In seinem »Beitrag zur Wiederertüchtigung der Kriegsverletzten« erläutert Gilbreth, dass die verkrüppelten Soldaten nicht nur ein volkswirtschaftliches Problem seien, sondern dass ihre Integration in den Arbeitsalltag auch zu ihrem seelischen Wohl dringend erforderlich sei. Von besonderem Interesse sind dabei jene eindimensionalen »Männer, die bisher körperliche Arbeit verrichteten und deren Fähigkeiten

---

75 Gilbreth 1921, S. 93. Vgl. Gilbreth 1920, S. 19: »Die auf diesem Gebiet [dem Mikrobewegungsstudium] geleistete Arbeit ist vor allem durch die […] für die Kriegsverletzten vorgenommenen Forschungen besonders gefördert worden.«

Elementarbewegungen im Spielraum: Tastenbelegung von *Tomb Raider*, 1999

und Neigungen nur darauf eingestellt sind.«[76] In Gilbreths stets gut gelaunten Worten heißt das ›Anpassung der Arbeit an die Fähigkeiten, Vorlieben und Beschädigungen des Einzelnen‹, meint aber nicht mehr, als dass die auf Simultanbewegungskarten weiß gebliebenen Flächen Körperteile markieren, die im Arbeitsprozess entbehrlich sind. Schon ein rascher Blick darauf genügt fortan für die »systematische Unterbringung der Kriegsbeschädigten«[77]

Gilbreth geht noch in zwei weiteren, entscheidenden Punkten über Taylor hinaus, die für Computerspiele relevant sind. Zum einen stellt sich ihm die Frage nach der Arbeit als Interface, zum anderen die nach der Arbeitsmotivation. Ihre Beantwortung führt zu zaghaften kybernetischen Ansätzen des noch weitgehend thermodynamisch orientierten Arbeitsbegriffes.

Zunächst stellt Gilbreth die von Taylor übernommene Beziehung zwischen den verschiedenen Meistern und dem Arbeiter um. Die Arbeit sei nicht mehr organisiert wie in »militärischen oder traditionellen Betriebsführungssystemen«,[78] habe mithin keine Kommandostruktur, sondern trete als Schnittfläche einer ursprünglichen »Trennung des Entwurfes von der Ausführung«[79] auf. Bei Gilbreth rutschen die verschiedenen Faktoren der Arbeit aus der Hierarchie in die Funktionale und werden auf zwei Seiten einer Differenz verteilt, zwischen denen die Arbeit selbst als Medium erscheint. Dabei ist wiederum das *environment* eine entscheidende Variable in Bezug auf den Arbeiter und die Bewegung.[80] Darunter fallen beispielsweise Faktoren wie Beleuchtung, Far-

---

76 Gilbreth 1920, S. 82.
77 Gilbreth 1920, S. 82.
78 Gilbreth 1920, S. 27. Dazu auch Gilbreth 1922, S. 7 mit gewandelter Definition des »Militärischen«.
79 Gilbreth 1920, S. 28.

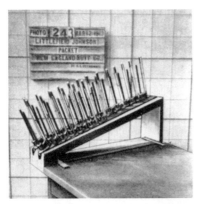

Interfaces: links ein arbeitswissenschaftlich optimierter Littlefield-Johnson-Packen, rechts der Farbwähler eines aktuellen Betriebssystems (Apple 1999)

benwirkung, Kleidung oder Musik.[81] Das Licht muss reflexfrei sein, gleichmäßig, hell genug, aber nicht reflektierend oder blendend. Für die Farbgebung können einerseits Stimmungswerte durch psychologische Farbenforschung ermittelt werden, andererseits kann Farbe aber auch instruktiv sein, kann beispielsweise Gegenstände kennzeichnen (statt sie zu beschriften) oder bestimmte Arbeitsprozesse durch Farbcodes zusammenfassen (Werkzeuge, Werkstücke, Aufbewahrungs-/Montageorte). Musik als »psychophysische Ersparnis« (Münsterberg) kann den Arbeitsrhythmus anregen und die Arbeit unbemerkt beschleunigen, wobei singende Vorarbeiter durch Phonographen zu ersetzen wären.[82] All dies deutet schon an, dass Arbeit immer weniger mit Energie als mit Information, weniger mit Kraftverbrauch als mit Aufmerksamkeit zu tun hat.

Daher wird auch das Innere des optischen Apparates, der die Arbeit vermisst, zum Modell der Arbeitsraumes selbst, die Arbeit gewissermaßen zum Film, den der Arbeiter wahrnimmt. (Und darin übertrifft Gilbreth vielleicht schon Benjamin, für den das Zusammensetzen der Filmbilder eine Form der Fließbandarbeit bedeutete.[83]) Die Geräte sollen alle schwarz gestrichen sein, auf dass kein überflüssiges Messingglitzern die Augen ermüde:

> »Man sollte, um die Augen möglichst wenig anzustrengen, alle Gegenstände und Maschinen in der Art wie das Innere eines photographischen Apparates ausstatten.«[84]

---

80 Gilbreth 1920, S. 84.
81 Gilbreth 1921, S. iii, 8-11, 35ff. Münsterberg ging schon etwas weiter und interessierte sich für die funktionalen Sattelpunkte, an denen z.B. Alkohol die Produktionskraft steigert. Eine permanente leichte Drogierung des Arbeiters führe zwar zu sinkender Aufmerksamkeit, dafür aber zu stärkerem Willen und besserem Rhythmusempfinden (Münsterberg 1914, S. 396ff.).
82 Gilbreth 1921, S. 38; Münsterberg 1914, S. 381.
83 Walter Benjamin, »Über einige Motive bei Baudelaire«, in: *Illuminationen*, Frankfurt a.M. [7]1991, S. 208.
84 Gilbreth 1921, S. 37.

> »Der Widerschein eines mit Nickel plattierten Gegenstandes, ganz gleich, ob es sich hierbei um eine Schreibmaschine oder um eine große Maschine in der Fabrik oder um irgend ein anderes Ausrüstungsstück im Betrieb oder im Büro handelt, wird das Auge eines jeden, der gezwungen ist, fortwährend in der Nähe dieses Gegenstandes zu arbeiten, ermüden. Und dabei wird die Ursache dieser Ermüdung meistens gar nicht erkannt. Der Fabrikant und der Käufer einer Maschine finden ein viel größeres Wohlgefallen an ihr, wenn sie schön mit Nickel plattiert ist, als wenn sie einfach matt schwarz angestrichen wäre, trotzdem die sonstige Ausführung dieselbe ist; und dabei wird dann die Hauptfrage vollständig übersehen: ›Inwieweit wird diese Maschine dem, der sie bedient, ein möglichst angenehmes Arbeiten gestatten?‹«[85]

Wenn also die Arbeit keine Dispositionsfreiheit lässt und die Geräte keinen Besitzer- oder Benutzerstolz und kein ästhetisches Wohlgefallen mehr vermitteln können, muss die Motivation für ›tote Arbeit in linearen Ketten‹ (A. Kluge) wohl aus anderen Quellen geschöpft werden. Der vollständig normalisierte und darum redundante Arbeitsprozess bedarf nicht nur der Pause, also jener Abwesenheit von Arbeit, die inzwischen selbst in die Effektivierung der Arbeit eingebaut werden konnte. Der Arbeitsprozess bedarf, darüber hinaus, der unterhaltenden Information, die ihn jedoch keinesfalls behindert, sondern bestenfalls zusätzlich effektiviert. Dies beginnt beim täglichen Dienstplan:

> »Die Anleitungskarte, nach der er [der Arbeiter] seine Arbeit verrichtet, enthält Einzelheiten von Interesse, die seine Aufmerksamkeit fesseln und ihn zu Versuchen anspornen.«[86]

Betrachtet man zeitgenössische Anweisungskarten, die von dem Anspruch schriftfreier Instruktion und fesselnder Unterhaltung unendlich weit entfernt sind, so ist davon jedoch noch nichts zu spüren. Damit der Arbeiter besagte Versuche durchführen kann, ohne die Ökonomie der Wissenschaftlichen Betriebsführung zu gefährden, muss er konsequenterweise zu seinem eigenen Arbeitswissenschaftler werden.

> »Der nächste Schritt in der Entwicklung war [daher] ein Apparat zum selbsttätigen Mikrobewegungsstudium, der es jedem einzelnen ermöglicht, den von ihm ausgeführten Arbeitsgang selbst ›für sich‹ aufzunehmen«[87]

Und diese Selbstvermessung verspricht einigen Unterhaltungswert:

> »[D]er Arbeiter interessiert sich nicht nur für die durch Punkte und Striche gezeichneten Bahnen des elektrischen Lichtes, sondern gibt sich auch die größte Mühe, daß diese Bahnen die beste Richtung einschlagen und daß dabei die kleinste Anzahl von Bewegungen vorgenommen wird.«[88]

Ersetzte man »vor-« durch »wahrgenommen« hätte man wohl schon ein Computerspiel. Doch noch steht zwischen der eigenen körperlichen Bewegung und den dadurch sichtbar gemachten elektrischen Linien und Punkten, durch deren optimale Bewegung man Punkte, *high-scores* oder bessere Monatslöhne

---

85 Gilbreth 1921, S. 36.
86 Gilbreth 1920, S. 25
87 Gilbreth 1920, S. 59.
88 Gilbreth 1920, S. 78.

Von Arbeitern gefertigte Bewegungsmodelle

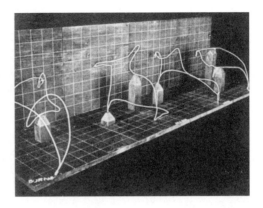

machen kann, die Entwicklung des Filmmaterials. Zur Kybernetik fehlt der persönlichen Arbeitswissenschaft die Rückkopplung in Echtzeit, zum Computerspiel das algorithmische Gegenüber, dessen IF/THEN-Verzweigungen an Drehbänken nicht implementierbar sind.

Solcherlei Spiele mit der Optimierung der eigenen Sensomotorik sind – so Gilbreth – nicht nur ein Vergnügen, sondern zugleich auch »in höchstem Grade erzieherisch«.[89] Arbeiter und Beobachter (also Arbeitswissenschaftler) teilen »das Interesse [...] an den graphischen Darstellungen, den durch das Bewegungsstudium erzielten Daten und ihren daraus gezogenen Lehren«,[90] das zugleich Wohlgefallen, aber eben nicht ›interesselos‹ ist. Arbeiter und Werkmeister können sich – so Gilbreths Vorschlag – in geselligen »Zusammenkünften«[91] gemeinsam Filme und Chronozyklegraphien anschauen, und Auszubildende können sich durch das Anfertigen von »Bewegungsmodellen« voranbringen. Diese Modelle sind Drahtskulpturen, die nach stereoskopischen Chronozyklegraphien angefertigt werden und Freude an Schönheit und Gelingen der Arbeit bereiten sollen: »Der Wechsel von Ungeschicklichkeit zu Anmut, von Unentschlossenheit zu Festigkeit, von schlechter zu vollkommener Gewohnheit übt [...] einen ständig wachsenden Reiz aus.«[92] Genau hier löst sich die Grenze von Spiel und Arbeit und Pädagogik auf. Das Spiel, das seit seiner Pädagogisierung im 18. Jahrhundert zwar eine Form des Lernens für das Leben war, aber keine außerspielerischen Finalitäten namens Ernst kannte, ist nun plötzlich, da es nicht mehr um »Freiheit«, sondern um Optimierung geht, zugleich Arbeit, und die Arbeit ist zugleich Spiel. »Diese Art zu arbeiten mutet wie ein Spiel an«[93] und kreuzt gewissermaßen *homo ludens* und *animal laborans* (H. Arendt) zu einer neuen Gattung, die in den Utopien des ›Neuen Menschen‹ als Arbeiter aufgehen soll (vgl. S. 49).

---

89 Gilbreth 1920, S. 79.
90 Gilbreth 1920, S. 80.
91 Gilbreth 1920, S. 80.
92 Gilbreth 1920, S. 74.
93 Gilbreth 1921, S. 28.

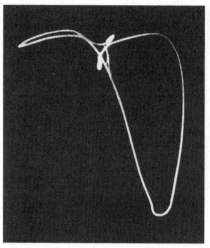 

»Anmut«: links Frank Gilbreths ›vollkommene Bewegung‹, rechts die Skulptur einer Tänzerin

In einer gekoppelten Bewegung werden die »traditionellen Kenntnisse«, also letztlich die Geschichte der Arbeit *vor* ihrer Optimierung, die eine Arbeit des Erfahrungswissens und der Fertigkeiten und nicht eine der ›reinen‹ Bewegungen war, zum Gegenstand der Literatur.[94] Weil die zu einer allgemeinen Bewegungslehre amalgamierten und transponierten Bereiche Arbeit und Spiel Gegenstand technischer Medien sind, rät Gilbreth, die vergangenen Arbeitsformen literarisch aufzuzeichnen. Jede Fabrik, jede Universität oder Hochschule solle dazu ein »Ermüdungsmuseum« einrichten, ein »Museum von Vorrichtungen zur Ausmerzung unnötiger Ermüdung«.[95]

In den Anliegen des *Ermüdungsstudiums* zeichnet sich ab, dass und wie die Tilgung der Differenz von Arbeit und Spiel Teil einer umfassenden Diskursivierung ist: Jeder im Betrieb soll sich voll und ganz mit allen Einzelheiten der Arbeit vertraut machen, jeder soll sich dafür interessieren, jeder soll Beziehungen zwischen Ermüdung und Betätigung »offenbaren« und jeder soll jeden informieren, wie er »sich seine Arbeitskraft erhalten kann.«[96] Ebenso unbegrenzt ist der Erfassungswille (und damit der Machtanspruch) der Arbeitswissenschaft selbst:

> »Das Anwendungsgebiet einer solchen Art der Betriebsführung [...] ist unbeschränkt. Es erstreckt sich auf alle Betätigungsgebiete, seien sie körperlich oder geistig. [...] Ihr Hauptzweck ist die Ausschaltung jeder Verschwendung und die Erreichung nennenswerter Ergebnisse in kürzester Zeit und mit geringster Anstrengung.«[97]

94 Gilbreth 1920, S. 80.
95 Gilbreth 1921, S. 50-59. Die Nr. 1 dieser sachlich durchnummerierten Institutionen wurde 1913 in Providence, Rhode Island, eingerichtet und hatte ganze fünf Exponate. Dass Gilbreths Wirkung kaum unterschätzt werden kann, erweist sich schon daran, dass in den 1920er Jahren jährlich im Dezember der von ihm geschaffene »Anti-Ermüdungstag« begangen wurde.
96 Gilbreth 1921, S. 12.

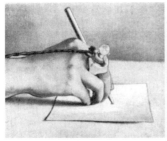

rechts: Zyklegraphische Aufnahme eines Chirurgen bei der Arbeit; oben: Glühbirne an Sekretärinnenhand

Dass dies unter der Metapher der »Energie«[98] geschieht, sollte nicht davon ablenken, dass es schon hier nicht mehr allein um körperliche Arbeit geht. Wenn zuvor ein Arbeitsvorgang »eine Zusammensetzung von Handlungen«[99] war, so geht es nun nur noch um Bewegungen, die selbst wiederum aus Elementen zusammengesetzt sind. Die tradierten Berufe und Klassifizierungen der Arbeit basierten auf Differenzen zwischen der Art von Arbeitern, die die Arbeit verrichten, der Ausbildung zu einer Fertigkeit, der Nobilität der Materialien usw. Die neue Funktionalität jedoch tilgt diese Unterschiede zwischen den »Arbeiten des Chirurgen, Maschinenschreibers und Maurers«:

> »Die von der Wissenschaft eingeschlagene Richtung [zeigt] immer klarer, daß es bisher [...] unterlassen wurde, auf die in erstaunlichem Maße bestehenden Ähnlichkeiten hinzuweisen.«[100]

Die Ähnlichkeit liegt darin, dass alle Arbeiten nach den Regeln des Raum- und Zeitstudiums optimierbar sind.[101] Arbeit hat demzufolge nichts mit ›Geist‹ versus Körper zu tun, sondern lediglich mit Bewegungspatterns und Timingfragen. Wo die Arbeitswissenschaft eingreift, ist der Geist absentiert, und genau darin trifft sie sich mit der zweiten amerikanischen Schule der Experimentalpsychologie, dem Behaviorismus, der zur gleichen Zeit (und als Reaktion auf die Probleme mit introspektiven Daten) versuchte, auf geistige Aktivität, auf Bewusstsein und Erfahrung zu verzichten und sich stattdessen exklusiv auf die beobachtbare Interaktion von Organismen innerhalb von Umgebungen (*environments*) zu berufen. Im manifestösen Gründungstext von John B. Watson heißt das:

97 Gilbreth 1920, S. 1f.
98 Gilbreth 1920, S. 2 und S. 9.
99 Gilbreth 1920, S. 62.
100 Gilbreth 1920, S. 63.
101 Die Nationalökonomie fasste schon einmal, Ende des 18. Jahrhunderts, verschiedenste Formen der Beschäftigung als ›produktive Tätigkeit‹ zusammen, und löschte damit die Differenz von ›produktiven‹ und ›sterilen‹ Klassen, so dass nicht mehr nur körperliche Beschäftigung als Arbeit galt. Sie tat dies jedoch unter dem Begriff (und damit der Finalität) eines Produkts und nicht im Namen der Universalität eines Verfahrens.

> »Psychologie, wie sie der Behaviorist versteht, ist ein rein objektiver, experimenteller Zweig der Naturwissenschaften. Ihr theoretisches Ziel ist die Vorhersage und Steuerung von Verhalten. Weder bildet Introspektion einen wesentlichen Bestandteil ihrer Methoden, noch hängt ihr wissenschaftlicher Wert von Deutungen anhand einer Bewusstseinsbegrifflichkeit ab. [...] Es ist wohl an der Zeit, dass die Psychologie alle Verweise auf Bewusstsein endlich abwirft.«[102]

Dies hat zur Folge, dass auch die sog. ›geistige‹ Arbeit nichts mit Geist zu tun hat, sondern mit raumzeitlich organisierten Bewegungen. Es sei – so Gilbreth – ein großes Missverständnis früherer Zeiten, dass es bei der Ausbildung um die Qualität des Produktes gehe. Entscheidend sei vielmehr die Einübung bestimmter optimierter Funktionen,[103] d.h. – wie beim Spiel – die Durchführung eines durch Regeln geleiteten Prozesses bis zu einem Haltepunkt namens Spiel-Ende oder Produkt. Ein Produkt ist das Resultat eines Kalküls diskreter Bewegungen, der regelgeleiteten Verkettung einzelner Elemente zu einer Aussage. So wie ein mathematischer Satz seine »Existenz« aus Axiomen und der widerspruchsfreien Anwendung von Regeln beweist, so beweisen eine Blinddarmoperation oder eine Mauer oder ein ausgefülltes Formular ihre Existenz durch elementare Bewegungen und deren widerspruchsfreie Verkettung. Daher ist es gewissermaßen die Sprache selbst, die im Arbeitsraum spricht, und nicht der Arbeiter.

Jedenfalls denkt Arbeitswissenschaft nicht in Finalitäten, sondern in Verfahren. Deshalb wird sie in anverwandelter Form, als eine Wissenschaft der Bildschirmarbeit (Engelbart/Licklider, vgl. S. 92ff.) und zusammen mit dem Neobehaviorismus (Skinner, vgl. S. 61ff.), bei der Grundlegung von Computerspielen und Benutzeroberflächen eine so entscheidende Rolle spielen. Erste Hinweise auf das *Scientific Management* von Schreibtischoberflächen oder *desktops* zeigen sich schon bei Gilbreth selbst, der ein Büromöbel nach arbeitswissenschaftlichen Gesichtspunkten entworfen hat:

> »Die in Quadrate eingeteilte Tischoberfläche dient zur Normalisierung der Bewegungen d.h. der Handgriffe nach den Schreibgeräten wie Bleistift, Tinte, Federhalter usw., die ihren Normplatz haben. Die ausgezogene Schublade zur Linken dient der Aufnahme von Bureaumaterialien und ist mit Reservevorräten versehen. [...] Der moderne Schreibtisch ist darum vollkommen flach, ohne jeden Aufbau und ohne kleine Fächer zum Aufstapeln aller möglichen und unmöglichen Dinge, weil er so am besten mit den Arbeitsverfahren der heutigen neuzeitigen Verwaltungspraxis übereinstimmt.«[104]

Der Schreibtisch ist hier schon auf jene Zweidimensionalität geplättet, die einer geistlosen Verwaltungspraxis des *document processing* genügt, und er nimmt physisch vorweg, was die Desktopmetapher in der Bildschirmfläche implementieren wird.[105] Schreibtischarbeit im Gilbreth'schen Sinne bedeutet nicht mehr, als Eingaben zu prozessieren und wieder auszugeben, wobei die Pro-

---

102 John B. Watson, »Psychology as the behaviorist views it«, in: *Philosophical Review*, 20/1913, S. 158-177 (Übers. C.P.).
103 Gilbreth 1920, S. 69.
104 Gilbreth 1921, S. 37.

Von Gilbreth entworfener Schreibtisch

zessierung in der Aufnahme standardisierter Werkzeuge von normierten Plätzen zum Zwecke der Durchführung vorgeschriebener Bewegungen und Kalkulationen dient. »Neuzeitige Verwaltung« bedeutet also beispielsweise, aus eingehenden Aufträgen Arbeitsanweisungszettel herzustellen, Arbeit in normierte Zeit- und Raumsegmente zu zerlegen, sie zu routen und für eine optimale Lastverteilung im System zu sorgen. Am Schreibtisch des Arbeitswissenschaftlers geht es darum, Verfahren auf Daten anzuwenden.

Wenn es also keine verschiedenen Arbeiten gibt, sondern nur Funktionsbündel aus Bewegungen, dann impliziert das für Gilbreth, dass es auch keine verschiedenen Ausbildungen mehr gibt, sondern nur noch das Erlernen von jeweils nötigen Funktionen und daher »ein typisches Ergebnis [des Bewegungsstudiums ...] das langsame Überbrücken der zwischen Schule und Fabrik befindlichen Kluft«[106] ist. Das Bewegungsstudium fängt in der Kindheit an, hört von da an nicht mehr auf, und man muss den Blick nur etwas von Gilbreths entdifferenzierter Arbeitswelt streifen lassen, um zu sehen, wie auch Kunst und Freizeit als Bewegungslehre be- und anschreibbar sind. Gilbreth selbst deutet dies mit der Auflösung der Kleiderordnung nur vorsichtig an:

> »Um dieses Vorurteil [die sichtbare Zugehörigkeit zu einer bestimmten Berufsgruppe] zu beseitigen, wäre weiter nichts notwendig, als eine Mode zu schaffen, die das Tragen dieser Kleider ebenso zu einer Gewohnheit machen würde, wie das Tragen von Maler- und Ärztekitteln. Interessierte Kreise haben jahrelang gehofft und darauf gewartet, daß eine solche verständige Mode für Arbeitskleidung erfunden würde, vielleicht in gewisser Anlehnung an die Tennis- oder Sportanzüge«.[107]

---

105 Erste informationstheoretische Betrachtungen der Schreibtischarbeit bei R.A. Fairthorne, »Some Clerical Operations and Languages«, in: *Information Theory*, London 1956, S. 111-120. Dazu auch Claus Pias, »Digitale Sekretäre: 1968, 1978, 1998«, in: *Europa – Kultur der Sekretäre*, Hg. B. Siegert/J. Vogl, Berlin, Zürich 2003.

106 Gilbreth 1920, S. 46.

Von Gilbreth vermessene Sekretärin

Die Universalisierung des Jogginganzugs mag vom Erfolg dieses Programms Zeugnis ablegen. Die Entgrenzung von Arbeit, Freizeit und Kunst unter dem Primat psychophysiologischer Optimierung ist jedoch ein so weit reichendes Thema, dass hier nur drei knappe Andeutungen gegeben seien.

Erste Abschweifung: Ereignisse der Schrift

Gabriele Brandstetter hat ausführlich dargelegt, wie der Ausdruckstanz als einer der Kernbereiche der Lebensreform und »als Kunstform der ›Heilung‹ zivilisatorischer Schäden« im Spannungsfeld von Konstruktion und Abbau des Subjekts zelebriert wird.[108] In den zwanziger Jahren, zeitgleich den arbeitswissenschaftlichen Diskussion, entstanden umfassende und (in der Form der »Labanotation« bis heute gebräuchliche) Aufschreibsysteme tänzerischer Bewegungen. Dieser »Schrifttanz« stellte die Möglichkeit bereit,

> »Tanz *aus* der Schrift hervorzubringen: ihn also nicht primär aus dem Körper und seiner probierenden Bewegung im Raum entstehen zu lassen [...], sondern die *Komposition einer Choreographie mit den Mitteln der Schriftzeichen* zu entwickeln.«[109]

Dass beispielsweise Rudolf Laban auf der einen Seite den Willen des bewussten Subjekts preist und seine Choreosophie vitalistisch zur »tänzerischen Weltanschauung« verbrämt, lässt jedoch nur umso deutlicher hervortreten, wie sehr seine Arbeit auf der anderen Seite *élan vital* und Subjekt durch Instruktion und Spur ersetzt. Laban stellt Bewegung auf ihre physiologischen Grundlagen und legt seine Quellen offen:

---

107 Gilbreth 1921, S. 48.
108 Gabriele Brandstetter, *Tanz-Lektüren. Körperbilder und Raumfiguren der Avantgarde*, Frankfurt a.M. 1995, S. 46f.
109 Brandstetter, S. 423.

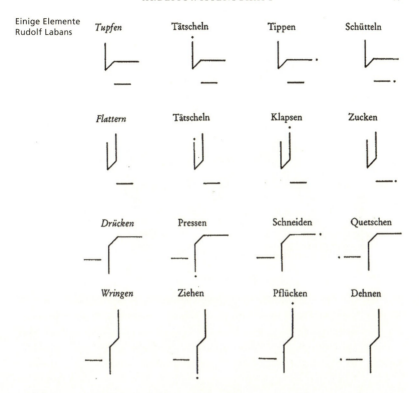

Einige Elemente Rudolf Labans

»Der Fluß der Motion wird durch Nervenzentren reguliert, die auf einen äußeren oder inneren Stimulus reagieren. Bewegungen brauchen eine bestimmte Zeit, die exakt meßbar ist. Die treibende Kraft der Bewegung ist die Energie, die durch Verbrennungsprozesse im Inneren der Körperorgane produziert wird. Der in diesem Prozeß verbrauchte Brennstoff ist die Nahrung. Über den rein physikalischen Charakter dieser Energiegewinnung und ihrer Umwandlung in Bewegung besteht kein Zweifel. [...]
Antriebe [gemeint sind willkürliche oder unwillkürliche] sind sichtbar in der Aktionsbewegung des Arbeiters ebenso wie des Tänzers [...] Die moderne Arbeitsanalyse und ihre Notation unterscheidet sich nicht wesentlich von derjenigen Weise, mit der man Ausdrucksbewegungen beschreibt. [...] Sie [die Notation...] basiert auf der Beobachtung und Analyse von Bewegung in Raum und Zeit.«[110]
Anders als bei den zuckenden Froschschenkeln ungezählter Experimentallabors seit Galvani, den hüpfenden Mönchen eines Abbé Nollet oder den verkrampften Physiognomien eines Duchenne ist es hier nicht die indexikalische Elektrizität, sondern die symbolische Schrift, die den Körper im Wortsinne pro-grammiert. Schrift bedeutet hier im schönen (oder heideggerschen) Doppelsinn »Stellung«, nämlich dergestalt, dass sie den Körper in Stellungen bringt und ihn dabei zur ›Entbergung von Energie‹ bestellt.[111]

110 Rudolf von Laban, *Kunst der Bewegung*, Wilhelmshaven ²1996, S. 29ff.
111 Martin Heidegger, *Die Technik und die Kehre*, Stuttgart ⁹1996.

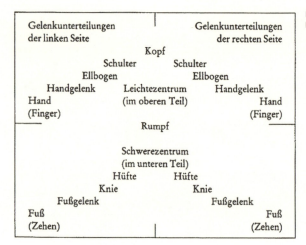

Labans Ortungsplan für Bewegungen

Wie Gilbreth mit seinen Simultanbewegungskarten und Therbligs destilliert auch Laban aus ›bestehenden Sequenzen‹ Elementarbewegungen oder »einfache Körperaktionen«. Daher geht es nicht nur deskriptiv um die »Etablierung eines *Ordnungs*-Systems [...] auf der Basis einer ganzheitlich ausgerichteten, philosophisch-weltanschaulich begründeten Theorie«,[112] sondern andererseits und präskriptiv um ein *Ortungs*-System einzelner Körperteile.[113] Dabei decken sich die relevanten Angaben zu Körper, Zeit, Raum und Kraft[114] zwar mit den Interessen der Arbeitswissenschaft, bleiben jedoch hinter deren Auflösung und medientechnischer Finesse erheblich zurück. Gleichwohl ist der Anspruch des Laban'schen »Denken[s] in Bewegungsbegriffen« universell und bezieht sich explizit auf Sport und Spiel, Theaterleben, Arbeit, Alltagsverhalten.[115] Giorgio Agamben hat dies den »Verlust der Gesten«[116] genannt und bezeichnet damit den Verlust der Bedeutung bestimmter Bewegungen, die gesellschaftlich eingeschrieben wird, und die gleichzeitige »Öffnung« neuer Einschreibmöglichkeiten durch Technologien, die Motion sichtbar und aufschreibbar machen und damit konstruieren. Denn Tanznotationen zeichnen nicht bloß auf, sondern sind so produktiv wie jedes andere Medium; das Kalkül ihrer Zeichen generiert selbst ungeahnte Bewegungen, die nicht

---

112 Brandstetter, S. 433 (Hervorhebung von mir).
113 Das ordinale Relationssystem Labans hat den Rumpf des Körpers zum Zentrum, der von den Tanztheoretikern erst um 1900 entdeckt wurde (Laurence Louppe, »Der Körper und das Unsichtbare«, in: *Tanz in der Moderne. Von Matisse bis Schlemmer*, Hg. K. Adelsbach/A. Firmenich, Köln 1996 (Kat. Kunsthalle Emden), S. 269-276). Nicht als ordinales, sondern als metrisches Relationssystem, gleichwohl aber als Ortungsraum und nicht als symbolische Form interpretiert William Ivins (wenig später und unter dem Eindruck von Radartechnik) die Zentralperspektive (*On the Rationalization of Sight*, New York 1975 [1939]).
114 Laban, S. 56.
115 Laban, S. 56f.
116 Giorgio Agamben, »Notes sur le Geste«, in: *Traffic*, 1(1990), S. 31.

Tanzspiel *Samba de Amigo*, 2000
Die Bewegungen des Spielers werden durch Ultraschall-Sensoren kontrolliert, und nur wenn er im Takt bleibt, tanzt die Welt mit ihm

Ergebnisse eines Ausdrucks, sondern einer Kombinatorik verfügbarer Spielelemente sind.

Das zeitkritische Computerspiel wäre – um es expliziter zu machen – in seiner ganzen Ab- und Verrechenbarkeit ein Tanz, der aus der Schrift entsteht. Während nämlich alle Identifikations- oder Stellvertretertheorien nur berücksichtigen, dass einer virtuellen Spielfigur bestimmte Bewegungen von der Souveränität eines allzu menschlichen Spielers diktiert werden, zeigen Tanznotationen, dass das Spiel auch ganz umgekehrt läuft. Das Programm inszeniert die Bewegungen seines Benutzers und überprüft, beispielsweise mittels Kollisionsabfragen, ob die Notationsvorschriften ordnungsgemäß aufgeführt wurden. Wer dabei aus der Reihe tanzt, verliert sein Spiel, denn nur eine vollständig buchstabierte Notation ist ein gültiger »Fall«, eine Instanz des Spiels.[117] Computerspiele drohen denen, die (wie einst Chaplin) gegen den Maschinentrott antanzen, mit dem Entzug jeden Spielspaßes. Spielerfolg bemisst sich an der selbstpädagogisierten Aufführung einer Programmpartitur – einer Schrift, die Benutzerhände auf Tastaturen tanzen macht.

Zweite Abschweifung: Helden der Arbeit

> Die Zeitliga ist eine der Armeen im Kampf für die neue Kultur, für den Kommunismus
> *Wremja, 1923*

Etwa zeitgleich mit den Gilbreth'schen Ermüdungsstudien entstand im nachrevolutionären Russland die sog. »Zeitliga«, die innerhalb weniger Wochen nicht nur 2000 Mitglieder, sondern auch Filialen in sämtlichen großen Städten aufweisen konnte. Der ungeheure Erfolg der Arbeitswissenschaft in der Sowjetunion, der sich in der stolzen Anzahl von etwa 60 Instituten zeigte, entwickelte nicht zuletzt den Zusammenhang von Theater und Arbeit unter dem

---

117 Nelson Goodman, *Sprachen der Kunst*, Frankfurt a.M. 1995.

Der Arbeiter der Zukunft im Gestell von Gastev

Primat der Arbeitswissenschaft.[118] So schreibt A. K. Gastev, Lyriker und Leiter des 1920 gegründeten Zentralinstituts für Arbeit:

>»Die wissenschaftliche Arbeitsorganisation [...] ist keine rein intuitive menschliche Entdeckung, sondern eine Schlußfolgerung, sie ist eine Formel der Bewegung, die uns die Mechanismen offenbaren. Die Gruppen der Maschinen und der Betriebe erziehen uns erst durch ihre maschinelle Kombination. [...] Die Technik geht in Verwaltung über. Verwalten heißt umstellen; Organisation ist *eine Lehre von Umstellungen im Zeitenraum.*«[119]

Gastev beschreibt beispielsweise die Ausrichtung eines hämmernden Arbeiterkörpers durch eine Schablone, die seine Bewegungen optimiert und zugleich durch ein Metronom, das seine Geschwindigkeit triggert. Ziel dieser »Biomechanik des Schlages« (Gastev) ist der Rhythmus als »Gelingen von Form unter der (erschwerenden) Bedingung von Zeitlichkeit«.[120] Biomechanik ist aber auch der Begriff, unter dem Wsewolod Meyerhold den »Schauspieler der Zukunft« begreift. Meyerhold will das Ende der kapitalistischen Gesellschaft als Ende der Trennung von Arbeit und Freizeit verstehen, die in der sozialistischen Gesellschaft durch die »Frage der Ermüdbarkeit« aufgehoben ist. Wenn in der kommenden »Arbeitsgesellschaft« die Tätigkeit des Schauspielers als Produktion aufgefasst wird, dann ist der optimierte Arbeiter

---

118 Franciska Baumgarten, *Arbeitswissenschaft und Psychotechnik in Rußland*, München/Berlin 1924; Wsewolod E. Meyerhold, »Der Schauspieler der Zukunft und die Biomechanik«, in: *Theaterarbeit 1917-1930*, Hg. R. Tietze, München 1974, S. 72-76; Jörg Bochow, *Das Theater Meyerholds und die Biomechanik*, Berlin 1997; *Werkraum Meyerhold. Zur künstlerischen Anwendung seiner Biomechanik*, Hg. D. Hoffmeier/K.Völker, Berlin 1995.
119 Zit. nach Baumgarten, S. 13 (Hervorh. C.P.).
120 So Gumbrechts Definition in Anlehnung an Benveniste (»Rhythmus und Sinn«, in: *Materialität der Kommunikation*, Hg. H.U. Gumbrecht/K.L. Pfeiffer, Frankfurt a.M. 1988, S. 714-729 [vgl. Anm. 177]).

das Modell des künftigen Schauspielers. Die Bewegungen des Arbeiter/ Schauspielers zeichnen sich aus durch: »1. das Fehlen überflüssiger, unproduktiver Bewegungen, 2. Rhythmik, 3. das richtige Finden des Schwerpunkts seines Körpers, 4. Ausdauer.«[121] Dabei spielt die Selbstinstruktion – ähnlich den selbst gedrehten Filmen Gilbreths – eine entscheidende Rolle, denn der Schauspieler N ist zugleich Trainer A_1 und Trainierter A_2, also in Meyerholds einfacher Formel $N = A_1 + A_2$. Er pädagogisiert sich gewissermaßen zu den Elementarbewegungen, die nötig sind, um jene Bewegungsserien einer Schauspielarbeit aufzuführen, zu denen ihn ein Regisseur instruiert. »Die Taylorisierung des Theaters wird es möglich machen«, so visioniert Meyerhold zuversichtlich, »in einer Stunde so viel zu spielen wie wir heute in vier Stunden bieten können.« Alle Anflüge von ›Innerlichkeit‹ gelten daher nur als Behinderungen einer Biomechanik der »Kontrolle« von Bewegungen, und folglich muss, wo Psychologie war, Physiologie werden.

Der ebenso aristotelische wie erfolgreiche Ansatz, den Computer als handlungslastiges Theater zu verstehen, wie ihn die ehemalige *Atari*-Designerin Brenda Laurel propagiert,[122] erscheint dadurch nicht nur vorweggenommen, sondern möglicherweise überholt. Allenfalls zur Hälfte geht es um die Instruktion von ›Akteuren‹ auf der ›Bühne‹ des Bildschirms. Vielmehr instruieren die Computer (wie Meyerholds Regisseur) den Spieler zu Sequenzen von trainierten Elementarbewegungen. Die arbeitswissenschaftliche Bühne liegt nicht in der Bildschirmdarstellung, sondern gerade im Raum davor, der durch einen Instruktionsfluss rhythmisiert wird. Die Frage (und Klage) lautet also nicht, dass oder wohin unsere Körper verschwunden sind, sondern in welcher neuartigen Umgebung sie sich wieder bemerkbar machen sollen.

Die Details sollten jedoch nicht davon ablenken, dass der kommunismuskompatible Taylorismus, wie ihn die *Erste allrußische Konferenz der wissenschaftlichen Arbeitsorganisation und Betriebsführung* 1921 auf persönliche Anregung Trotzkis formuliert, zugleich die Basiswissenschaft der Utopie des ›Neuen Menschen‹ ist.[123] So schreibt Sokolow im selben Jahr in einem Artikel über *Industrielle Rhythmische Gymnastik*:

> »Wenn eine neue industrielle rhythmische Gymnastik nach dem Prinzip der wissenschaftlichen Arbeitsorganisation von Taylor und Gilbreth geschaffen wird, so werden die Linien der Kunst und des Betriebes einander begegnen, und sich schneiden. Der Theaterregisseur und der Ingenieur mit einer Sekundenuhr in der

---

121 Meyerhold geht bekanntlich so weit, die Schauspieler einfach durch Arbeiter zu ersetzen, die nach ihrer Arbeit in Fabriken Theater spielen, was ja nur heißt, von einer Bewegungsarbeit auf eine andere umzuschalten. Dazu gehören selbstverständlich auch die Masseninszenierungen wie »Die Erstürmung des Winterpalais« (Petersburg 1920) oder die 1921 geplante Revolutionsfeier bei Moskau.
122 Brenda Laurel, *Computers as Theatre*, Reading, Mass. 1991; Brenda Laurel, *Towards the Design of a Computer-based Interactive Fantasy System*, Diss. Ohio State University, 1986; *The Art of Human-Computer Interface Design*, Hg. B. Laurel, Reading, Mass. 1990.
123 Dazu auch *Proletkult 1: System einer proletarischen Kultur* und *Proletkult 2: Zur Praxis und Theorie einer proletarischen Kulturrevolution in Sowjetrußland 1917-1925*, Hg. P. Gorsen/E. Knödler-Bunte, Stuttgart 1974.

IFV (Infantry Fighting Vehicle) oder kurz *Bradley Trainer*. Sonderausführung eines *Atari*-Spielautomaten auf dem Militärstützpunkt Fort Eustace

Hand, werden gemeinsam ein System einer neuen Produktionsgymnastik nach den Gesetzen der Arbeitsprozesse schaffen. [...] Es ist gut möglich, daß in den Fabriken der Zukunft Klänge von dieser oder jener Höhe die Arbeit intensiver gestalten werden. In einer Fabrik um die Mitte des 20. Jahrhunderts wird wahrscheinlich nicht ein amorphes Geräusch, sondern irgendeine Musik der Maschine zu hören sein, die auf die Weise erreicht wird, daß sämtliche Räder und Treibräder auf einen bestimmten Ton gestimmt sein werden. [...] Wenn in unserem ganzen Leben und Dasein die Prinzipien der Chronometrie und des Scientismus eingeführt, und wenn unsere Art zu gehen und zu gestikulieren auf den Geometrismus der Ökonomie und der Rationalisierung der Bewegungen aufgebaut werden wird, auf geraden Linien als Linien der kleinsten Distanz zwischen zwei Punkten, so wird auch ein geometrischer, monumentaler Stil der rußischen Republik geschaffen werden.«[124]

Ebenso deutlich formuliert Gastev seinen »biologischen Maschinismus« in der Schrift über *Die Ausstattung der modernen Kultur*:

»ein Mensch der neuen Kultur muß außer gut ausgebildeten Sinnesorganen eine vortreffliche Beobachtungsgabe besitzen. Dabei muß er die Wachsamkeit haben, die Fähigkeit, jeden Augenblick sein Auge und sein Ohr in Tätigkeit zu setzen. [...] Für den Lebenskampf ist eine gute Stimmung unerläßlich, ferner eine Arbeitsfähigkeit, die einerseits durch ein entsprechendes Trainieren (nach seiner bereits oben erwähnten Methodik), andererseits durch entsprechendes Lebensregime angeeignet werden könnte. Die Fähigkeit der Organisation, ›die Kunst, das Material und die Zeit zu beherrschen‹, ist die Krone dieser Eigenschaften. ›Der

---

124 Zit. nach Baumgarten, S. 45f.

Kulturträger des neuen Rußland ist nicht der Missionär und der Redner, sondern der Monteur‹.«[125]

Die ausführlichen Zitate mögen dadurch gerechtfertigt sein, dass sich die utopische Verschmelzung verschiedenster Lebensäußerungen in der Figur des ›Monteurs‹ in der utopischen Überhöhung der Figur des Computerspielers oder *video-kid* wiederholt. Dies gilt beispielsweise für den Generationsbruch, den etwa Sherry Turkle – sei es nun zum Guten oder Schlechten – in *The Second Self* konstatiert und in dem die Figur des Computerspielers von einer neuen Kultur kündet, von der die Nicht-Spieler durch einen kaum überbrückbaren Graben getrennt sind.[126] Reagans bereits erwähntes Rekrutierungsangebot an Computerspieler in den Zeiten von SDI erscheint als nur eine von vielen Anekdoten für die Ausrufungen ›neuer‹ Individual- und Gesellschaftskörper im Rahmen der VR-Panegyrik der späten 1980er Jahre, die wie eine Reprise der ersten Jahrzehnte dieses Jahrhunderts anmutet.

Dritte Abschweifung: Organische Konstruktion

Schon für Gastev war der »Soldat eigentlich ein Taylorschüler, der *vor* seinem Lehrer geboren wurde«,[127] doch am klarsten hat wohl Ernst Jünger herausgearbeitet, wie der Soldat in der ›Gestalt des Arbeiters‹ aufgeht.[128] Der *Arbeiter* meint bekanntlich nicht den Arbeiter in einem moralischen oder ökonomischen Sinn,[129] sondern einen zu einem historischen Zeitpunkt erscheinenden Typus: »Für eine Zehntelsekunde wurde mir deutlich, dass wir uns wieder einem Punkte nähern, von dem aus gesehen Physik und Metaphysik identisch sind. Dies ist der geometrische Ort, an dem die Gestalt des Arbeiters zu suchen ist.«[130] Jüngers umstrittener Text sollte daher weniger als protofaschistische Allegorie vor dem Zweiten, sondern vielmehr als Reaktion und Kommentar auf den Machtanspruch der Arbeitswissenschaften nach dem Ersten Weltkrieg gelesen werden.

> »Man muß wissen, daß in einem Zeitalter des Arbeiters [...] es nichts geben kann, was nicht als Arbeit begriffen wird. Arbeit ist das Tempo der Faust, der Gedanken, des Herzens, das Leben bei Tage und Nacht, die Wissenschaft, die Liebe, die Kunst, der Kultus, der Krieg; Arbeit ist die Schwingung des Atoms und die Kraft, die Sterne und Sonnensysteme bewegt.«[131]

> »Der Arbeitsraum ist unbegrenzt, ebenso wie der Arbeitstag vierundzwanzig Stunden umfaßt. Das Gegenteil der Arbeit ist nicht etwa Ruhe oder Muße, sondern es gibt unter diesem Gesichtswinkel keinen Zustand, der nicht als Arbeit begriffen wird.«[132]

125 Baumgarten, S. 115.
126 Sherry Turkle, *The Second Self. Computers and the Human Spirit*, New York 1984, S. 66.
127 Zit. nach Baumgarten, S. 17.
128 Ernst Jünger, *Der Arbeiter. Herrschaft und Gestalt*, Stuttgart 1982.
129 Jünger, S. 90.
130 Ernst Jünger, »Vorwort zu *Blätter und Steine*«, in: *Sämtliche Werke*, Bd. 14, Stuttgart 1978, S. 162.
131 Jünger, S. 68.

Diese Totalisierung der Arbeit, der ›totale Arbeitscharakter‹ hat die Form einer Sprache, und dies ist – wie könnte es anders sein – die Sprache der Bewegung:

> »Die Art von *Bewegung*, von der hier die Rede ist, [...] ist wahrnehmbar soweit das Auge reicht [...] Auch ist es nicht nur der Verkehr – die mechanische Überwindung der Entfernung, die die Geschwindigkeit von Geschossen zu erreichen strebt –, dessen sich die Bewegung bemächtigt hat, sondern *jede* Tätigkeit schlechthin. [...] In ihr deutet sich die *Sprache der Arbeit* an, eine ebenso *primitive wie umfassende* Sprache, die bestrebt ist, sich in *alles zu übersetzen*, was gedacht, gefühlt, gewollt werden kann.«[133]

Die Sprache der Bewegung bildet gewissermaßen das Interface, das die Verbindung von Arbeiter und Technik in der »organischen Konstruktion« ermöglicht. Das Trainingsfeld dieser ›Verbandsart‹ und deshalb ein ›Beispiel ersten Ranges‹ war der Erste Weltkrieg. Es wäre jedoch eine Verwechslung, würde man dies einfach als nachträgliche Übertragung der militärischen Begriffe von Effizienz und Bewegung auf die Arbeitswelt einer vermeintlichen Friedenszeit verstehen (also etwa so, wie Gilbreth die Forschungsergebnisse des Krieges in den Frieden ›retten‹ will). Vielmehr erscheint umgekehrt der Krieg nur als *ein* partikularer Aspekt, ein Sonderfall der Arbeit, denn die »Entwicklung läuft darauf hinaus, dass die soldatische Uniform immer eindeutiger als ein Spezialfall der Arbeitsuniform erscheint.«[134]

Die Technik ist das Medium[135] dieser Mobilisierung, weil sie eben nicht neutral gegen ihre Benutzer ist. So jedenfalls lautet der Vorwurf, den Jünger den ›aufklärerisch-bürgerlichen‹ Konzepten einer friedlichen oder kriegerischen, immer aber in der Verfügungsgewalt von Subjekten liegenden, ›Nutzung‹ der Technik macht. Sie macht diejenigen, die sich als Subjekte der Technik wähnen, zugleich zu ihren Objekten. Das besagt aber kaum weniger als Marshall McLuhans Diktum, dass die Auswirkungen der Ausweitung unserer eigenen Person sich aus dem Maßstab ergeben, der durch die Ausweitung unserer eigenen Person erst geschaffen wird – oder eben, dass das Medium die Botschaft ist.[136] Wo die »organische Konstruktion« konstatiert, dass jede Technik einen ganz bestimmten »Lebensstil«[137] zur Folge hat, impliziert sie eine Medientheorie. Die Technik, die der Erste Weltkrieg exponiert hat, bezieht sich auf die Geschwindigkeit von Wahrnehmung, die Effizienz von Bewegung und die Logistik der Adressierung, und dies sind die Formen, in denen die Technik den Menschen entwirft:

> »Verändert hat sich [...] das Gesicht [...] unter dem Stahlhelm [...] Der Blick ist ruhig und fixiert, geschult an der *Betrachtung* von Gegenständen, die in Zuständen *hoher Geschwindigkeit* zu erfassen sind.«[138]

---

132 Jünger, S. 91.
133 Jünger, S. 99f. (Hervorh. C.P.).
134 Jünger, S. 125; oder auch der Gilbreth'schen Tenniskleidung.
135 In Jüngers Worten bekanntlich »die Art und Weise, in der die Gestalt des Arbeiters die Welt mobilisiert« (Jünger, S. 156).
136 Marshall McLuhan, *Die magischen Kanäle. Understanding Media*, Düsseldorf/Wien 1968.
137 Jünger, S. 166; *Titan Technik. Ernst und Friedrich Georg Jünger und das technische Zeitalter*, Hg. F. Strack, Würzburg 2000.

>Hohe Häuser sind nur dazu gebaut, daß man von ihnen stürzt, es ist der Sinn des Verkehrs, daß man überfahren wird [...]. Diese Komik geht auf Kosten des Individuums, das die Grundregeln eines sehr *präzisen Raumes* und die ihnen natürliche *Gestik* nicht beherrscht«[139]

>Der Kraft-, Verkehrs- und Nachrichtendienst erscheint als ein Feld, in dessen *Koordinatensystem* der einzelne als bestimmter Punkt zu ermitteln ist – man >schneidet ihn an<, etwa in dem man die Ziffernscheibe eines automatischen Fernsprechers stellt.«[140]

Wenn die Technik ihre Benutzer also psychophysiologisch instruiert und in Medienverbünden lokalisiert, dann ist die Sprache, die es für die Kommunikation mit der Technik zu lernen gilt (jene *lingua franca* »die im Arbeitsraume gültig ist«) eine der Instruktion, eine »Befehlssprache«.[141] Und weil sie das Individuum, den Nationalstaat, die Kunst und einiges mehr auflöst, ist sie (so Jünger) am leichtesten von >Analphabeten< alteuropäischer Kultur zu erlernen, auf die sich auch die *beta*-Tests und Instruktionsbögen konzentrierten, als sie von Bildungsgeschichten absahen.[142] So erscheint Jünger schon deshalb zitierenswert, weil er die Universalismen der Arbeitswissenschaft nicht mehr vom Menschen, sondern von der Technik aus denkt; nicht von Subjekten und Apparaten, sondern von einer Rekursion und Kommunikation heterogener Elemente her. Damit unterscheidet er sich auch methodisch von der Frankfurter Diagnose einer >Verlängerung der Arbeit unterm Spätkapitalismus<. Die »organische Konstruktion«, die Metaphysik in Physik aufzulösen trachtet (oder, im Sinne Heideggers, die Unterscheidung von Sein und Denken aufhebt), schickt sich an, Kultur unter einem medientechnischen Apriori zu beschreiben. »Organische Konstruktionen« sind in diesem Sinne keine Maschinen, die irgendwie benutzt werden, sondern organisieren selbst die Grenzen oder Schnittstellen zwischen jenen Einheiten, die man Mensch und Natur, Mensch und Apparat, Subjekt und Objekt nennen mag.

★

Nimmt man all diese Punkte zusammen, so markiert die Arbeitswissenschaft nach dem Ersten Weltkrieg die Vorbereitung jener auf die Kybernetik zu datierenden Schwelle, die Gilles Deleuze den Übergang von »Disziplinargesellschaften« zu »Kontrollgesellschaften« genannt hat. Deleuze hat ihn auf die Gegensatzpaare von Einschließung und Öffnung, analogischer und numerischer Sprache, Fabrik und Unternehmen, Individuum und Dividuum, Energie und Information zugespitzt:

>»In den Disziplinargesellschaften hörte man nie auf anzufangen (von der Schule in die Kaserne, von der Kaserne in die Fabrik), während man in den Kontrollgesell-

---

138 Jünger, S. 112f. (Hervorhebung von mir)
139 Jünger, S. 135. (Hervorhebung von mir)
140 Jünger, S. 145f. (Hervorhebung von mir)
141 Jünger, S. 156, 169.
142 Jünger, S. 213.

schaften nie mit etwas fertig wird: [...] metastabile und koexistierende Zustände ein und derselben Modulation, die einem universellen Verzerrer gleicht.

Der Mensch der Disziplinierung war ein diskontinuierlicher Produzent von Energie, während der Mensch der Kontrolle eher wellenhaft ist, in einem kontinuierlichen Strahl, in einer Umlaufbahn [...].

Die alten Souveränitätsgesellschaften gingen mit einfachen Maschinen um [...]; die jüngsten Disziplinargesellschaften waren mit energetischen Maschinen ausgerüstet [...], die Kontrollgesellschaften operieren mit Maschinen der dritten Art, Informationsmaschinen [...].«[143]

Während Marx noch beschreibt, wie der Arbeiter lernen muss, seine eigenen Motionen mit den gleichförmigen Bewegungen einer Maschine zu koordinieren, gelten für »Informationsmaschinen« andere Bedingungen: Computerspiele dehnen den Lern- und Akkommodationsprozess bis an ein möglichst lange hinausgeschobenes Spiel-Ende aus. Ihr Ziel ist nicht die einmalige Normierung, sondern (gestützt auf das Prinzip der Störung, das das produktive Zentrum aller Rückkopplungen ausmacht) die Herstellung immer neuer, unerwarteter Anpassungsaufgaben. Computerspiele sollen zur Produktionsgymnastik des ›flexiblen Menschen‹ werden. An der Schwelle zur Kontrollgesellschaft finden sich jedoch technologische Amphibien, die zwischen kontinuierlicher Bewegung und diskreten Sprüngen, zwischen Messen und Zählen, zwischen Energie und Information, Lebewesen und Maschinen vermitteln.

5. Rechnende Bewegung

Indem die Arbeitswissenschaft die Bewegungsbahnen vom Realen abzog und mit den so gewonnenen Daten ihre Ökonomie von Zeit und Energie kalkulierte, machte sie es möglich, mit Bewegungen zu rechnen. Zwar ist nicht damit zu rechnen, dass die einmal optimierten Trajektorien auch ohne Übertragungsverluste in den Arbeiterkörpern ankommen, doch gibt es nach der Zerlegung und Normierung der Bewegung eine Normalität, durch die wenigstens im statistischen Mittel berechnet werden kann, womit zu rechnen ist. Bewegungsleitsysteme wie Markierungen auf Schreibtischen oder die stark zeitverzögerte Rückkopplung durch Filme waren die Medien, mittels derer kinetische Instruktionen wieder ins Körpergedächtnis solcherart (re)animierter Arbeiter zurückgeschrieben werden konnten, von denen sie zuvor abgenommen und prozessiert worden waren. Die Abweichungen, die bei der Aktualisierung einer Bewegungsnotation entstehen, haben dadurch den Status einer Fertigungstoleranz, wie sie auch Maschinen bei der Überführung ihrer mechanischen Konstruktion in Laufzeit offenbaren. Denn eine analoge Maschine arbeitet mindestens so unpräzise wie ihr ungenauestes Teil. Das Vertrauen, das man ihr dementsprechend entgegenbringen darf, und der Ort, an

---

143 Gilles Deleuze, »Postskriptum über die Kontrollgesellschaften«, in: *Unterhandlungen 1972-1990*, Frankfurt a.M. 1993, S. 254-262.

Planimeter

dem sie sich mit ihrem normierten Benutzer trifft, fallen im mathematischen Terminus des »Konfidenzniveaus« zusammen.[144]

Die analogen Computer, die historisch zwischen der Bewegungslehre der Arbeitswissenschaft und den digitalen Computern stehen, sind nicht nur durch das Problem der Fertigungstoleranz beschrieben, das zur praktischen Folge hat, dass Rechnungen mehrfach durchgeführt werden und das Ergebnis ein statistischer Mittelwert ist, in dem sich die verschiedenen Unsicherheiten (Reibung, Luftfeuchtigkeit, Temperatur usw.) aufheben. Rechenergebnisse sind damit, ebenso wie die als normal berechnete Arbeitsleistung, ein Mittelwert verschiedener Aufführungen derselben Arbeit. Vor allem sind die Analogrechner der 1920er Jahre dadurch bestimmt, dass sie Bewegungsdaten *erfassen*, diese selbst als Bewegung *prozessieren* und zuletzt auch als Bewegung wieder *ausgeben*.

> »Kinesis war die Rhetorik dieses Jahrzehnts, als die Amerikaner mit der reinen Bewegung das machten, was die Engländer um 1600 mit der Sprache, was die Franzosen um 1880 mit der Farbe machten. In diesen wenigen Jahren erblühte das Newtonsche Universum vor amerikanischen Augen wie eine verlangende Rose, die, bevor ihre Blütenblätter abfielen, ihr intrikates Repertoire von Aktion, Reaktion und Balance entfaltete. In dieser Pause, in der wie von Zauber gebannt der Waffenlärm zu schweigen scheint, begegnen sich Mensch und Maschine nahezu als Gleichberechtigte. Wie die Dinge funktionieren konnte noch durch bloßes Anschauen verstanden werden. [...] Flugbahnen wurden mit Leichtigkeit von jedermann intuitiv erkannt, und das Kräfteparallelogramm erhellte die Vernunft, wie die Liebe die Seele eines Engels umstrahlte.«[145]

Differential Analyzer

Die Probleme der Elektrotechnik jener Zeit lagen in der Berechnung komplexer und ausgedehnter Elektrizitäts- und Kommunikationsnetze. So waren es vor allem Integralrechnungen, die für die mathematische Beschreibung

---

144 I. N. Bronstein/K. A. Semendjajew, *Taschenbuch der Mathematik*, Frankfurt a.M. ^{22}1985, Abschnitt 5.2.2.
145 Hugh Kenner, *Von Pope zu Pop. Kunst im Zeitalter von Xerox*, Dresden 1995, S. 42f.

Vannevar Bushs *Differential Analyzer*: rechts Eingabe, in der Mitte Berechnung, links Ausgabe durch Bewegung

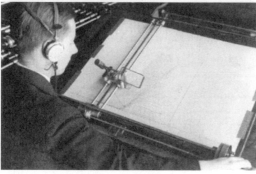

Dateneingabe durch Nachzeichnen am *Differential Analyzer*

langer Übertragungsleitungen von zentraler Bedeutung waren. Zur Lösung wurden die Funktionen berechnet, von Hand gezeichnet, dann mit Hilfe von sog. Planimetern integriert und zuletzt multipliziert, um beispielsweise Stromstärken gegen eine Zeitachse graphisch auftragen zu können. Michael Williams berichtet von einem ebenso schlichten wie genialen Verfahren, diese Arbeit zu vereinfachen, indem man die Funktionen auf hochwertiges Papier zeichnete und ausschnitt, um über das Gewicht des Papierschnipsels die Fläche unter der Kurve zu ermitteln.[146]

Nach ersten Versuchen mit einem Thomson-Integrator verfielen Vannevar Bush und Herbert Stewart darauf, die Integration durch einen normalen Leistungszähler (Wattstundenmeter) durchzuführen, der an einen servomotorgetriebenen Stift gekoppelt war, der den entsprechenden Graphen nachzeichnete.[147] Harold Hazen erweiterte dieses ursprüngliche Konzept des *Product Integraph* um einen »wheel and disc integrator«, und mit diesem zweiten Modell wurden zahlreiche Berechnungen durchgeführt. Allerdings war die Kombination aus Mechanik und Elektrik und vor allem der Leistungsmesser zu ungenau und zu störanfällig.

Bushs folgender *Differential Analyzer* (in verschiedenen Ausführungen um 1930) basierte daher zunächst nur noch auf mechanischen Integratoren. Auf

---

146 Michael R. Williams, *A History of Computing Technology*, Washington ²1997, S. 201.
147 Larry Owens, »Vannevar Bush and the Differential Analyzer: The Text and Context of an Early Computer«, in: *Technology and Culture*, 1960, S. 63-95.

der einen Seite befanden sich Eingabegeräte, an denen die Operatoren Kurven nachzeichneten, an der anderen Seite Plotter, die die Ergebnisse graphisch ausgaben. Dazwischen lag ein kompliziertes System aus Getrieben und Gestängen, das Addition, Subtraktion, Division und Integration erlaubte. Die auf verschränkten, rotierenden Scheiben aufgebauten »Integratoren« implementieren dabei die entscheidende Beziehung vom Typ $y = \int_a^b f(x)dx$. Um dabei ein Abrutschen des Rades von der Scheibe unter Belastung zu vermeiden kam im *Intergraph* noch ein Servomotor vor, der die Bewegung nachvollzog, im *Differential Analyzer* jedoch ein ebenfalls rein mechanisches Element, nämlich der von C.W. Niemann (übrigens ein Ingenieur der von Taylor einst rationalisierten *Bethlehem Steel Corporation*) entworfene Torsionsverstärker, der nach dem Prinzip des Flaschenzugs Bewegungen mechanisch verstärkt.

Mit dem *Differential Analyzer* war also zweierlei geleistet: Erstens war der Rechenprozess vollständig und auf einer einheitlichen Hardwarebasis in Bewegung überführt, und zweitens waren mathematische Grundoperationen in einzelne, mechanische Grundelemente modularisiert. Ebenso wie Gilbreth Elementarbewegungen für den Arbeitsablauf isolierte, die zu Arbeitschoreographien rekombiniert werden konnten, hatte Bush elementare mathematische Operationen isoliert, die zu Rechenbewegungen konfiguriert werden konnten.[148] So kann beispielsweise $\frac{dx}{dt} = \int \left[k\frac{dx}{dt} + g(x) \right] dt$ als Zusammenspiel von Bewegungen notiert werden, wobei die horizontalen Linien rotierende Stangen sind und »K« und »Σ« Multiplikations- und Additionsgetriebe darstellen. Der *Differential Analyzer* rechnet also nicht nur, sondern er ist auch ein mechanisches Modell der Differentialrechnung und er löst Aufgaben, indem er auf eine Hardware-Bibliothek zurückgreift. Und seine Berechnungen bestehen, wie Owen so treffend schreibt, darin »die mathematischen Gleichungen kinetisch auszuagieren [*act out*]«.[149] Programmierung wird, wie in der Arbeitswissenschaft, zur Bewegungslehre. Wie an kaum einem anderen Computer wird am *Differential Analyzer* zugleich Friedrich Kittlers Diktum »there is no software« augenfällig. Erst spätere Versionen setzten dann Lochkarten und digital/analog-Wandler ein. So ergab sich die Situation eines digitalen Interface für eine analoge Maschine als völliges Gegenteil aller heutigen analogen Interfaces für digitale Maschinen.

Dass der messende *Differential Analyzer* durch die Entwicklung von Digitalcomputern für die meisten Aufgaben obsolet wurde, ist bekannt, sollte aber

---

148 Die maschinenbauhistorische Grundlage dazu ist Franz Reuleaux' Kinematik.
149 Owens, S. 75 (Übers. C.P.). Es liegt nahe, dieses Wortspiel aufzugreifen und das *acting out* der Gruppentherapie auf die Aktionen von Analogrechnern abzubilden. Jenseits von Logozentrik und Egozentrik sollen dort (und im Stegreiftheater) ja Probehandeln und Ernstfall ebenso zusammenfallen wie Rechnung und Bewegung im *Differential Analyzer* (J. L. Moreno, *Gruppentherapie und Psychodrama*, Stuttgart 1959).

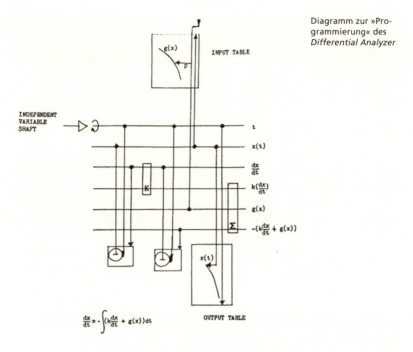

Diagramm zur »Programmierung« des *Differential Analyzer*

nicht vergessen machen, dass er eine Eigenschaft besaß, die sich zählende Digitalrechner erst mühsam über Verfahren der Repräsentation erarbeiten mussten, nämlich Anschaulichkeit oder besser: Sichtbarkeit. Damit ist nicht nur gemeint, dass *Differential Analyzer* oder *Product Integraph* indexikalisch sind wie später allenfalls noch die *Williams Tube* (vgl. S. 73) und dass die Handbewegungen von Operatoren- und Plotterarmen[150] tatsächlich jene Daten *sind* (und nicht bloß repräsentieren), die verarbeitet werden. Die Geräte beziehen sich vielmehr in einem emphatischen Sinne auf ihre Kommensurabilität. Warren Weaver spricht von einem »sehr beachtlichen erzieherischen Wert«, und Vannevar Bush äußert, der *Integraph* gebe »demjenigen, der ihn studiert einen fasslichen Begriff des Wesens, das einer Differentialgleichung innewohnt«.[151] Ferner berichtet Bush in seinen Erinnerungen stolz die Anekdote, dass ein schlichter Maschinist mathematische Probleme ›mit einem Professor‹ diskutieren konnte, weil sie ihm als Gestänge und Getriebe, als programmtechnische Konfiguration von Elementarbewegungen, in Fleisch und Blut (*under his skin*) übergegangen seien.[152] Larry Owens leitet diese Sichtbarkeit recht einleuchtend aus dem Idiom reformierter Ingenieursausbildung der Jahrhundertwende und deren zentraler Bedeutung von Vokabular, Orthographie, Syntax, Grammatik und Literatur einer graphischen Sprache her, durch die der Ingenieur mehrere Diskurse verknüpfen sollte. Darüber hinaus erinnert die Anek-

---

150 Man erinnere sich an die Arbeitsbewegungen an Frank Gilbreths gerastertem Schreibtisch.
151 Vannevar Bush, »Mechanical Solutions of Engineering Problems«, in: *Tech. Engineering News*, 9(1928), zit. nach Owens S. 85f. (Übers. C.P.)
152 Vannevar Bush, *Pieces of action*, New York 1970, S. 262.

Vannevar Bush schaut beim Rechnen zu

dote Bushs aber an die *beta*-Tests der Eignungsdiagnostik, die ein ›kulturfreies‹ Verstehen ohne Lesen ermöglichen sollten. Bushs Wartungstechniker »versteht«, da sie ja sichtbare Bewegungen sind, mathematische Probleme ohne das Symbolische der Schrift und kann »programmieren« ohne die Diagrammatik der Programmbeschreibungen oder gar Programmcode zu lesen. Zwischen Input und Output herrscht im *Differential Analyzer* nichts Numinoses, sondern im Wortsinne einsichtige Mechanik.

Project Pigeon

Genau darin trifft er sich mit dem Neobehaviorismus, wie ihn B. Frederic Skinner seit den 1930er Jahren und in Weiterführung von Watson entwickelte.[153] Nichts anderes nämlich tut Skinner, als ein numinoses Mittleres zwischen In- und Output, zwischen Stimuli und Verhalten, in Mechanik zu überführen. Positionen, die mit Bewusstsein und Intentionalität argumentieren, verwirft er als mentalistisch. Mentale Phänomene seien nicht beobachtbar, folglich könne von ihnen auch nicht deduziert werden, und sie sind »inferential«. Als falsifizierbar und damit (im Popper'schen Sinne) wissenschaftlich gilt nur, was auch beobachtbar ist. Die Sichtbarkeit spielt somit die entscheidende Rolle im Behaviorismus Skinners, wohingegen beispielsweise Wilhelm Wundt in Gestalt der Introspektion noch Erlebnisse als genuine Datenquelle für psychologische Untersuchungen zuließ.

Wo nur zählt, was als Input und Output sichtbar ist, schaltet sich folglich der Behaviorismus als Wissenschaft der rechnenden Getriebe dazwischen. Was Skinner in seinen *reinforcement*-Funktionen experimentell ausmisst und gra-

---

153 Herbert M. Jenkins, »Animal Learning and Behavior Theory«, in: Hearst, S. 177-230.

phisch visualisiert, könnte auch als Festverdrahtung oder eben als mechanische Recheneinheit eines *Differential Analyzers* implementiert werden. Daniel C. Dennett, späterer Vertreter einer computationalen Theorie des Geistes, wandte ein, dass das Modell der Sichtbarkeit bei Computern nicht ausreiche. Wenn wir einen Computer dadurch erklären wollen, dass wir verschiedene Eingaben machen und beobachten, was passiert, wie die Maschine auf Stimuli reagiert, und das so lange tun, bis alle möglichen Eingaben gemacht sind, statt einfach den Programmcode zu lesen, dann wäre das umständlich bis aussichtslos.[154] Dennetts Argument liegt natürlich nicht nur zeitlich hinter der durch Noam Chomskys Kritik maßgeblich ausgelösten ›kognitiven Wende‹ der 1950er Jahre,[155] es ist vor allem ahistorisch, weil es sich auf einen anderen Computertypus bezieht. Bei Skinner ist es eben nicht der Digitalcomputer heutiger Form mit seinen IF/THEN-Verzweigungen und seinem gemeinsamen Adressraum für Befehle und Daten, sondern der Analogrechner der 1930er, der das Modell des Menschen hergibt. Deshalb ist Skinners schlichte These von der Unhintergehbarkeit des Sichtbaren für Computerspiele und Benutzeroberflächen interessant, da es hier gerade *nicht* um das Lesen von Programmcode geht. Illiterat zu sein, ist gewissermaßen die Voraussetzung für Actionspiele, bei denen es um die rückgekoppelte Rhythmisierung von audiovisuellen Stimuli und sensomotorischer Reaktion geht. Nicht anders steht es mit den Benutzeroberflächen, die nicht durch Lesen von Handbüchern oder Sourcecode verstanden werden, sondern durch Anklicken oder Herumspielen, also gerade durch die Beobachtung, welche Stimuli bestimmte Reaktionen auf dem Bildschirm auslösen. Bei Spielen und Benutzeroberflächen ist es kein ›Desaster‹ (Dennett), sondern schlicht die Bedingung von Spielspaß und Selbsterklärungsfähigkeit, die internen Zustände und Prozesse des Gerätes in einem behavioristischen Sinne zu vernachlässigen.

Von Skinner selbst stammt das aufschlussreiche Beispiel des Autofahrens: Mentalistische Theorien suggerieren – so Skinner – einen ›homunculus‹ namens Bewusstsein in Gestalt eines zweiten Autofahrers, der gewissermaßen den Körper des realen Fahrers steuert. Für den Behavioristen dagegen gibt es selbstverständlich nur *einen* Autofahrer, nämlich in Form jenes Körpers, der Inputs zu Outputs verarbeitet. Die radikale Konsequenz, die Skinner daraus zieht, heißt Tierkörper tatsächlich als Rechenelemente zwischen In- und Outputs zu *schalten* und – wie die Geschichte lehrt – Tauben, wenn schon nicht zu Autofahrern, so doch zu Piloten zu machen:

> »Ende der 30er Jahre hatten die Nazis die Macht des Flugzeugs als Angriffswaffe endgültig unter Beweis gestellt. Auf einer Zugreise von Minneapolis nach Chicago im Frühjahr 1939 sann ich eher müßig über Boden-Luft-Raketen als mögliche Verteidigungsmittel nach. Wie könnte man sie steuern? Ich wusste natürlich

---

154 Daniel C. Dennett, *Brainstorms. Philosophical Essays on Mind and Psychology*, Cambridge 1978; Curtis Brown, *Behaviorism: Skinner and Dennett* (www.trinity.edu/cbrown/mind/behaviorism.html).

155 Vgl. Chomskys Rezension zu Skinners *Verbal Behavior* in: *Language*, 35(1959) (wieder in: *Readings in the Philosophy of Psychology*, Hg. N. Block, Vol. 1, Harvard 1980).

Foto-Taube und feldtaugliche Dunkelkammer mit Taubenschlag aus dem Ersten Weltkrieg

nichts über Radar, aber die infrarote Strahlung des Ausstoßes der Triebwerke schien eine Möglichkeit. Kam sichtbare Strahlung überhaupt nicht in Frage? Ich bemerkte einen Vogelschwarm, der neben dem Zug entlang flog, und plötzlich ging mir auf, dass die Antwort sehr wohl in meinen eigenen Forschungen stecken mochte. Warum nicht Tiere lehren, Raketen zu steuern?«[156]

»Plötzlich erschienen sie mir als ›Gerätschaften‹ [›devices‹] mit hervorragender Sicht und außergewöhnlicher Lenkbarkeit.«[157]

Natürlich fallen Ideen nicht solcherart vom Himmel über Chicago. Tauben waren schon lange zur Datenübertragung im Einsatz und hatten im Ersten Weltkrieg auch zur Bedienung von photographischen Speichern gedient.[158] Neu ist, dass Tauben nicht mehr nur zum Übertragen und Speichern, sondern zur Prozessierung selbst eingesetzt werden, was die immensen Probleme mit der jungen Videotechnik elegant umgeht.[159] Der angedeutete Anschluss an die »eigene Forschung« bezieht sich auf die berühmte Skinner-Box, in der ein Versuchstier sich durch Schnabelhiebe auf Plastikscheibchen Futter beschaffen kann (Wirkreaktion). Die Belohnungsgabe (Hochheben des Futtertroges) er-

---

156 B. Frederic Skinner, »Autobiography«, in: *A History of Psychology in Autobiography*, Hg. E. G. Boring/G. Lindzey, Vol. 5, New York 1967, S. 387-413, 402 (Übers. C.P.); vgl. *B. F. Skinner and Behaviorism in American Culture*, Hg. L. D. Smith/W. R. Woodword, Bethlehem 1996; B. Frederic Skinner, *The Shaping of a Behaviorist*, New York 1979.
157 Skinner 1979, S. 241 (Übers. C.P.).
158 Daniel Gethmann, »Unbemannte Kamera. Zur Geschichte der automatischen Fotografie aus der Luft«, in: *Fotogeschichte*, 73 (1999), S. 17-27.
159 Thomas Müller/Peter Spangenberg, »Fern-Sehen – Radar – Krieg«, in: *Hard War/Soft War. Krieg und Medien 1914 bis 1945*, Hg. M. Stingelin/W. Scherer, München 1991, S. 275-302. Das NDRC hatte eine eigene Abteilung zur Entwicklung von Lenkwaffen eingerichtet, von dessen $13 000 000 Etat jedoch nur $25 000 an Skinners Team gingeb (dazu Vannevar Bush/ James B. Conant, Vorwort zu *Guided Missiles and Techniques*, Summary Technical Report, NDRC, Washington 1946).

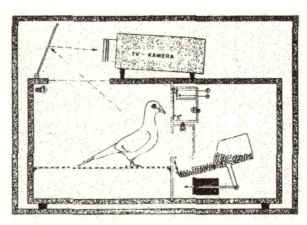

Eine typische Skinner-Box

folgt nur unter bestimmten Bedingungen, die das Versuchstier zu erlernen hat. Ein äußerer Kasten schirmt den Versuchskasten gegen Störgeräusche von außen ab, und eine Kamera nimmt das Innere über einen Spiegel auf, um das Verhalten des Versuchstieres beobachten oder aufzeichnen zu können.

Die von Vannevar Bush im Rahmen des Zweiten Weltkriegs organisierte Interdisziplinarität und Verschaltung der Wissenschaften in Forschungsteams hatte auch bei Skinner eine anwendungsbezogene Wende induziert und ihn zum Entwurf eines *behavioral engineering* geführt. Dabei spielte die Arbeit am *Project Pigeon*, die ihn die gesamte Kriegszeit hindurch beschäftigte, eine entscheidende Rolle. Aus dieser Zeit stammt auch der Entwurf seines Romans *Walden Two* (deutsch treffend *Futurum II*), der eine vollständig behavioristisch konditionierte, utopische Gesellschaft von der Säuglingserziehung bis zur Fabrikarbeit entwirft und Skinners Wende vom Experimentalpsychologen zum Sozialingenieur markiert.[160] Anwendungsbezogenheit hieß einfach, dass Skinner 1941 seine Boxen in Bomben installierte und unter dem bescheidenen Titel *Description for a Plan for Directing a Bomb to a Target* dem Experimentalpsychologen und Vizepräsidenten des *National Defense Research Committee* Richard C. Tolman (dem Bruder des Psychologen) präsentierte.[161] Dabei mögen auch Berichte über japanische Kamikaze-Flieger eine gewisse Rolle gespielt haben.[162] Jedenfalls preist Skinner seine Demonstration nicht nur als un-

160 Erschienen New York 1948. Im Titel auf Thoreaus Roman von 1854 verweisend, dessen Rousseauismus jedoch verkehrend, wurde Skinners Buch 1967 (entgegen aller Totalitarismuskritik) zur Grundlage der Kommune *Twin Oaks*, deren Rechenschaftsbericht Skinner selbst noch wohlwollend kommentieren konnte.
161 James H. Capshew, »Engineering Behavior: Project Pigeon, World War II, and the Conditioning of B. F. Skinner,« in: *B.F. Skinner and Behaviorism in American Culture*, S. 128-150, 132.
162 »Es sieht so aus, als würden die Japaner Menschen statt Vögel benutzen. Vielleicht können wir auch die amerikanische Moral so weit bringen, aber falls nicht, könnte ich einen absolut fähigen [*perfectly competent*] Ersatz liefern.« (Skinner 1979, S. 256f. [Übers. C.P.]). *Guided Missiles and Techniques* gönnt dem »Organic Target Seeking« von *Project Pigeon* nur vier Seiten (198ff.) und verweist ausgerechnet auf die »recognition by *intelligence*« japanischer Kamikaze, um die es Skinner ja gerade nicht ging.

Kopf der *Bird's Eye-Bomb* mit Taubensteuerung

terhaltsamen Kurzfilm an,[163] sondern versichert auch, dass die neuen ›Steuerinstrumente‹ der *Bird's Eye Bomb* allem überlegen seien, was Menschenaugen und -hände an Eingaben produzieren könnten.[164] Konditionierungsversuche zeigten, dass Tauben bei der Bilderkennung eine maximale Taktfrequenz von 3,7 Hz (sprich 10000 mal Picken in 45 Minuten) haben. Daran konnte auch mit Marihuana verfeinertes Futter nichts ändern.[165] Das Leitsystem konnte (so ein früher Bericht) die vorangegangene Trefferungenauigkeit von 2000 Fuß auf 200 reduzieren. Wenn schon Eingabe und Ausgabe von Apparaten wie Objektiven und Servos bestimmt sind, stellt sich – mit John Strouds berühmten Worten – die nicht zuletzt ökonomische Frage: »What kind of machine have we placed in the middle?«[166] Stroud hatte diesen Punkt auf der 6. *Macy Conference on Cybernetics* in seinem Vortrag über Tracking-Probleme von beweglichen Zielen angesprochen und damit eine Diskussion über die Brauchbarkeit der klassischen Reaktionsmessungen unter kybernetischen Bedingungen angeregt. Bei der Zielverfolgung kommt nämlich genau jene Augenbewegung des Schützen ins Spiel, die beispielsweise Max Friedrich durch minimierte Gesichtsfelder zur rechnerisch vernachlässigbaren Größe gemacht hatte. *Tracking* des Feindes am Nachthimmel und *tracing* einer Kurve am Analogrechner sind Bewegungen, die permanentes Reagieren auf veränderliche

---

163 Skinner an Tolman, 11.3.1942.
164 Tate an Tolman, 19.3.1942. Der Titel *Bird's Eye Bomb* wurde bei der Präsentation in Washington 1943 geprägt. Später wurde der Codename *Pelican Missile* eingeführt, weil die Bombe so viel Steuerungstechnik im Kopf enthielt, dass kaum noch Sprengstoff hineinpasste. Ein Exemplar hat sich im Summationen Museum erhalten.
165 Skinner 1979, S. 265.
166 John Stroud, »The Psychological Moment in Perception«, in: *Cybernetics. Circular Casual, and Feedback Mechanisms in Biological and Social Systems*, Hg. H. von Foerster, New York 1950, S. 27-63; Paul N. Edwards, *The Closed World. Computers and the Politics of Discourse in Cold War America*, Cambridge, Mass. 1996, Kapitel 6.

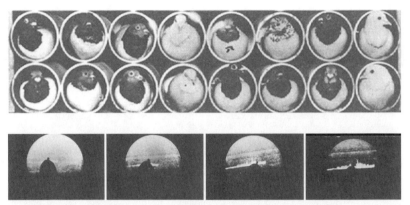

Taubenhaltung in Serie und der Anflug auf ein feindliches Objekt aus Taubensicht bei 3,7 Hz.

Inputs erfordern und daher am effektivsten durch *prediction* gelöst werden.[167] Dennoch verpassten sich Skinners seitdem wenig gewürdigte Experimente und die emphatische Begründung der Kybernetik nur um wenige Jahre. Nach dem Krieg stellt Skinner fest, dass das Förderungsklima für »organic control« sich seit Norbert Wieners Arbeiten erheblich verbessert habe.

Technisch sah Skinners System so aus, dass ein Objektiv an der Spitze des Projektils Bilder aus der Flugrichtung auf drei beweglich aufgehängte Milchglasscheiben projizierte. Hinter diesen Scheiben saßen jeweils steuernde Tauben, wobei die Verdreifachung lediglich eine ökonomische Absicherung darstellte, die es vermied, kostspieliges Heeresgerät einem einzigen Tier anzuvertrauen. Drei Tauben bilden schlicht die Mindestzahl für Majoritätsentscheidungen, und ihre Kursvorschläge werden auf ein Konfidenzniveau verrechnet. »Wenn die Rakete zum Beispiel [so Skinner] im Anflug auf zwei Schiffe ist, mögen zwar nicht alle drei Tauben das gleiche Schiff wählen, aber mindestens zwei müssen es tun, und das System könnte so eingerichtet werden, dass die dritte für ihre Minderheiten-Meinung bestraft wird.«[168] An den Tauben interessieren (wie bei Gilbreths Kriegsversehrten oder Computerspielern im Allgemeinen) nur wenige, für das Interface relevante Körperteile. Um sie auf Kopf und Hals zu abstrahieren und alle übrigen Bewegungen zu unterdrücken, stopfte Skinner seine *devices* kurzerhand in abgelegte Herrensocken. Derart stillgestellt, befanden sich die Tauben nunmehr im dunklen Kopf der Bombe und damit zugleich in einem Kino, das ihnen ihren Flug wie einen Film zeigte. Dessen Haupt-Gestalten sind im doppelten Sinne deutsche oder japanische Flugzeuge und Kriegsschiffe. Doch anders als jede Leinwand waren die Mattscheiben interaktiv, waren in Messgeräten gelagert und reagierten daher – ähnlich späteren Touchscreens – sensibel auf Druck. Die zuvor programmierten (sprich: konditionierten Tauben) pickten fortan, in Erwartung

---

167 B. Frederic Skinner, *A Matter of Consequences*, New York 1983, S. 11.
168 Skinner 1979, S. 264 (Übers. C.P.). Vgl. John von Neumann, »Probabilistic Logics and the Synthesis of Reliable Organisms from Unreliable Components«, in: *Collected Works*, Hg. A. H. Taub, Bd. V, Oxford 1963, S. 329-378.

belohnender Futtergaben, auf Images realweltlicher Zielobjekte statt auf bunte Plastiktäfelchen von Versuchsmodellen. Entfernte sich die Gestalt des Feindes aus der Bildmitte, so drehte der getriggerte Anschlag der Taubenschnäbel den Bildschirm, was als Spannungs- oder Druckveränderung messbar und ins Leitsystem übertragbar war. Versuchsreihen zeigten, dass Tauben wohl tatsächlich die besseren Piloten sind und – vielleicht auch nur auf Wunsch der Propaganda – selbst bei einer Geschwindigkeit von 600 mph noch sicher ihr Ziel ansteuern.[169] Trotz einer detaillierten Machbarkeitsstudie[170] kam das System nie zum Einsatz und war (zehn Jahre lang klassifiziert und daher wehrlos) dem mutmaßenden Spott des Feuilletons ausgesetzt.[171]

Überflüssig zu betonen, dass Skinners Tauben als frühes Modell des Computerspielers figurieren, der mit seinen eigenen Bewegungen an die Bewegungen auf einem Screen rückgekoppelt ist. Die Versuchsreihen sind – vor allem weil sie im Versuchsstadium blieben und mit Filmen statt mit realen Zielobjekten arbeiten mussten – die schlichte, aber erfolgreiche Implementierung eines analogen, aber vor allem vollständig behavioristischen Flugsimulators.[172] Dabei ist im Folgenden auf User-Seite wenig zu ändern (außer dass Piloten andere Körperteile als Tauben zur Steuerung benutzen), wohl aber auf Seiten der (Sinnes-)Daten, die auf dem Display erscheinen. Für Flugsimulationen, die komplexer sind als Gestalterkennung (alias Zielerfassung) und Kurskorrektur, reichen vorab produzierte Filme nicht mehr aus. Sie bedürfen nicht nur einer algorithmischen Echtzeitverrechnung von Eingaben und Ausgaben, sondern vor allem auch der Visualisierung dieser Daten auf einem Display im weitesten Sinne. Wollte man von »Interface« sprechen, so müsste dieser Begriff tiefer gelegt werden und jene Verfahren bezeichnen, die sich *zwischen* das indexikalische Verhältnis von Daten und Display (in Analogrechnern oder Bom-

---

169 So jedenfalls die von IBM gesponsorte *Computer Perspective. Background to the Computer Age*, by the Office of Charles and Ray Eames, Cambridge, Mass. ²1990, S. 131., die Fotos und Daten noch von Skinner selbst bezog.
170 Ein Dreistufenplan sah zunächst Testabwürfe vor, danach ca. 200 Probeeinsätze im Gefecht (mit 1000 Tauben und 50 Trainings-Simulatoren) und zuletzt einen regulären Betrieb mit 16 Bomben pro Tag, d.h. ca. 50 Tauben pro Tag und 3000 Tauben ›auf Vorrat‹, die von ca. 100 Trainern auf spezifische Ziele konditioniert werden sollten (B. Frederic Skinner, *Cost of Homing Units, Personnel and Organization Required. Discussion and Analysis*, General Mills Final Report, 21.2.1944). Skinner glaubte, Tauben innerhalb einer Woche auf verschiedene Ziele (»a ship, bridge, railroad line […] U-boat garage at Lorient«) konditionieren zu können (Skinner 1979, S. 262).
171 Louis N. Ridenour, »Bats in the Bomb Bay«, in: *Atlantic Monthly*, December 1946; ders., »Doves in the Detonator«, in: *Atlantic Monthly*, Januar 1947. Skinner taucht dort als »Ramsay« auf, der Tauben unter Drogen auf verschiedene Ziele konditioniert habe: »nicht nur Tokyo-Tauben, sondern auch Kaiserpalast-Tauben und Mitsubishi-Werke-Tauben […]. Möglicherweise nahm die Anhäufung der Einsatzprobleme solche Ausmaße an, dass die Air Force lieber auf die Atombombe wartete, bei der es nicht so auf Genauigkeit ankommt.« (zit. nach Skinner 1983, S. 11 [Übers. C.P.]).
172 Louis de Florez, späterer Wissenschaftschef der CIA, hatte dies sofort erkannt und schlug in Ermangelung einer Bombe vor: »Installiere einen Autopiloten in eine Piper Club, füll das Flugzeug mit Dynamit und füttere den Autopiloten mit den Reaktionen der Taube« (zit. nach Skinner 1979, S. 257 [Übers. C.P.]).

ben) schieben. Interface wäre (in Hard- und Software) schon all das, was die Datenverarbeitung in einer Doppelbewegung zugleich *unsichtbar* macht und auf andere Weise wieder *erscheinen* lässt. Ebenso wäre – in umgekehrter Richtung – Interface das, was aus Eingaben Daten macht, und dabei bewirkt, dass die Eingaben nicht mehr die Daten *sind*. Und das bedeutet einen systematischen und konzeptuellen Bruch mit zeichnenden Operatorenarmen und tippenden Taubenschnäbeln.

Es nimmt daher nicht wunder, dass die ursprüngliche Idee eines Flugsimulators auf Basis des *Differential Analyzers* kaum zu realisieren war und am gleichen Ort (dem *Servomechanisms Lab* des MIT, das auch für die Umsetzung der Skinner'schen Taubensignale in servomotorische Lenkbewegungen zuständig war) das Projekt eines digitalen *Airplane Stability and Control Analyzers* (ASCA) unter der Leitung von Jay Forrester begonnen wurde.

6. Sichtbarkeit und Kommensurabilität

> Mikroelektronik vermittelt die Übersetzung von *Arbeit* in Robotik und Textverarbeitung.
> Donna Haraway

Whirlwind: Die Frage der Unterbrechung

Während zur Zeit des Ersten Weltkrieg Fliegenlernen letztlich nur bedeutete, zu fliegen oder abzustürzen, entwickelten die zwanziger Jahre jene Methoden des Trainings an Instrumenten, die man wegen des Aussetzens des Realen so treffend »Blindflug« nennt.[173] Das Patent von Rougerie (1928) beschreibt beispielsweise eine der ersten Trainingsapparaturen, bei der Schüler und Trainer noch an zwei identischen, verbundenen Cockpits sitzen. Der Schüler empfängt über Kopfhörer Befehle des Trainers, nimmt die Einstellungen vor, und die Ergebnisse werden vom Trainer (aufgrund seiner Flugerfahrung) an die Instrumente des Prüflings übermittelt. Der britische Fluglehrer W. E. P. Watson entwickelte 1931 erstmals eine Apparatur, bei der die Instrumentenanzeigen an die Eingabegeräte des Flugschülers gekoppelt waren und keiner Einstellungen des Trainers mehr bedurften. Seine zweite wichtige Ergänzung war ein Aufschreibesystem namens *course plotter*: ein servomotorgetriebener Wagen, der den im Simulator geflogenen Kurs auf eine Karte aufträgt. Beides zusammen machte den Erfolg dieser sogenannten *Link Trainer* von den 1930ern bis in die 1950er Jahre aus. Schon um 1939/40 gab es zudem Versuche, zu einer Bildlichkeit zu kommen, die über die der Instrumente hinausgeht. A. E. Travis' *Aerostructor* (und die von der *US Navy* modifizierte Fassung *Gunairstructor*) steuerte die Instrumente elektrisch (statt mechanisch oder pneumatisch/hydraulisch) an und koppelte die Benutzereingaben mit der Projektion von Filmaufnahmen. Die größte Anlage dieser Art war wohl der zwischen 1939 und 1941 von Edwin Link und P. Weems entwickelte *Celestial Trainer*, in dem

---

173 Kurt Kracheel, *Flugführungssysteme – Blindfluginstrumente, Autopiloten, Flugsteuerungen*, Bonn 1993 (*Die deutsche Luftfahrt*, Bd. 20).

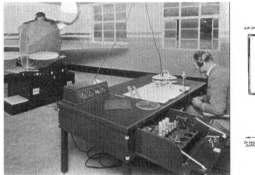 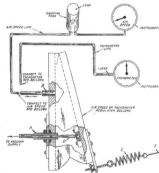

Flugsimulation der 1920er Jahre mit Trainer (links) und hydraulische Rückkopplung von Pedal und Bordinstrument (rechts)

drei Personen (Pilot, Navigator und Schütze) zugleich trainieren konnten. Der Pilot hatte das übliche Environment eines *Link Trainers*, der Schütze trainierte das Auslösen der Bomben im richtigen Moment, und der Navigator hatte Radiosignale und ein Planetarium zur Verfügung, in dem sich immerhin 12 Sterne in Abhängigkeit zu den Piloteingaben bewegten.

Die Verbindung von Flugsimulator und Analogcomputer lag also auf der Hand, zumal Rechner wie der *Differential Analyzer* ja genau jene Form von Mathematik betrieben, die auch für aerodynamische Probleme entscheidend ist. Louis de Florez, damals Commander bei der *Special Devices Division* des *Bureau of Aeronautics*, verfasste 1941 seinen einflussreichen *Report on British Synthetic Training*, und bis 1943 entstanden bei den *Bell Labs* und *Western Electric* über 30 analog rechnende Flugsimulatoren, die die aerodynamischen Charakteristika von sieben verschiedenen Flugzeugen rechneten.

Als Florez 1943-44 das Konzept eines universalen Flugsimulators entwarf, der für verschiedene Sets von aerodynamischen Charakteristika programmierbar sein sollte, änderte dies einiges.[174] Für Jay Forrester, der 1944 das ACSA-Projekt am *Servomechanisms Lab* des MIT unter dem Namen *Whirlwind* übernahm, stellte sich nicht nur die Aufgabe, Universalität auf analogen (und damit indexikalischen) Maschinen zu implementieren. Vielmehr wurde der Flugsimulator auch als Verschränkung zweier Tests neu definiert: das Testen von Piloten, das zuvor Aufgabe von *Link Trainern* war und das Testen von Flugzeugen selbst, das zuvor Aufgabe aerodynamischer Berechnungen und Windkanäle war. Der projektierte ASCA war also doppelgesichtig: das Gerät testete den Benutzer und der Benutzer testete zugleich das Gerät. Obwohl das *Servomechanisms Lab* ein Zentrum analoger Rechentechnik war, ließ sich Forrester Ende 1945 durch ENIAC und den berühmten *First Draft of a Report on the* EDVAC von der Digitaltechnik überzeugen. Entscheidende Gründe mochten Geschwin-

---

174 Vgl. Kent C. Redmont/Thomas M. Smith, *Project Whirlwind. The History of a Pioneer Computer*, Bedford 1980; Edwards, Kapitel 3; Robert R. Everett, »Whirlwind«, in: *A History of Computing in the Twentieth Century*, Hg. N. Metropolis/J. Howett/G.-C. Rota, New York/London 1980, S. 365-384.

Bauarbeiten des Flugsimulators am *MIT*

digkeit, skalierbare Rechengenauigkeit und Universalität sein, gleichwohl noch erhebliche Probleme mit der Zuverlässigkeit einzelner Bauteile, mit Stromaufnahme und Programmierung bestanden. Bemerkenswert aber bleibt, dass damit eine hoch entwickelte analoge Technik der Sichtbarkeit, die im *Aerostructor* Boden, Himmel und Instrumente einschloss und zumindest darin heutigen Flugsimulatoren ähnelte, radikal aufgegeben wurde. Der Umstieg auf die Digitaltechnik bedeutete bei ihrem damaligen Stand nichts anderes, als wieder beim Blindflug anzufangen. Spätestens 1948 wurde konsequenterweise das Ziel eines Flugsimulators aufgegeben und *Whirlwind* diente nur noch dem Bau eines funktionsfähigen, schnellen Digitalrechners, für den eine Nachkriegs-Aufgabe gefunden werden musste, die – nach den Atomtests der UDSSR 1949 – letztlich Frühwarnsystem und computergestützte Feuerleitung hieß, wodurch *Whirlwind* bekanntlich in SAGE aufgehen konnte.

Die Kopplung von Radaranlagen an den 1950 fertig gestellten *Whirlwind*-Rechner lag also nahe, und die angeschlossene Kathodenstrahlröhre visualisierte bald die eingehenden Signale der Radaranlage bei Cape Cod. Die Ansteuerung funktionierte über analog/digital-Wandler, die aus zwei Registern des Rechners die Koordinaten des zu erzeugenden Bildschirmpunktes auslasen. Dabei ließ es sich Forresters Team nicht nehmen, aus der Gestalt des Feindes die eines Balls zu machen und damit (ohne es zu bemerken) das erste Element eines Tennisspiels fertig zu stellen. Denn wenn man das Register der Feindkoordinaten mit den Werten einer gedämpften Serie von Parabeln beschreibt, entsteht nichts anderes als der Eindruck eines fallen gelassenen und über den Bildschirm hüpfenden Balls, der langsam zur Ruhe kommt.

Eine *Lightgun* diente am *Whirlwind* dazu, ernsthaftere Punkte auf dem Bildschirm zu selektieren, also beispielsweise am laufenden System Freund-Feind-Unterscheidungen vorzunehmen. Mit dieser Eingabemöglichkeit rich-

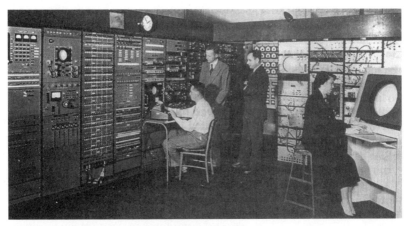

Der *Whirlwind*-Rechner mit Bildschirmarbeiterin (rechts)

tet sich ein Kommunikationsmodell in der Beziehung von Computer und Benutzer ein. Eine Datenquelle und eine Datensenke werden über Codierung, Decodierung und einen Kanal mit Störquelle verbunden. Das Entscheidende, nämlich die Interaktion während der Laufzeit des Rechners, besteht darin, dass das Modell ›kippt‹, also die Richtung des Datenflusses permanent umschaltet. Benutzereingaben werden vom Rechner wahrgenommen, die zu Rechnerausgaben führen, die vom Benutzer wahrgenommen werden, die zu Benutzereingaben führen, die vom Rechner wahrgenommen werden usw., usw. Dieses Triggern war bei Analogrechnern, die ja mit kontinuierlichen Bewegungen arbeiten und nicht mit Unterbrechung und Temporalisierung von Komplexität, gar nicht nötig. Und es fehlte auch im *batch-processing* von Digitalrechnern, denen ein Programm eingespeist wurde, um dann bis zu (s)einem Ende zu laufen, ohne dabei von Usern oder anderen *devices* unterbrochen zu werden.

Die neue Form der Unterbrechung, die über die grundsätzliche Diskretheit von Digitalrechnern hinausgeht, stellte sich zunächst gar nicht als Problem der Mensch-Maschine-Kommunikation dar, sondern als Bedingung der Maschine-Maschine-Kommunikation selbst. Denn die aus den Radaranlagen über Telefonleitungen in den *Whirlwind* einlaufenden Signale verlangen ununterbrochen nach Aufmerksamkeit. Sie beanspruchen, in Echtzeit verarbeitet zu werden und erfordern ein diskretes *scheduling* von Input und Prozessierung. Es geht, anders gesagt, darum, mehreren nebenläufigen Prozessen wie Benutzern oder Radarsensoren den Prozessor als Betriebsmittel zuzuweisen, Aktivierungsreihenfolgen festzulegen und optimale Strategien der Kommunikation unter Kriterien wie Fairness, Durchsatz, Verweilzeit der Prozesse im Arbeitsspeicher, Antwortzeit usw. zu entwickeln. Diese Fernabfrage von Meldungen, Gerätestati oder Daten bei Peripheriegeräten oder im Netzwerk nennt sich *polling* und dient dazu, Ausnahmeverarbeitungen zu starten. Das Zentrum dieser neuen Macht, Ausnahmezustände zu proklamieren, ist ein Schalter namens *Interrupt*, also eine Hardware-Leitung, die die Prozessierung

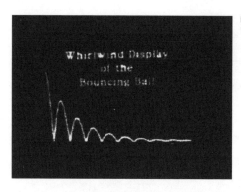

Ein Ball hüpft über das Radar-Display des *Whirlwind*

zu regelmäßigen Zeitpunkten unterbricht. Erst das Interrupt-Signal ermöglicht es, die Prozessierung zu regelmäßigen Zeitpunkten zu unterbrechen und ›Umwelt‹ wahrzunehmen. In dieser Umwelt haben Freunde und Feinde, menschliche Benutzer und Peripheriegeräte allesamt den gleichen logischen Status als *devices*.[175] Dabei könnte man zwei Arten von Ereignissen unterscheiden: diejenigen, die ein völlig vorhersehbares Ergebnis haben und diejenigen, deren Ergebnis unsicher ist. Einfache Beispiele sind »Uhr« und »Tastatur«, die beide über Interrupts verwaltet werden. Das Register der Systemzeit wird mit an Sicherheit grenzender Wahrscheinlichkeit jede Sekunde um 1 erhöht, die Tastatur gibt aber nicht bei jeder Abfrage auch ein Zeichen zurück, und wenn sie eines zurückgibt, ist höchst ungewiss, welche der 102 Tasten gedrückt wurde. Uhren sind also völlig redundant, Tastaturen hingegen höchst informativ. Aristotelisch müsste man wohl sagen, dass Uhren in die Kategorie des willensfreien *automaton* fallen, Tastaturen hingegen in die paradoxe Kausalität einer *tyche*, in der sich zwei in sich völlig durchbestimmte Kausalketten treffen und unerwartete Ergebnisse zeitigen.

Diese Logik konfrontierte die betroffenen Ingenieure mit ganz neuen Aufgaben. Deren Lösung hieß u.a. *magnetic drum buffer*: ein Speicher, der Radardaten so lange zwischenlagerte, bis zu einer festgelegten Zeit wieder Prozessorleistung verfügbar war, der Rechner gewissermaßen in einen ›Ausnahmezustand‹ fiel und sich der Abfrage widmen konnte. Die Kommunikation zwischen Eingabe-, Rechen und Ausgabeeinheiten wurde damit zu einer zeitkritischen Frage, zur Angelegenheit eines gemeinsamen und zugleich differenzierten systemischen Rhythmus. Das Triggern der Kommunikation durch einen Interrupt hat dabei wenig mit dem Takt der zentralen Recheneinheit zu tun, sondern ist der ökonomischste gemeinsame Nenner für jeweilige Peripherie mit unterschiedlichen Datenmengen.[176] Innerhalb eines Systems herrscht also nicht *ein* gemeinsamer Rhythmus, sondern eine Vielzahl von rhythmischen Unterbrechungen. Was an einer bestimmten Systemstelle

---

175 Claus Pias, »Mit Computern spielen. Ping/PONG als Urszene des Computerspiels«, in: *Technik und Spiel*, Hg. S. Poser/K. Zachmann, Frankfurt a.M. 2002.
176 Überlegungen dazu schon beim ENIAC auf der Basis eines ganzzahligen Vielfachen der Taktrate von 100kHz (John von Neumann, *Theory of Self-Reproducing Automata*, Hg. A.W. Burks, Urbana/London 1966, S. 8).

zum Zeitpunkt der Abfrage nicht vorliegt oder nicht zwischenzeitlich gepuffert wurde, existiert folglich nicht. Kontinuitäten wie etwa das Tracking eines beweglichen Ziels sind daher nur Effekt einer besonders hohen, aber unhintergehbar diskontinuierlichen Auslösung, oder – um auf den griechischen ρυθμος-Begriff zurückzukommen – einer besonderen Art des Fließens (ρειη), aus der sich durch Hemmungen oder Unterbrechungen (ρυομαι) transitorische Formen abzeichnen und wieder verschwinden.[177] Die Unterbrechung wird zum technischen Apriori aller Interaktivität. Die rhythmische Synchronisierung von Benutzern und Bildschirmen in Spielen oder Benutzeroberflächen, jene Arbeitswissenschaft des Computers also, von der noch zu sprechen sein wird, ist folglich nur eine tertiäre, der eine primäre von Prozessor- und Bus-Takten und eine sekundäre von Interruptleitungen und Geräteabfragen zugrunde liegt. Digitalrechner entwerfen ihren ›spielenden Menschen‹ oder User als zyklisch abzufragendes *device*, als relativ langsamen Systembestandteil, auf den es Rücksicht zu nehmen gilt und der nur an den Zeitpunkten eine Chance zu existieren und zu antworten hat, an denen er abgefragt wird. »Eine ›Soziologie‹ des Computers hat«, so Bettina Heintz, »an der Maschinenhaftigkeit des menschlichen Verhaltens anzusetzen [...] und nicht [...] an der Menschenähnlichkeit des Computers«.[178] Diese Probleme von Sichtbarkeit, Synchronisation und Kommunikation lassen sich jedenfalls auch an den Speichertechniken um 1950 ablesen.

Bildverarbeitung in der *Williams Tube*

Angesichts der Ausmaße, der Leistungsaufnahme, der Fehleranfälligkeit und der Langsamkeit von Röhren stellte sich bei der Weiterentwicklung von Digitalrechnern das Problem eines schnellen Arbeitsspeichers. Die ersten Lösungen der Nachkriegszeit benutzten dazu Ton und Bild, führten also genau jene Elemente ein, die Computer kommensurabel machen werden, ohne jedoch dabei an Kommensurabilität zu denken. Die *Mercury Delay Line* (wie sie beispielsweise im EDSAC, EDVAC und noch im UNIVAC Verwendung fand), basierte auf einer Erfindung William Shockleys und wurde von Presper Eckert und Alan Turing verbessert.[179] Sie machte sich die Geschwindigkeit von Schall in verschiedenen Medien zunutze. In eine Röhre wurde am einen Ende, durch einen Quarz getriggert, ein Impuls eingegeben, der nach einer bestimmten Laufzeit am anderen Ende ankam, ausgelesen und zugleich wieder am Eingang eingespeist werden konnte. Eine Füllung mit Quecksilber (und nicht Gin, trotz Turings Vorschlag) erwies sich wegen der akustischen Impedanz von

---

177 Emile Benveniste, »Der Begriff des ›Rhythmus‹ und sein sprachlicher Ausdruck«, in: *Probleme der allgemeinen Sprachwissenschaft*, München 1974, S. 363-373; Gerhard Kurz, »Notizen zum Rhythmus«, in: *Sprache und Literatur in Wissenschaft und Unterricht*, 23 (1992), S. 41-45.
178 Bettina Heintz, *Die Herrschaft der Regel. Zur Grundlagengeschichte des Computers*, Frankfurt a.M./New York 1993, S. 297.
179 Alan M. Turing, »The State of the Art«, in: *Intelligence Service. Schriften*, Hg. F. Kittler/B. Dotzler, Berlin 1987, S. 183-207.

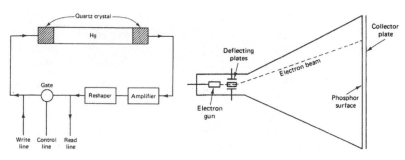

Prinzipschaltungen von *Mercury Delay Line* (links) und *Williams Tube* (rechts)

1,5 mm/ms als günstig. Eine 2 Meter lange Röhre hatte dementsprechend 1 ms Verzögerung und konnte 1000 Bit speichern. Wären die Frequenzen nicht zu hoch und die *Delay Lines* nicht in einem Backofen mit konstanten 100° F betrieben worden, so hätte man den Arbeitsspeicher bei der Arbeit hören können. A. D. Booth versuchte nichts anderes, als er einen gewöhnlichen Lautsprecher mit einem Mikrofon am anderen Ende des Raumes koppelte, nur um festzustellen, dass das Reale doch eine allzu starke Störquelle darstellt. Immerhin scheint dies der erste Versuch einer Koppelung von Lautsprecher und Computer zu sein, die im TX-0 wiederkehren wird (vgl. S. 80). Booth zog die Konsequenz radikaler Inkommensurabilität und entwickelte die *Magnetostrictive Delay Line*, die elektromagnetisch funktionierte und wohl genau deshalb bis in die 1970er Jahre hinein verfeinert und beispielsweise als Buffer zwischen Mainframes und Terminals eingesetzt wurde.

Der Nachteil der *Mercury Delay Lines* war, wie John von Neumann berichtet,[180] dass konstruktionsbedingt nicht wahlfrei auf bestimmte Adressen zugegriffen werden konnte, sondern immer eine bestimmte Zahl von Takten abgewartet werden musste, bis das Signal das Ende der Röhre erreicht hatte und ausgelesen werden konnte. Mehrere Interruptzyklen verstrichen somit ungenutzt. Die Ehre der Entwicklung eines ersten *Random Access Memory* im Wortsinne fällt somit Frederic C. Williams und seinem Assistenten Tom Kilburn zu. Williams arbeitete bis zum Ende des Zweiten Weltkriegs beim *British Telecommunications Research Establishment* an Radargeräten. Auch die nach ihm benannte *Williams Tube* entstand zunächst aus radarbezogenen Entwicklungen, denn 1946 lag es zumindest in Großbritannien nahe, die laufende Produktion von Kathodenstrahlröhren für Radargeräte anders – eben beispielsweise als Speicher – zu benutzen.[181] Nach der Anmeldung des Patents war im Folgejahr ein erster Prototyp mit 1 KBit Speicher zu sehen, der verbessert wurde und schon 1948 mehrere Tausend Bit über mehrere Stunden speichern konnte. Prinzipiell funktioniert die *Williams Tube* nicht anders als die *Mercury Delay*

---

180 von Neumann, 1966, S. 11f.
181 Michael Williams berichtet, dass diese Möglichkeit im Sommer des gleichen Jahres auch schon in den USA, in einer Vorlesung Presper Eckerts, angedeutet wurde. Eckert hatte für die als optischen Speicher benutzte CRT den Namen »iconoscope« vorgeschlagen (Williams S. 311).

Sichtbarwerdung des Digitalen: Screenshot eines Arbeitsspeichers als *Williams Tube*

Line, nur dass statt der Laufzeit von Schallwellen die Trägheit von Phosphor benutzt wird, der immerhin 0,2 Sekunden nachleuchtet und folglich durch fünfmaligen *refresh* pro Sekunde als Speicher dienen kann. Der wesentliche Unterschied war jedoch, dass die gespeicherten Daten nun nicht mehr seriell vorlagen, d.h. als *Zeit*punkte auf einer Linie zu adressieren waren, sondern als adressierbare *Raum*punkte im Koordinatensystem einer Fläche anwesten. Ihre unterschiedlichen Zustände konnten dann über ein vor die Bildfläche gespanntes Drahtnetz ausgelesen werden.[182]

Entscheidend an der *Williams Tube* ist, dass hier eine neue Form der Sichtbarkeit oder Bild-Verarbeitung im wortwörtlichen Sinne erscheint. Die zu prozessierenden Daten sind allerdings im Vollzug ihrer Verarbeitung nicht lediglich die Sichtbarmachung eines Unsichtbaren oder Abwesenden, sondern die Punkt-Bilder selbst *sind* die Daten eines Arbeitsspeichers. Sie repräsentieren nicht, sondern indexieren. Sie sind Bilder, die nicht für Benutzeraugen bestimmt sind, sondern vom Computer selbst beobachtet werden und dies gerade nicht in ihrem sichtbaren, sondern in ihrem für Menschen unsichtbaren Frequenzanteil. Sie widersprechen jeder Betrachtung als Computergrafik im heutigen Sinne, denn ihre Möglichkeitsbedingung ist ihre Verborgenheit. Auslesen und *refresh* müssen nämlich im gleichen Taktzyklus geschehen, was nichts anderes heißt, dass sobald Benutzer die Bilder auf den Röhren betrachten würden, die Rückkopplung unterbrochen und der Arbeitsrhythmus gestört wäre, das Bild binnen eines Sekundenbruchteils verschwinden und das Programm abstürzen würde.[183] Erschwerend kommt ferner hinzu, dass bei der parallelen Verwendung von *Williams Tubes* komplette Wörter in einem Takt-

---

182 Die anfängliche Punkt/Nicht-Punkt-Differenz stellte erhebliche Anforderungen an die Fertigungstoleranzen der Phosphorbeschichtung und wurde später durch die Differenz scharf/unscharf ersetzt, die kleinere und größere Punkte erzeugte.

John von Neumann vor dem Rechner des *Institute for Advanced Studies (IAS)* mit Williams Tubes

zyklus geschrieben werden. John von Neumanns IAS-Computer beispielsweise war eine 40 Bit-Maschine und schrieb daher gleichzeitig auf 40 Röhren jeweils 1 Bit des aktuellen Wortes. Was später noch als *pixel-planes* in der Computergrafik Verwendung finden wird, nämlich die Benutzung von *bytes* oder *words* in der »Tiefe« mehrerer Ebenen von additiven Primärfarben, bleibt hier auf mehrere Bildschirme verteilt und wäre damit nicht einmal mehr von binärsprachlich gebildeten Betrachtern wie Turing zu entziffern. An der *Williams Tube* zeigt sich, dass angesichts von Digitalrechnern das indexikalische Bild, das von der Fotografie bis zum Analogrechner noch kommensurabel war, plötzlich zu einer Überforderung der Wahrnehmung wird. Es ist nicht nur zu schnell getriggert, sondern es wird auch in genau dem Moment unsichtbar, indem es betrachtet wird.

SAGE

»This is not a Nintendo Game.« General Norman Schwarzkopf

Sichtbar und langsam genug präsentierte sich jedoch das symbolische (und nicht mehr indexikalische) Bild auf den Kathodenstrahlröhren von *Whirlwind* und seinem Nachfolger *Whirlwind 2* alias IBM AN/FSQ-7 im wohl einflussreichsten Computerprojekt der Nachkriegsgeschichte namens SAGE (*Semi-Au-*

---

183 Eine Ausnahme bildete – beispielsweise am EDSAC-Rechner – die Verwendung der *Williams Tube* als Testinstrument für Speicherröhren. In der Gestalt eines Quadrats vollständig leuchtender Punkte ließ sich für den User leicht erkennen, ob alle Speicherröhren funktionsfähig sind. Dieses Bild für Benutzer markiert jedoch einen Ausnahmezustand des Rechners, der seine Arbeit aussetzt, um sich zum Zweck des Tests kommensurabel zu machen (vgl. die Hacker-Lichtorgel, S. 80).

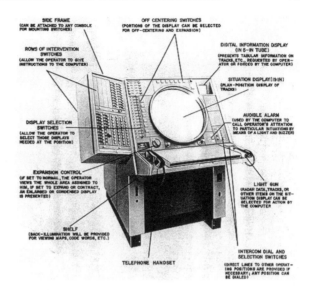

SAGE-Konsole

tomatic Ground Environment).¹⁸⁴ Der Interrupt machte es möglich, dass der mit 75 000 32 Bit-Instruktionen pro Sekunde bislang schnellste Rechner an anderer Stelle auf seinen langsamsten Systembestandteil Rücksicht nehmen konnte: den Benutzer der *Lightgun*. Und auch intern erwies sich die Diversifizierung der Arbeitsrhythmen als Möglichkeitsbedingung von *realtime-processing*. Während üblicherweise 50 Prozent der Zeit für das Warten und Transferieren bei Ein- und Ausgabe verloren ging, konnte der AN/FSQ-7 auch während der I/O-Operationen weiterarbeiten. Eine Unterbrechung fand nur für einen Kernspeicher-Zyklus statt, in dem ein Wort zwischen dem Magnetkernspeicher und dem I/O-Gerät transferiert wurde.

Die offensichtlichste Neuerung von SAGE betraf jedoch den Status des Bildes. Die angeschlossenen Radaranlagen lieferten die Position eines Objektes mit Hilfe von Winkelkoordinaten, die in kartesische Koordinaten in Abhängigkeit vom Standort des Radars umgerechnet und auf dem Bildschirm ausgegeben wurden. Die Trennung von Daten und Display schafft eine Arbitrarität der Darstellung, so dass nicht mehr (wie bei der *Williams Tube*) Bildschirme arbeiten, sondern User an ihnen. Lev Manovich nennt diese Rationalisierung des Sehens treffend »visual nominalism«.¹⁸⁵ Derart aufbereitet konnten die Bildpunkte Orte auf einer Landkarte bezeichnen, die man – wie später bei der Spielkonsole *Odyssey* – als Folie über den Bildschirm legte (vgl. S. 105). Ähnlich löste sich das Problem georteter, fester Objekte wie Häuser,

---

184 R. R. Everett, »The SAGE System«, *Annals of the History of Computing*, 5(1983); Claude Baum, *The System Builders. The Story of SDC*, Santa Monica 1982; R. L. Chapman/J. L. Kennedy, »The Background and Implications of the Systems Research Laboratory Studies«, in: *Air Force Human Engineering. Personnel and Training Research*, Hg. G. Finch/F. Cameron, Washington 1955, S. 65-73.

185 Lev Manovich, *The Mapping of Space. Perspective, Radar, and 3-D Computer Graphics* (jupiter.ucsd.edu/~manovich/text/mapping.html).

SAGE-User mit *Lightgun*

die über Maskierungen gefiltert wurden. Die Operateure oder User konnten nun dem System mit Hilfe von *Lightguns* mitteilen, dass die vom Radar erfassten Objekte bestimmte Eigenschaften hatten, also Freund/Feind-Unterscheidungen als Symbolmanipulation vornehmen. Der Punkt ist nicht mehr nur Index, sondern Symbol und sogar schon alphanumerisches Symbol, wenn – wie Everett berichtet – die zwei Punkte zu »T« und »F« für *target* und *fighter* wurden.[186] Diese Selektionsverfahren sind (mit Clausewitz) »taktisch«, und sie sind zugleich taktil. Sie hängen in zeitkritischer Weise von Wahrnehmungen, Bewegung und Arbeitsgerät ab und werden daher zum Problem einer Arbeitswissenschaft des Bildschirms. Folgerichtig finden zum ersten Mal Testserien für Bedienung und Belastbarkeit von Mensch-Maschine-Systemen statt, die Engelbarts zivile Tests vorwegnehmen (vgl. S. 96).

Genau hier liegt ein bemerkenswerter und weniger beachteter Aspekt des SAGE-Projektes. Nachdem IBM die Weiterentwicklung des *Whirlwind*-Rechners übernommen und der Ernst des kommerziellen Alltags begonnen hatte, stellte sich als erstes Problem das der Betriebssicherheit. Die statistische Ausfallzeit pro Jahr musste erst auf damals sensationelle 0,043% gesenkt werden, bevor die *Air Force* 24 Exemplare des AN/FSQ-7 bestellen wollte. Während der

---

186 Everett, S. 375f. »T« und »F« waren beweglich und aus Linien zusammengesetzt, lagen also gewissermaßen in kartographischem Zustand vor. Weitere Zeichen – wie etwa die numerischen, kartesischen Koordinaten – mussten durch mehrere Punkte(!) dargestellt werden, so dass ein seltsames Nebeneinander von Vektor-Buchstaben und (gewissermaßen ohne Lochmaske emulierten) Pixel-Ziffern zu beobachten war. Zugleich bemühte man sich um modulare Hardware-Zeichengeneratoren: Am *Lincoln Lab* wurde ein alphanumerisches Display namens *Typotron* entwickelt, über das die Ein- und Ausgabe von Befehlen in einer Kürzelsprache mit 63 Zeichen möglich war. Vgl. Claus Pias, »Punkt und Linie zum Raster. Zur Genealogie der Computergrafik«, in: *Ornament und Abstraktion*, (Kat. Fondation Beyeler, Basel), Köln 2001, S. 64-69.

erste Ansatz darin bestand, die Zahl der Bildschirmarbeitsplätze einfach zu erhöhen, traf man zuletzt die preiswertere Entscheidung, einen sogenannten Duplex-Computer zu entwickeln. Jene Komponenten, die ein erhöhtes Risiko eines Systemcrashs in sich trugen (Zentraleinheit, Trommelspeicher usw.), gab es daher zweimal, Bildschirmkonsolen jedoch nicht. Sobald eine Hälfte des Computers nicht mehr arbeitsfähig war, wachte die andere Hälfte aus ihrem (eigens zu diesem Zweck erfundenen) Standby-Modus auf und übernahm die Arbeit, ohne dass der Operator etwas davon merkte. Im Unterschied zur mehrfachen Durchrechnung der gleichen Aufgabe und einer Mittelwertbildung handelt es sich also um eine Architektur, deren Schizophrenie in Ausnahmezuständen erwacht und systemerhaltend produktiv wird. Nichts lag also näher, als den normalerweise ruhenden Teil für Testprogramme oder Angriffs-Simulationen zu benutzen, zumal eine Umschaltung von Ernst auf Training vom Benutzer nicht hätte wahrgenommen werden können.[187]

Unter anderen war auch das *Systems Research Laboratory* (SRL) der jungen RAND *Corporation* an SAGE beteiligt,[188] und dort wurde nichts anderes unternommen als ein groß angelegtes Testprogramm, das Radar-Operatoren für die Bedienung von SAGE mit simulierten Radardaten trainierte. Die Trainingsleiter Allen Newell und Herbert A. Simon zogen eine schlichte Schlussfolgerung: Signalerkennung bei Radaroperatoren ist eine Form der Entscheidung aufgrund einer vorliegenden Datenkonfiguration – eine IF/THEN-Verzweigung des Menschen. User sind daher Prozessoren oder *devices*, nur eben von anderer Art als bei Skinner: »Der programmierte Computer und der menschliche Problemlöser sind beide Spezies, die zur Gattung ›informationsverarbeitende Systeme‹ gehören«[189] – eine Konsequenz, die auch der Philosoph und Neurobiologe Warren McCulloch im Zuge der Begründung der Kybernetik um 1950 gezogen hatte. Sobald es also medienhistorisch nicht mehr um indexikalische Bewegungen, sondern um Symbolmanipulation geht, wechselt das Modell des Users. Newell und Simon tauschen Skinners behavioristisches Analogcomputer-Modell *konditionierter wetware* gegen das kognitionspsychologische Digitalcomputer-Modell einer *entscheidenden*. Dieser Wechsel ist unabdingbar, wenn zwischen Computer und Benutzer ein Medienverbund stattfinden soll, dessen Charakteristikum es ist, nicht natürliche, sondern technische Zusammenhänge herzustellen. *Cognitive Engineering* ist daher die andere Seite der (ab 1956 und gleichzeitig zu SAGE) mit Emphase auftretenden *Artificial Intelligence*, die vorher nur *cognitive simulation* hieß.[190] Während diese technische Verschal-

---

187 J.T. Rowell/E. R. Streich, »The SAGE system training program for the Air Defense Command«, in: *Human Factors*, October 1964, S. 537-548.
188 Dazu Douglas D. Noble, »Mental Materiel. The militarization of learning and intelligence in US education«, in: *Cyborg Worlds. The Military Information Society*, Hg. L. Levidow/K. Robins, London 1989, S. 13-41.
189 Allen Newell/Herbert A. Simon, *Human Problem Solving*, Englewood 1972, S. 870 (Übers. C.P.).
190 J. McCarthy/M. L. Minsky/N. Rochester/C. E. Shannon, *A Proposal for the Dartmouth Summer Research Project on Artificial Intelligence*, 31.8.1955 (www.formal.stanford.edu/jmc/history/dartmouth/dartmouth.html).

tung prinzipiell gelungen war und sich in den folgenden Jahren in Hard- und Software ausdifferenzieren sollte, schien die semantische oder gestalthafte Seite noch offen. Nachdem der Computer seinen Benutzer entworfen hatte, lag es nun beim Benutzer, seinen Computer zu entwerfen.

TX-0 und die Techno-Logik des Hackers

Die frühen Erben der Entkopplung von Daten und Display sind die Hacker, und ihre Aufgabe war es, den Computer in diesem Sinne kommensurabel zu machen. Dabei meinte »hack« im MIT-Jargon der späten 1950er Jahre nur bedingt das Vordringen in die Arkana funktionaler Schaltstellen, sondern vielmehr eine Lust am Funktionieren der Geräte selbst (die ja – mit einem Ausdruck Karl Bühlers – umgekehrt eine »Funktionslust« ihrer Programmierer ist).[191] Sie verband sich mit den Ansprüchen technischer Virtuosität und informatischer Eleganz, was nichts anderes heißt als geschwindigkeits- und speicherplatzoptimierter Code, Umgehung von Hochsprachen und Ausreizung aller Hardware-Kapazitäten durch proprietäre oder ›illegale‹ Verfahren, also genau das, was sich in der Spiele-Programmierung aller Standardisierung zum Trotz bis heute hält. Ein *hack* hat dabei den Charakter des »Herumspielens«, ist »a project undertaken or a product built not solely to fulfill some constructive goal, but with some wild pleasure taken in mere involvement«.[192]

Dieses Verhältnis markiert einen Kontextwechsel der Geräte und einen Generationswechsel ihrer Benutzer. Der TX-0-Rechner des MIT war in gewissem Sinne ausgedientes ›Heeresgerät‹ aus dem angegliederten, militärisch orientierten *Lincoln Lab*, das plötzlich im universitären Kontext stand und (wenngleich nur über strenge Systemadministratoren) allen Studiengängen zugänglich war. Und die Studenten gehörten nicht mehr jener Kriegsgeneration von Mathematikern, Physikern und Elektrotechnikern an, die den Computer als »Werkzeug« konstruiert hatten, sondern waren in einem neuen Wortsinn »Benutzer« bereits vorhandener Hardware.[193] Während beispielsweise der Shannon-Schüler John McCarthy 1959 an einem Schachprogramm für den IBM 704 arbeitete, verwandelten seine Studenten die Kontrollleuchten des gleichen Rechners in eine Art Lichtorgel.[194] Es entstand ein Programm, das die Lämpchen einzeln hintereinander aufleuchten ließ, so dass sich ein Lichtpunkt von links nach rechts zu bewegen schien. Drückte man zum richtigen Zeitpunkt eine bestimmte Taste, so änderte sich die Laufrichtung am äußers-

---

191 Claus Pias, »Der Hacker«, in: *Grenzverletzer. Von Schmugglern, Spionen und anderen subversiven Gestalten*, Hg. E. Horn/S. Kaufmann/U. Bröckling, Berlin 2002, S. 248-270.
192 Steven Levy, *Hackers. Heroes of the Computer Revolution*, London 1984, S. 23.
193 Eine ähnliche Situation beschreibt Benedict Dugan für die Entstehung objektorientierter Programmierung (*Simula and Smalltalk. A Social and Political History* [www.cs.washington.edu/homes/brd/history.html]).
194 Was dem Ernst von Prüfungen nicht angemessen ist: Die 1961 bei McCarthy eingereichte BA-Arbeit von Alan Kotok, einem der Programmierer von *Spacewar*, handelt nicht von (s)einem glänzend programmierten Actionspiel, sondern von Schachproblemen auf einem IBM 7090.

Die erste Hacker-Maschine – der TX-0

ten Punkt.[195] In dieser Art eindimensionalem Tennisspiel geht es um das Verfolgen einer Bewegung und eine zeitkritische Reaktion an einem bestimmten Punkt dieser Bewegung, jedoch ohne Ableitung aus militärischen Berechnungen wie bei Higinbothams gleichzeitigem *Tennis for Two*. Die unbewusste Paraphrase astronomischer Reaktionsmessungen (vgl. S. 16) entwickelt sich vielmehr aus der Hardware-Logik der Geräte selbst. Jedenfalls könnte es als Form situationistischen ›Missbrauchs‹ gelesen werden, wenn einzelne Teile eines Computers nur zu dem Zweck adressiert und also getestet werden, dass ihre Kontrolllämpchen in einer bestimmten Reihenfolge aufleuchten. Das MIT war eine Art Zentrum solcher ›Missbräuche‹, aus denen zuletzt ein vollständiges Computerspiel erwuchs.

Der TX-0 hatte als einer der ersten Computer auf Transistorbasis dazu gedient, seinen Nachfolger (den TX-2) zu konstruieren, dessen Speicherorganisation so komplex war, dass sie nur noch von einem anderen Rechner diagnostiziert werden konnte, und er erreichte das MIT ohne Software und mit einem auf 4096 18-Bit-Worte reduzierten Speicher. Folglich bestand die erste Software aus einem Assembler (MACRO von Jack Dennis) und einem Debugger (FLIT von Thomas Stockham), die die umständliche Programmierung in Zahlenkolonnen auf oktaler Basis durch *Mnemonics* ersetzten.[196] Das Erste, was Hacker also taten, war die Schaffung eigener Produktionswerkzeuge. Diese eröffneten erst die Möglichkeit, ohne größeren Codierungsaufwand kleinere Programme zu schreiben. Programmiererische Interaktivität beginnt, wie Jörg Pflüger vermutet, beim Debugging.[197] Es entstand eine Reihe solcher

195 Levy 1984, S. 26.
196 Levy 1984, S. 32.

hacks, die aufgrund ihrer Unangemessenheit in Bezug auf das, was auf einem so teuren Rechner allgemein als angemessen erschien, sämtlich mit »expensive« begannen.[198] Da beispielsweise die Hausaufgaben der Analysis-Kurse auf dem Papier oder mit elektromechanischen Kalkulatoren zu lösen waren, schrieb Bob Wagner ein Programm namens *Expensive Calculator*, das aus dem TX-0 einen Taschenrechner im heutigen Sinne machte.[199] Mit *Expensive Typewriter* folgte die Emulation eines weiteren Bürogerätes.[200] Zuletzt benutzte Peter Samson den Vektorbildschirm des *Whirlwind* als *Expensive Planetarium* zur Darstellung des Sternenhimmels.

Aus diesem Zusammenhang heraus entstand jedoch noch ein anderes Programm, das zusätzliches Licht auf die Kommensurabilität von Computern wirft. Der TX-0 besaß einen Lautsprecher zur Kontrolle des gerade laufenden Programms. Frequenz und Amplitude waren unveränderlich eingestellt, und der Lautsprecher wurde jeweils einen Taktzyklus lang eingeschaltet, wenn Bit 14 gesetzt war und blieb stumm, wenn es nicht gesetzt war. So ergab sich während jedes Programmablaufs ein Geräusch, das menschlichen Ohren nicht mehr sagte, als dass das jeweilige Programm lief. Hörte man nichts oder einen konstanten Ton, war der Rechner abgestürzt oder das Programm zuende. Nur erfahrene Programmierer konnten – wie später Computerspieler bei Programmen auf Musikkassetten – den Geräuschen etwas anhören.[201]

Da der TX-0 keine Kontrollmöglichkeiten für die Frequenz besaß, verfiel Peter Samson darauf, ihn in eine scheinbar sinnlose Sequenz verschiedener Programmschleifen zu verstricken, die nichts anderes taten, als Millionen von Werten durch den Akkumulator zu schicken, an denen nur Bit 14 interessierte. So entstanden verschieden hohe Töne, die – je nach Länge der Schleife – unterschiedlich lange anhielten, und die Legende will es, dass zuerst eine monophonisch-rechteckige Melodie von Johann Sebastian Bach erklang.[202] Das Interessante an dieser Anekdote ist nicht nur, dass Musik plötzlich eine neue

---

197 Jörg Pflüger, »Hören, Sehen, Staunen. Zur Ideengeschichte der Interaktivität«, unveröff. Vortrag, Kassel 6. Februar 1999.
198 Donald Gilles, Schüler John von Neumanns in Princeton, erinnert sich, dass die Studenten die Programme für den IAS-Rechner von Hand in Binärcode übersetzen mussten. »Er [Gilles] nahm sich die Zeit, einen Assembler zu schreiben, aber als von Neumann das herausfand, wurde er sehr ärgerlich und sagte sinngemäß: ›Es Bürotätigkeiten machen zu lassen, ist eine Verschwendung eines wertvollen, wissenschaftlichen Recheninstruments‹« (J.A.N. Lee, *John von Neumann* [ei.cs.vt.edu/~history/VonNeumann.html], Übers. C.P.). Ganz anders Konrad Zuse, der nicht einsah, »dass lebende, schöpferische Menschen ihr kostbares Leben mit derart nüchternen Rechnungen verschwenden sollten« (*Der Computer – Mein Lebenswerk*, München 1970, S. 35). Zum frühen Compilerbau auch John Backus, »Programming in America in the 1950s. Some Personal Impressions«, in: Metropolis, S. 125-135.
199 Er fiel übrigens – so berichtet Levy – durch die entsprechende Prüfung, *weil* er einen Computer benutzt hatte (Levy 1984, S. 46).
200 Nach Graetz – und abweichend von Levy – erst durch Steve Piner auf dem PDP-1.
201 »[A]fter you were familiar with the tones, you could actually *hear* what part of your program the computer was working on« (Levy 1984, S. 29). Man hätte sich dies auch für die *Williams Tube* vorstellen können.
202 Und angeblich war im Sourcecode nur ein einziger Kommentar zu lesen: neben einem Befehl, der »1750« enthielt, stand »RIPJSB« (Rest In Peace Johann Sebastian Bach).

Notation erhält, die keine Varianzen der Performanz mehr kennt und deren Aufführung oder »Interpretation« (als Laufzeitüberführung durch einen *Interpreter*) auf jedem Gerät genau gleich ist. Damit überbrückt der Computer erstmals auffällig den Unterschied zwischen der symbolischen Speicherung der Notenschrift einerseits und Speicherung des Realen durch technische Medien wie Grammophone andererseits. Bemerkenswert ist vielmehr, wie Benutzerfreundlichkeit auch das schnellste System lahm legt, was ja die jeweils neueste Generation von Spiel- und Anwendungssoftware bis heute charakterisiert. Während die Kontrolltöne eines effizient laufenden Programms nur Geräusch produzieren, schafft der geballte Einsatz von Redundanz, das iterierte Signal, das mindestens so lange wiederholt wird, bis es die Wahrnehmungsgeschwindigkeit menschlicher Sinnesorgane erreicht, so etwas wie Ton. Das nicht-indexikalische Verhältnis von Daten und Ton ist die Möglichkeitsbedingung für Melodie, und die Überforderung, die der Digitalrechner erzeugt (und die mit seiner Unsichtbarkeit korreliert, wie sie an der *Williams Tube* auffällig wurde), muss durch Verlangsamung und Redundanz überbrückt werden.

Diese *hacks* zeigen nicht nur, dass »Nutzung« von Technik eine wacklige Kategorie ist. Jede Technologie speist sich bei ihrem Erscheinen aus heterogenen Quellen und versammelt verschiedenste Praktiken, bevor sich dann eine davon zur schlichten Unauffälligkeit und vermeintlichen ›Angemessenheit‹ von Normalität verfestigt. Neu am Computer ist jedoch, dass er eine »Unentscheidbarkeit« über seine Nutzung *in sich selbst*, seiner Theorie und dem mathematischen Beweis seiner Möglichkeitsbedingung trägt. So kann Hacken nur an Systemen ansetzen, in denen Programmierungen stattfinden. Und dies war bei den hergebrachten Maschinen nicht möglich. In der Welt der energetischen Maschinen hätte beispielsweise eine Dampfmaschine nur dann zu einem Kühlschrank werden können, wenn die Gesetze der Thermodynamik selbst gnädiger wären. In der Welt der elektromagnetischen Maschinen konnte ein Elektromotor immerhin zu einem Dynamo werden oder auch ein »Distributions- in einen Kommunikationsapparat verwandelt« werden, wie Brecht es in seiner *Radiotheorie* gefordert hatte.[203] Doch diese Umkehrungen bleiben binär oder spiegelsymmetrisch. Aus einem Radioempfänger mag zwar ein Radiosender werden können, aber bestimmt kein Planetarium oder Taschenrechner. Elektrische Schreibmaschinen zugleich als Drucker zu benutzen ist zwar eine wahrhaft Brecht'sche Umwidmung von Empfängern zu Sendern, aber noch kein *hack*. Den Prozessor und den Arbeitsspeicher eines Laserdruckers als ungenutzten zweiten Rechner zu erkennen und ihn für ganz andere Kalkulationen als die Skalierung von Schriften und Grafiken zu benutzen jedoch sehr wohl.[204] In der Welt der Computer gibt es keine einfachen Umkehroperationen mehr. Wofür ein Computer verwendet wird, bleibt einfach so lange unklar, bis ein bestimmtes Programm in Laufzeit übergeht. Das me-

---

203 Bertolt Brecht: »Der Rundfunk als Kommunikationsapparat«, in: *Gesammelte Schriften*, Bd. 18, Frankfurt a.M. 1967, S. 117-134.
204 Kolportiert von Georg Trogemann, Köln.

dientechnische Apriori des Hackers und die Chance seines Spiels liegt daher in der Universalität von Turingmaschinen selbst. Jede symbolische Operation eines Computers ist eine ›richtige‹ Benutzung, und in diesem Sinne gibt es keine ›anderen‹ oder ›falschen‹ Verwendungen, sondern nur unaktualisierte Virtualitäten. Jedes Programm, das läuft, ist legitim. Es gibt keine falschen Spiele im wahren, sondern allenfalls Spielabbrüche und Programmabstürze. Jede Verwendung kann erst und nur innerhalb eines Kontextes als Missbrauch erscheinen, der durch Recht oder Ökonomie begrenzt, durch Normalität codiert oder durch Institutionen tradiert ist. Und jede neue Verwendung erfindet und exploriert zugleich das Gebiet dieser Überschreitungen. Hacken unterläuft die Begriffe von richtiger oder falscher Verwendung, es dekonstruiert gewissermaßen den »Missbrauch« selbst, indem es aufzeigt, dass ein Begriff von technischer Funktion, der an eine menschliche Intentionalität von Zwecken gebunden ist, an Computern keinen Sinn macht.

Spacewar

Der TX-0 hatte nicht nur einen Lautsprecher, sondern auch – wie der *Whirlwind* – einen Vektorbildschirm und eine *Lightgun*. Beides zog selbstredend die Aufmerksamkeit der Hacker auf sich. Wie schon zwei Jahre zuvor am *Brookhaven National Laboratory* war es auch 1960 am MIT der jährliche Tag der offenen Tür, der Sichtbarkeit forderte. J. M. Graetz berichtet von zwei eminent visuellen Applikationen, die aus diesem Anlass zu sehen waren.[205] Die eine war *Mouse in the Maze* (auf TX-0), bei der der Benutzer (gleichzeitig übrigens mit Ivan Sutherlands Arbeitsbeginn an *Sketchpad*) mit der *Lightgun* ein grobes, rechteckiges Labyrinth auf dem Bildschirm entwarf und einen Punkt (Käse) setzte, woraufhin eine stilisierte Maus den Weg durch das Labyrinth zum Käse suchte. Die zweite Applikation war HAX, die bewegte graphische Muster (ähnlich den Moirés heutiger Bildschirmschoner) auf den Bildschirm zauberte, die durch Drücken von zwei Tasten verändert werden konnten und von Tönen aus dem Lautsprecher begleitet wurden.

Die Programmierer des legendären Spiels *Spacewar* hatten zunächst nichts anderes im Sinn, als diese Aspekte in einem weiteren Demonstrationsprogramm zu verschmelzen, also die Leistungsfähigkeit von Computern selbst zu zeigen, Abwechslungsreichtum durch eine Varietät von Abläufen herzustellen und Interaktion in Echtzeit zu implementieren. Da Varietät in der Form von IF/THEN seit Ada Lovelace das Prinzip von Algorithmen selbst ist, und da Interaktion in Echtzeit eine spezifische Hardware-Anforderung des zur Flugsimulation projektierten *Whirlwind*-Rechners ist, erweisen sich die beiden letzten Kriterien lediglich als Unterpunkte des ersten. *Spacewar*, das in direkter Linie zu PONG führen sollte, ist also zunächst einmal Demonstration von Hardwarefähigkeiten, ein Test des Gerätes selbst. Und daran sollte sich bis

---

205 J. M. Graetz, »The origin of Spacewar«, in: *Creative Computing* 1981 (www.wheels.org/spacewar/creative/SpacewarOrigin.html); Claus Pias, »Spielen für den Weltfrieden«, in: *Frankfurter Allgemeine Zeitung*, 8. 8. 2001.

Die jung gebliebenen Hacker der 1960er beim *Spacewar*-Spiel an einem *DEC PDP-1* (1983)

heute, wo die Leistungsfähigkeit von Rechnern an ihrer Framerate bei den neuesten Spielen getestet wird, auch nichts mehr ändern.

Im Winter 1961/62 implementieren Dan Edwards, Alan Kotok, Peter Samson und Steve Russell auf dem damals neuen und ebenfalls mit Vektorbildschirm ausgestatteten Minicomputer PDP-1 eine erste Version von *Spacewar*.[206] Zwei kleine Dreiecke (›Raumschiffe‹) werden dabei über die (eigentlich für Tests reservierten) Knöpfe[207] in der Mitte des Gerätes bewegt und können aufeinander feuern. Eine Zufallsroutine streut ergänzend einige Pixel über den Bildschirm (›Sternenhintergrund‹). Zur Vereinfachung stellte Kotok Steuerkonsolen mit Joysticks (für Beschleunigung und Rotation) und einem Feuerknopf her. Diese ursprüngliche Anordnung erfuhr innerhalb der nächsten Monate diverse Erweiterungen. Peter Samson hatte – in Anlehnung an die »expensive«-Programme des TX-0 – ein *Expensive Planetarium* geschrieben, das getreu dem *American Ephemeris and Nautical Almanac* den Sternenhimmel zwischen 22½° N und 22½° S darstellte, und das durch unterschiedliche Refresh-Raten sogar die Helligkeit der Sterne auf dem Bildschirm visualisierte. Dieses Planetarium wurde als Hintergrund in das Spielgeschehen eingefügt. In der Mitte des Bildschirms wurde darüber hinaus ein Gravitationszentrum (›Sonne‹) implementiert, das ergänzend zum zweiten Spieler eine weitere Variable in den Spielverlauf einführte und erhöhte motorische Fertigkeiten

---

206 Vgl. Levy, S. 50-69; Howard Rheingold, *Tools for Thought*, New York 1985, Kapitel 8 (www.rheingold.com/texts/tft/); Herz, S. 5-8; Celia Pearce, »Beyond Shoot Your Friends. A Call to the Arms in the Battle Against Violence«, in: *Digital Illusion*, S. 219ff.

207 Der angeschlossene *Flexowriter* diente zwar als Ein- und Ausgabegerät, stellte jedoch nur die Lochstreifen von Programmen her, die über einen gesonderten high-speed-Leser eingespeist wurden.

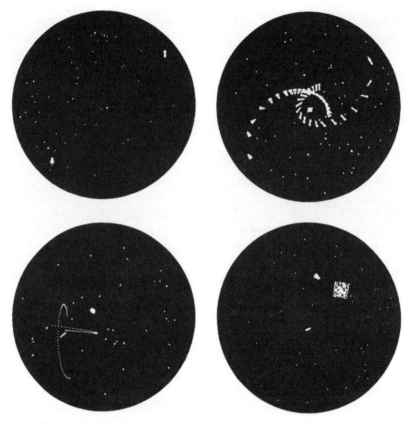

Screenshots von *Spacewar*

forderte. Ferner ließ eine Hyperspace-Funktion das Schiff bis zu dreimal verschwinden und an einer anderen Stelle des Bildschirms wieder auftauchen.[208] Zuletzt folgte eine Punktezählung, die endliche Spiele ermöglichte, so dass im Frühjahr 1962, wiederum am Tag der offenen Tür, das gerade einmal 9 Kilobyte lange Assemblerprogramm gespielt werden konnte. Wie damals üblich, wurde *Spacewar* nicht kommerzialisiert, sondern kursierte als Sourcecode an Universitäten, wurde dort stetig erweitert und umgeschrieben und in studentischen Turnieren gespielt.[209] Die interessantere Anwendung fand jedoch beim Computerhersteller DEC selbst statt, der eine Kopie von *Spacewar* als Diagnoseprogramm benutzte. Getreu der Regel, dass Actionspiele nicht nur die sensomotorischen Grenzen ihrer Benutzer testen, sondern zugleich auch die Limits der benutzten Hardware definieren, wurde *Spacewar* in der Folgezeit nicht als Spiel, sondern als Tool mit dem PDP-1 ausgeliefert, mit dem eventuelle Transportschäden lokalisiert werden konnten.[210]

208 Übrigens begleitet von einem graphischen Effekt des jungen Marvin Minsky.
209 Dazu v.a. Stewart Brand, »Spacewar. Fanatic Life and Symbolic Death Among the Computer Bums«, in: *Rolling Stone*, 7. 12. 1972 (www.baumgart.com/rolling-stone/spacewar.html).

Sensorama

Während also Computerspiele noch nicht als Spiele Sinn machten, sondern erst einmal als Diagnoseprogramme, stießen die Versuche (analog-)mediengestützter Tests und Instruktionen an die Grenzen der Interaktivität. Morton Heilig, der Philosophie in Chicago und nach dem Krieg Film bei Vittorio de Sica studiert hatte, meldete 1962 das Patent für sein *Sensorama* an.[211] Das seit 1958 (und folglich parallel zu den ersten Spielprogrammen) entwickelte System sollte automatisch und selbst erklärend sein und für die heute noch an Spielautomaten üblichen 25 cents zweiminütige 3-D Filme in Farbe und Stereoton bieten, begleitet von Wind, Gerüchen und Vibrationen. Die drei funktionstauglichen Modelle zeigten abgesehen von »exotic belly dance«, »date with a teenage girl« und Coca-Cola-Werbung (also jenen Erotika und anderen Verführungen, die alle neuen Medientechnologien mit sich zu bringen scheinen) vor allem Auto- und Motorradrennen und Flugsimulationen.

Heilig versammelte, bereicherte und perfektionierte noch einmal all jene Analogtechniken, die bei Flugsimulatoren vor der Epoche ihrer Digitalisierung verwendet wurden. Wenn aber das Entscheidende des Medienverbundes *virtual reality* gerade in der Integration aller Sinnesreize auf *einer* technischen Basis liegt, dann ist Heilig alles weniger als der ›Vater der VR‹.[212] Seine Versuche gehören eher in die Krise des Kinos und seiner Erweiterung in Richtung eines *expanded cinema* als in eine Genealogie des Spielens von und an Computern, auch wenn Medienhistoriker beide Bereiche notorisch gerne vermischen. Interessant an Heilig ist allerdings, dass er sich einerseits auf die Forschungen der Experimentalpsychologie beruft und andererseits das Ende des Theaters als Architektur proklamiert, um sich sogleich anzuschicken, es als Mensch-Maschine-System neu zu begründen. »Für mich war das Theater nicht mehr ein Stück Architektur; vielmehr war es Teil einer großen Maschine, dazu gemacht, Menschen psychologisch ebenso effizient zu transportieren, wie Flugzeuge es physisch tun«.[213] Die Evaluation des *Sensorama* in der Patenturkunde rechtfertigt seine Schutzwürdigkeit folgerichtig mit den Argumenten des Tests und der Instruktion in den klassischen Disziplinaranstalten Schule, Militär und Fabrik:

> »Es besteht heutzutage zunehmend Bedarf an *Unterrichts-* und *Trainings*methoden, bei denen die Unterrichteten den möglichen Gefahren bestimmter Situationen nicht ausgesetzt werden. So muss das *Militär* Männer in der Benutzung und Wartung von außerordentlich komplizierten und potenziell gefährlichen Geräten *unterweisen*, wobei es wünschenswert ist, diese Männer unter kleinstmöglicher

---

210 Levy 1984, S. 65.
211 Morton Heilig, »Beginnings: Sensorama and the Telesphere Mask«, in: *Digital Illusion*, S. 343-351.
212 *Digital Illusion*, S. 346.
213 *Digital Illusion*, S. 344 (Übers. C.P.).

sensorama

The Revolutionary Motion Picture System
that takes you into another world
with

- 3-D
- WIDE VISION
- MOTION
- COLOR
- STEREO-SOUND
- AROMAS
- WIND
- VIBRATIONS

Ein Versuch, aus dem Kino ein Computerspiel zu machen

Gefahr für ihr Leben und unter kleinstmöglicher Beschädigung der wertvollen Ausrüstung auszubilden.

Auf der anderen Seite ist die *Industrie* angesichts der heutigen schnellen Entwicklung automatischer Maschinen mit einem ähnlichen Problem konfrontiert. Auch hier geht es darum, die *Arbeiter* ohne Begleitrisiken auszubilden.

Das oben skizzierte Problem kommt auch in *Erziehungsanstalten* zum Tragen auf Grund der steigenden Komplexität des Lehrstoffs, größeren Klassen und einer ungenügenden Zahl von Lehrern. Dies hat eine zunehmende Nachfrage nach Lehrmitteln [teaching devices] entstehen lassen, die die Belastung des Lehrers verringern, wenn nicht sogar übernehmen.«[214]

Heiligs *Sensorama* schreibt also eine Geschichte fort, die mit Arbeitswissenschaften und *Army Mental Tests* begann, wobei Instruktions- und Testverfahren zwischen den Institutionen flottieren und problemlos in Unterhaltung konvertiert werden können. Zwar ist die Quantität der technisch induzierten Realitätseffekte gestiegen (und zwar nach Heiligs unüberprüfbarer Versicherung auf 80-prozentige *real-life*-Erfahrung), aber am systematischen Status der Interaktivität (die eine völlig andere ist als die mit Maschinen, die algorithmische Programme haben) hat sich seit 1917 nichts Wesentliches geändert.

So standen um 1960 zwei Entwicklungen nebeneinander: Einerseits die ersten, ausschließlich dem akademischen Kontext vorbehaltenen Computerspiele, die zwar Echtzeit-Interaktivität mit digitalen, programmierbaren Maschinen ermöglichen, aber noch nicht als »sinnvolle« Anwendung – und zwar im Doppelsinn von Test/Training *und* zugleich Unterhaltung – evaluiert

---

214 United States Patent Office, No. 3,050,870 vom 28. 8. 1962 (Übers. und Hervorh. C.P.).

waren, sondern nur als *hacks* oder zu Prüf- und Demonstrationszwecken von Hardware dienten. Andererseits eine in hohem Maße hybride, analoge Medientechnologie mit ökonomisch wohl begründeten Zwecken über mehrere Institutionen hinweg, die jedoch über keine angemessene Hardwarebasis für die im Horizont des Computers liegenden Möglichkeiten von Interaktivität verfügte. Erst im Verlauf der 1960er Jahre begann man damit, Bildschirme an Computern nicht mehr nur für militärische Aufgaben zu benutzen, sondern sie auch für andere Anwendungen zu evaluieren, an deren Ende die Computerspiele *als* Computerspiele stehen sollten. Dies sind vor allem computergestützter Entwurf und Textverarbeitung.

7. Eine neue Arbeitswissenschaft

Sketchpad

Die 1963 bei Claude Shannon eingereichte Doktorarbeit *Sketchpad. A Man-Machine Graphical Communication System* von Ivan Sutherland ist oft genug als ›Meilenstein‹ der Interaktivität apostrophiert worden, gleichwohl die Komponenten von CRT und *Lightpen* schon bei *Whirlwind* und SAGE erfolgreich im Einsatz waren. Interessant scheint eher, dass Sutherland vorführt, für welche anderen Arbeitsaufgaben der Computer dank dieser *devices* effizient und ökonomisch (also ›sinnvoll‹) eingesetzt werden kann und wie sich diese Arbeit gestalten könnte. Die theoretische Einsicht, dass Computer nicht Werkzeuge, sondern universale Maschinen sind, die ihresgleichen simulieren können, schlägt hier in Praxis um:

> »Sketchpad […] kann der Eingabe bei zahlreichen Programmen zur Netzwerks- und Schaltungs-Simulation dienen. Der zusätzliche Aufwand, den es erfordert, einen Schaltplan von Anfang an mit Sketchpad zu entwerfen, wird u.U. wettgemacht, wenn die Eigenschaften der Schaltung als Simulation der gezeichneten Schaltung verfügbar werden. […] Ein großes Interesse daran [Teilbilder rekursiv in andere Teilbilder einzubetten] kommt aus Gebieten wie Speicherentwicklung und Mikro-Schaltkreisen, wo riesige Mengen von Elementen generiert werden müssen. […] Die Möglichkeit, ein einzelnes Element einer sich wiederholenden Struktur zu verändern und diese Änderung mit einem Schlag in allen Unter-Elementen ausgeführt zu bekommen, macht es möglich, sämtliche Elemente eines Arrays ohne Neuzeichnung zu ändern«.[215]

Spätestens seit *Sketchpad* haben Computer den Entwurf anderer Computer zum Inhalt, was sich bis heute nicht verändert hat und schon aus Komplexitätsgründen nicht mehr auf Papier rückführbar ist. Sutherlands medientheoretischer Coup liegt gerade nicht in der zivilen Verwendung altbekannter militärischer *devices*, sondern vielmehr darin, Schaltungen nicht mehr bloß zu zeichnen, sondern diese Zeichnungen selbst auch *arbeiten* zu lassen. Anders als alle mit Tusche gezeichneten Schaltpläne sind die so entworfenen Maschinen

---

215 Ivan Sutherland, *Sketchpad. A Man-Machine Graphical Communication System*, Massachusetts (Diss.) 1963, S. 23 (Übers. C.P.).

Ivan Sutherland beim Anfertigen einer Torsionsstudie mit *Sketchpad* an einem *TX-2*

schon als virtuelle lauffähig, sind Entwurf und Emulation nicht mehr zu unterscheiden.

Dem Entwurf von Computerarchitekturen folgte der statische von Brücken in Zusammenarbeit mit der *Computer Aided Design*-Gruppe des MIT *Electronic Systems Laboratory*, dem umbenannten *Servomechanisms Lab*. Wie Sutherland schreibt, ging es schon sehr früh nicht mehr um Programmierung und Debugging, sondern um die Erschließung von Anwendungsfeldern, also um das (Er-)Finden von Applikationen: »Der Reichtum der Möglichkeiten [...] wird ein neues Corpus des Wissens von Systemanwendungen erzeugen.«[216] Dabei gerät wiederum der illiterate Benutzer ins Blickfeld, der am Bildschirm arbeiten kann, ohne seinen Computer zu verstehen. Sutherland berichtet, dass eine Sekretärin (!) in der Lage war, ein vektorisiertes Alphabet auf einer Matrix von 10 × 10 möglichen Anfangs- und Endpunkten zu entwerfen.[217] Die Möglichkeitsbedingung solcher Laienarbeit besteht nicht nur in der beschriebenen Entkoppelung von Daten und Display. Sie liegt vielmehr in der Struktur der Software selbst, die eine Bibliothek von manipulierbaren Bildbestandteilen und Arbeitsanweisungen wie gruppieren, drehen, verzerren, skalieren usw. bereitstellt. Die Matrix, an der die typographierende Sekretärin arbeitet, ist gewissermaßen die Übertragung des Gilbreth'schen Raster-Schreibtisches auf den Bildschirm. Die Arbeit der Dateneingabe besteht darin, mit dem

216 Sutherland, S. 33 (Übers. C.P.).
217 Sutherland, S. 33.

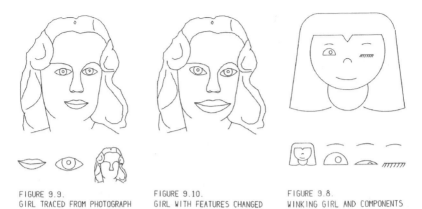

FIGURE 9.9.
GIRL TRACED FROM PHOTOGRAPH

FIGURE 9.10.
GIRL WITH FEATURES CHANGED

FIGURE 9.8.
WINKING GIRL AND COMPONENTS

Sutherlands »artistic drawing« mit *Sketchpad* und der Ansatz eines Zeichentrickfilms

Lightpen Handbewegungen zu bestimmten Koordinaten der Arbeitsfläche auszuführen, und die der Datenverarbeitung darin, durch Handbewegungen (auf dem Bildschirm, an Tasten) bestimmte Unterprogramme auszulösen, die beispielsweise das Display verändern (vgl. S. 102).

Da Menschen (es sei denn in Künstlerlegenden) keine perfekten Geraden oder Kreise zeichnen können, nimmt der Rechner ihnen diese Bewegungsarbeit ab. Kreissegmente werden nicht mehr durch kreisförmige Bewegung, sondern als Anfangs- und Endpunkt eingegeben und ›aufgezogen‹. Die Bewegungsarbeit steckt daher in der Benutzung des Bildschirminterface, in den Bewegungen, die zum Erreichen und zur Selektion von Optionen erforderlich sind. Bewegungen an einem Werkstück werden, wie im *Computer Aided Manufacturing*, dann von Maschinen selbst gesteuert. Es gibt jedoch ein Reservat der unaugmentierten menschlichen Bewegung, das sich Kunst oder (in Sutherlands Worten) »artistic drawing« nennt. So nämlich heißt einer der letzten und wenig beachteten Abschnitte seiner Arbeit, in dem er die Vektorisierung eines Frauenporträts beschreibt. Die Konturen wurden von einem Foto abgenommen, mit Wachsstift auf den Bildschirm übertragen und mit dem Lightpen nachgezogen. Und wie ein neuer Zeuxis konnte Sutherland nun nicht nur Physiognomien beliebig skalieren und zerren, sondern auch das ideale Frauenantlitz aus Einzelteilen komponieren.

Die Abrufbarkeit einzelner graphischer Elemente führt Sutherland jedoch weiter zur Idee eines computergestützten »cartooning by substitution«.[218] Wenn man nämlich einige Elemente eines Bildes in rascher Folge durch leicht veränderte ersetzt, erscheint (wie der Film lehrt) dem trägen Auge Bewegung. Während Gestalten auf Vektorbildschirmen bisher nur durch die schnelle Bewegung des Elektronenstrahls und die Trägheit der Beschichtung erschienen, verdoppelt sich damit die Überforderung. Bisher erzeugte die Vektor-CRT ihre Bilder nur, indem sie das beschleunigte, was die Chronozyklegraphie der Ar-

---

218 Sutherland, S. 132. Den ersten Film dieser Art zeichneten übrigens 1968 Ken Pulfer und Grant Bechthold mit einer Maus am *National Research Council of Canada*.

beitswissenschaft durch lange Belichtungszeiten und Tänzerinnen durch Schleier versuchten, nämlich Bewegungsspuren sichtbar zu machen. Vektorbildschirme waren die Erben der Zyklegraphie. Allerdings war schon der Darstellung alphanumerischer Zeichen wie »T« und »F« die Möglichkeit der Animation technisch eingeschrieben, blieb aber weitgehend unberücksichtigt. Denn damit ihr (Schrift-)Bild ruhig steht und lesbar ist, war eine Bildwiederholrate von ca. 30Hz nötig. Dies hatte in den 1960er Jahren zur Einführung von *refresh buffers* im Bereich von 8–32kB geführt.[219] Scheinbar stillstehender Text war also nichts anderes als die dreißigmal pro Sekunde wiederholte Arbeitsbewegung eines Elektronenstrahls mit der Gestalt von »T« oder »F« und damit nicht nur geballte Redundanz für träge Benutzeraugen, sondern auch schon eine Annäherung an das physiologische Dispositiv des Films. Sutherlands Vorschlag, vierundzwanzig mal Wahrheit pro Sekunde durch dreißig Choreographien pro Sekunde zu modellieren, ist also ebenso theoretisch originell wie technisch aussichtslos. Erst die Ablösung des Bewegungsparadigmas von Plottern und Vektorbildschirmen durch Matrixdrucker und Rasterbildschirme in der Mitte der siebziger Jahre,[220] also die Ersetzung von Tanz durch ein stumpfsinniges Weben von Bildschirmzeilen, erlaubt es Computerbildschirmen, nebenbei auch Fernseher zu sein, und umgekehrt Fernsehern, als Computerbildschirme auszuhelfen. Der *refresh buffer* sollte damit zum *video memory* werden, das – anders als die ebenfalls gerasterte *Williams Tube* – nur jene sinnlosen Pixeldaten enthält, die der Gestaltwahrnehmung des Benutzers geschuldet sind.[221]

Der Mensch als Lückenbüßer

Der Psychoakustiker Joseph C. R. Licklider, u.a. Leiter des *Information Processing Techniques Office* bei ARPA und einer der Väter des *Time Sharing*, hatte den frisch promovierten Sutherland nicht zuletzt deshalb 1964 als seinen Nachfolger empfohlen, weil er die arbeitswissenschaftliche Tragweite von *Sketchpad* erkannt hatte.[222] Lickliders Bedeutung liegt darin, dass er die Werkzeugmetapher programmatisch durch die der »Symbiose« ablöste und daraus eine dem Computer anverwandelte Arbeitswissenschaft gewann. Dabei spielt der Bildschirm eine entscheidende Rolle: Licklider empfand nicht nur die Vorführungen Ed Fredkins am PDP-1 von *Bolt, Beranek & Newman* (dem Ableger des MIT *Acoustic Lab,* an dem Licklider arbeitete) als Pfingsterlebnis (»religious con-

---

219 Charles A. Wüthrich, *Discrete Lattices as a Model for Computer Graphics: An Evaluation of their Dispositions on the Plane,* Zürich (Diss.) 1991, 6ff.
220 Beispielsweise RM-9400 *Series Graphic Display System Software Reference Manual,* Ramtec Corporation, Santa Clara 1979.
221 Auf die Entwicklung einer Mathematik der Rastergrafik kann hier nicht eingegangen werden; vgl. Wüthrich, S. 10-26; S. M. Eker/J.V. Tucker, »Tools for the Formal Development of Rasterisation Algorithms«, in: *New Advances in Computer Graphics. Proceedings of CG International '89,* Hg. R. A. Earnshaw/B. Wyvill, Berlin 1989, S. 53-89.
222 Zu Licklider vgl. Rheingold, Kapitel 7; Katie Hafner/Matthew Lyon, *Where Wizards Stay Up Late. The Origins of the Internet,* New York 1996, S. 24-39; Edwards, S. 262-271.

version«). Er war auch über seine Arbeit in der sog. *Presentation Group*, die das Interface-Design von SAGE entwickelte, mit den audiovisuellen Möglichkeiten der großen *Air-Force*-Kommandozentren vertraut. Übersicht, Informationsverarbeitung und Entscheidungsgeschwindigkeit sind daher bei ihm immer auch taktisch gedacht.

Der Computer sei – so Licklider – nicht mehr nur in einer Theorie der »extensions of man« (wie sie schon North formulierte[223]) denkbar. Unter den Bedingungen von Information und Kontrolle, also unter kybernetischen Verhältnissen, drehe sich dieses Schema zugleich um, und der Mensch sei die Extension des Computers (»humanly extended machine«).[224] Statt die Verhältnisse prothetisch oder narzisstisch (wie von Kapp bis McLuhan) zu begreifen, gelte es folglich, solche Hierarchien selbst zu dekonstruieren und – so der euphemistische Terminus – ›partnerschaftlich‹ zu denken, was nichts anderes heißt, als (wie bei *Whirlwind* und getreu den Spezifikationen für Frühwarnsysteme) in *real-time* und nicht im *batch-processing*:

> »[...] Den morgigen Tag verbringen Sie mit einem Programmierer. Nächste Woche braucht der Computer fünf Minuten, um Ihr Programm zu kompilieren, und 47 Sekunden, um die Antwort auf Ihr Problem zu berechnen. Sie bekommen ein sechs Meter langes Stück Papier voller Zahlen, das, statt eine endgültige Lösung zu geben, bloß eine Taktik vorschlägt, die in einer Simulation untersucht werden müsste. Es ist offensichtlich, dass die Schlacht schon geschlagen wäre, ehe der zweite Schritt Ihrer Planung auch nur begonnen hätte.«[225]

> »Andererseits ist der militärische Befehlshaber mit einer höheren Wahrscheinlichkeit konfrontiert, kritische Entscheidungen in kurzen Zeitintervallen treffen zu müssen. Die Vorstellung des Zehnminuten-Krieges lässt sich nur allzu leicht über Gebühr dramatisieren, aber es wäre gefährlich sich darauf zu verlassen, dass man mehr als zehn Minuten hat, um eine kritische Entscheidung zu treffen.«[226]

Wo es aber um zeitkritische Prozesse geht, da bietet sich die Arbeitswissenschaft an. Und Licklider ist vielleicht der Erste, der das Denken mit Computern in Begriffen des *scientific management* beschreibt (nämlich, im Andenken Taylor/Gilbreth'scher Begrifflichkeit, als »Time and Motion Analysis of Technical Thinking« und dies auch an entscheidender Stelle (1961 im *Department of Defense*) vorträgt. Das beunruhigende Ergebnis des anschließenden Selbstversuchs heißt, dass 85 Prozent des Denkens aus Rechnen, Plotten, Arbeitsverteilung und Dokumentorganisation bestehen, mithin also aus Sekretärstätigkeiten. Denken ist »essentially clerical or mechanical«.[227] Und genau dies sind die Tätigkeiten, die informationsverarbeitende Maschinen besser kön-

---

223 J. D. North, *The Rational Behavior of Mechanically Extended Man*, Boulton Paul Aircraft, Wolverhampton 1954.
224 J. C. R. Licklider, »Man-Computer Symbiosis«, in: *IRE Transactions on Human Factors in Electronics*, HFE-1(1960), S. 4-11 (Reprint digital, Systems Research Center, Palo Alto 1990), S. 2.
225 Licklider 1960, S. 4 (Übers. C.P.).
226 Licklider 1960, S. 14 (Übers. C.P.).
227 Licklider 1960, S. 5.

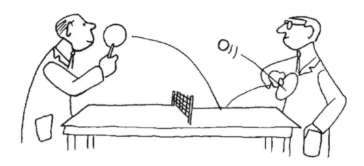

Licklider: »Interactive communication consists of short spurts of dialog...«

nen, denn im Vergleich der genotypischen Unterschiede von Mensch und Computer fällt auf:

> »Menschen sind verrauschte, schmalbandige Geräte [noisy, narrow-band devices], aber ihr Nervensystem hat ungemein viele parallele, gleichzeitig aktive Kanäle. Verglichen mit Menschen sind Computer sehr schnell und sehr genau, aber sie sind darauf beschränkt, jeweils nur eine oder wenige elementare Operationen auszuführen. Menschen sind flexibel, sie sind fähig, sich auf der Basis neu eingehender Informationen ›eventualfallmäßig zu programmieren‹ [*programming themselves contingently*]. Computer sind zielstrebig, durch ihre Vorprogrammierung [*pre-programming*] in ihrem Aktionsraum begrenzt. Menschen sprechen naturgemäß redundante Sprachen, die um einheitliche Gegenstände und kohärente Handlungen herum organisiert sind, und verwenden dabei 20 bis 60 Elementarsymbole. Computer sprechen ›naturgemäß‹ nicht-redundante Sprachen, normalerweise mit zwei elementaren Symbolen und ohne inhärentes Verständnis, weder für zusammengesetzte Vorstellungen noch für kohärente Handlungen. [...]
> Allgemein gesagt wird es [ein Informationsverarbeitungssystem] alle routinefähigen Verwaltungstätigkeiten ausführen, die in den Lücken zwischen Entscheidungen anfallen.«[228]

So liegt es nahe, dass Menschen nur bestimmte Aufgaben übernehmen sollten. Das ›nicht weit hergeholte‹ Beispiel SAGE zeigt Licklider, dass Menschen beispielsweise die (trotz IFF-Signal) unsichere Feind-Identifizierung und andere Situationen geringer Wahrscheinlichkeit gut verarbeiten können. Daraus folgt:

> »Menschen werden bei der Lösung von Problemen oder in Computerprogrammen immer dann die Lücken füllen, wenn der Computer keinen Modus oder keine Routine hat, die auf bestimmte Umstände anwendbar sind. [...] Außerdem wird der Computer als Gerät für statistische Schlüsse, Entscheidungstheorie oder Spieltheorie dienen, um grundlegende Bewertungen geplanter Vorgehensweisen [*cour-*

---

228 Licklider 1960, S. 6f (Übers. C.P.).

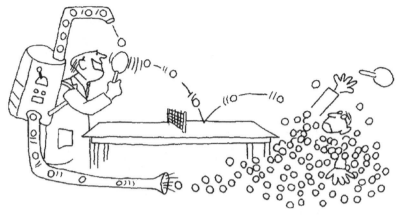

»... filibustering destroys communication«

ses of action] vorzunehmen, sobald ausreichende Grundlagen vorhanden sind, um eine formale statistische Analyse zu unterstützen.«[229]

Der lückenbüßende Mensch muss jedoch eine Sprache sprechen, die ›im Arbeitsraume gültig ist‹. Und für den angehenden Arbeitswissenschaftler Licklider kann dies nicht eine Hochsprache wie FORTRAN oder ALGOL sein. Es bedarf vielmehr eines Kompromisses zwischen Menschen, die Ziele formulieren, und Programmiersprachen, die Verfahren beschreiben.[230] Die Lösung liegt, wie zu erwarten, in Elementarisierung und Standardisierung. Es geht um eine Programmbibliothek aus der ein *human operator* während des Arbeitsprozesses bestimmte verfügbare Aktionen in einer bestimmten Reihenfolge auslöst.

> »Irgendwann werden wir sicher die ernsthafte Bemühung sehen, Computerprogramme zu entwickeln, die sich wie Wörter und Sprechakte [*phrases of speech*] verknüpfen lassen, um die jeweils benötigten Berechnungen und Steuerungen vorzunehmen.«[231]

Die Arbeit am Bildschirm definiert sich also als Beherrschung einer Sprache, die unter zeitkritischen Bedingungen Sequenzen standardisierter Elemente herstellt. Und da mit der Arbeit am Computer ja das Denken selbst auf dem Spiel steht, darf man wohl in Abwandlung von Gumbrechts Definition schließen, dass für Licklider der unter zeitkritischen Bedingungen gelingende Rhythmus der Mensch-Maschine-Kommunikation das Gelingen des Denkens selbst ist.

---

229 Licklider 1960, S. 7 (Übers. C.P.).
230 »Kurz gesagt: Anweisungen an Computer spezifizieren Verfahren; Anweisungen an menschliche Wesen spezifizieren Ziele« (Licklider 1960, S. 11 [Übers. C.P.]).
231 Licklider 1960, S. 11 (Übers. C.P.). Diese Modularisierung vollendet sich bekanntlich später in *Ada* unter dem geheimdienstlichen Axiom, dass die eine Abteilung nicht wissen darf, was die andere programmiert, aber die einzelnen Programmteile trotzdem zusammen funktionieren (dazu Dennis Hayes, »The Cloistered Work-Place: Military Electronics Workers Obey and Ignore«, in: *Cyborg Worlds*, S. 73-86).

Daher ist es mehr als eine hübsche Miszelle, wenn Licklider 1968, also genau dem Jahr, in dem Ralph Baer das Patent seiner tennisspielenden *Odyssey* einreicht (vgl. S. 105), ausgerechnet das Tennisspiel zur Metapher gelingender Interaktivität wählt.[232] Das eine Bild zeigt die Kommunikation zwischen zwei Spielern über die Spielmittel Schläger, Ball und Tisch hinweg, also genau die Situation, die in allen frühen *two-player*-Computerspielen zu finden ist. Da beide Spieler Menschen sind, erübrigt sich das Problem der wechselseitigen Kommensurabilität weitgehend. Das andere Bild hingegen zeigt, welche Synchronisierungsprobleme entstehen, wenn Computer (Balleingabe unten, Ballausgabe oben) das Tempo des Spiels vorgeben. Das zeitkritische Spiel ist daher der Modellfall der Interaktivität selbst, die auf der Herstellung von Kompatibilität zwischen Menschen und Maschinen beruht. Da Computer aber berechenbar sind, heißt das arbeitswissenschaftliche Programm logischerweise, den Menschen für die Arbeit am Computer zu berechnen. Und an diese Vermessung knüpfen sich (wenngleich ironisch gebrochen) ähnliche Hoffnungen wie an die erste Arbeitswissenschaft: »das Leben wird glücklicher sein für den vernetzen Menschen [*on-line individual*], und die Arbeitslosigkeit wird für immer vom Angesicht der Erde verschwinden«[233] – wahrscheinlich, so könnte man mit Deleuze anschließen, weil man nie mit etwas fertig wird.

Textverarbeitung als Schießspiel

Dass die Modellierung einer Schreibmaschine unter dem Titel *Expensive Typewriter* firmierte, zeigt, dass selbst Textverarbeitung um 1960 noch nicht als sinnvolle Anwendung evaluiert war und lediglich den Status eines *hacks* hatte.[234] Eingabegeräte dienten – auch in den *time-sharing*-Systemen der frühen 1960er – nicht der Übergabe von Literatur, sondern nur der von Programmcode und Daten, also nicht dem, was für Leser, sondern dem, was für Computer Sinn macht. Nicht die Eingabe von Text ist also ›shocking‹, sondern die von Literatur. Was jedoch – wie schon im Fall der Melodien auf dem TX-0 – als eine Form des Hardware-Missbrauchs beginnt, wird wenig später zur Gestaltungsaufgabe einer ganzen Software-Industrie.

Zur Rhetorik der modernen Erfinderbiographie gehört der Topos der Vorzeitigkeit. So wird berichtet, dass der 20-jährige Radartechniker Douglas C. Engelbart im Sommer 1945, auf seinen Truppentransport in der Bibliothek des Roten Kreuzes auf den Philippinen wartend, Vannevar Bushs berühmten Artikel »As we may think« im *Atlantic Monthly* las, nur um dann gut 20 Jahre später die erste Textverarbeitung zu präsentieren.[235] 1963 jedenfalls veröffent-

---

232 J. C. R. Licklider, »The Computer as a Communication Device«, in: *Science and Technology*, April 1968 (Reprint digital, Systems Reseach Center, Palo Alto 1990), S. 34f.
233 Licklider 1968, S. 40 (Übers. C.P.).
234 »Es ist fast schockierend zu begreifen, dass es 1968 eine unbekannte Erfahrung war, jemanden zu sehen, der einen Computer benutzt um Wörter auf einen Bildschirm zu bringen« (Rheingold, Kapitel 9 [Übers. C.P.]).
235 Kolportiert von Rheingold, Kapitel 9.

Douglas Engelbarts Versuchsanordnung zur Textverarbeitung

lichte Engelbart den Aufsatz »A Conceptual Framework for the Augmentation of Man's Intellect«, in dem erst einmal Textverarbeitung von Schreiben unterschieden wird:

> »So gestattet uns diese hypothetische Schreibmaschine die Verwendung einer neuen Textverarbeitungsmethode [*composing text*]. Zum Beispiel können erste Konzeptpapiere sehr schnell aus umgeordneten Exzerpten alter Konzeptpapiere zusammengestellt werden, durch neue, von Hand eingegebene Wörter oder Abschnitte ergänzt. Ihr erstes Konzeptpapier könnte ein freier Gedankenfluss in beliebiger Reihenfolge sein, wobei eine Durchsicht vorangegangener Gedanken die Eingabe neuer Überlegungen und Einfälle ununterbrochen stimuliert. Wird das Gewirr der im Konzeptpapier enthaltenen Gedanken zu dicht, können Sie schnell ein neu geordnetes Konzeptpapier erstellen [*compile*]. Es wäre hilfreich für Sie, mehr Komplexität in den Gedankengänge [*trails of thought*] unterzubringen, die Sie auf der Suche nach dem Weg anlegen, der Ihren Bedürfnissen entspricht«[236]

Textverarbeitung ist also im Wesentlichen Komposition, Arrangement und Kompilation und fordert nur an den Lücken einer »Spur« (so der von Bush übernommene Ausdruck) die Insertion von handgetipptem Text. In Engelbarts Abfolge der Kulturtechniken von »concept manipulation stage«, »symbol manipulation stage« und »stage of manual external symbol manipulation« markiert daher der Computer den Beginn eines neuen, vierten Zeitalters der »automated external symbol manipulation«:[237]

---

236 Douglas C. Engelbart, »A Conceptual Framework for the Augmentation of a Man's Intellect«, in: *Vistas in Information Handling*, Hg. P. W. Howerton/D.C. Weeks, Washington 1963, Bd. 1, S. 1-29, hier S. 4f. (Übers. C.P.). Diesem Entwurf folgten diverse Editoren: 1965 *TVEdit* in Stanford; 1967 (im Auftrag von IBM) das *Hypertext Editing System* mit Lightpen an der *Brown University* (Nelson prägte den Begriff 1965); 1967 TECO am MIT. Auf der Basis von *gesture recognition* und Grafiktablett (RAND, 1964) entwickelte Michael Coleman 1968 einen Texteditor, der Korrekturzeichen verarbeitet (dazu Brad Myers, »A Brief History of Human Computer Interaction Technology«, in: *ACM Interactions*, 5(1998)).

»Auf dieser Stufe können die Symbole, anhand derer der Mensch die von ihm manipulierten Begriffe darstellt, vor seinen Augen gemäß hochkomplexer Regeln geordnet, verschoben, gespeichert, abgerufen und bearbeitet werden – all dies in sehr schneller Reaktion auf ein Minimum an Informationen, die vom Menschen bereitgestellt werden und mit Hilfe kooperativer, technischer Geräte. [...] Diese Displays und Prozesse können hilfreiche Dienste leisten und mit Begriffen verbunden sein, an die der Mensch bis dahin noch nicht gedacht hat (so wie der prägrafische Denker unfähig gewesen wäre, das Balkendiagramm, das ungekürzte Divisionsverfahren oder Karteikartensysteme vorauszusehen).«[238]

Dabei handelt es sich nicht, wie der Ausdruck vermuten ließe, um eine Automatisierung des Denkens, sondern – wie Engelbart immer wieder im Anschluss an Licklider betont – um dessen Augmentierung und damit um das Zusammenspiel von Mensch und Maschine. Bevor also auf der *Fall Joint Computer Conference* von 1968 erstmals so etwas wie Textverarbeitung für Nichtprogrammierer präsentiert werden konnte, kam es darauf an, den Rhythmus der Mensch-Maschine-Kommunikation als gelingendes und damit mehrwertiges Tischtennis-Spiel zu organisieren.[239] »Computer-aided text-manipulation« meint das, was heute noch im Wort Text*verarbeitung* enthalten, aber normalerweise nicht mehr gemeint ist, nämlich, dass es nicht darum geht, *dass* man Text eingibt oder *was* man mit ihm macht, sondern *wie* man Funktionen effizient erreicht. Die Organisation der *Bewegungen*, die das Verarbeiten von Texten erfordert, ist daher Aufgabe einer Arbeitswissenschaft und so kümmert sich der Aufsatz »Display Selection Techniques for Text Manipulation« von English, Berman und Engelbart ausschließlich um die *devices* zwischen Bildschirm und User.[240] 1966 führten die Autoren am *Stanford Research Institute* (SRI) ihre Versuche an einer heute allgegenwärtigen Anordnung aus Bildschirm, Tastatur und *pointing device* durch, um die Faktoren »target selection

---

237 ... in dem sich – so Manfred Riepes treffende Schlussfolgerung – »der romantische Dichter auf dem kürzestmöglichen Weg in den Wahn schreiben« würde (»Ich computiere, also bin ich. Schreber – Descartes – Computer und virtueller Wahn«, in: *Künstliche Spiele*, Hg. G. Hartwagner/S. Iglhaut/F. Rötzer, München 1993, S. 222).
238 Engelbart 1963, S. 14 (Übers. C.P.).
239 Douglas Engelbarts und William Englishs Präsentation erschien damals als Science-Fiction: Engelbart trug das Headset eines Radar-Operators und bediente mit Maus und Tastatur einen unsichtbaren Computer über eine Funkverbindung. Hinter ihm befand sich eine Multimedia-Wand, wie sie gleichzeitig erstmals in den militärischen Kommandozentralen des Kalten Krieges erprobt wurde, die nicht nur den Computerbildschirm vergrößert projizieren, sondern auch Engelbarts Hände und Gesicht als Bilder im Bild einblenden konnte. *Power Point* avant la lettre ließ Engelbart per Mausklick die Gliederungspunkte seiner Präsentation auf dem vergrößerten Bildschirm in Echtzeit erscheinen und verschwinden. Die seltsame Abkürzung NLS (für *On-Line System*) kam durch ein paralleles FLS (für *Off-Line System*) zustande. NLS wurde dann bezeichnenderweise von dem Rüstungslieferanten McDonnell-Douglas unter dem Namen *Augment* vermarktet (vgl. auch Douglas C. Engelbart/ William K. English, »A Research Center for Augmenting Human Intellect«, in: *AFIPS Proceedings of the Fall Joint Computer Conference*, 33(1968), S. 395-410).
240 Eine Optimierung im arbeitswissenschaftlichen Sinne ist nicht zuletzt deswegen nötig, weil *online-* und *time-sharing*-Systeme die Kosten nach Benutzungsdauer aufschlüsseln, also im schlicht pekuniären Sinne »zeitkritisch« sind.

EINE NEUE ARBEITSWISSENSCHAFT 99

Douglas Engelbarts Testgeräte für Bildschirmarbeiter: Grafacon (l.o.), Lightpen (l.u.), Knee control an Sekretärinnenknie (r.o.), Maus (r.u.)

speed«, »accuracy«, »gaining control« und »fatigue« an Bildschirmarbeitsplätzen zu vermessen: »Wir wollten die besten Mittel bestimmen, mit denen ein Benutzer textuelle Einheiten auswählen [*designate*] kann, die als ›Operanden‹ in verschiedenen Textmanipulationsvorgängen benutzt werden sollen.«[241]

Die Testanordnung gestaltet sich wie folgt: Ein Block von drei mal drei Zeichen (in Level 2 sind es drei mal drei Blöcke von Zeichen) erscheint an zufälliger Stelle auf dem ansonsten schwarzen Bildschirm, der Spieler muss beispielsweise zu seinem Joystick greifen, den Cursor mit dem mittleren Zeichen oder Block zur Deckung bringen und klicken. Ein Fehler wird mit einem Ton bestraft, ein Treffer mit einem »CORRECT«. Eine Routine im Hintergrund misst und speichert die Zeiten der verschiedenen User, wertet sie aus und präsentiert sie graphisch. Am Anfang der Textverarbeitung stand also nicht die Text-, sondern – wie Axel Roch resümiert – die Zielerfassung:

> »Die wichtigsten Eingabegeräte, Joystick, Lightpen und Maus, verweisen im Wettrennen am SRI mit der geringsten Fehlerrate und der höchsten Trefferquote von Texten am Bildschirm auf militärisch-strategische Dispositive [...] Die Leistung der Forscher [... bestand] darin, die Technologie der Zielerfassung auf Radar-

---

241 William K. English/Douglas C. Engelbart/Melvyn L. Berman, »Display Selection Techniques for Text Manipulation«, in: *IEEE Transactions on Human Factors in Electronics*, Vol. HFE-8(1), March 1967, S. 5-15, S. 5 (Übers. C.P.).

Screenshot des Tests für Bildschirmarbeiter, Level 1 und 2 (Rekonstruktion)

schirmen und die dazu entwickelten militärischen Kontrollgeräte aus einer integrierten Geräteumgebung abzukoppeln und auf das Problem von bildschirmorientierten Computeranwendungen zu übertragen. Die Feindakquisition fand sich als Maus auf einem normalen Schreibtisch wieder. [...] Abgesehen also von der Ersetzung des bewaffneten Auges durch die Radartechnologie, dürfen wir dann wohl heute den Cursor aus der Luftverteidigung als eine Wiederkehr des Suchscheinwerfers auf höchster taktischer Befehlsebene feiern.«[242]

Die Prolegomena des Schreibens am Computer beziehen sich nicht auf den Sinn der Wörter, sondern auf die Materialität der Kommunikation. An der Oberfläche des Bildschirms geht es nicht um Buchstaben, sondern um graphische Ereignisse mit bestimmten Koordinaten in jenem rechtwinkligen Ordnungs- und Ortungssystem, das zugleich das der Buchseite ist. Angemessenerweise heißen Wörter und Buchstaben daher »targets«,[243] und die Aufgabe aller Tests ist es, Ziele zu erkennen, sie mit einem beweglichen Zeiger treffend zu bezeichnen und durch Knopfdruck bestimmte Verarbeitungsverfahren einzuleiten. Was wie Radardaten behandelt wird, aber aktuell wie lateinische Buchstaben aussieht und mit gleicher Berechtigung auch eine Ansammlung von *Communist Mutants from Space*[244] sein könnte, ist – arbeitswissenschaftlich gesehen – zu einer Problemstellung zusammenzuziehen.[245] Der vom Benutzer gesteuerte Cursor nannte sich damals noch *bug*, und das Ziel der Versuche wäre angemessenerweise als *debugging* von Usern zu beschreiben, da sich die

---

242 Axel Roch, »Die Maus. Von der elektronischen zur taktischen Feuerleitung«, in: *Lab. Jahrbuch für Künste und Apparate*, Hg. S. Zielinski/N. Röller/W. Ernst, Köln 1996.
243 English/Engelbart/Berman, S. 5.
244 So der Titel eines seltenen Atari-Spiels.
245 Dass zielsicheres Anklicken nicht nur über das symbolische Erscheinen und Verschwinden von Buchstaben, sondern auch über das reale von Truppen- und Materialtransporten entscheidet, zeigte zur gleichen Zeit der Vietnamkrieg. Im Rahmen der Operation *Igloo White* liefen im *Infiltration Surveillance Center* in Thailand die Computerdaten der dezent als Pflanzen getarnten Sensoren entlang des Ho Chi Min-Pfades zu den Bildschirmen der IBM/360-Computer. Die Signale bewegten sich als helle ›Würmer‹ über den Bildschirm und mussten angeklickt werden, so dass die Rechner die patrouillierenden *Phantom F-4*-Jets fernsteuern konnten, deren Piloten den Ergebnissen der Steuerungstechnik wie einem Kinofilm zusahen (Paul Dickson, *The Electronic Battlefield*, Bloomington 1976, S. 83-97; George L. Weiss, »Battle for Control of the Ho Chi Minh Trail«, in: *Armed Forces Journal*, 15(1977), S. 19-22; James Gibson, *The Perfect War. Technowar in Vietnam*, New York 1987, S. 396-399).

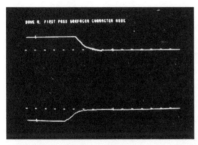 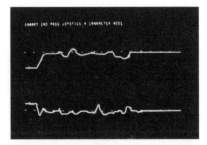

Bewegungsspuren der Bildschirmarbeiter bei der Zielerfassung (Annäherung in x- und y-Achse gegen Zeit aufgetragen an Grafacon und Joystick)

Verarbeitungsgeschwindigkeit proportional zu deren Fehlerrate verhält. Die drei wesentlichen Fehlerquellen sind der Griff zum Eingabegerät, die Bewegung des Cursors von der Ausgangsposition zum Ziel und die Selektion des Ziels, und für alle drei gilt es, die Toleranzgrenzen der Normalität zu ermitteln.[246] Zur Vermessung von Geschwindigkeit und Lernkurve des ›Schützen‹ dienen verschiedene *devices* wie Joystick, Lightpen, Grafacon, Maus und *Knee Control*. Die Versuchspersonen selbst waren – wie schon bei den *Army Mental Tests* – in literate und illiterate geteilt, in

> »›erfahrene‹ Subjekte, die bereits ein wenig mit dem Online-System vertraut sind, und ›unerfahrene‹ Subjekte, die zuvor weder das System noch eines der Geräte benutzt haben, die getestet werden.«[247]

Dies ist schon deshalb nötig, weil mit der Präferierung der Verfahren vor den Inhalten die »Erlernbarkeit« genauso wichtig wie die »Steuerbarkeit«[248] geworden ist. Wo die sprachlichen Texte der ›prägraphischen‹ Zeit zu Werkstücken geworden sind, die an Bildschirmen montiert werden, rutscht die Sprache selbst (wie Licklider gezeigt hat) in die Ebene des Interface, und die Arbeitswissenschaft steuert den Spracherwerb.[249] Daher verwundert es nicht (und deckt sich mit McLuhans im gleichen Jahr erstmals erschienener These), dass die ersten Texte, die in Textverarbeitungen geschrieben wurden, Anleitungen für Textverarbeitungen sind, die an andere Kommunikationsdesigner adressiert sind.[250]

---

246 English/Engelbart/Berman, S. 6.
247 English/Engelbart/Berman, S. 9 (Übers. C.P.).
248 Beides sind Kriterien der späteren DIN-Norm 66234 für Benutzeroberflächen, die Aufgabenangemessenheit (*suitability for the task*), Selbstbeschreibungsfähigkeit (*self-decriptiveness*), Steuerbarkeit (*controlability*), Erwartungskonformität (*conformity with user expectation*), Fehlerrobustheit (*error tolerance*), Individualisierbarkeit (*suitability for individualization*) und Erlernbarkeit (*suitability for learning*) beinhaltet.
249 Gleichwohl der *Lightpen* eine größere »Natürlichkeit« besitzt und die *Knee Control* schneller zu erlernen ist, wird die Maus zum favorisierten Gerät, weil sie weniger Ermüdungseffekte zeitigt und im Dauerbetrieb weniger Fehler produziert.
250 Vgl. Rheingold, Kapitel 9.

XEROX Star

Graphische Benutzeroberflächen und Computerspiele hängen historisch wie systematisch zusammen, weil sie beide einer Arbeitswissenschaft der Bildschirme entspringen. Sie organisieren jene mediale Zwischenschicht, die eben alles andere als ein neutraler Durchgangsort von Benutzern zu Betriebssystemen ist, sondern diese User oder Spieler erst erzeugt, formatiert und verhält und damit gerade das verbirgt, was sie deren Verfügungsgewalt zu unterstellen vorgibt und transparent zu machen scheint. Daher mag (über den Berichtszeitraum hinausgehend) ein Hinweis auf das folgenreiche GUI des XEROX *Star* erlaubt sein, dessen Gestaltung auch gegenwärtig noch die Windows-, Macintosh- und Linux-Desktops prägt.

Die Versuchsreihen bei XEROX Ende der 1970er Jahre bauten auf dem auf, was Engelbart begonnen hatte und lösten ein, was Licklider gefordert hatte, nämlich eine Definition von ›Menschengerechtigkeit‹ interfacetechnisch anhand der Formatierung jener Lücken zu modellieren, an die (oder an denen) der Mensch gestellt wird.[251] Sind diese Lücken groß, bietet das System viele Möglichkeiten, die Information als Maß des Möglichen ist also hoch und die Auswahl dementsprechend schwierig, zeitraubend und entropiebedroht. Große Lücken kosten viel und sind folglich unökonomisch. Das erklärte Ziel von Benutzeroberflächen hieß daher (und heißt bis heute) *Intuitivität*, was ja nur ein anderes Wort für Redundanz oder mangelnde Information alias Wahlfreiheit ist. Die Aufgabe lautete, Dinge verschwinden zu lassen: »Ein wichtiges Gestaltungsziel war, den ›Computer‹ für den Benutzer so unsichtbar wie möglich zu machen«, heißt es dazu bei XEROX.[252]

> »In der zivilen Anwendung […] geht es darum, dem User maximale statt minimale Wahlmöglichkeiten vorzuspiegeln. […] Da der User ein Recht auf freie Wahl beansprucht, es aber nicht haben darf, erweist sich das Medium der Schrift als ungünstig. Frei kombinierbare Buchstaben würden es ermöglichen, Befehle einzugeben, die die Maschine gar nicht kennt. Um solche ganz und gar kundenfeindlichen Frustrationen zu unterbinden, wurde eine grafische Benutzeroberfläche gestaltet, die nur das zur Auswahl stellt, was auch zur Auswahl steht. […] Ihr unschlagbarer Vorteil ist es, daß sie dem User trotz vollkommener Unkenntnis der Maschinenvorgänge die Möglichkeit einer Steuerung suggerieren. […] Der Slogan WYSIWYG aber sagt nicht nur das, sondern mehr. ›Du bekommst das, was du siehst‹ verlangt nur allzu deutlich nach der Umkehrung – ›was du nicht siehst, bekommst du auch nicht‹. Besser läßt sich die Funktion grafischer Oberflächen nicht beschreiben.«[253]

---

251 Dazu Lawrence H. Miller/Jeff Johnson, »The XEROX Star. An Influential User Interface Design«, in: *Human-Computer Interface Design: Success Stories, Emerging Methods, and Real-World Context*, Hg. H.M. Rudisill/C. Lewis/P.G. Polson/T.D. McKay, San Francisco 1996, S. 70-100; W. Bewley/T. Roberts/T. Schroit/W. Verplank, »Human factors testing in the design of XEROX's 8010 Star office workstation«, in: *Proceedings of the ACM Conference on Human Factors in Computing Systems*, 1983, S.72-77.

252 Miller/Johnson, S. 71 (Übers. C.P.).

253 Stefan Heidenreich, »Icons: Bilder für User und Idioten«, in: *Icons*, Hg. R. Klanten, Berlin 1997.

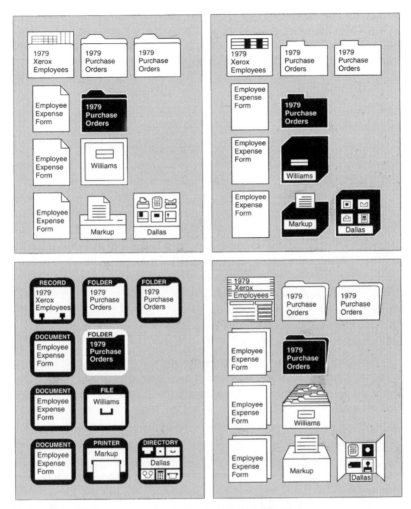

Verschiedene Testserien von Icons bei der Entwicklung des *XEROX Star*

Was Engelbart an beweglicher Hardware optimierte, als er das Brown'sche Zittern der Benutzerhand am Joystick eliminierte, geschieht nun bei XEROX auf der Ebene gestalthafter Wahrnehmung und informationstheoretischer Auswahlwahrscheinlichkeit. Nicht die physiologische Optimierung der Motorik ist das Ziel, sondern – eine Stufe weiter – die kognitionspsychologische der Wahrnehmung und der Skansionen von Entscheidungen. Wie muss ein Drucker-Icon gestaltet sein, damit es sofort als Drucker und nicht zuerst als Wahlurne wahrgenommen wird und damit Arbeitszeit verschwendet?[254] Während es bei Engelbart noch um das isolierte Ereignis einer einzelnen Selektion ging, lautete das Ziel bei XEROX, solche Selektionen zu serialisieren. Es ging darum, ganze Verfahrenswege bürokratischen Alltags durch bestimmte

---

254 Diese und andere Kuriositäten der Tests bei Miller/Johnson, S. 83ff.

Übergangswahrscheinlichkeiten in zeitkritischer Hinsicht zu optimieren. Was bei Engelbart die einzelne, plötzliche Okkuranz ist, die selektiert werden muss, ist im Computerspiel das einmalige »Schießen« auf einen erscheinenden Feind und in der Telegraphie das Auftreten eines unwahrscheinlichen, zu verarbeitenden Zeichens. Was jedoch bei XEROX die wahrscheinliche Reihung von Vorgängen beim Klicken durch mehrere Menüs ist, ist im Computerspiel der Spielverlauf als aufzurufende Serie normierter Handlungen und in der Telegraphie die Übergangswahrscheinlichkeit von *connected discourse*.

Und ebenso wie Engelbart führte man auch bei XEROX die Versuche an ›dümmsten anzunehmenden Benutzern‹ durch, nämlich an computerunerfahrenen Büroangestellten, an »Bürofachkräften und ihren Hilfsmitarbeitern, allesamt ohne technische Erfahrung und Arbeitsbeschreibung [...] Wenn es bei den Tests darum ging, einen Vorgang im System auszuführen, holte man entweder jemanden aus dem Sekretariat oder der Verwaltung bei XEROX, oder man heuerte Aushilfskräfte für Verwaltung und Sekretariat als Versuchspersonen an«.[255] Was wir also heute ›intuitiv‹ und alltäglich als Papierkörbe, Ordner- und Festplatten-Icons auf Bildschirmen sehen, hat sich erst einmal experimentalpsychologisch daran bemessen, was für SekretärInnen die größte Redundanz hat, oder umgekehrt: was die geringste Abweichung zur Wahrnehmung der Büro-Lebenswelt hat und daher am wenigsten Apperzeptionsarbeit und Lohnkosten bedeutet.

Im Vergleich zu den Computerspielen, die um 1980 (dem Jahr in dem beispielsweise *PacMan* seinen weltweiten Siegeszug antrat) schon einen etablierten und gewinnträchtigen Markt bildeten, zeigt sich jedoch ein entscheidender Unterschied. Gleichwohl es in beiden Fällen um eine zeitkritische Optimierung einzelner wie serialisierter Selektionen geht und beide Applikationstypen anhand von illiteraten Benutzern entworfen werden, wird die Zeitersparnis auf unterschiedliche Weise thematisiert oder eben nicht thematisiert. Während Benutzeroberflächen auf maximale Sichtbarkeit setzen, Benutzerfreundlichkeit auf ihre Verpackungen schreiben und die Langsamkeit und Fehleranfälligkeit ihrer User immer schon einrechnen, vermessen Computerspiele die Grenzwerte, Wahrnehmungsschwellen und Reaktionsgeschwindigkeiten ihrer Spieler, machen die Herausforderung des ›schnellsten anzunehmenden Benutzers‹ zu ihrer Devise und bestrafen Langsamkeit und Fehlverhalten durch den Verlust symbolischer Leben. Zwar sucht die Entwicklung von GUIs dieselben Systemstellen auf wie die Spieleentwicklung (Wahrnehmung, Reaktion, mögliches Fehlverhalten), doch ist es ihr Ziel, diese Bedingungen anschließend unter der oberflächlichen Güte einer »Benutzerfreundlichkeit« zu verbergen. Das zeitkritische Spiel hingegen macht genau diese Verborgenheiten zu seinem Gegenstand, ist im Sinne einer agonalen Konstellation, die Lerneffekte und dauerhaften Spielspaß erst ermöglicht, geradezu benutzerfeindlich und damit eine Art ›unheimlicher‹ Doppelgänger des Desktops.

---

255 Miller/Johnson, S. 71, 81 (Übers. C.P.).

8. Computerspiele

Nicht anders als Textverarbeitung und andere Büroanwendungen sind jedoch zunächst auch die Computerspiele zwischen 1966 und 1974 nicht ausschließlich von technischen Möglichkeiten abhängig, sondern bedürfen eines Prozesses der *Evaluation*. Denn die Durchsetzung einer technischen Lösung hängt nicht davon ab, ob sie ein (oft durch sie selbst erst generiertes) Problem ›wirklich‹ *löst*, sondern beispielsweise davon, ob die relevanten Institutionen es *als gelöst* ansehen.[256] Und selbst dann ist es noch ein weiter Weg vom anerkannten Experiment zum Instrument oder von einer technischen Lösung zu einem unauffälligen Medium. Es verschlägt daher wenig, sich über »erste« Spiele zu streiten, so wichtig dies juristisch und ökonomisch auch sein mag. Vielmehr gilt es, jede Überschätzung der »Erfindung« zu vermeiden, also das bloße Wissen über bestimmte Zusammenhänge und selbst deren technische Implementierung nicht mit ihrer kulturellen Durchsetzung und Ausformung zu verwechseln. Interessanter ist allemal (und mit einem Wort Lewis Mumfords) die ›Erfindung der Erfindung‹. Ein Vergleich der avantgardistischen, aber kommerziell erfolglosen Erfindung der ersten Spielkonsole namens *Odyssey*[257] und einem uninspirierten aber umso folgenreicheren Nachzügler namens PONG macht dies exemplarisch deutlich.

Odyssey

Ralph Baer gehörte (anders als der 1943 geborene Nolan Bushnell) der Kriegsgeneration an, war 1938 als deutscher Jude ohne Schulabschluss emigriert, wurde im Krieg zum Fernmeldetechniker ausgebildet und erwarb anschließend am *American Television Institute of Technology* in Chicago einen BA in *Television Engineering*. Ab 1955 begann er seine 30jährige Laufbahn bei dem Rüstungslieferanten *Sanders Associates* in New Hampshire so dass die Hälfte seines Lebens aus klassifizierten, militärischen Projekten bestand. 1966, als Manager der *Equipment Design Division* und damit Herr über 500 Ingenieure, machte es sich der ehemalige *Tennis for Two*-Spieler (vgl. S. 13) zur Aufgabe, den inzwischen preiswerten Fernseher zu Trainingszwecken an Computer anzuschließen. Dabei wurde der wohl bekannte *Lightpen* – nicht zuletzt um die Verschwendung von Rüstungsgeldern zu begründen[258] – zunächst wieder zur *Lightrifle* wie in den elektrooptischen Apparaten der 1920er Jahre:

> »Mein Chef kam vorbei, um mit unserer Büchse zu schießen; damals hatten wir schon ein Plastik-Gewehr. Er schoss immer aus der Hüfte auf einen Zielpunkt [auf

---

256   *The Social Construction of Technological Systems. New Directions in the Sociology and History of Technology*, Hg. W. E. Bijker, Cambridge, Mass. 1987.
257   Dazu vor allem: Scott Cohen, *Zap! The Rise and Fall of Atari*, New York 1984, Kapitel 2; Shaun Gegan, *Magnavox Odyssey FAQ*, 29.10.1997 (home.neo.lrun.com/skg/faq.html); Robert D. Kaiser, *The Ultimate Odyssey2 and Odyssey3 FAQ*, 12.5.1999 (home.neo.lrun.com/skg/o2faq.txt); Steven L. Kent, *Electronic Nation* (www.videotopia.com/edit2.htm) [auf

Optomechanisches Schießspiel von 1902 und Nintendo Entertainment System (NES) der

dem Fernseher]. Das konnte er ziemlich gut, und diese Art [*] fesselte seine Aufmerksamkeit. Das brachte uns etwas näher. Und hielt das Projekt am Leben.«[259]

Das 1968 eingereichte und 1971 niedergelegte Patent formuliert den Trainingsgedanken abstrakter und löst ihn von der Abbildlichkeit des schießenden Spielers:

> »Die vorliegende Erfindung betrifft einen Apparat und ein Verfahren für die Erzeugung, Darstellung, Manipulation und Benutzung von Symbolen oder geometrischen Figuren in Verbindung mit monochromen und farbigen Fernsehempfängern zum Zwecke der Trainingssimulation, der Verwendung von Spielen und der Ausführung anderer Aktivitäten durch jeweils einen oder mehrere Teilnehmer. Die Erfindung umfasst in einer Version eine Kontrolleinheit, einen Apparat, der die Kontrolleinheit mit dem Fernsehempfänger verbindet, und in einigen Anwendungen eine Bildschirm-Maskierungs-Folie, die mit einem Standard-Fernsehempfänger verwendet wird. Die Kontrolleinheit beinhaltet den Regler, die Schaltung, Schalter und andere elektronische Bauteile für die Erzeugung, Mani-

---

258 Mit der Etablierung eines Computerspiel-Marktes wurden Rechtfertigungen unnötig, und Unterhaltungs- und Rüstungsindustrie arbeiten seitdem Hand in Hand. Die US-Marines trainieren beispielsweise an ihrer eigenen Version von Doom, Kaiser Electro-Optics verbaut seine Displays in Apache-Helikopter und zugleich in Spielautomaten, und Lockheed Martin (zu dem die großen Simulator-Hersteller GE Aerospace und SIMNET gehören) fertigt Bauteile für SEGA. Wie Herz treffend zusammenfasst: »Wenn man die Patente zurückverfolgt, ist es nahezu unmöglich einen Spielautomaten oder eine Konsolen-Komponente zu finden, die sich in der Abwesenheit von Forschungsmitteln des Verteidigungsministeriums entwickelt hätte« (S. 105 [Übers. C.P.]).
259 Ralph Baer zitiert nach Kent ([*] fehlt im Original [Übers. C.P.]). Es ist erstaunlich, wie sich das Konzept der Lightgun trotz nahezu völliger Erfolglosigkeit bis heute erhalten hat. Seit den 1980er Jahren erscheint keine Spielekonsole ohne dieses Zubehör, für das jedoch nie genügend angemessene Software entwickelt wurde.

Odyssey, eingepackt (links) und ausgepackt (rechts)

pulation und Steuerung von Videosignalen, die auf dem Fernsehbildschirm angezeigt werden sollen. Der Verbindungsapparat verbindet das Videosignal selektiv mit den Antennen-Eingängen des Empfängers und benutzt dabei bestehende elektronische Schaltkreise im Empfänger, um in einem ersten Zustand des Verbindungsapparats die von der Kontrolleinheit produzierten Signale zu verarbeiten und darzustellen und in einem zweiten Zustand des Verbindungsapparats Fernsehsignale zu empfangen. Eine Maskierungs-Folie, die entfernbar auf dem Fernsehbildschirm angebracht werden kann, bestimmt die Art des Spiels, das gespielt oder des Trainings, das simuliert wird. Jeder Teilnehmer kann eine Kontrolleinheit erhalten. Wahlweise können Spiele [Simulationen, andere Aktivitäten] in Verbindung mit Hintergrund- oder anderen Bilddaten durchgeführt werden, die von kommerziellen Fernsehsendern, Betriebsfernsehen [Überwachungskameras?] oder Kabelsendern in den Fernsehempfänger eingespeist werden.«[260]

Nachdem schon 1966 die technische Kopplung an den Fernseher möglich war, mangelte es in der Folge hauptsächlich an Spielideen. Die erste Applikation beispielsweise hatte nichts anderes zum Ziel, als durch eine Art masturbativer Motorik den Bildschirm erröten zu lassen: »Ihrem [Ralph Baers und Bill Harrisons] Spieldesign mangelte es allerdings […] an Unterhaltungswert. Ihr erstes Spielzeug war ein Hebel [sinnigerweise als Joystick bekannt], den der Spieler wie verrückt betätigte, um die Farbe eines Rechtecks auf einem Fernsehbildschirm von Blau in Rot zu verwandeln.« Bei *Sanders* dürfte nebenbei niemandem entgangen sein, dass *blue* normalerweise die USA und *red* die UDSSR darstellt.[261]

Als es Baer dann gelungen war, durch wenige fest verdrahtete Logikschaltkreise einen Punkt über den Bildschirm zu bewegen, lag nichts näher, als William Higinbothams alte Tennisidee wieder aufzunehmen, wobei die Seitenansicht mit ihren schönen, parabolischen Flugbahnen verschwand und

---

260 Patentbeschreibung Baers, zit. nach Gegan (Übers. C.P.).
261 Baer zit. nach Kent (Übers. C.P.). Im indizierten *Custers Revenge* (Atari 1983) wird es dann (gänzlich unabstrakt) darum gehen, durch schnelles Drücken des Feuerknopfes die Ejakulation General Custers bei der Vergewaltigung einer Indianerfrau herbeizuführen (Herz, S. 68ff.). Auch die erfolgreichen Sportspiele der 1980er erforderten diese Motorik und unterstreichen, dass Interface-Kopplungen und Bewegungspatterns neutral gegen ›Inhalte‹ sind.

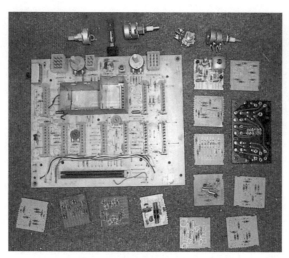

Die bescheidenen elektronischen Mittel der *Odyssey* ...

der Punkt sich, fortan von oben gesehen, nur auf einer billigen Geraden bewegen musste. Damit hatte auch das Netz an Bedeutung verloren, besaß folglich nur noch Anmutungsqualität und konnte auf Folie implementiert oder ganz weggelassen werden. Dabei sind Schießspiele und Tennisspiele gar nicht so weit voneinander entfernt. Denn das Problem des Todes oder des Verpassens eines Balles liegt bei beiden Spielen nicht im Treffen oder Getroffenwerden, sondern in der Verantwortung zur Pünktlichkeit. Die Sorge vor Schüssen oder Tennisbällen liegt darin, zur falschen Zeit am richtigen Ort oder zur richtigen Zeit am falschen Ort zu sein – also in einer temporalen Deplatzierung. Dass ich da bin, wo ein Schuss fällt oder nicht da bin, wo der Ball eintrifft, ist in jedem Fall eine zeitkritische Frage. So ist das Ziel meines Gegners im Tennis zwar nicht, mich zu treffen, dafür aber meine Abwesenheit anzutreffen. Der ›feindliche‹ Tennisschläger hat eine Virtualität im Visier: den Ort, an dem ich sein müsste, aber aller Wahrscheinlichkeit nach nicht pünktlich sein kann. Sein Ziel ist meine unwahrscheinliche Aktualität. Sein Bemühen ist es, mich in die Unverantwortlichkeit zu manövrieren und die Flugbahn des Balls ist die Projektion einer Frage, auf die ich nicht werde antworten können.

Darüber hinaus führte die schlichte Rotation des Betrachterstandpunkts um 90° zu der fruchtbaren Einsicht, dass ein bewegter Lichtpunkt eben auch alles andere sein kann als ein Tennisball:

> »So hatten wir nun ein respektables Ping-Pong-Spiel, und es dauerte nicht lange, bis wir es ein Hockey-Spiel nannten. Man entferne nur die Mittellinie, die wir zur Nachempfindung des Netzes eingefügt hatten, und plötzlich ist es ein Hockey-Spiel. Also klebten wir eine blaue Folie auf den Bildschirm, denn dann sah es mehr nach Hockey aus. Später addierten wir ein Chrominanz-Signal, um den blauen Hintergrund elektronisch zu erzeugen.«[262]

1971 baute *Magnavox* das Gerät in Lizenz und führte es im Januar 1972 als *Odyssey Home Entertainment System* ein, und zwar durch niemand Geringeren als Frank Sinatra in einer Sonntagabend-Fernsehshow.[263] Die serienreife

... und ihr reichhaltiges Zubehör an Spielmitteln

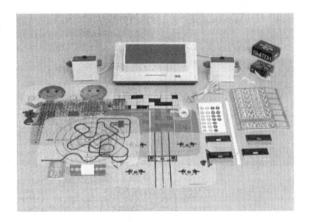

Version – durch ihren Namen und ihre futuristische Verpackung auf Kubricks drei Jahre zuvor erschienenen Film anspielend – produzierte minimalistische Schwarzweißgrafik, die nur Punkte und Geraden darstellen konnte, und war nicht in der Lage, Punktestände zu verwalten. Die Spielekonsole selbst bestand aus ca. 40 Transistoren und ebenso vielen Dioden, wurde jedoch begleitet von 300 Zubehörteilen wie farbigen Folien, Karten, Papiergeld, Würfeln und Poker-Chips.[264] Was noch nicht auf dem Bildschirm implementierbar war, wurde analog supplementiert, und noch einige Jahre lang werden an Spielautomaten farbig bedruckte Folien die Grenzen von spielexternem Display und spielinterner Grafik zu verwischen suchen.

Das spezifische Manko der *Odyssey* ist, dass sie nicht mit diskreten Werten rechnen kann und daher alle numerischen Operationen wie Kartenwerte, Punktestände und Zufallszahlengenerierung in eine externe Verwaltungsstelle auslagern muss. Den bedeutsameren und allgemeinen Aspekt markiert jedoch Baers am Scheideweg zwischen Hockey und Tennis gefundene Erkenntnis, dass Programm und Semantisierung nichts miteinander zu tun haben. Mit der *Odyssey* wurden folglich sechs verschiedene Stecker ausgeliefert, die nicht mehr taten, als verschiedene Leitungsbahnen zusammenzuschalten und daher

---

262 Baer zit. nach Kent (Übers. C.P.). 1908 veröffentlichte Farrand Sayre, basierend auf seiner Vorlesung in Fort Leavenworth, seine *Map Manoeuvres and Tactical Rides*, eines der ›freien‹ amerikanischen *Kriegsspiel*-Derivate, dessen Besonderheit es war, dass der Spieler gegen den Schiedsrichter spielt, der (wie später Computer) die feindlichen Truppen übernimmt. Dieses Spiel führte erstmals Folien aus Zelluloid ein, auf die die Bewegungen und Daten mit Wachsstiften geschrieben werden konnten (vgl. Andrew Wilson, *The Bomb and the Computer. Wargaming from Ancient Chinese Mapboard to Atomic Computer*, New York 1968, S. 17).
263 Sam Hart, *Video Game History* (www.physics.arizona.edu/~hart/vgh/odyssey.html).
264 Auf der Packliste befanden sich: Football Game board field/Roulette Layout board; Odyssey stadium scoreboard; 2 Football tokens (attached to the Odyssey stadium scoreboard); 2 Yardage markers (attached to the Odyssey stadium scoreboard); 20 Pass cards; 20 Run cards; 10 Kick off cards; 10 Punt cards; 2 Pass cards; 2 Run cards; 2 Punt cards; 30 Clue cards; 13 Secret message cards; 50 chips (16 red, 16 blue, 18 white) with ziplock bag; Money (approximately 100 each of $5 $10 $50 and $100); 28 Simon says cards; 50 States cards; Affairs of states (answer folder); States study map; Pair of dice.

nicht einmal etwas mit Programmen (etwa im Sinne der ersten Cartridges bei Fairchilds *Channel F*-Konsole) zu tun haben. Sie bewirkten jedoch sechs verschiedene Bewegungsmuster, die erst durch die auf dem Bildschirm befestigten Folien semantisiert werden mussten.²⁶⁵ Aus sechs ›abstrakten‹ Bewegungsrepertoires, die – wie einst in der Arbeitswissenschaft – völlig neutral gegen ihren Gegenstand oder ihr ›Produkt‹ sind, werden also erst und nur durch die elf mitgelieferten Overlays auch tatsächlich elf Spiele.

Dass der *Odyssey* kein Erfolg beschieden war, lag nicht nur daran, dass *Magnavox* zu suggerieren suchte, das Spiel funktioniere nur an *Magnavox*-Fernsehgeräten (was aufgrund der Passgenauigkeit der Folien durchaus berechtigt gewesen sein mag) oder daran, dass man das Gerät nicht in Spielzeuggeschäften kontextualisierte. Vielmehr ist an der überwältigenden Zahl der Spielmittel abzulesen, dass das Gerät noch keine systemische Geschlossenheit erreicht hatte und ein hoher Anteil extramedialer Verwaltungsleistung notwendig war, die die originär computerbasierten Anteile reduzierte. Darüber hinaus schien es seitens des Publikums an Verständnis für die ›Universalität‹ einer Maschine zu mangeln, die *mehrere* Spiele spielt. Denn vor der Zeit der Privatisierung und Popularisierung des Computers und vor der öffentlichen Erschließung seiner Medienfunktionen durch die Hacker erwartete man anscheinend, dass eine Maschine gewissermaßen ›identisch‹ mit sich sei, mithin also jene und nur jene Aufgabe erledige, für die sie bestimmt sei, dass sie – kurz gesagt – als (Werk)Zeug und nicht Medium zuhanden sei. Die Entwicklung der Computerspiele geht daher logischerweise den Umweg eines identischen Gerätes im dedizierten Kontext namens Spielhalle, deren Maschinen traditionellerweise nur ein Spiel kennen.²⁶⁶

PONG

Dies ist die Leistung von Nolan Bushnell.²⁶⁷ Bushnell gehörte jener Generation an, die Computerspiele nicht nur spielen konnte, ohne ihre Hardware konstruieren zu müssen, sondern auch ohne die Software dazu zu schreiben. An der *University of Utah*, wo Bushnell u.a. bei David C. Evans und Ivan Sutherland studierte, spielte er *Spacewar* auf einem Computerbildschirm und eben nicht (wie Ralph Baer das Higinbotham'sche *Tennis for Two*) auf einem Messgerät. Nach dem gescheiterten Versuch, einen Job bei *Walt Disney* zu be-

---

265 Hier die Auflistung von Gegan, die fälschlicherweise die Bewegungsmuster schon mit Spielen gleichsetzt, aber immerhin zeigt, dass es für manche Bewegungen (2, 3, 4 6) mehrere Semantisierungen gibt: 1. Table Tennis, 2. Ski, & Simon Says, 3. Tennis, Analogic, Hockey, & Football (for passing & kicking), 4. Cat and Mouse, Football (for running) & Haunted House, 5. Submarine, 6. Roulette & States.
266 Auch der Fernseher ist – in einem Automaten in einer Spielhalle installiert – kein Fernseher mehr, der eine zusätzliche Funktion erfüllt, sondern ein vollständig integriertes Display, auf dem nur ein einziges Spiel gespielt wird.
267 David Sheff, *Nintendo – »Game Boy«. Wie ein japanisches Unternehmen die Welt erobert*, München 1993, S. 169-181; Cohen, Kapitel 3-5; Robert Slater, *Portraits in Silicon*, Cambridge, Mass. 1987, S. 296-307; Herman, Kapitel 2.

Nolan Bushnells Spielautomaten: *PONG* (links) und *ComputerSpace* (rechts)

kommen, an dessen Themenparks Bushnell die perfekte Verbergung von High-Tech unter einer frivol-naiven Oberfläche so schätzte,[268] ging er 1969 zu *Ampex*. Ab 1970 arbeitete er privat an einem Prototypen namens *Computer Space*, der mehr war als ein Klon oder Re-Engineering des rechtlich ungeschützten *Spacewar*. Der erste, zunächst dem intendierten Kontext von Spielhallen, Vergnügungsparks und Flughäfen geschuldete Unterschied bestand darin, dass *Computer Space* ein Spiel *gegen* den Computer und nicht gegen einen anderen Spieler *mittels* des Computers sein musste. Der Computer ist also nicht mehr als ›Spielmittel‹ zwischen zwei Spieler installiert, sondern der Spieler nimmt seinen Platz im Gestell ein. Dies ist – wie im damals alltäglichen ›Gleichgewicht der Kräfte‹ inzwischen üblich – der Platz eines zweiten Computers. Ebenso wie sich die gleichzeitigen Frühwarnsysteme in Ost und West wechselseitig befragten, testeten und maßen sich fortan Computer und Spieler. Zweitens und nicht minder entscheidend ist, dass die kommerzielle Nutzung eine Ökonomie von Investition, Preis und Dienstleistungszeitraum verlangt, die im Spiel implementiert sein muss. Damit der Spieler reagierend seinen Platz am vorgegebenen Ort zur vorgegebenen Zeit einzunehmen lernen kann, muss die Maschine Komplexität und Geschwindigkeit so weit absenken, dass sich statt prometheischer Scham nur Spielspaß einstellt. Sie muss, um zu fesseln, Verantwortlichkeit ermöglichen, also Zeitfenster so dimensionieren, dass sie (wie bereits in den *Army Mental Tests*) weder zu viel (Unterforderung und Langeweile) noch zu wenig Zeit (Überforderung und Frustration) für Antworten des Spielers lassen. Spieletester nennen dieses Maß des Gelingens einer Verschaltung von Spieler und Maschine auf einem gemeinsa-

---

268 Kolportiert von Slater. Dazu auch »Interview mit Nolan Bushnell, Erfinder von PONG und Atari-Gründer«, in: *Telepolis* (www.heise.de/tp/deutsch/special/game/2525/1.html).

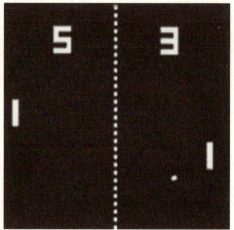

Heimversion von *PONG* und Screenshot

men Systemtakt schlichter *playability*. Zugleich muss das Plateau des Schwierigkeitsgrads so hoch angelegt sein, dass die Sättigung der Lernkurve auch eine des Automatenaufstellers ermöglicht. *Computer Space* brauchte also nicht nur einen (im Sinne der Arbeitswissenschaft) ›normalen‹ und damit rechenbaren Schwierigkeitsgrad, sondern vor allem eine interne Gewinn- und Verlustrechnung in Form von Punkteständen. Denn Spiele zeichnen sich schlicht dadurch aus, dass sie ein Ende haben.[269]

Nach ersten Überlegungen, einen eigenen Minicomputer zu bauen oder einen modifizierten PDP-11 zu benutzen, verfiel Bushnell auf die entscheidende Lösung proprietärer, fest verdrahteter Hardware aus Standardbauteilen, nämlich einen *General Electric* Schwarzweiß-Fernseher und ca. 185 gängige TTL-Chips von *Texas Instruments*. *Computer Space* war also ein Computer, der nicht(s) ander(e)s konnte als *Computer Space* zu spielen. Die 1 500 von *Nutting Associates* produzierten Geräte waren jedoch so gut wie unverkäuflich,[270] und Bushnell zog den Schluss, dass dies an einer Überlast externer Instruktionen liege:

> »Man musste erst die Anleitungen durchlesen, ehe man spielen konnte; und wer liest schon gerne Anleitungen. Um erfolgreich zu sein, musste ich ein Spiel herausbringen […], das so einfach ist, dass es jeder Besoffene in der Kneipe spielen kann.«[271]

Bushnell reiht damit den Spieler als Betrunkenen in die Reihe der Gorillas (Taylor und Kay), der Illiteraten (*Army Mental Tests*), der Frauen, Kriegskrüppel (Gilbreth) und dümmsten anzunehmenden Benutzer ein, die auf Selbst-

---

269 George H. Mead, »Play, the Game, and the Generalized Other«, in: *Mind, Self, and Society*, Chicago 1934, S. 158.
270 Sheff, S. 169; von Seiten Ataris ist jedoch von 3 000 verkauften Exemplaren die Rede (Stephen Peirce, »Coin-Op: The Life«, in: *Digital Illusion*, S. 449).
271 Zit. nach Cohen, S. 23 (Übers. C.P.).

erklärungsfähigkeit angewiesen sind. Nachdem er im Frühjahr 1972 die *Odyssey* mit ihrem Tennisspiel gesehen hatte, entstand im Sommer des gleichen Jahres mit PONG ein Automat, der nichts anderes tat als Tennis zu spielen, Punkte zu zählen und neuerdings auch Geräusche zu machen. Dabei war das namengebende, onomatopoetische Pop-Art-»Pong« nichts anderes als ein extrem verstärktes Knacken im vertikalen Zeilenzähler des ebenfalls auf TTL-Chips aufgebauten Gerätes. Der Spieler hört also bei gelungener Synchronisation mit dem (Ball)Spiel (im Sinne Lickliders) zugleich die Synchronisation des Gerätes selbst. Die Beschreibung des Lernvorgangs der ersten Computerspieler im sog. öffentlichen Raum, sprich: am Prototypen in *Andy Capp's Bar* in Sunnyvale im August 1972, zeigt eindringlich, was Selbsterklärungsfähigkeit und Synchronisation bedeuten:

> »Einer der Stammgäste näherte sich PONG neugierig und sah sich genau an, wie der Ball geräuschlos wie im luftleeren Raum über den Bildschirm hüpfte. Ein Freund kam hinzu. Die Anweisungen besagten: ›Ball nicht verpassen, um High-Score zu erreichen‹. Einer der Jungs warf eine Münze ein. Es piepste. Das Spiel hatte begonnen. Sprachlos sahen sie zu, wie der Ball abwechselnd auf der einen Seite des Bildschirms erschien und auf der anderen verschwand. Jedes Mal wenn das passierte, änderte sich der Punktestand. Der Punktestand lag bei 3-3, als einer der Spieler den Knopf des Controllers auf seiner Seite des Bildschirms ausprobierte. Der Punktestand war 4-5, sein Vorteil, als sein Schläger den ersten Ballkontakt hatte. Es gab ein wunderbar volltönendes ›Pong‹-Geräusch als der Ball zurück auf die andere Seite des Bildschirms prallte. 6-4. Bei 8-4 hatte der andere Spieler raus, wie er seinen Schläger einzusetzen hatte. Sie lieferten sich ihren ersten kurzen Volley, als der Punktestand 11-5 erreichte und das Spiel zu Ende war.«[272]

Das »pong«-Geräusch der Kollisionsabfrage erscheint als Belohnung für die richtige Antwort in einem verantwortungsvollen Spiel, und seine getaktete Wiederkehr macht das Funktionieren dieses Ballspiels und damit das der Kopplung von Mensch und Spiel auf einem gemeinsamen Systemtakt hörbar. Von hier erklärt sich wahrscheinlich auch die Zeitvergessenheit von Computerspielern, die Bushnell schon bei der Aufstellung des ersten Automaten bemerkte, als dessen Spieler sich an den Rhythmus des Spiels akkommodierten. Denn der »Rhythmus ist«, wie Nietzsche bemerkte, »ein Zwang; er erzeugt eine unüberwindliche Lust, nachzugeben, mit einzustimmen; nicht nur der Schritt der Füße, auch die Seele geht dem Takte nach – wahrscheinlich, so schloß man, auch die Seele der Götter!«[273] Jedenfalls war die rhythmische Bildschirmarbeit an PONG ein so überragender Erfolg, dass ohne Verzögerung mit der Invasion von Wohn- und Kinderzimmern begonnen werden konnte, was dank der Verfügbarkeit hochintegrierter Bausteine seit 1971 auch möglich war. Al Alcorn und Howard Lee bauten 1974 im Namen der Atari-Mitarbei-

---

272 Cohen, S. 29 (Übers. C.P.). Was Bushnell und seine Biographen gemeinhin verschweigen ist, dass es noch eine zweite und entscheidende Anweisung zu lesen gab, nämlich »Deposit Quarter« (Herz, S. 14).
273 Friedrich Nietzsche, *Werke in drei Bänden*, Hg. K. Schlechta, München 1954, Bd. 2, S. 93; vgl. Friedrich Kittler, »Rockmusik – Ein Mißbrauch von Heeresgerät«, in: *Appareils et machines à représentation*, Hg. C. Grivel, Mannheim 1988 (*mana*, Bd. 8), S. 87-102.

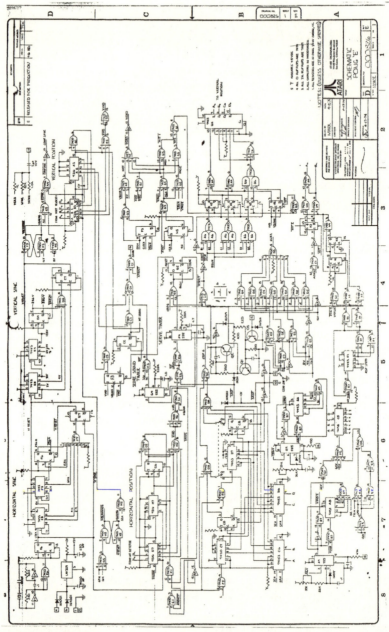

Schaltplan von *PONG*

terin mit der schmalsten Taille eine Heimversion namens »Darlene« aus wenigen LSI's auf, die im Ergebnis eine Kopie des Automaten und damit – anders als die *Odyssey* – ein dediziertes Spiel war.

In schöner medienarchäologischer Koinzidenz bringt 1974 auch eine andere (vielleicht etwas obskurante) Quelle das Einschwingen auf den Rhyth-

COMPUTERSPIELE

Ataris nie zur Serienreife gelangtes *MindLink*-Projekt, das die Steuerung von Tennisschlägern durch Messung von Gehirnströmen (und ohne ›Erstes Selbst‹) ermöglichen sollte

mus des Tennisspiels auf den Punkt. Timothy Gallwey, ehemals Spieler in der Jugendnationalmannschaft, später Trainer des Tennis-Teams in Harvard, erfand nach erweckenden Asien-Reisen zunächst sein »yoga tennis« und gründete später das *Inner Game Institute* in Kalifornien. In seinem Zen-inspirierten Tennis-Lehrbuch schreibt er:

> »Wir haben nun einen entscheidenden Punkt erreicht, nämlich die andauernde ›Denk‹-Aktivität des Ersten Selbst, des Ich-Geistes, der Interferenzen mit dem natürlichen Verlauf der Tuvorgänge [*doing processes*] des Zweiten Selbst verursacht. [...] Erst wenn dieser Geist schweigt, erreicht jemand seine höchste Leistung. Wenn ein Tennisspieler ganz ›in seinem Spiel‹ ist, denkt er nicht mehr darüber nach, wie, wann oder auch wohin er den Ball schlägt. Er versucht nicht, den Ball zu treffen, und wenn er ihn getroffen hat, denkt er nicht darüber nach wie schlecht oder wie gut er ihn getroffen hat. Der Ball scheint durch einen automatischen Vorgang getroffen zu werden, der kein Denken erfordert. [...]
>
> Wenn das Erste Selbst einige Schläge bewertet hat, fängt es in der Regel an, zu verallgemeinern. Statt ein einziges Ereignis als ›eine schlechte Rückhand‹ zu beurteilen, fängt es an zu denken: ›Du hast eine miserable Rückhand‹. [...] Aus diesen Selbsteinschätzungen werden dann meist selbst erfüllende Prophezeiungen. Dabei handelt es sich um Mitteilungen des Ersten Selbst über das Zweite Selbst, die, wenn sie nur oft genug wiederholt werden, vom Zweiten Selbst geglaubt werden. Das Zweite Selbst, das ein Rechner [*computer*] ist und auch so funktioniert, beginnt dann, diesen Erwartungen gerecht zu werden. Wenn man sich selbst nur oft genug sagt, dass man ein schlechter Aufschläger sei, wirkt das wie eine Hypnose. Es ist so, als sei dem Zweiten Selbst eine Rolle zu spielen aufgegeben – die Rolle des schlechten Aufschlägers –, die es nun voll ausspielt und dabei solange seine wahren Fähigkeiten unterdrückt. Wenn der urteilende Geist erst einmal eine Selbstidentität auf seinen negativen Urteilen errichtet hat, verbirgt das Rollenspiel das wirkliche Potenzial des zweiten Selbst so lange, bis der hypnotische Bann gebrochen ist.«[274]

Dabei verschlägt es wenig, dass Nietzsche solchen Intuitionismus wohl als ›Glück der Thiere‹ beiseite getan hätte. Das ›Zweite Selbst‹, das es vom Nach-

---

274   W. Timothy Gallwey, *The Inner Game of Tennis*, New York 1974, S. 31ff. (Übers. C.P.).

teil kritischer Reflexion zu befreien gilt, um mit dem Moment des Tennisspiels eins zu werden, ist zunächst – so merkwürdig dieser Begriff zwischen den Zitaten diverser Zen-Meister auch wirken mag – ein »computer«, der anscheinend von einem ›Ersten Selbst‹ programmiert wird. Angesichts dieser (wohl typisch kalifornischen) Gemengelage von hippiesker Esoterik und *High-tech* (und kurz nach dem Erscheinen von PONG) bleibt natürlich – um im Bild zu verweilen – zu fragen, wie ein vom Programm befreiter Computer eigentlich funktionieren soll. Die Antwort liegt nicht etwa im ›Kindwerden‹ (so Gallwey an anderer Stelle), sondern darin, sich von einer anderen Instanz als dem eigenen Bewusstsein programmieren zu lassen, nämlich einer (selbst geistlosen) Maschine namens PONG. Die Akkommodation an den fremden Rhythmus des Spiels ist schlicht proportional dem Grad der Entkoppelung des Zweiten vom Ersten Selbst und bricht demnach den Bann des Subjekts.

Diese Akkommodation ist jedoch mit dem Erlernen der Benutzung von Drehknöpfen keinesfalls beendet, sondern muss permanent aufrechterhalten werden, damit das Spiel nicht endet. Hervorragend im neuen *single-player*-Modus ist das Actionspiel eine permanente Akkommodationsleistung an die Maschine. Damit aber macht es mit dem Schluss, was der Entwicklungspsychologie eines Jean Piaget noch als Wesen des Spiels galt:

> »man muß unterscheiden zwischen einer Assimilation mit aktueller Akkommodation und der reinen Assimilation, die sich frühere Akkommodationen unterordnet und die Wirklichkeit an die eigene Aktivität assimiliert ohne Anpassungsbemühung und ohne Grenze. Im übrigen scheint dieser [...] Fall charakteristisch für das Spiel«.[275]

Während das begriffliche Denken am Äquilibrium von Assimilation und Akkommodation, von Aneignung und Anpassung entsteht, ist das Spiel die Assimilation »aller Dinge an das Ich«. Und nach Musterung der seinerzeit vorliegenden Spieltheorien kommt Piaget zu dem Schluss:

> »Alle vorgetragenen Kriterien zur Definition des Spiels in Abgrenzung zu der nichtspielerischen Aktivität vermögen nicht, beides deutlich zu unterscheiden, sie unterstreichen einfach das Vorhandensein einer Orientierung, deren mehr oder weniger deutliche Ausprägung einer mehr oder weniger spielerischen Tönung der Handlung entspricht. Das heißt mit anderen Worten: Das Spiel ist an einer mehr oder weniger großen Veränderung der Gleichgewichtsbeziehung zwischen der Wirklichkeitsbeziehung und dem Ich zu erkennen. Man kann also sagen: Wenn angepaßte Aktivität und Denken ein Gleichgewicht zwischen Assimilation und Akkommodation herstellen, dann *beginnt das Spiel dort, wo die Assimilation über die Akkommodation dominiert.* [...] Das Spiel ist so fast reine Assimilation«.[276]

In dieser Anpassung ohne Grenze, die sich Spiel nennt, verlieren die Dinge gewissermaßen ihre Schwere: Alles kann Gegenstand des Spiels werden, und das Spiel ist das Jonglieren mit den Gegenständen, Zeichen und Bewegungen in einem Raum, in dem sich alles mit allem verbinden kann.[277] Dieser Freiheitsbegriff gilt jedoch angesichts von Computerspielen nicht mehr. Ein

---

275 Jean Piaget, *Nachahmung, Spiel und Traum*, Stuttgart ³1993 (*Gesammelte Werke*, Bd. 5), S. 121.
276 Piaget, S. 193, 117 (Hervorh. C.P.).

Ein entspannter Bill Mitchell nach 19-jähriger Akkommodation

Actionspiel zu spielen heißt nichts anderes, als eine permanente Akkommodationsleistung zu vollziehen, an deren Ende nicht mehr der symbolische Tod des Spielers steht, der an seiner Unangepasstheit scheitert, um mit (s)einem sublimen Körper wieder aufzuerstehen,[278] sondern der »Sieg« über die Maschine als Spielende und als *ihr* symbolischer Tod. Jeder Versuch der Freiheit im Piaget'schen Sinne (nämlich das Spiel aufgrund der akkommodierten Geschicklichkeit anders zu spielen als vorgesehen, bedeutete das Aussetzen und damit das Ende des Spiels. Im Actionspiel gibt es keine Spielereien oder Verhandlungen, kein falsches Spiel im richtigen. Und es lässt keinen Platz für ein Subjekt, das sich in einer (womöglich spezifisch menschlichen) Freiheit zu einem »play« über die »games« aufschwingen könnte.

Das wohl einleuchtendste Beispiel bietet Bill Mitchell, der es nach 19-jährigem Training als erster Mensch schaffte, alle 256 Level des eher betagten 8-bit Spielautomaten *PacMan* von 1980 zu bestehen:

> »In schier endlosen Versuchsreihen beobachteten Bill Mitchell und seine Freunde die vier Monster, bis sie deren einprogrammierte Verhaltensmuster durchschaut hatten. Schließlich lernten sie sie auswendig. Mit diesem Wissen entwickelten sie ein paar aberwitzig umständliche Zugfolgen, die ihnen für Sekunden Ruhe vor den Verfolgern verschafften. [...] Für Zuschauer war das reine Magie. Ein Dutzend Weltklassespieler gebe es auf Erden, sagt Mitchell, eine einsame Liga.«[279]

Unter den Bedingungen von Actionspielen kehrt sich Piagets Pädagogik um: Die Akkommodation heißt jetzt Spiel und die Assimilation nach dem Tod des Spiels heißt Arbeit. Mitchell verabschiedete sich mit den denkwürdigen Wor-

---

277 Seeßlens Deutung der Computerspiele als anarchisches Potential einer »Kinderkultur« (S. 28) und des Computers als »bestem Freund des wilden Denkens« ist eben diesem Freiheitsbegriff verpflichtet, den er – sich als Pop-Provokateur gerierend – als »Quark« abtut.
278 Slavoj Zizek, »Man stirbt nur zweimal«, in: *Journal*, Zürich (Psychoanalytisches Seminar) 17(1988), S. 51-60.
279 Manfred Dworschak, »Gefräßige Scheibe«, in: *Der Spiegel*, 29(1999), S. 181.

ten »Jetzt muß ich dieses verdammte Spiel nie wieder anrühren«, von der Spiel-Arbeit der Akkommodation und plant eine berufliche Karriere als Show-Spieler in Las Vegas – »ohne Anpassungsbemühung und ohne Grenzen«, wie Piaget wohl sagen würde.

★ ★
★

II. Adventure

1. Höhlen

Im Jahr 1838, also genau 130 Jahre bevor ARPA bei *Bolt, Beranek & Newman* die Entwicklung der ersten vier *Internet Message Processors* (IMPs) in Auftrag gab, die Frank Heart, Robert Kahn, Severo Ornstein, William Crowther und David Walden dann 1970 präsentieren sollten,[1] tätigte Frank Gorin einen für die Geschichte der Adventurespiele folgenreichen Grundstückskauf. Er erwarb die sogenannte *Mammoth Cave* – die mit über 350 Meilen größte Höhle der Welt im Karst von Kentucky.[2] 1799 von einem Jäger zufällig entdeckt, hatte sie zunächst dem Militär Guano für Schießpulver geliefert, anschließend als Munitionslager gedient und wurde zuletzt als Touristenattraktion geöffnet. Eben jenem Frank Gorin gehörte auch der Sklave Stephen Bishop, und es ist wohl der tuberkuloseinduzierten Philanthropie seines Herrn geschuldet, dass Bishop nicht nur in Latein und Griechisch, sondern auch in Höhlenforschung dilettieren durfte. Zum Speläologen bestellt, erforschte Bishop die Höhlen seines bettlägerigen Herrn und verdoppelte das kartographierte Territorium schon innerhalb eines Jahres. Das unterirdische Dunkel durch Benennung lichtend, entstand nicht nur eine (halb klassische, halb folkloristische) Topologie mit Raumbezeichnungen wie *River Styx*, *Snowball Room*, *Little Bat Avenue* oder *Giant Dome*, sondern auch ein Inventar von naturhistorischen Merkwürdigkeiten wie blinden Fischen, stummen Grillen, Fledermäusen und indianischen Artefakten. Stephen Bishop verstarb 1856, doch seine 1842 aus dem Gedächtnis gezeichnete Karte blieb bis in die 1880er Jahre in Gebrauch. Noch im 20. Jahrhundert wurde sie von seinem Großneffen Ed Bishop um *Violet City* und *Bishop's Pit* aktualisiert.

John Croghan, der nächstfolgende Besitzer der Höhlen, baute sie zum touristischen Ausflugsziel aus. Eifersüchtige Nachbarorte ruhten nicht, und die Eröffnung der *Great Onyx Cave* im nahe gelegenen Hochins Valley führte in den 1920ern zu den *Kentucky Cave Wars*. Falsche Polizisten, dilettantische Führer und brennende Ticket-Services bestimmten die Lage, so dass die Höhlen 1941 für die Öffentlichkeit geschlossen wurden. Nach dem Zweiten Weltkrieg wurden sie mit einiger Verspätung als Nationalpark wiedereröffnet, und

---

1 »The Interface Message Processor of the ARPA Computer Network«, Paper für die *Spring Joint Computer Conference of the American Federation of Information Processing Societies*. 1969 wurden dann SRI, UCSB, UCLA und UTAH im ARPAnet verbunden.

2 Zum Folgenden ausführlich: Alexander Clark Bullitt, *Rambles in Mammoth Cave During the Year 1844 by a Visiter* (sic!), New York (Reprint) 1973; Roger W. Brucker/Richard A. Watson, *The Longest Cave*, New York 1976; Duane De Paipe, *Gunpowder from Mammoth Cave. The Saga of Saltpetre Mining Before and During the War of 1812*, Hays, Kansas 1985; Joy Medley Lyons, *Mammoth Cave. The Story Behind the Scenery*, Las Vegas 1991; www.mammothcave.com; www.nps.gov/maca/macahome.htm.

zahlreiche Höhlenforscher begannen, nach einer Verbindung zwischen *Flint Ridge* und *Mammoth Cave* zu suchen. Der Durchbruch gelang 1972 einer jungen Physikerin namens Patricia Crowther, die – ausgehend von einem Raum namens *Tight Spot* – jene entscheidende »muddy passage« auf der Karte verzeichnen konnte, durch die man zur *Mammoth Cave* gelangt.

Jene Patricia war nun niemand anderes als die Ehefrau William Crowthers, des begnadeten Programmierers der *Internet Message Processing Group*. Dieser ließ seine militärisch-wissenschaftlichen Routing-Probleme bei *Bolt, Beranek & Newman* ab und zu ruhen, um die speläologischen seiner Gattin auf den dortigen Dienstrechnern zu erfassen und zur Weitergabe an die *Cave Research Foundation* aufzubereiten.[3] Und seiner Scheidung ist es wohl zu danken, dass Crowther (bei geselligen Rollenspielen schon als »Willie the Thief« bekannt) nicht nur die ausbleibenden Höhlen-Ausflüge auf seinem Rechner zu simulieren suchte, sondern diese ab 1973 auch in einer kinder- und laienfreundlichen Form implementierte.[4] Adventurespiele scheinen, wie Malerei, mit den Schatten geliebter Abwesenheiten auf Höhlenwänden zu beginnen. Die erste Version – auch unter dem Namen *Colossal Cave* bekannt – basierte, in schönem Angedenken an die Lieblingsregion des Pärchens, auf einem vier Ebenen tiefen Modell der *Bedquilt Cave* und übernahm folgerichtig auch Raumbezeichnungen wie *Orange River Rock Room* aus der realen Höhlensituation. Diese – aus FORTRAN-Beschränkungen treffenderweise als »ADVENT« abgespeicherte – rudimentäre Version kursierte im jungen Netz und fand ihren kurzen Weg zu Don Woods vom *Stanford Artificial Intelligence Lab*

3 Dazu gehörte beispielsweise auch ein Programm, das die über Tastatur eingegebenen Notationsdaten als Karte auf einem Plotter ausgeben konnte (beispielsweise – in Vergessenheit des antiken *bivium* – »Y2« für einen Scheideweg mit Haupt- und Nebenausgang). Zum Folgenden vgl.: *A History of ›Adventure‹* (people.delphi.com/rickadams/adventure/a_history.html); Tracy Kidder, *Die Seele einer neuen Maschine. Vom Entstehen eines Computers*, Reinbek 1984, S. 88-93; Levy 1984, S. 281-302; Hafner/Lyon, S. 205ff.
4 »the caving had stopped, [...] so I decided I would fool around and write a program that was a re-creation in fantasy of my caving, and also would be a game for the kids [...]. My idea was that it would be a computer game that would not be intimidating to non-computer people« (Cowther zit. nach *A history of ›Adventure‹*).

Das Original: Giant Dome (links), Hidden River (mitte) und Muddy Passage (rechts) der Mammoth Cave

(SAIL). Nachdem Crowther 1976 zu XEROX PARC gewechselt war, erweiterten er und Woods die Karte des Programms, überzogen sie mit Ortsbeschreibungen in Tolkien'schem Ambiente und setzten dem Herumlaufen ein Ende: In Form von aufzufindenden Schätzen und Objekten gab es nun eine Geschichte mit einem Ende namens maximale Punktzahl. Jim Gillogly von der RAND Corporation portierte im gleichen Jahr den Code auf C für UNIX und später auf IBM PCs. Die Semantisierung eines kartographischen Settings und seine Anreicherung durch Gegenstände und Rätsel war für Spieler des papierbasierten *Dragons and Dungeons* nichts Ungewöhnliches.[5] Erstaunlich ist jedoch, wie nachdrücklich sich die vom Realen abgenommene Topographie dieses ersten *Adventure* ins Raumgedächtnis seiner Spieler einschrieb, die sich bei einem Besuch der *Mammoth Cave* sofort und ohne Karte zurechtfanden:

> »Auf einer Vermessungsfahrt nach Bedquilt erwähnte eine Teilnehmerin meiner Gruppe, dass sie gern einen Ausflug zur Colossal Cave machen würde, wo ihres Wissens nach Adventure spiele. Nein, sagte ich, das Spiel basiert auf der Bedquilt-Höhle und da gehen wir jetzt hin. Sie war ganz aus dem Häuschen. Auf dem ganzen Weg durch die Höhle hörte sie nicht auf zu erzählen und verriet dabei eine geradezu enzyklopädische Kenntnis des Spiels. Im *Complex Room* (in *Advent* zu *Swiss Cheese Room* umbenannt) kletterte sie in eine Richtung, in der ich noch nie gewesen war. ›Ich musste einfach *Witt's End* sehen‹, sagte sie bei der Rückkehr. ›Es war ganz genau so, wie ich erwartet hatte‹. Als wir mit unserer Arbeit fertig waren, ließ ich sie die Führung ins Freie übernehmen, was sie fehlerfrei machte – wiederum weil sie sich an jeden Zug im Spiel erinnerte. Glauben Sie mir, die Höhle ist ein wahres Labyrinth, und es war eine beeindruckende Leistung für eine erstmalige Besucherin.«[6]

5   Vor Spielbeginn werden dort von einem der Spieler Monster, Schätze und Rätsel verteilt, und die übrigen müssen (mit verschiedenen Kompetenzen ausgestattet) ihren Weg durch diese Hindernisse finden. Nach Mitteilung von Bernie Cosell (einem ehemaligen Kollegen von Crowther bei BBN) ist diese Spielerfahrung nicht zu unterschätzen: »getting the eight of us [die Mitspieler] together at the same time and in the same place with nothing else to do for four hours or so was a nontrivial problem. So Will had the astounding idea that he could cobble up a computer-mediated version of the game.«

6   Mitteilung von Melburn R. Park vom Department für Neurobiologie der Universität Tennessee (Übers. C.P.).

Die Internet Message Processing Group (William Crowther rechts, kniend)

Die Orientierungsleistung, die ADVENT abfordert, erweist sich als gelungene Programmierung seiner Spieler. Spiele entführen nicht nur in fremde Welten, sondern auch umgekehrt. Kurt Lewins topologische Psychologie, die ja zu der Einsicht führte, dass wir in Räumen immer schon auf bestimmten Wegen laufen, ohne uns diese Wege eigentlich klarzumachen und ohne sie selber im strengen Sinne gebahnt zu haben, bekommt hier einen ganz neuen Sinn. Und wo Derrida davon spricht, dass die Architektur als eine »Schrift des Raumes« das Ich »instruiert«, dann gebührt diese Leistung hier einer nicht metaphorisch, sondern ganz wörtlich zu verstehenden Schrift des Textadventures.[7] Das wiederholte Tippen von Befehlen wie LEFT, RIGHT oder UP als Kommandos an einen Avatar im symbolischen Spielraum hallt im Realen zurück als Kommando an den eigenen Körper. Der Gang des Spielers durch die Höhle ist kein Heidegger'sches »Bewecken« mehr, das den Raum erst erschließt, sondern tatsächlich nur noch »Bewegen« in einem *déjà-vu* vorhandener Trassen in bereits gebahnten Räumen.

*

Jenseits von realweltlichen Höhlen, Fantasyliteratur, Rollenspielen und unglücklichen Ehen trug jedoch ein technisches Problem maßgeblich zur Emergenz von Adventurespielen bei. Crowther gehörte (mit Bernie Cosell und David Walden) zum Programmiererteam der IMP-Gruppe, die sich aus echtzeiterfahrenen Ingenieuren des *Lincoln Lab* rekrutierte und deren wesentliche Aufgabe es war, die Routing-Probleme jenes Proto-Internet namens ARPA*net* zu lösen.[8] Das erste (und prominenteste) Problem, das sich Crowther stellte, resultierte aus den ARPA-Spezifikationen, die ein dynamisches Routing verlangten: Fällt eine Verbindung zwischen zwei Punkten des Netzes aus, so muss der Datenfluss über eine (möglichst geringe) Zahl anderer Knoten zum Ziel

---

7 Jacques Derrida: »Point de la folie – maintenant l'architecture«, in: *Psyché. Inventions de l'autre*, Paris 1987.
8 Dazu ausführlich Hafner/Lyon, S. 83-136.

HÖHLEN

Frühe Routing-Entwürfe des *ARPAnet*

finden. Die Nachricht musste folglich in *packets* zerlegt werden, die jeweils nur eine Absender- und eine Empfängeradresse, nicht aber eine Wegbeschreibung bei sich führen, und der Rest blieb der postalischen Intelligenz des Systems überlassen. Das zweite Problem nannte sich Transparenz und meinte die Verbergung der gesamten Subnet- und Routing-Entscheidungen vor dem Benutzer. Da Post das ist, was keine Adresse hat, durfte bei einer Verbindung von der UCLA nach Utah eben auch nur Utah erscheinen und nicht etwa der Weg dorthin. Transparenz bestand also gerade nicht in der Sichtbarmachung von Wegen, sondern in deren Verschwinden, darin, dass Verwaltungsentscheidungen nicht mehr nachvollzogen werden können.[9]

Crowther löste beide Aufgaben in Hacker-Manier durch Maschinensprache-Programme von brillanter Kürze. Augenzeugen berichten, dass ein Flussdiagramm über seinem Schreibtisch genügte, um fließend Lochstreifen für den marineerprobten *Honeywell* DDP-516 zu erzeugen. Die zentrale Routine für das *packet-switching* war beispielsweise mit 150 Instruktionen um den Faktor zehn schneller als jene 1 500 Instruktionen, von denen die ARPA-Spezifikationen ausgegangen waren.[10] Und das Problem alternativer *nodes* löste Crowther durch laufend aktualisierte Routing-Tabellen, die Verstopfungen und Zusammenbrüche verzeichneten und auf deren Grundlage Wegentscheidungen getroffen werden konnten.

★

Aus dieser Ausgangskonfiguration des ersten Adventurespiels lassen sich mindestens drei Schlüsse ziehen. *Erstens* basieren Adventurespiele auf *Karten* oder genauer: auf Orten und Wegzusammenhängen. Diese Orte können »Räume« einer Höhle sein oder *nodes* eines Netzes, wobei die Wege zwischen ihnen auf

---

[9] Zur Transparenz auch Sherry Turkle, *The Second Self. Computers And the Human Spirit*, New York 1984.

[10] Dave Walden: »Most of the rest of us made our livings handling the details resulting from Will's use of his brain« (zit. nach Hafner/Lyon, S. 129).

eine je spezifische Weise unsichtbar werden. *Zweitens* sind Adventurespiele *Geschichten* in jenem basalen Sinn, dass sie einen Anfang, eine Mitte und ein Ende haben. Diese können mehrere postalische Adressen sein oder Auszug, Tat und Heimkehr eines Helden oder auch Start-, Verzweigungs- und Haltepunkte eines Programms, wobei immer nur Punkte, nicht aber Wege adressierbar sind. *Drittens* sind Adventures *Serien von Entscheidungen*, die auf Orte der Karte verteilt sind. Dies können Rauten in einem Flussdiagramm, Knoten in einem Netzwerk oder ›Scheidewege‹ eines Helden sein.

Die drei entscheidenden Leistungen des Spielers, nämlich kartographieren, entscheiden und zu einem Ziel namens Konvergenz von topographischem und zugleich erzählerischem Endpunkt zu gelangen (zu einem Ende der Geschichte, in deren Verlauf eine vollständige Karte entstanden ist), werden durch eine Semantisierung von entscheidungsrelevanten Variablen und Routinen zu Orten, Gegenständen und Verfahren ermöglicht, die man als (Spiel)Welt-Erzeugung bezeichnen kann. Oder anders gesagt: Um ein abstraktes Postsystem wird eine semantische Spielwelt modelliert, in der der Spieler die transportierte Post ist, und in dem einerseits die Intelligenz aus dem System abgezogen wurde, um ihm eine Spielaufgabe zu geben, dafür aber andererseits eine Erzählung oder Plotstruktur als (rätselbehaftetes) Leitsystem eingefügt wurde. Jedes Adventurespiel ist daher der Entwurf einer Welt als einer spielbaren, d.h. einer vollständig kartographierbaren, einer vollständig intelligiblen und damit auch einer vollständig notwendigen Welt. Im folgenden soll es daher weniger um eine historische Genealogie gehen (wie bei den Action-Spielen), sondern darum, den Zusammenhang von Topographie, Erzählung und Weltmodellierung, von Netz und Adventure zu umkreisen.

2. Der Aufbau der künstlichen Welt

Crowthers und Woods *Adventure*, das in zahllose (Programmier-)Sprachen übersetzt und auf nahezu alle Computersysteme portiert wurde,[11] beginnt für seinen Spieler mit den berühmten Sätzen:

> You are standing at the end of a road before a small brick building. Around you is a forest. A small stream flows out of the building and down a gully.
> ?

Zugleich (und auf Computerseite) beginnt es mit ganz anderen Sätzen, nämlich jenen unsichtbaren Instruktionen, die die Möglichkeitsbedingung der Spieler-Instruktion darstellen. Diese eignen sich allerdings weniger dazu, (vor-)gelesen,[12] als vielmehr dazu, von Compilern übersetzt zu werden. Was hier noch symbolisch aufgeschrieben ist, macht – in Anlehnung an Wolfgang Hagens »Library of Modern Sources«[13] – noch kein Spiel, solange es nicht in

---

11   Unter anderem auch – wie ein Disassembler zeigt – 1994 von Jason C. Penney (»In memoriam Stephen Bishop«) in *Z-code*, Version 6.
12   Sybille Krämer, »Geist ohne Bewußtsein? Über einen Wandel in den Theorien vom Geist«, in: *Geist – Gehirn – künstliche Intelligenz. Zeitgenössische Modelle des Denkens*, Hg. S. Krämer, Berlin/New York 1994, S. 71-87.

Screenshot von *Adventure*

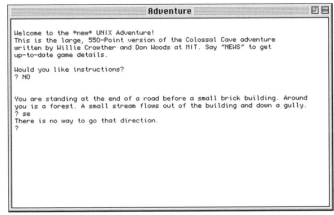

Maschinensprache und damit zuletzt in die Physikalität von Hardwarezuständen übersetzt wird. Die Grundlage des Spiel(en)s heißt auch: einen Text erklingen zu lassen, ihn in Laufzeitaktionen zu überführen, die ihrerseits nicht mehr in den Ursprungstext zurückführbar sind. Wenn Adventurespiele bis heute unter eine Literatur namens »Interactive Fiction« subsumiert werden, dann unterschlägt diese Definition einen unsichtbar gewordenen Text namens Programmcode, der die Möglichkeitsbedingung des ›literarischen‹ Weltentwurfs ist. Wo das Eintauchen einer *madeleine* in Lindenblütentee stillschweigend und lebensweltlich voraussetzen kann, dass es nicht nur *madeleines* und Tee gibt, sondern auch Hände, die Gebäck greifen können, Tassen, in die man Tee gießen kann, dass Tee flüssig und *madeleines* kompatibel mit Tassendurchmessern sind, da bedürfen Adventurespiele erst einer ontologischen Klärung dessen, was der Fall ist. »Interactive Fiction« muss also gerade umgekehrt gelesen werden: als Fiktion der Interaktivität, zu der es des programmiertechnischen Entwurfs eines Weltzusammenhangs bedarf, der mit der Lebenswelt des Spielers hinreichend kompatibel ist, und auf dessen Basis dann die »gegenständliche Schicht des literarischen Werkes« (Roman Ingarden) erst aufsetzen kann.[14] Als Welt, die »von einer Form oder einer gewußten Grenze enthalten werden kann«,[15] bedarf das Adventure dessen, was unter Programmierern treffend Datenbank-Ontologie heißt.

Das Sein, ...

Folgerichtig beginnt *Adventure* in der ersten FORTRAN-Fassung mit den Zeilen:
```
DIMENSION LINES(9650)
DIMENSION TRAVEL(750)
```

13 Wolfgang Hagen, *Der Stil der Sourcen*, in: *Hyperkult. Geschichte, Theorie und Kontext digitaler Medien*, Hg. M. Warnke/G. C. Tholen/W. Coy, Basel/Frankfurt a.M. 1997, S. 33-68
14 Roman Ingarden, *Vom Erkennen des literarischen Kunstwerks*, Tübingen 1968.
15 Peter Sloterdijk, »Die Scheidung der Mauern. Stichworte zur Kritik der Container-Vernunft«, in: E. v. Samsonov/E. Alliez (Hg.), *Télénoia. Kritik der Virtuellen Bilder*, Wien 1999, 158f.

```
      DIMENSION KTAB(300),ATAB(300)
      DIMENSION LTEXT(150),STEXT(150),KEY(150),COND(150),ABB(150),
     1 ATLOC(150)
      DIMENSION PLAC(100),PLACE(100),FIXD(100),FIXED(100),LINK(200),
     1 PTEXT(100),PROP(100)
      DIMENSION ACTSPK(35)
      DIMENSION RTEXT(205)
      DIMENSION CTEXT(12),CVAL(12)
      DIMENSION HINTLC(20),HINTED(20),HINTS(20,4)
      DIMENSION MTEXT(35)
```

die ein späterer Marginalist kommentiert:

```
C CURRENT LIMITS:
C 9650 WORDS OF MESSAGE TEXT (LINES, LINSIZ).
C  750 TRAVEL OPTIONS (TRAVEL, TRVSIZ).
C  300 VOCABULARY WORDS (KTAB, ATAB, TABSIZ).
C  150 LOCATIONS (LTEXT, STEXT, KEY, COND, ABB, ATLOC, LOCSIZ).
C  100 OBJECTS (PLAC, PLACE, FIXD, FIXED, LINK (TWICE), PTEXT, PROP).
C   35 "ACTION" VERBS (ACTSPK, VRBSIZ).
C  205 RANDOM MESSAGES (RTEXT, RTXSIZ).
C   12 DIFFERENT PLAYER CLASSIFICATIONS (CTEXT, CVAL, CLSMAX).
C   20 HINTS, LESS 3 (HINTLC, HINTED, HINTS, HNTSIZ).
C   35 MAGIC MESSAGES (MTEXT, MAGSIZ).
```

Es handelt sich also – wie der Befehl schon treffend sagt – um die DIMENSIONierung der Variablen einer Welt, die durch (jeweils maximal) 9650 Wörter beschreibbar ist, 150 unterscheidbare Orte hat, eine Welt, in der 100 Objekte vorkommen, in der 35 bestimmte Handlungen möglich sind und in der eine Sprache gesprochen wird, die aus 300 Wörtern besteht. Die Belegung dieser Variablen erfolgt durch das Auslesen einer externen Datenbank, so etwa die Beschreibungen:

```
     1 YOU ARE STANDING AT THE END OF A ROAD BEFORE A SMALL BRICK BUILDING.
     1 AROUND YOU IS A FOREST. A SMALL STREAM FLOWS OUT OF THE BUILDING AND
     1 DOWN A GULLY.
```

Und erst wenn alle Variablen belegt sind, beginnt das Spiel mit der Ausgabe des ersten (Daten-)Satzes (vom Typ LTEXT), und das Programm verwaltet fortan nur noch, was zu bestimmten Zeiten an bestimmten Orten mit bestimmten Objekten unter welchen Vorbedingungen möglich ist. Adventurespiele – so könnte man vorgreifend sagen – bestehen also aus *records* oder Datensätzen und deren Verwaltungsrichtlinien, nach denen der Spielverlauf prozessiert (wird).

An einem berühmten und hervorragend dokumentierten Nachkommen von *Adventure* namens ZORK (1977f.),[16] das als erstes kommerzielles Spiel erschien,[17] lässt sich detailliert aufschlüsseln, was geschieht, wenn beim Neustart Arrays dimensioniert, Parameter gesetzt und Strings eingelesen werden, wenn

---

16 Dazu David Lebling/Marc S. Blank/Timothy A. Anderson, »Zork: A Computerized Fantasy Simulation Game«, in: *IEEE Computer*, 4(1979), S. 51-59; Tim Anderson/Stu Galley, »The History of Zork«, in: *The New Zork Times*, 1-3(1985) (ftp.gmd.de/if-archive).

– kurz gesagt – Adventurespiele ›welten‹. Grundlage für ZORK ist die (um 1970 entwickelte) Sprache MUDDLE (später MDL), ein LISP-Nachfolger, der vor allem am MIT, und dort hauptsächlich von der *Dynamic Modelling Group* des *Project MAC*, benutzt wurde.[18] Von der *Dynamic Modelling Group* ging auch kurz vor ZORK ein Spiel namens *Maze* aus, das im ARPA*net* weite Verbreitung fand und in dem sich mehrere vernetzte Benutzer durch ein graphisch dargestelltes Labyrinth bewegen konnten, um (*Doom* und ähnliche Shooter vorwegnehmend) einander abzuschießen. *Maze* war, wie Tim Anderson sich erinnert, »ein legitimer Test des Datenbank-Systems, das die Gruppe für ihre Forschungsarbeit benutzte«.[19] In MDL wurde dann um 1977 die erste ZORK-Version (ebenso wie *Adventure* auf einem PDP-10) implementiert. Aufgrund der Speicherbeschränkungen wurden diverse Features von MDL, die für die Programmierung von Adventures nicht nötig waren, entfernt. Der modifizierte Befehlsvorrat nannte sich ZIL (*Zork Implementation Language*) und verlangte immer noch nach einer (nicht kompletten aber doch recht umfangreichen) MDL-Umgebung. Die Lösung lag in einer virtuellen Maschine namens ZIP (*Z-machine Interpreter Program*), die nichts anderes mehr tat, als sogenannten *Z-code* zu verarbeiten, in dem Adventurewelten extrem kompakt beschrieben werden können. Zum Spielen selbst waren seitdem also nur noch jeweils hardwareabhängige Runtime-Interpreter oder Compiler nötig, so dass *Z* fortan als *Lingua Franca* zur Programmierung von Textadventures galt.[20]

das Seiende ...

Um die folgenden Ausführungen ein wenig anschaulicher zu machen – und da Textadventures eine besondere Art von Papierspielen sind, in denen die ›res gestae‹ mit ihrer ›historia rerum gestarum‹ in eins fallen – sei hier der Anfang von ZORK in jener Ausführlichkeit wiedergegeben, die erscheint, wenn man den Ausgabekanal von Bildschirm auf Drucker umschaltet:

> Zork: The Great Underground Empire part 1, release 1
> (c) Copyright 1980 Infocom, Inc. All rights reserved. Zork is a trademark of Infocom, Inc.
> West of House

---

17 1980 für *Apple II* und TRS-80, zwischen 1982-85 für *Atari 400/800*, CP/M, IBM PC, TRS-80 *Model III*, NEC APC, DEC *Rainbow, Commodore 64, TI Professional, DECmate, Tandy-2000, Kaypro II, Osborne 1, TI 99/4a, Apple Macintosh, Epson* QX-10, *Apricot, Atari ST* und *Amiga*.

18 Stuart W. Galley/Greg Pfister, MDL *Primer and Manual*, MIT Laboratory for Computer Science 1977; P. David Lebling, *The* MDL *Programming Environment*, MIT Laboratory for Computer Science, 1979.

19 Lebling/Blank/Anderson (Übers. C.P.).

20 Zum Folgenden vgl: Graham Nelson, *Inform 6.15. Technical Manual*, rev. 22.3.1998 (www.gnelson.demon.co.uk/TechMan.txt); ders., *The Z-Machine Standards Document*, Version 1.0, rev. 30.9.1997 (www.gnelson.demon.co.uk); David Lebling, »Zork and the Future of Computerized Fantasy Simulations«, in: *Byte*, 12(1980), S. 172-182; Marc S. Blank/Stuart W. Galley, »How to Fit a Large Program Into a Small Machine«, in: *Creative Computing*, 7(1980), S. 80-87.

You are standing in an open field west of a white house, with a boarded front door.
A rubber mat saying ›Welcome to Zork!‹ lies by the door.
There is a small mailbox here.
>OPEN THE SMALL MAILBOX
Opening the mailbox reveals a leaflet.
>READ THE LEAFLET
Welcome to Zork: The Great Underground Empire
Zork: The Great Underground Empire is a game of adventure, danger, and low cunning. In it you will explore some of the most amazing territory ever seen by mortals.
No computer should be without one!
The original ZORK was created by Tim Anderson, Marc Blank, Bruce Daniels, and Dave Lebling. It was inspired by the ADVENTURE game of Crowther and Woods. This version was created by Marc Blank, Dave Lebling, Joel Berez, and Scott Cutler.
>WALK AROUND THE HOUSE
North of House
You are facing the north side of a white house. There is no door here, and all the windows are boarded up. To the north a narrow path winds through the trees.
>AGAIN
Behind House
You are behind the white house. A path leads into the forest to the east. In one corner of the house there is a small window which is slightly ajar.
>LOOK IN THE WINDOW
You can see what appears to be a kitchen.
>GO IN
The kitchen window is closed.
>OPEN IT
With great effort, you open the window far enough to allow entry.
>GO IN
Kitchen
You are in the kitchen of the white house. A table seems to have been used recently for the preparation of food. A passage leads to the west and a dark staircase can be seen leading upward. A dark chimney leads down and to the east is a small window which is open.
On the table is an elongated brown sack, smelling of hot peppers. A bottle is sitting on the table.
The glass bottle contains:
A quantity of water
>PICK UP
pick up what?
>ALL BUT THE SACK
kitchen table: An interesting idea...
glass bottle: Taken.
quantity of water: I can't reach that.
>GO WEST

Living Room

You are in the living room. There is a door to the east, a wooden door with strange gothic lettering to the west, which appears to be nailed shut, and a large oriental rug in the center of the room.

There is a trophy case here. A battery-powered brass lantern is on the trophy case. Above the trophy case hangs an elvish sword of great antiquity.

An diesem (nahezu optimalen) Spielverlauf ist ersichtlich, was seine Programmierer unter »mimic omniscience« verstehen:

»Wir meinen damit, dass das Spiel die reale Welt hinreichend gut simuliert, damit es dem Spieler möglich ist, die meiste Zeit mit dem Lösen von Problemen statt mit dem Erlernen des Programms zu verbringen.«

Damit das Spiel spielbar ist, muss das Programm also in den Hintergrund treten. Der spezifische Turing-Test des Textadventures besteht in der Imitation von Verstehen (wie in ELIZA schon 1966 erprobt[21]) und in der Simulation einer konsistenten Welt, die in entscheidenden Parametern der Lebenswelt gleicht. Briefkästen können sich öffnen, Fensterscheiben sind durchsichtig, Flaschen enthalten Wasser. Was zur systematischen Behandlung solchen Erfahrungswissens programmtechnisch nötig scheint, ist demnach ein ›reverse engineering‹ aristotelischer Kategorienlehre, heißt es doch dort:

»Von den Dingen, die ohne Verbindung ausgesagt werden, bezeichnet jedes eine Substanz oder eine Quantität oder eine Qualität oder ein Relativum oder einen Ort oder eine Stelle in der Zeit oder eine Lage oder das Haben von etwas oder ein Tun oder Erleiden. Substanz ist – um eine ungefähre Vorstellung zu vermitteln – so etwas wie Mensch, Pferd; Quantität so etwas wie zwei Ellen lang, drei Ellen lang; Qualität so etwas wie weiß, schriftkundig; ein Relativum so etwas wie doppelt, halb oder größer; ein Ort so etwas wie im Lyzeum, auf dem Marktplatz; eine Stelle in der Zeit so etwas wie gestern oder letztes Jahr, eine Lage so etwas wie liegt, sitzt; ein Haben so etwas wie hat Schuhe an, ist bewaffnet; ein Tun so etwas wie schneiden, brennen; ein Erleiden so etwas wie geschnitten werden, gebrannt werden.«[22]

Wo Aristoteles sich zunächst nur gegen die Mehrdeutigkeit des Prädikats »sein« in der platonischen Ontologie wendet und versucht, *verschiedene* Weisen

---

21 Joseph Weizenbaums ELIZA hatte bekanntlich einen Psychotherapeuten im ›Rahmen‹ einer sog. Rogertherapie imitiert und damit Turings Vorschlag des Geschlechterspiels zur Softwarewirklichkeit werden lassen (Joseph Weizenbaum, »ELIZA – A Computer Program for the Study of natural Language Communication between Man and Machine«, in: *Communications of the ACM,* 26(1983), S. 23-28 (erstmals 1966). Dazu auch Rheingold, Kapitel 8; www-ai.ijs.si/eliza/eliza.html).
In den 1980er Jahren findet sich übrigens unter den unrealisierten Plänen des zweifellos berühmtesten Teams von Adventure-Programmierern der Entwurf eines Psychoanalytischen Adventures: »PSYCHOANALYSIS Even the highly publicized Racter can't parse English as well as we can. This game would involve exploring a character's mind (obviously an interesting character: most likely a terrorist) to find the key to converting/curing him. Could be done in straight interactive form, where you are always conversing with him, or as a more conventional adventure […] where you can literally explore his mind via some clever SF gimmick.« (CD-ROM *Masterpieces of Infocom*/Very Lost Treasures of Infocom/ABORTED/).
22 Kapitel 4, 1b25-2a3.

der Prädikation zu unterscheiden, erscheint später die Hoffnung, zehn Kategorien könnten ausreichen, um *alle* verschiedenen Funktionen von »ist« zu erfassen.[23] Die Problemorientierung auf Vollständigkeitsbeweise verfehlt jedoch die Kategorienlehre von Computerspielen. Bei ihren Kategorien geht es gerade nicht um die vollständige Klassifizierung eines schon mannigfaltig Vorhandenen, sondern um die kategoriale Begründung von Mannigfaltigkeit auf der Grundlage von Datenbank-Strukturen, die nicht mehr sagen, als dass etwas ist. Die Welten von Adventurespielen werden durch Kategorien bestimmt, die sie selbst erst zur Vollständigkeit erfinden.

Bei ZORK halten demgemäß 211 (von 255 möglichen) Dinge Einzug. Als Objekte (*objects*) haben sie alle (Helden und Feinde, Waffen und Schätze, Briefkästen und Fensterscheiben) den gleichen Status, weshalb in der gott- oder programmiererdurchwalteten Welt auch alles mit allem verwandt ist.[24] Die künstliche Spielwelt ist durch einen familiären Adressraum alles Seienden vollständig kohärent. »West of House« ist beispielsweise das elterliche Objekt (*parent*) von »you«, »small mailbox« und »door«, die allesamt Geschwister (*siblings*) sind, und »leaflet« ist das Kind (*child*) des Briefkastens. Diese Pointer-Struktur bedeutet gewissermaßen die Abschaffung transzendentaler Obdachlosigkeit, denn logischerweise kann nichts nirgendwo sein. Als hierarchisches Inventar (oder »Liste«, die LISP ja im Akronym mitführt) aufgeschrieben, liest sich dies als:

```
[ 41] ""
. [ 68] "West of House"
. . [ 21] "you"
. . [239] "small mailbox"
. . . [ 80] "leaflet"
. . [127] "door"
```

wobei [41] ein programmiertechnisches Dummy ist, das nirgends sichtbar aber zugleich überall ist, weil es die logische Ermöglichung aller anderen Objekte ist, die auf der hierarchischen Stufe von beispielsweise Objekt [68] liegen. Und da, mit Lacan, ja jedes Objekt das ist, was die Leere seiner eigenen Stelle ausfüllt, einer Stelle, die dem ausfüllenden Objekt vorangeht, könnte [41] vielleicht programmtechnisches »objet petit a« heißen.

Jedes Objekt hat nun Attribute (*attributes*) und Eigenschaften (*properties*). Erstere sind simple *flags*, die nur gesetzt oder ungesetzt sein können. Eine aristotelische Qualität wie »brennbar« bedeutet also lediglich, dass unter den 32 Status-Bits, die Z pro Objekt verwaltet, eines für Brennbarkeit (*burnability*) steht und gesetzt ist. Dabei ist noch zu unterscheiden zwischen permanenten

---

23 Ernst Kapp, »Die Kategorienlehre in der aristotelischen Topik«, in: *Ausgewählte Schriften*, Berlin 1968, S. 215-253; Günther Patzig, »Bemerkungen zu den Kategorien des Aristoteles«, in: *Einheit und Vielheit, Festschrift für C. F. v. Weizsäcker*, Hg. E. Scheibe/G. Süssmann, Göttingen 1973, S. 60-76.

24 Die unter Adventure-Programmierern übliche Rede von »objects« sollte nicht mit einer (gleichzeitig entstehenden) objektorientierten Programmierung verwechselt werden (vgl. Kapitel III, S. 292ff.). »Objects« meint hier lediglich Datensätze einer relationalen Datenbank.

Attributen wie etwa »room« (das bei »West of House« gesetzt ist, was ja – ebenfalls im aristotelischen Sinne – immer ein »Ort« bleiben wird) und temporären Attributen wie einem offenen oder geschlossenen Fenster (was strukturell globalen und lokalen Variablen ähnelt). Die zitierte Flasche hat beispielsweise ein »container«-Bit, ein Bit für offen und geschlossen, aber auch »West of house« hat ein »container«-Bit, damit es als »Ort« den Spieler, den Briefkasten und die Tür versammeln kann.[25] Und es wäre sicherlich ein interessantes Unterfangen, die Objekte nach ihren Attributen und Eigenschaften zu sortieren und eine andere ›Ordnung der Dinge‹ zu entdecken.[26]

Anders als Attribute haben Eigenschaften numerische Werte, die beispielsweise auch Adressen von Strings sein können. Zu den Eigenschaften gehören die Namen der Objekte, ihre Größe oder ihr Gewicht, aber auch die Adressen von speziellen Routinen oder ihre Punktzahl bei erfolgreicher Benutzung. Ein Briefkasten ist also:

```
239. Attributes: 30, 34
     Parent object: 68 Sibling object: 127 Child object: 80
     Property address: 2b53
     Description: "small mailbox"
     Properties:
       [49] 00 0a
       [46] 54 bf 4a c3
       [45] 3e c1
       [44] 5b 1c
```

Dass die Welt des Spiels notwendigerweise eine relationale Datenbank ist, hat – schon aus Gründen der Endlichkeit von Speichern – zur Folge, dass das, was keinen Datensatz hat, auch nicht existiert. Diese schlichte Einsicht ist jedoch entscheidend für den Zusammenhang von Literatur und Spiel. Was nämlich in den Strings der Raumbeschreibungen als Literatur steht, muss noch lange nicht in der Datenbank, auf die das Spiel aufsetzt, auch vorhanden sein. »To the north a narrow path winds through the trees« heißt zwar, dass der Weg gangbar ist, aber noch lange nicht, dass sich die Bäume fällen lassen. Solange sie keine Objekte sind, stehen sie nicht zur Disposition des Spielers. Die spielbare Welt des Adventures ist, um den bekannten Satz Adornos aufzunehmen, nicht an sich, sondern immer schon für uns. Was zur Welt der Zwischentexte gehört und nur halluzinierbar ist, nennt sich Literatur, was hingegen zur Welt der Objektdatenbank gehört und referenzierbar ist, nennt sich Spiel. Oder genauer: Nicht alle Wörter in den Texten adressieren Objekte, aber spielbar ist nur, was eine Adresse hat. Spielen heißt folglich: nehmen, was auf seine (Wahr)Nehmung wartet und wahrgenommen als (Ver)Handelbares genommen wird. Die Freiheitsillusion des Adventures besteht darin, dass es diese

---

25 Übrigens ist die Oberfläche eine besondere Weise der Beinhaltung: Ein Objekt auf ein anderes stellen zu können, setzt ein »container«-Bit voraus und die Eigenschaft der »surfaceness«.
26 Horst Bredekamp, *Antikenglauben und Maschinensehnsucht*, Berlin 1993, S. 101.

Grenze von Literatur und Datenbank ununterbrochen verwischt und nur zur Wahrnehmung dessen instruiert, was auch Objekt ist:

> »A *table* seems to have been used recently for the preparation of food. A *passage* leads to the *west* and a dark *staircase* can be seen *leading upward*. A dark *chimney leads down* and to the *east* is a small *window* which is *open*. On the table is an elongated brown *sack*, smelling of hot *peppers*. A *bottle* is sitting on the table. The glass bottle contains: A quantity of *water*«.[27]

Was aus solchen Tableaus oder Stilleben, die der Leser nach Verfügungsmöglichkeiten abtastet, herausfällt, ist kaum aufzuzählen. Beispielsweise sämtliche atmosphärischen Phänomene von Dunst und Licht, alle Konfigurationen von Vegetation und Landschaft, von Vordergrund und Horizont, so dass es kaum mehr verwundert, dass Adventures bevorzugt in Höhlen situiert sind. Geschlossene Räume haben nicht nur den Vorteil, dass sie die Entfernung der Dinge normalisieren, sondern dass sie – wie *nodes* eines Netzwerkes – diskrete Übergänge haben. Ganz zu schweigen davon, dass Gedanken und Empfindungen eines Personals nur sehr begrenzt objektförmig werden können. »Akteure« von Adventures (und zwar im Sinne von Routinen) sind nur jene treffenderweise »demons« genannten Geister, die unsichtbar Sachverhalte von begrenzter Dauer (das Verlöschen eines Streichholzes oder das Ticken einer Zeitbombe) oder spezielles Vokabular (AGAIN als Wiederholung des letzten Befehls) verwalten. Während die Gegenreformation halluzinatorische Bildtechnik und reformierte Drucktechnik zusammenschloss, während das leise Lesen bildgebender Literatur einem alphabetisierten, romantischen Publikum den Boden der Innerlichkeit bereitete, wird das Lesen von Adventurespielen zur Lektüre von ›Informanten‹.[28] Die Geschichte des Spielverlaufs als Folge von Tableaus dinglicher Rätsel besteht gewissermaßen in der Rekonstruktion ihrer verloren gegangenen Gebrauchsanweisungen.

Adventurespiele treffen sich in dieser Veräußerlichung mit der Poetologie des *Nouveau Roman,* beispielsweise der Robbe-Grillets, dessen Texte sich wie Beschreibungen von Adventure-Räumen lesen:

> »Es gab dort also, vom *Fenster* aus linksherum gesehen [...]: *einen Stuhl,* einen *zweiten Stuhl,* den *Toilettentisch* (in der Ecke), einen *Schrank,* einen *zweiten Schrank* (der bis in die zweite Ecke reichte), einen *dritten Stuhl,* das mit seiner Längsseite an der

---

27 ZORK (Hervorh. C.P.). Nebenbei erscheint hier das Problem des Zitierens aus Textadventures: Je nach Spielstand könnte beispielsweise das Fenster geöffnet oder geschlossen, die Flasche vorhanden oder nicht vorhanden, leer oder voll sein. Ein vollständiges Zitat bestünde vielleicht aus den zu einer bestimmten Textausgabe verwendeten Strings und Variablen und deren aktueller Belegung. Die instabile Textgestalt wirkt sich auch auf den Versuch aus, Spielverläufe ›nachzuerzählen‹. Ein Spielverlauf kann allerdings durch eine Reihenfolge von IF/THEN-Verweigerungen vollständig bestimmt werden. (Dem Spiel des Zahlenratens ähnlich, mit dem man beispielhaft den Informationsgehalt bestimmen kann.) Sind diese Entscheidungen notiert und werden auf ein (kompatibles) Spiel angewendet (sei es durch einen Benutzer oder ein Script), aktualisiert sich ein Spielverlauf erneut. Die unbrauchbare Terminologie von *vor*gängiger Erzählung, *Nach*erzählung und exaktem Zitat kann also durch eine von Virtualität, aufgeführter Notation und Aktualität ersetzt werden (vgl. dazu auch Bushs Begriff der Spur, S. 180ff.).

28 In der Terminologie Roland Barthes (vgl. S. 144).

Wand stehende *Bett* aus Vogelkirschbaumholz, einen sehr kleinen, runden, einfüßigen *Tisch* mit einem vierten *Stuhl* davor, eine *Kommode* (in der dritten Ecke), die *Tür zum Flur*, eine Art *Schreibschrank*, dessen *Platte* hochgeklappt war, und schließlich einen *dritten Schrank*, der schräg in der vierten Ecke stand, vor dem *fünften* und *sechsten Stuhl*. In diesem letzten wuchtigsten und immer abgeschlossenen Schrank befand sich auf dem unteren Brett in der rechten Ecke die *Schuhschachtel*, in der er seine *Schnur- und Kordelsammlung* unterbrachte.«[29]

Die Dinge im Hotelzimmer des Uhrenvertreters Matthias könnten in einem Objektbaum verzeichnet werden, hätten Attribute wie »containability«, verzeichneten Enthaltenes als *properties* (dritter Schrank → Schachtel → Schnüre) oder würden durch solche disambiguiert (erster, zweiter, dritter ... Stuhl). Als »Dingroman« erzählt *Le Voyeur* (1955) nicht die Geschichte eines Protagonisten, sondern von Dingen, aus denen sich (s)eine mögliche Geschichte rekonstruieren lässt. Nichts scheint gewiss, außer der Anwesenheit der Gegenstände. Die Dinge als bloß äußerliche und oberflächliche darstellen heißt (Robbe-Grillet folgend) nicht, den Menschen verneinen, bedeutet aber eine Verwerfung der ›pananthropischen‹ Idee. Eine solche »Theorie des Abstands«, die dazu führt, dass ein möglicher Sinn nur an den veränderten Konstellationen ablesbar ist, in die Menschen und Dinge eintreten, ist auch die Bedingung von Adventurespielen. ›Lebendige‹ Objekte wie Feinde oder Händler haben in Adventures den gleichen ontologischen Status wie Stühle oder Kleiderschränke, nur eben mit Attributen wie »fightable« oder »talkable«, also quantisierbarer Lebenskraft oder einer begrenzten Anzahl von Sätzen.

In *Dans le Labyrinthe* (dessen Originaltitel deutlicher auf Adventurespiele verweist), erscheinen die Dinge festgestellt: Relationale Lagebeschreibungen bestimmen die Zimmereinrichtungen, Häuserfassaden, Gaslaternen oder Fußspuren im Schnee; links, rechts, oben und unten beherrschen die Anordnung und Reihenfolge, mit der diese Stilleben in den Blick geraten und den Betrachter zur Lösung des Rätsels ihres Zusammenhangs auffordern. Wie in Adventures spielt dabei die verstreichende Zeit normalerweise keine Rolle: »Draußen schneit es. Draußen hat es geschneit, es schneite, draußen schneit es.«[30] Da Adventures nur diskrete Übergänge kennen und keine Ökonomie der Zeit, sondern nur eine der Entscheidung besitzen, haben die Dinge keine Vergangenheit, sondern waren schon immer wie sie sind und bekommen eine Geschichte erst im Moment des Gebrauchs, in dem eine bestimmte Benutzereingabe ihre Konfiguration zu ändern vermag.

... und die »technische Sprache«

Obwohl anscheinend *Nouveau Roman* und Adventurespiel auf einen Betrachter/Leser bzw. Benutzer/Spieler warten, der ihre programmierten Virtualitäten zu gespielten Aktualitäten macht, sind Computerspiele in zwei Hinsichten etwas völlig anderes als »offene Kunstwerke«, für die sie des Öfteren

---

29 Alain Robbe-Grillet, *Der Augenzeuge*, Frankfurt a.M. 1986, S. 159 (Hervorh. C.P.).
30 Alain Robbe-Grillet, *Die Niederlage von Reichenfels*, Reinbek 1967.

genommen werden. *Erstens* haben sie fast ausschließlich eine (und nur eine) *Lösung*. Das offene Kunstwerk, das Umberto Eco ja als ein Ensemble »für mehrere der Initiative des Interpreten anvertraute Organisationsformen«[31] gilt, soll die Summe der Interpretationen, Erzählungen und Geschichten sein, die es ermöglicht. Indem es also zur jeweiligen Vollendung der Instanz des Betrachters bedarf, ist seine Materiallage indeterminiert. Gerade dies ist aber bei Adventures nicht der Fall, denn das Ende des Spiels steht immer schon geschrieben, weil es (im Wortsinne) pro-grammiert ist. Verschiedene Spielverläufe sind nur scheiternde Versuche der Disambiguierung einer im Programm verschlüsselt vorliegenden, eindeutigen ›Botschaft‹ oder Instruktion und widersprechen dem (später revidierten) emphatischen Freiheitsbegriff Ecos. Zweitens funktioniert das offene Kunstwerk nur als Addition von Materialität und Interpretation, nicht aber wie das Spiel als Schnittmenge von Programm und Benutzer. Am Schreibinterface von Adventurespielen ebenso wie von Kommandozeilen wird die Welt nicht interpretiert, sondern verändert, wie Friedrich Kittler so einleuchtend am Unix-Befehl KILL gezeigt hat. Sein und Schreiben fallen damit zusammen.

Die Diskursverwaltung zwischen Datenbank und Kommandozeile nennt sich Parser, und wurde im Falle ZORK von David Lebling entwickelt, der treffenderweise hauptamtlich in der *Dynamic Modelling Group* mit der Automatisierung der Transkription und des Verstehens von Morse-Code beschäftigt war. Eine nähere Betrachtung des Parsers scheint schon deshalb angeraten, weil er das »Wissen« des Spiels organisiert, also »das, wovon man in einer diskursiven Praxis sprechen kann [..., den] Raum, in dem das Subjekt die Stellung einnehmen kann, um von Gegenständen zu sprechen, mit denen es in seinem Diskurs zu tun hat«.[32] Bei ZORK heißt dies beispielsweise disassembliert:

```
[ 14] @ $28bc again   [04 ff 00] <special>    [...]
[ 28] @ $291e attach  [41 dc 00] <verb>
[ 29] @ $2925 attack  [41 d3 00] <verb>
[ 30] @ $292c awake   [41 b1 00] <verb>
[ 31] @ $2933 away    [08 f7 00] <prep>
[ 32] @ $293a ax      [80 01 00] <noun>
[ 33] @ $2941 axe     [80 01 00] <noun>
[ 34] @ $2948 bag     [80 01 00] <noun>
[ 35] @ $294f banish  [41 c4 00] <verb>
[ 36] @ $2956 bare    [22 f6 00] <adj>
[ 37] @ $295d basket  [80 01 00] <noun>
```

und erlaubt, ›über‹ die 211 Objekte mit 908 Wörtern, von denen 71 Verben sind, zu sprechen. So setzt eine Diskursanalyse des Adventurespiels wahrscheinlich dort an, wo die Begriffe der strukturalistischen Taxonomie selbst entsprungen sind. Die wesentliche Funktion des Parsers ist es dabei, das Spiel

---

31 Umberto Eco, *Das offene Kunstwerk*, Frankfurt 1973, S. 28.
32 Foucault, S. 259.

an jener Grenze zu organisieren, die – mit Heideggers Worten – zwischen »überlieferter« und »technischer Sprache« liegt:

> »Damit nun eine solche Art von Nachricht möglich wird, muß jedes Zeichen eindeutig definiert sein; insgleichen muß jede ihrer Zusammenstellungen eindeutig eine bestimmte Aussage bedeuten. [...] Die dabei notwendig geforderte Eindeutigkeit der Zeichen und Formeln sichert die Möglichkeit der sicheren und schnellen Mitteilung.
> Auf den technisch-rechnerischen Prinzipien dieser Umformung der Sprache als Sagen zur Sprache als bloß zeichengebender Meldung beruhen der Bau und die Leistung der Großrechenanlagen. Das für unsere Besinnung Entscheidende liegt darin, daß von den technischen Möglichkeiten der Maschine die Vorschrift gestellt wird, wie die Sprache noch Sprache sein kann und sein soll. Art und Charakter der Sprache bestimmen sich nach den technischen Möglichkeiten der formalen Zeichengebung [...] Die Art der Sprache wird durch die Technik bestimmt. [...] Weil diese in Systemen des formalisierten Meldens und Zeichengebens verläuft, ist die technische Sprache der schärfste und bedrohlichste Angriff auf das Eigentliche der Sprache: das Sagen als das Zeigen und Erscheinenlassen des Anwesenden und Abwesenden, der Wirklichkeit im weitesten Sinne.«[33]

Die Verstehensillusion, die ein Parser erzeugt, beruht darauf, dass er überlieferte Sprache in verarbeitbare technische Sprache zu konvertieren vermag. Oder umgekehrt: Eine formale Sprache, eine Befehlssprache im Kommandozeilen-Format in Lexik und Syntax so zu gestalten, dass sie dem lexikalischen und syntaktischen Format überlieferter Sprache möglichst ähnlich erscheint. Es erübrigt sich zu zeigen, dass jedes Wort eindeutig definiert sein muss, dass die Syntax der Eingaben korrekt sein muss, damit das Spiel spielbar ist und dass der Spieler sich nur mit denjenigen Wörtern zu Wort melden kann, die ihm das Programm erlaubt. Bemerkenswert ist vielmehr, dass das Stellende der Vorschrift beim Schreiben in Kommandozeilen zugleich das Herstellen eines Spielverlaufs ermöglicht, also als ποιησις »das Anwesende in die Unverborgenheit hervorkommenläßt«.[34] Am Interface des Textadventures kann technische Sprache sehr wohl zum Medium der Entbergung werden, ein »Zeigen und Erscheinenlassen [...] der Wirklichkeit« sein, womit Heideggers Befürchtung einer »Bedrohung des eigensten Wesens des Menschen« zum Spielalltag geworden ist. Denn wenn (wie im Kapitel über Action-Spiele ausgeführt) Computer ihre Benutzer als *devices* modellieren, dann gibt es an der kybernetischen Basis ihrer Schnittstellen keine Differenz mehr zwischen dem Seienden namens Computer und dem, was ihn als Seiendes namens Mensch umgibt.

★

Im Zentrum des Adventurespiels steht die Handlung: Einen Weg wählen, einen Gegenstand benutzen, einen Feind töten. Wege, Gegenstände und Feinde verwuchern, verfallen oder sterben nicht, sondern warten in zeitvergessener

---

33 Martin Heidegger, »Sprache«, in: *Überlieferte Sprache und technische Sprache*, St. Gallen 1989, S. 20–29.
34 Martin Heidegger, *Die Technik und die Kehre*, Stuttgart 1962.

Gegenwärtigkeit auf die entscheidende Eingabe des Spielers. David Cronenberg hat diesen paradoxen Zustand einer zyklischen Zeit der Entscheidung, einer ewigen Wiederkehr des Gleichen vor jeder Wahl in seinem Computerspiel-Film *eXistenZ* unvergesslich ins Bild gesetzt. Der Film läuft so lange in einer (Programm)Schleife, bis die Protagonisten die richtige Frage gestellt oder den richtigen Gegenstand benutzt haben. Jede falsche Entscheidung führt nur ein déjà-vu herauf, in dem die letzte Szene wiederholt wird und an der gleichen rätselhaften Stelle endet – wartend auf die Erlösung durch einen neuen, anderen Versuch, der das Geschehen voranbringt. Ist das Rätsel gelöst, die richtige Entscheidung getroffen, löst sich die Zeitschleife und entfaltet sich wieder zur Linearität. Der Wartezustand der Welt ist beendet, ein neues Filmsegment erscheint, die Geschichte treibt ein Stück weiter, nur um erneut wieder, an einem anderen Entscheidungsknoten, ihren Haltepunkt zu finden. Zur Erlösung solch *entscheidungskritischer* Zustände ist eine Sprache erforderlich, die hauptsächlich aus Substantiven und Verben besteht. Adjektive dienen allenfalls als Disambiguierungshilfe (*gelber* oder *roter* Stuhl), und Adverbien bilden den *dark continent* des Adventures.

Die Sprachdatenbank ist mit der Objektdatenbank eng verknüpft: Die Attribute oder Eigenschaften eines Objekts indizieren, ob es im Zusammenhang mit einem bestimmten Verb Sinn macht. Waffen haben jene »weapon«-Eigenschaft, die durch ATTACK referenziert wird und die Zeitschriften beispielsweise fehlt (Fehlermeldung: »Attacking a troll with a newspaper is foolhardy«). Und wie in der Gegenstandswelt müssen alle lebensweltlichen Annahmen (sofern sie in der Spielwelt relevant werden sollen) modelliert werden. Die Eingabe von ATTACK ruft beispielsweise Subprogramme auf, die überprüfen, ob dem Spieler-Objekt eine Waffe zugeordnet ist und ob sich ein Feind im gleichen Raum befindet. Solcherlei Annahmen werden als sogenannte »verb frames« (oder treffender: »stereotypes«) behandelt, ganz so, wie es etwa zur gleichen Zeit auch die *Artificial Intelligence* in der Hoffnung tut, das Problem des Erfahrungswissens lösen zu können. Ein Rahmen bedeutete für Marvin Minsky, der diesen Begriff eingeführt hat »eine Datenstruktur zur Repräsentation einer stereotypisierten Situation […]. Jedem Rahmen sind verschiedene Arten von Informationen zugeordnet. Ein Teil dieser Informationen handelt davon, wie man den Rahmen benutzt. Ein anderer davon, was als Nächstes zu erwarten ist.«[35] Dabei ging Minsky davon aus, dass die Alltagswelt in typisierbare Situationen oder »micro-worlds« zerlegbar ist, die sich als stabile Wissensbestände isolieren und mathematisieren lassen – eine Hoffnung, die Goffmann wenig später destabilisieren wird.[36] Der analysierte Rahmen für ATTACK lautet ATTACK <X> [WITH <Y>], wobei <X> ein ›bekämpfbares‹ und <Y> ein (optionales) ›waffenmäßiges‹ Objekt bedeutet. Der Parser vervollständigt die Phrase stillschweigend, wenn jeweils genau ein <X> und ein <Y> mit diesen

---

35 Marvin Minsky, »A Framework for Representing Knowledge«, in: *Mind Design*, Hg. J. Haugeland, Cambridge, Mass. 1981, S. 95–128 (erstmals 1975; Übers. C.P.).
36 Erving Goffman, *Rahmen-Analyse. Ein Versuch über die Organisation von Alltagserfahrungen*, Frankfurt a.M. 1977; dazu auch Heintz, S. 286ff.

Attributen als ›Geschwister‹ im gleichen ›elterlichen‹ Raum sind, also vereinfacht:

```
<CAVE>
    <TROLL> (fightable=1) (alive=1) ...
    <TREASUE> (fightable=0) (alive=0)...
    <YOU>
        <SWORD> (weapon=1) (readable=0) ...
        <NEWSPAPER> (weapon=0) (readable=1) ...
        <KNIFE> (weapon=1) (readable=0) ...,
```

wobei im Beispiel noch die Waffe durch eine Rückfrage disambiguiert werden müsste (Meldung: »Attack Troll with what?«). In einem ersten Durchlauf werden Benutzerkommandos mit dem Wörterbuch des Spiels abgeglichen, so dass nur das übrig bleibt, was orthographisch richtig und referenzierbar ist, also Objekte und Handlungen. Aus QUICKLY ATTACK THE FRIGHTENING TROLL WITH THE OLD RUSTY KNIFE wird folglich ATTACK TROLL KNIFE. Während Adverbien nicht zählen (also etwas nur diskret geschehen oder nicht geschehen, nicht jedoch auf eine bestimmte Weise geschehen kann), sind übrigens Präpositionen [LOOK UNDER oder LOOK AT] von einiger Bedeutung.[37] Ein anschließender Grammatikcheck erkennt den Zusammenhang von Handlung und Objekten, führt also zu <action ATTACK> <object TROLL> <object KNIFE>. Erweist sich das Kommando als ausführbar, werden die entsprechenden Parameter gesetzt und der Troll verstirbt.

Es ist unschwer zu erkennen, dass diese Sprachverarbeitung Chomskys ›Generative Transformationsgrammatik‹ implementiert – oder auch umgekehrt.[38] Das Wörterbuch jedes Spiels ist die Menge der Elemente, aus denen Sätze gebildet werden können, und Parser machen nichts anderes, als durch Transformationsregeln die syntaktischen Konstituenten einer Benutzereingabe zu analysieren. Während Chomskys Grammatik ein Programm ist, das alle grammatischen Sätze einer Sprache zu generieren vermag, ist umgekehrt der Parser ein Programm, das feststellt, ob Sätze grammatisch oder ungrammatisch sind. Bei Chomsky ist bekanntlich der Sinn unabhängig vom Zustand der Grammatikalität, und die letzte Instanz, die über den möglichen Sinn ungrammatischer Sätze zu entscheiden vermag, ist der kompetente *native speaker*. Parser verstehen jedoch ausschließlich grammatische Sätze (die Sinn machen können oder auch nicht), nicht jedoch ungrammatische. Da Adventurespielen aus programmtechnischer Sicht die modifizierende Bewegung durch eine Datenbank ist, wird es erst wahrscheinlich, wenn von User-Seite grammatisch richtige Programmbefehle eingegeben werden.

---

37   Adverbien würden vor allem zu einer Vervielfältigung der *clock-demons* führen. Ein Objekt »lange« anzusehen müsste mehr Zeit benötigen, was wiederum nur Sinn macht, wenn Zeit kritisch wäre, wenn also durch intensive Betrachtung zusätzliche Eigenschaften eines Objekts festgestellt werden könnten, die einem flüchtigen Blick entgehen. Dann müsste jedoch aus Gründen der Weltkonsistenz das gesamte Spiel temporalisiert werden, was schon bei der unterschiedlichen Schreibgeschwindigkeit verschiedener Spieler zu Verwaltungsproblemen führen würde.
38   Noam Chomsky, *Strukturen der Syntax*, Den Haag 1973.

Betrachtet man das Problem von seiner performativen Seite her, dann zeigt sich diese imperativische Struktur besonders deutlich. Austin differenziert bekanntlich Lokution, Illokution und Perlokution, wobei der lokutionäre Akt (unterteilt in phonetisch, phatisch und rhetisch) das Sagen bezeichnet, der illokutionäre Akt den Vollzug einer bestimmten (Sprach)Handlung markiert und der perlokutionäre Akt die (unkontrollierbaren) Folgen meint.[39] ATTACK – um im Beispiel zu bleiben – ist lokutionär sechs Buchstaben, die ein Wort bilden, das in der Datenbank des Programms (und nebenbei auch in der englischen Sprache) vorkommt und eine bestimmte lebensweltliche, konventionelle Bedeutung hat. Illokutionär jedoch sind alle eingebbaren grammatischen Sätze immer schon Befehle,[40] also (mit Austin gesprochen) »exerzitive Äußerungen« und lösen, einmal mit RETURN (gewissermaßen dem unsichtbaren wie unhintergehbaren Ausrufezeichen) übergeben, einen perlokutionären Effekt aus. Perlokution ist das, was Austin am unklarsten lässt und argumentativ als »unkonventionelles« Gegenstück zum »konventionellen« illokutionären Akt benutzt. Adventurespiele vereinfachen das Problem: Wenn der perlokutionäre Akt einfach das ist, was sich als Ergebnis des Vollzugs der beiden ersten Akte einstellt, dann gibt es nur Befolgung oder Befehlsverweigerung.

Jede Eingabe eines grammatischen Satzes stellt also nach erfolgreicher Prüfung durch den Parser einen gelungenen Sprechakt dar. Der interessante Unterschied zwischen Lebenswelt und Adventurespiel ist jedoch, dass der Spielfortschritt oder Sinn (mit dem Aspekt des Uhrzeiger*sinns*) von der Entscheidung abhängt, welcher perlokutionäre Akt sich einstellt, und dass diese Entscheidung rückwirkend die Art des Sprechaktes bestimmt. Eine Befehlsverweigerung oder Fehlermeldung beispielsweise (»You can't attack a Troll with a newspaper«) belässt ihn als exerzitive Äußerung, der Vollzug jedoch (»You killed the Troll«) macht aus ihm rückwirkend einen explizit performativen Sprechakt, in dem Äußerung und Wirkung zusammenfallen (wie beim Vollziehen von Trauungen, Schwüren, Eröffnungen usw.).[41]

Jean François Lyotard hat darauf hingewiesen, dass »performativ« in der Sprechakttheorie zugleich auch eine ökonomische Bedeutung hat. Die *Performance* eines Systems ist die messbare Effizienz seines Verhältnisses von Input und Output: »Das Performative bei Austin realisiert die optimale Performanz.«[42] Man darf also vermuten, dass das Spielerglück in der *Effektivität* besteht, mit der der Spieler eine Serie von explizit performativen Akten herzustellen vermag, die Spielspannung jedoch in der *Ungewissheit* des jeweiligen perlokutionären Ausgangs liegt. Es geht um den richtigen und zudem richtig formulierten Befehl an der richtigen Stelle. Ein gutes (d.h. effektives) Spiel zu spielen, heißt also, etwas ›gut‹ (wohl formuliert) zu sagen, womit Zolas »une phrase bien faite est une bonne action« in messbare Performanz umschlägt.

---

39 John L. Austin, *How to do things with words*, Oxford 1962.
40 Beispielsweise ist auch die Hilfe-Funktion ? keine Frage, sondern der Befehl, ein Hilfsprogramm zu starten.
41 Jean François Lyotard, *Das postmoderne Wissen. Ein Bericht*, Graz/Wien 1986, S. 36-41.
42 Lyotard 1986, S. 38.

Softmoderne

Betrachtet man zusammenfassend den Aufbau der Welt aus Objekten mit ihren Attributen und Parametern, den Zusammenhängen, in die sie gebracht werden, und den Stereotypen, innerhalb derer sie referenziert werden können, so erscheint die Welt des Adventurespiels als eine von Wittgenstein'scher Logik: Die Dimensionierung von Arrays schafft einen Fall, und ihre Belegung schafft Tatsachen, indem sie die anfänglichen Sachverhalte herstellt. Attribute und Eigenschaften präjudizieren das Vorkommen der Dinge in Sachverhalten außerhalb derer sie im Spiel nicht denkbar sind. Gelingende Eingriffe des Spielers verändern die Konfiguration der Sachverhalte und bilden damit neue Weltzustände. Jeder gelingende, explizit performative Sprechakt des Spielers ist – da er vor-geschrieben ist – auch a priori richtig, und die Grenzen von Sprach- und Objektdatenbank sind selbstverständlich die Grenzen einer Spielwelt, in der sich Gott nie offenbaren wird.[43]

Was für den Weltzusammenhang offensichtlich scheint, bedarf vielleicht hinsichtlich der »Sprachspiele«, also der Performanz des Spielens, eines etwas ausführlicheren Kommentars. 1979 – also während der Entwicklung von ZORK – veröffentlichte Jean François Lyotard seinen Bericht über das »Wissen in den informatisierten Gesellschaften«, in dem er konstatiert, dass der Begriff der »Bildung« sich nicht mehr auf Geist und Person bezieht, sondern nurmehr die Lieferung und Benutzung von Wissen bezeichnet. Bei der Untersuchung der Legitimationszusammenhänge von Wissen, der Frage also, welche Macht über den Status von Wissen oder Nichtwissen entscheidet, beruft Lyotard sich bekanntlich auf das Konzept der Sprachspiele des späten Wittgenstein. Sprachspiele als Zusammenhänge von Gebrauchsregeln sind dreifach bestimmt: *Erstens* entstehen ihre Regeln aus einem Vertrag zwischen den Spielern; *zweitens* gehört das, was nicht den Regeln folgt, nicht zum Spiel; und *drittens* ist jede Aussage ein Spielzug, so dass »Sprechen ein Kämpfen im Sinne des Spielens« darstellt. Der *Ent*mächtigung des Subjekts, das durch diese Agonistik der Sprechakte zu einem Posten wird, der »von Nachrichten verschiedener Natur passiert«[44] wird, steht eine *Er*mächtigung des Spielers gegenüber, der »aus verschiedenen Arten von [... ihn] konstituierender Kompetenz zusammengesetzt ist.«[45] Die Überwindung der Machtlosigkeit des Subjekts durch den Spieler besteht in seiner Fähigkeit, in verschiedenen Sprachspielen gute Performanzen zu erzielen. Diese Vervielfältigung ist schon deshalb nötig, weil Institutionen (Schule, Militär, Wissenschaft usw.) verschiedene Rahmen der Annehmbarkeit von Aussagen bilden und auch verschiedene Aussageklassen privilegieren, denn nach Lyotards populärer Diagnose gibt es ja keine *grands récits* mehr, die

---

43 So jedenfalls ließen sich Sätze wie 1, 2, 2.012, 2.04, 3.04, 7 des *Tractatus logico-philosophicus* im Hinblick auf Adventures reformulieren. Der einzige Ansatz dieser Art findet sich bei Heinz Herbert Mann, »Text-Adventures. Ein Aspekt literarischer Softmoderne«, in: *Besichtigung der Moderne. Bildende Kunst, Architektur, Musik, Literatur, Religion. Aspekte und Perspektiven*, Hg. H. Holländer/C.W. Thomsen, Köln 1987, S. 371-378.
44 Lyotard 1986, S. 55.
45 Lyotard 1986, S. 65.

sie zusammenhielten. Die »allgemeine Disposition der Modernität« ist, dass die Erzählung aufhört, »ein Lapsus der Legitimation zu sein. [...] Das wissenschaftliche Wissen kann weder wissen noch wissen machen, dass es das *wahre* Wissen ist, ohne auf das andere Wissen – die Erzählung – zurückzugreifen, das ihm das Nicht-Wissen ist«.[46] Die Hoffnungen, die Lyotard in einer Kultur widerstreitender Sprachspiele begründet sieht, sind zweierlei: *erstens* sind Sprachspiele heteromorph und *zweitens* nur lokal konsensfähig.

Für Computerspiele erscheint daran interessant (und mag die längere Vorrede rechtfertigen), dass Lyotard dieses *wissens*historische Datum einer postmodernen Verfassung zugleich als *medien*historisches Datum markiert: Es wird bezeichnet durch »die Probleme der Kommunikation und die Kybernetik, die modernen Algebren und die Informatik, die Computer und ihre Sprachen, die Probleme der Sprachübersetzung und die Suche nach Vereinbarkeiten zwischen Sprachen – Automaten, die Probleme der Speicherung in Datenbanken, die Telematik und die Perfektionierung ›intelligenter‹ Terminals«.[47] Im Zusammenschluss von Sprachspiel einerseits und Kybernetik, Informationstheorie und Digitalcomputer als den die neuen Kommunikations- und Verkehrsformen postindustrieller oder »informatisierter« Gesellschaften, werden zwei Dinge auffällig. Einerseits kann der zitierte ›lokale Konsens‹ von Sprachspielen als »Argumentationen, die Metapräskriptionen zum Gegenstand haben und raum-zeitlich begrenzt sind«[48], schlicht Computerprogramm oder Softmoderne genannt werden. Andererseits ist – und diesen Aspekt erörtert Lyotard selbst und erkennt in ihm die Gefahr des »Terrors« – alle Beschäftigung mit den ›Mitteln‹ zwar resistent gegen große Erzählungen, hat aber trotz ihrer Partikularität ein gemeinsames Interesse, nämlich die Effizienz. Wenn Sprachspiele agonal sind, dann mögen sie zwar von der Universalität entlastet sein, werden aber in dem Sinne technisch, dass sie effiziente Spieltaktiken erzwingen: »Ein technischer ›Spielzug‹ ist ›gut‹, wenn er es besser macht (*fait mieux*) und/oder wenn er weniger verbraucht als ein anderer.«[49] Im Sprachspiel schließen sich also Wahrheit und Effizienz im Zeichen der Performativität zusammen, das Informatisierung heißt.

Nachdem »der Ära des Professors die Grabesglocken« geläutet haben,[50] entsteht also neben dem *Grabmal des Intellektuellen* eine neue Figur: »Die berufsmäßige Ausübung ihrer [der neuen Führungskräfte] Intelligenz verlangt nicht, in ihrem Kompetenzbereich so gut wie möglich die Idee eines universellen Subjekts zu verkörpern, sondern eine höchstmögliche Effizienz zu gewährleisten.«[51] Bildung »versorgt das System mit Spielern, die in der Lage sind, ihre Rolle auf den pragmatischen Posten, deren die Institutionen bedürfen, erwartungsgemäß wahrzunehmen.«[52] Damit nimmt die Bildung unter in-

---

46   Lyotard 1986, S. 90, 92.
47   Lyotard 1986, S. 20f.
48   Lyotard 1986, S. 191.
49   Lyotard 1986, S. 130.
50   Lyotard 1986, S. 156.
51   Jean François Lyotard, *Grabmal des Intellektuellen*, Graz/Wien 1985, S. 11.

formatischen Bedingungen erstens kein Ende mehr und entkoppelt zweitens die Verfahren von den sogenannten Inhalten. Deshalb steht am Ende des Adventurespiels auch nicht das aus-gebildete Subjekt des Bildungsromans, sondern jemand, der eine parsergerechte Sprache spricht, durch die objektbezogen Situationen gelöst (oder technischer: Daten optimal rekonfiguriert) werden können und damit ein recyclebares Benutzerwissen (vgl. S. 311ff.). Nichts anderes konstatiert Lyotard: Das, was in einer Ausbildung vermittelt wird, ist zunehmend »in eine informatische Sprache übersetzbar und der traditionelle Lehrende einem Speicher vergleichbar«, weshalb »die Didaktik Maschinen anvertraut werden« kann. Zu lernen gibt es nur

> »den Gebrauch von Terminals, das heißt einerseits neue Sprachen, und andererseits eine raffinierte Handhabung jenes Sprachspiels, das die Befragung darstellt: Wohin die Frage richten, das heißt welcher Speicher ist für das, was man wissen will, relevant? Wie sie formulieren, um Fehlgriffe zu vermeiden? usw.«[53]

Weil die Welten der Adventurespiele immer sind, was der Fall ist, erübrigt es sich – wie gezeigt – die Frage zu stellen: Ist das wahr? Es gibt kein falsches Computerspiel im wahren. Der Spieler stößt vielmehr immer wieder auf die Frage: Wozu dient es (ein Objekt, ein Befehl)? Adventurespiele handeln, allem Anschein der Genres zum Trotz, nicht davon, etwas zu *finden* (Mörder, Schätze, Prinzessinnen usw.), sondern davon, *herauszufinden* wie etwas zusammengehören könnte, wie etwas miteinander Sinn als Spielfortschritt macht, und mit welchen Befehlen an welchen Stellen diese Performanz optimal zu bewerkstelligen ist. Ihre Frage ist eine nach der Relevanz. Die operationelle Kompetenz des Adventurespielers liegt in der Effizienz der Entscheidungen, bestimmte, in einer Datenbank vorliegende (Daten)Sätze zu verknüpfen. Interessant ist dabei nicht die unvollständige Information, sondern gerade die vollständige, das Tableau der offensichtlichen Dinge, die es zu verbinden gilt:

> »[I]n den Spielen mit vollständiger Information [die die ›postmoderne Welt‹ kennzeichnen] kann die höchste Performativität per hypothesin nicht im Erwerb einer […] Ergänzung bestehen. Sie ergibt sich aus einer neuen Anordnung von Daten, die eben einen ›Spielzug‹ darstellen. Diese neue Anordnung wird […] durch die Verknüpfung von Datenreihen erreicht, die bis dahin für unabhängig gehalten wurden.«[54]

Nun lautet Lyotards positive Schlussfolgerung, dass die Verknüpfungsleistung nicht nur ein unerschöpfliches Reservoir sei,[55] sondern dass sie paralogisch werden kann. Mit Chaos, Katastrophe und Diskontinuität bezeichnet er jenen informatischen Mehrwert, der entsteht, wenn geordnete Verläufe (also befolgte Spielregeln) an einer bestimmten Komplexitätsschwelle in Unordnung umschlagen und unwahrscheinliche Ergebnisse zeitigen. Die Paralogie ist zugleich Ergebnis und Remedium des »Terrors« universeller Effizienz.[56]

---

52 Lyotard 1986, S. 142.
53 Lyotard 1986, S. 149.
54 Lyotard 1986, S. 151f.
55 Lyotard 1986, S. 193.
56 Lyotard 1986, S. 192.

Genau diese Option bieten Adventurespiele jedoch nicht. Jede Verknüpfung ist programmiert, keine kann eskalieren, und der paralogische Zustand des Adventures heißt schlicht Systemabsturz. Während Programme nämlich *meta*präskriptiv sind, sind Spielverläufe selbst nur präskriptiv, wie schon die User-Entwürfe der Action-Spiele deutlich gemacht haben. Der Versuch, von der präskriptiven auf die metapräskriptive Ebene zu wechseln, wird normalerweise mit dem Aussetzen des Spiels bestraft, ist also laut Lyotard als Verhalten

> »ebenso terroristisch wie das von Luhmann beschriebene System. Wir verstehen unter Terror die durch Eliminierung oder Androhung der Eliminierung eines Mitspielers aus dem Sprachspiel, das man mit ihm spielte, gewonnene Wirkung [...;] interessant ist [...] die Wirkung, daß daraus neue Spannungen im System resultieren, die seine Leistungen verbessern werden.«[57]

Letzteres scheint in der Nachgeschichte des Adventurespiels seit 1980 beobachtbar zu sein.[58] Die Terrorismus-Diagnose erweist sich jedoch als wenig spezifisch, denn Programme sind, eben seit man sie kaufen kann, zur Benutzung da und nicht dazu, dass man sie umschreibt und ihre Spielregeln ändert. Ein Eingreifen auf der Ebene der Sourcecodes ist von zwei Faktoren abhängig: erstens vom Vermögen der Spieler, sich metapräskriptiv zu äußern, also programmiersprachliche Kompetenz zu besitzen. »In dieser Perspektive müsste eine Grundausbildung in Informatik [...] unter demselben Anspruch [stehen] wie zum Beispiel die Erlangung der fließenden Beherrschung einer Fremdsprache«.[59] (Und genau dies fordern zur gleichen Zeit ja Kay und Papert im Namen der *personal-computing*-Bewegung, vgl. S. 299ff.) Zweitens von den Marktbedingungen, die aus ökonomischen Gründen keine Eingriffe in den Sourcecode zulassen können. Während die ersten Computerspiele wie *Spacewar* und *Adventure* noch im Sourcecode durch Usergroups wie DECUS kursierten, verändert, neu compiliert und übersetzt werden konnten, sind die Benutzeroberflächen der ersten kommerziellen Computerspiele wie PONG und ZORK unhintergehbar und allenfalls für Hacker zu disassemblieren und mit *cheats* und *patches* zu versehen.

3. Erzählung

Wechselt man die Betrachtungsebene von einer der technischen Implementierung zu einer der semantischen oder narratologischen Gestaltung, so präsentieren sich Adventurespiele als Erzählungen. Ob in den Genres Fantasy, Science-Fiction oder Detektivgeschichte – der Anfang des Spiels ist der

---

57 Lyotard 1986, S. 184f.
58 Dazu zählen beispielsweise die Benutzeroberflächen und Bilder der Grafikadventures, die die reinen Textspiele schon nach wenigen Jahren ablösten, und deren euphorisch begrüßte Verbesserungen in diesem Sinne terroristischer sind als die Kommandozeile, die wenigstens noch die ineffiziente Eingabe von Lyrik zuließ. Dazu zählen umgekehrt Versuche wie *realMyst*, *Day of the Tentacle*, oder *Indiana Jones III: The Fate of Atlantis*, die die Bewegungsfreiheit des Spielers erhöhen, zeitlich verschobene Parallelerzählungen oder alternative Spielverläufe einführen.
59 Lyotard 1986, S. 149.

Anfang einer Erzählung, und sein Spielverlauf eine Folge von notwendigen, sich logisch aufeinander beziehenden Ereignissen, die zum Spielende keinen Rest offen lassen. Rückblickend scheint es so, als sei die ›strukturale Analyse von Erzählungen‹ für Adventurespiele geschrieben – oder umgekehrt: als sei sie selbst ein Ereignis medientechnischer Diskursbedingungen. Beispielhaft lassen sich Roland Barthes' Konzepte von Erzählung und Agenten als Theorie der Software lesen.[60]

Kerne und Katalysen

Die strukturale Analyse zerlegt Erzählungen in Einheiten, und weil diese Segmente einen funktionalen Charakter haben, entsteht aus ihnen eine Geschichte oder ›Sinn‹ in der Bedeutung einer *Richtung* von Beziehungen.[61] Als eine Einheit gilt dabei jedes Segment, das als Glied einer Korrelation auftritt. »Die Seele jeder Funktion ist, wenn man so sagen kann, ihr Keim, die Befruchtung der Erzählung mit einem weiteren Element, das später auf derselben Ebene oder woanders, auf einer anderen Ebene, heranreifen wird«.[62] Daher erscheint in einer Erzählung alles funktional, wenngleich diese Funktionalität in unterschiedliche Klassen und Grade aufgeteilt werden kann. Diese Klassen heißen bei Barthes »distributionell« und »integrativ«. *Distributionell* meint die Funktionen im engeren Sinn: der Kauf eines Revolvers korreliert mit einem späteren Schießen oder Zögern, das Klingeln eines Telefons mit dem Abheben oder Nichtabheben, oder:

>There is a small mailbox here.
>\>OPEN THE SMALL MAILBOX
>Opening the mailbox reveals a leaflet.
>\>READ THE LEAFLET
>Welcome to Zork: The Great Underground Empire

Dabei bilden die Korrelationen in den seltensten Fällen eine direkte Aufeinanderfolge, sondern viele Gegenstände finden erst im späteren Verlauf des Spiels ihre Bestimmung. Spieler nehmen daher alles mit, weil erfahrungs-

---

60 Roland Barthes, »Einführung in die strukturale Analyse von Erzählungen«, in: *Das semiologische Abenteuer*, Frankfurt a.M. 1988, S. 102-143. Man könnte diese Funktionalität der Ereignislogik auch von Claude Bremond (*Logique du récit*, Paris 1973) beziehen (»raconter, c'est énoncer un devenir«, S. 325); oder von Arthur C. Danto (*Analytical Philosophy of History*, Cambridge 1965), dem Erzählen als logischer Dreischritt erscheint: 1. X is F at $t\text{-}1$; 2. H happens to X at $t\text{-}2$; 3. X is G at $t\text{-}3$ (S. 236); oder von Wolf-Dieter Stempels Minimalforderungen des Erzählens wie »resultative Beziehung« zwischen Ereignisgliedern, »Referenzidentität des Subjekts«, »Solidarität der Fakten« usw. (»Erzählung, Beschreibung und der historische Diskurs«, in: *Geschichte – Ereignis und Erzählung*, Hg. R. Koselleck/W.-D. Stempel, München 1973, S. 325-346 [*Poetik und Hermeneutik* V]).

61 »Als Sinn bezeichnen wir jenen innertextuellen oder außertextuellen Korrelationstyp, das heißt, jeden Zug der Erzählung, der auf ein anderes Moment der Erzählung oder auf einen anderen, für die Lektüre notwendigen Ort der Kultur verweist« (Roland Barthes, »Die strukturale Erzählanalyse«, in: *Das semiologische Abenteuer*, Frankfurt a.M. 1988, S. 223-250, hier S. 230).

62 Barthes, S. 109.

gemäß alles Nehmbare an einem anderen Punkt des Spiels eine funktionale Leerstelle schließt. *Integrativ* hingegen sind »Indizien«, Hinweise auf den Charakter des Personals, Anmerkungen zur Atmosphäre usw. Mehrere integrative Einheiten verweisen oft auf dasselbe Signifikat, sie haben jedoch keine Auswirkungen auf die Handlungssequenz, sondern werden erst auf der »Ebene einer allgemeinen Typologie der Aktanten« sinnvoll.[63] Distributionelle Elemente sind also ›horizontal‹, syntagmatisch, metonymisch und organisieren eine Funktionalität des Tuns. Integrative Elemente hingegen sind ›vertikal‹, paradigmatisch, metaphorisch und organisieren eine Funktionalität des Seins. Adventurespiele, die fast ausschließlich aus distributionellen Elementen aufgebaut sind, stehen daher dem funktionellen Volksmärchen näher als dem indiziellen psychologischen Roman.

Innerhalb der distributionellen Elemente sind die »Kardinalfunktionen« oder »Kerne« von den »Katalysen« zu unterscheiden. Kerne eröffnen eine für die Geschichte folgetragende Alternative:

>INVENTORY
sword, knife, newspaper
>ATTACK TROLL
Attack Troll with what?
>NEWSPAPER   [oder]   >KNIFE
Attacking a troll with a newspaper is foolhardy.   You killed the troll.

Während die Kerne chronologische *und* logische Funktionalität besitzen, also wichtig für die Geschichte bzw. den Spielfortschritt sind, haben Katalysen keinen alternativen Charakter, sondern lediglich eine chronologische Funktion. Sie sind gewissermaßen Parasiten, die sich an der logischen Struktur der Kerne nähren und den notwendigen Raum zwischen zwei Momenten der Geschichte beschreiben. Im Beispiel könnte eine Kampfbeschreibung folgen, deren Fehlen in frühen Adventures nur dem mangelnden Speicherplatz geschuldet ist, später jedoch oft eingesetzt wird, um die diskreten Übergänge zu verwischen und zu verzeitlichen: »With great effort, you open the window far enough to allow entry.« statt »The window is open«. Die Katalysen der Adventurespiele dienen dazu, den Unterschied zwischen zeitlichen und logischen Folgerungen zu verschleiern.[64] Schon dass man sie über den Befehl VERBROSE [ON, OFF] abschalten kann, zeigt, dass sie keine logische Bedeutung haben. Die Kardinalfunktionen sind folglich die Risikomomente der Erzählung, die Stellen, an denen der Spieler Entscheidungen zu treffen hat, die Katalysen hingegen die Sicherheitszonen und Ruhepausen, Momente, in denen das Spiel luxuriert und der Spieler mit interesselosem Wohlgefallen einem Spielfortschritt zuschauen darf, den er zwar heraufgeführt hat, in den er aber nicht eingreifen kann.

Bei den integrativen Elementen wiederum sind die »Indizien« von den »Informationen« zu unterscheiden. Während Indizien immer implizite Signi-

---

63 Barthes, S. 112.
64 Die Gesamtheit der Animationen vorgefertigter Filme, die bei späteren Grafikadventures wie *Dragon's Lair* die Handlungen verbildlichen, ist daher Katalyse.

fikate haben, sich auf Charakter, Gefühl oder Atmosphäre beziehen, dienen Informanten dem Erkennen des Raums und der Orientierung. Sie haben keine impliziten Signifikate, sondern steuern fertiges Wissen bei. Die Zwischentexte der Raumbeschreibungen sind (zumindest bei VERBROSE OFF) fast ausschließlich eine Literatur der Informanten:

> »You are in the living room. There is a door to the east, a wooden door with strange gothic lettering to the west, which appears to be nailed shut, and a large oriental rug in the center of the room.
> There is a trophy case here. A battery-powered brass lantern is on the trophy case. Above the trophy case hangs an elvish sword of great antiquity.«

Adventurespiele bestehen also – das Barthes'sche Schema etwas anders tarierend – hauptsächlich aus Kernen und Informationen, aus Risikosituationen auf der Basis von je verfügbaren Daten. Sie handeln von Entscheidungslogik und Datensätzen. Auf der Ebene der Erzählung bedeutet dies, dass mittels Entscheidungen aus der Navigation durch eine Datenmenge eine Geschichte wird:

> »Die funktionelle Deckung der Erzählung verlangt nach der Organisation von Relais, deren Basiseinheit nur durch eine kleine Gruppierung von Funktionen gebildet werden kann, die wir hier [...] als Sequenz bezeichnen. Eine Sequenz ist eine logische Folge von Kernen, die miteinander durch eine Relation der Solidarität verknüpft sind.«[65]

Eine Sequenz ist dann geschlossen oder vollständig, wenn sie keine Risikomomente unentschieden, offen oder übrig lässt (was nicht heißt, dass das Ergebnis einer Sequenz nicht wiederum Ausgangsknoten einer neuen Sequenz werden kann). Da in Adventurespielen kein Gegenstand bedeutungslos ist, sondern es für jedes Objekt, das der Spieler benutzen kann, auch eine und nur eine Benutzung gibt, bestehen Adventures aus etwa halb so vielen Sequenzen, wie es Gegenstände gibt. Ein Schlüssel ist nur für die eine Tür da, die immer schon auf ihn wartet, ein Brief nur dazu, den Spieler zu erreichen, ein Zauberspruch nur dazu, einen einzigen Gegenstand zu verzaubern. Daher haben viele Spiele auch *inventory-demons*, die Gegenstände automatisch ablegen, nachdem sie an der einzig möglichen Stelle benutzt wurden und damit eine offene Sequenz geschlossen haben. Sequenzen überlagern sich, interferieren aber meistens nicht: Ein zu Anfang des Spiels gefundener Schlüssel kann erst am Ende des Spiels, nach vielen anderen Sequenzen, relevant sein – ob er zum Inventar des Spielers gehört, ist aber für die Schließung der übrigen Sequenzen nicht unbedingt entscheidend. Was sich allerdings auf der literarischen Ebene (trotz Barthes' Versicherung, dass Literatur kein Rauschen enthalte) durchaus als Problem erweisen kann, nämlich die Analyse eines Textes in seine Risikomomente, ist im Computerspiel durch den Sourcecode immer schon gelöst, der eine virtuelle Sequenzsynthese ist, die der Spielverlauf dann in seinem Gelingen zu einer aktuellen macht. Was in den Annalen des Programmcode steht, bringt Spielgeschichte zum Vorschein.

---

65 Barthes, S. 118.

Wenn nun eine Folge von verschiedenen Risikosituationen durch ein gleich bleibendes Personal disambiguiert wird, dann nennt sich dies *Epos*: »Das Epos ist eine auf funktioneller Ebene gebrochene, aber auf der Aktantenebene einheitliche Erzählung«.[66] Unter Adventurebedingungen scheint also eine Art homerisches Erzählen zurückzukehren.[67] Der Held ist nur Name und Agens einer Handlung, ähnlich wie auch bei Aristoteles der Protagonistenbegriff völlig dem Handlungsbegriff untergeordnet ist.[68] Begriffe wie Individuum, psychische Konsistenz, oder voll ausgebildetes Wesen, die im Roman nicht mehr der Handlung untergeordnet sind, sondern diese als vorgehende psychische Essenz organisieren, gelten beim Adventurespiel nicht. Barthes benutzt statt dessen den Begriff des »Agenten«, der durch die Sphäre von Handlungen bestimmt wird, an der er partizipiert. Eine Sequenz erhält durch den Agenten einen »Namen« (Bremond). Der Begriff der »Person« geht in dem des Agenten auf, weil bestimmte Handlungen durch Referenz auf ihn intelligibel werden. Diese Rationalisierungsstrategie erfolgt – wie noch zu zeigen sein wird – auf Computern parametrisch: mit Attributen und Eigenschaften, die seine Partizipation auf ausgewählte Sphären von Handlungen beschränken. Aus diesem Konzept folgt, dass »die ›Realität‹ einer Sequenz [...] nicht in der ›natürlichen‹ Abfolge der Handlungen [liegt], aus denen sie zusammengesetzt ist, sondern in der Logik, die in ihr hervortritt, riskiert und eingehalten wird«[69] – wobei der Agent einer Sequenz Teil dieser Logik ist. An dem historischen Punkt, an dem Adventurespiele erscheinen, ist das Agentenkonzept jedoch nicht nur in den analytischen Verfahren des Strukturalismus anzutreffen, sondern zugleich auch in den synthetischen Softwarekonzepten des Militärs und der *Artificial Intelligence*.

Das »rote« Denken

Daher sei hier ein kurzer Vorgriff auf die Strategiespiele erlaubt. Die politischen Strategiespiele rechneten – wie ihre älteren Geschwister, die Kriegsspiele – seit ihrer Entstehung in den späten 1950er Jahren mit Quantitäten. Die Welt der *Inter-Nation Simulation* (INS) von Harold Guetzkow und Richard Snyder (1957 an der *Northwestern University*) bestand aus fünf bis neun abstrakten Ländern mit Namen wie Algo, Erga, Ingo, Omne oder Ultro, die anhand von wenigen Daten wie Population, militärische Stärke, Bruttosozialprodukt und Produktionsziffern modelliert wurden. Die Spielerteams spielten Regierungschefs, Finanz- oder Außenminister und rechneten nach festgelegten Regeln mit diesen Variablen, bildeten Koalitionen, schlossen Verträge usw.[70]

---

66 Barthes, S. 121.
67 Zur epischen Zeit Ernst Hirt, *Das Formgesetz der epischen, dramatischen und lyrischen Dichtung*, Hildesheim 1972; Erich Auerbach, *Mimesis. Dargestellte Wirklichkeit in der abendländischen Literatur*, Basel/Stuttgart [8]1988.
68 Deshalb gerät Brenda Laurels *Computers as Theatre* (Reading, Mass. 1991) so offensichtlich aristotelisch.
69 Barthes, S. 136.

Ähnlich funktionierten auch andere Spiele dieser Zeit wie etwa *A Simple Diplomatic Game* (von Oliver Benson und Richard Brody, *University of Oklahoma*, 1959), *Simuland* (von Andrew Scott, *University of North Carolina*) oder das bekanntere POLEX (*Political Exercise* am MIT, 1958). Daher waren Krieg und Politik im Simulationsansatz der quantitativen Ressourcen leicht zu *political military exercises* kompatibel zu machen. Erst die Unberechenbarkeit des Vietnamkriegs zeigte, dass die bisherigen Modelle zur Beschreibung nicht ausreichten. Mit AGILE-COIN und TEMPER entstanden Simulationen, die Guerillakrieg modellieren sollten um beispielsweise mit dem Einfluss von kulturellen Traditionen, Stimmungen, Propaganda oder terroristischen Akten im Wortsinne zu rechnen. Diese »synthetic history«[71] beschäftigt sich weniger mit den Handlungssequenzen selbst, als mit den Parametern, die sie beeinflussen. Die Analyse *stattgefundener* Geschichte als Reihe von Sequenzen ergibt im makroskopischen Bereich Parameter wie Nationalcharaktere, die sie rationalisieren und die in die Synthesen *möglicher* Sequenzen durch die Prognostik einfließen. Wie lässt sich, so lautet die Frage der Spieldesigner, aufgrund von gewesenen Sequenzen rechnen, wie der andere denkt und handeln wird? Die Antwort war, den anderen (der im RAND-Jargon »Iwan« oder einfach nur »he« hieß) als eine Größe namens Person oder Ideologie mathematisch zu modellieren, denn nur in individuierter Form verhält er sich berechenbar, und es können eigene Handlungen auf eine Konstante bezogen, überprüft, durchgespielt, simuliert und optimiert werden. Die Frage, die die Gestalt des Feindes bestimmt, lautete daher: »How to think RED?«

Und genau diese Frage wurde an der Grenze von politischen *computer-assisted games* zu *computer games* (also jenen Spielen, die nach militärischer Definition *von* Computern und nicht von Menschen *an* Computern gespielt werden) gestellt und während der Entstehung der ersten Adventures softwaretechnisch beantwortet. So heißt es angesichts des Einsatzes von Computern in einer Ausschreibung des Pentagon:

> »Wir haben den Eindruck, als bedürfe es für die Untersuchung komplexer Szenarien einer Analyse nach Art des Kriegsspiels, die menschliche Urteilskraft mit computerbasierten Modellen und Buchhaltungsroutinen verbindet. […] Sie muss die Möglichkeit bieten, die vielen unterschiedlichen Verzweigungen komplexer Szenarien systematisch durchzuarbeiten«.[72]

Die amerikanischen Offiziere, die bislang und in menschlichen Spielen noch so taten als dächten sie »rot«, sind nicht nur selten in gleicher Besetzung aufzutreiben, sondern vor allem zu variabel in ihren Entscheidungen, die (sei es

---

70 Dieses Beispiel unterstreicht zudem noch einmal die Nähe der Adventures zu den (älteren) Rollenspielen, die bei Crowther nur auf biographischer Ebene angedeutet werden konnte. In mancher (wenngleich nicht jeder) Beziehung können Adventures vielleicht als Rollenspiele im *single-player*-Modus verstanden werden.
71 Claus Pias: »Synthetic History«, in: *Mediale Historiographien*, Hg. L. Engell/J. Vogl, Weimar 2001, S. 171-184.
72 Letter der *Defense Nuclear Agency*, DNA001-80-R-0002, vom 7.11.1979, zit. nach Allen, S. 323 (Übers. C.P.).

Formular zur Charakterdefinition in einem papierbasierten Rollenspiel: »The GURPS character sheet lets you specify every aspect of your adventurer«

aufgrund von Gruppendynamik oder Lerneffekten) nicht unter veränderten Rahmenbedingungen reproduzierbar und damit unwissenschaftlich sind. Vorrangig SAI (*Science Application, Inc.*) und RAND nahmen sich dieses Problems an, wobei die Devise im Rahmen der *Artificial Intelligence* (und ausnahmsweise) erst einmal lautete, »people in the loop« zu bekommen. Einmal modelliert, verschwindet der Mensch dann später wieder aus der Simulation:

> »RAND wurde vollständig automatisiert. RANDs Roter [UDSSR] war ein Computerprogramm. Und genauso RANDs Blauer [USA]. [...] Menschliche Spieler wurden durch ›Agenten‹ ersetzt. [...] Und die Agenten sollten Charakter haben, eine Aus-

wahl von Iwans auf der Seite von Rot, verschiedene Arten von Sams auf der Seite von Blau.«[73]

Anfang 1981 demonstrierte RAND ein Spiel, das auf einer »Kontrolle über die Variablen« fußte und nicht »Opfer der Unberechenbarkeiten und Inkonsistenzen menschlicher [Spieler]Teams« war.[74] Dabei sorgte lediglich ein verpasster Fertigstellungstermin dafür, dass nur *Red* von einem Computer gespielt wurde und *Blue* von Menschen. Festzuhalten bleibt allemal, dass der Feind nur ein computerkontrollierter Agent neben einigen anderen war, wie beispielsweise dem *Scenario Agent* (zuständig für das Weltmodell und für Buchführungsaufgaben) oder dem *Force Agent* (zuständig für Todesberechnungen, Versorgung, ökonomischen Zustand einzelner Nationen usw.). Das RAND *Strategy Assessment Center* (RSAC) brachte also in einem Agentenkonzept quantitative und qualitative Spiele, politische Einschätzung und logistische Berechnung zusammen und koppelte gewissermaßen ein ›objektiv rotes Denken‹ mit der Effizienz von Waffen- und Transportsystemen. Im RSAC sprach man dazu ROSIE (*Rule Oriented System for Implementig Exercise*), eine Programmiersprache, aus der wenig später RAND-ABEL hervorging.[75] ABEL spricht freundlicherweise lebensnahes Englisch, bewährt sich vor allem bei der Verwaltung großer Arrays und längerer IF/THEN-Ketten und ist – wie *Z-Code* – plattformunabhängig:[76]

```
If the actor is a conflict location,
  let the actor's threat be grave and
  record grave [threat] as »being a conflict location«.
If the actor's Ally = [is] USSR and the
  actor's superpower-presence & [is] Redmajor,
  let the actor's threat be grave and record
  grave [threat] as »major Red force in its territory«.
If the actor's Ally ~ [isn't] US and the
  actor's superpower-presence = [is] Bluemajor,
  let the actor's threat be grave and record
  grave [threat] as »major Blue force in its territory«.
If the actor is a follower of (some leader
  such that that leader's threat = [is] grave),
  let the actor's threat be indirectly-grave
  and record indirectly-grave as the string
  {»grave threat to«, that leader.}
```

73 Thomas B. Allen, *War Games*, New York 1987, S. 328 (Übers. C.P.).
74 Allen, S. 329 (Übers. C.P.).
75 Jill Fain et al., *The* ROSIE *Language Reference Manual*, Santa Monica 1981 (RAND N-1647-ARPA); Norman Z. Shapiro/H. Edward Hall/Robert H. Anderson/Mark LaCasse, *The* RAND-ABEL *Programming Language*, Santa Monica 1985 (RAND R-3274-NA); Norman Z. Shapiro et al., *The* RAND-ABEL *Programming Language: Reference Manual*, Santa Monica 1988 (RAND N-2367-1-NA).
76 ABEL-Quelltext wird zuerst in *C* und dann nochmals für das entsprechende System compiliert. Zu den Modellierungsansätzen: Willam Schwabe/Lewis M. Jamison, *A Rule-Based Policy-Level Model of Nonsuperpower Behavior in Strategic Conflicts*, Santa Monica 1982 (RAND R-2962-DNA); Paul K. Davis, »Applying Artificial Intelligence Techniques to Strategic Level Gaming and Simulation«, in: *Modelling and Simulation Methodology in the Artificial Intelligence Era*, Hg. M. Elzas/T.I. Oren/B.P. Zeigler, North Holland 1986, S. 315-338.

Notwendigerweise sind *Red* und *Blue*, Iwan und Sam, auf verwaltungstechnischer oder algorithmischer Ebene ununterscheidbar und differieren nur in den Parametern. Dabei sind auch Submodelle implementierbar, die untereinander konkurrieren können, z.B.: »Iwan 1 ist einigermaßen verwegen, risikofreudig und hat für die Vereinigten Staaten nur Verachtung übrig. Iwan 2 ist generell eher vorsichtig, konservativ und beobachtet die Reaktionen und Kräfte der USA mit Sorge«.[77] Schon eine kleine Übersicht zeigt, dass ›die mehreren Iwans‹ nicht anders aufgebaut sind als die Objekte der Adventurewelt, nämlich aus Attributen und Eigenschaften:

Grafik 1: RSAC Deskriptoren (in Auswahl)*

Descriptors	Values
Expansionist ambitions.	Adventuristic, opportunistic, conservative.
Willingness to take risk.	Low, moderate, high.
Assessment of adversary intentions.	Optimistic, neutral, alarmist.
Insistence on preserving imperial controls.	Moderate, adamant.
Patience and optimism about historical determinism.	Low, moderate, high.
Flexibility of objectives once committed.	Low, moderate, high.
Willingness to accept major losses to achieve objectives.	Low, moderate, high.
Look-ahead tendencies.	Simplistic one-move modeling, optimistic and narrow gaming, conservative and broad gaming.

* nach Allen 1987, S. 336f.

Komplexierend kamen später gegenseitige Annahmen hinzu: *Blue* hat Annahmen bezüglich *Red*, *Red* bezüglich *Blue* und beide haben (vielleicht verschiedene) Annahmen über Dritte, die natürlich auch falsch sein können. In einer späteren Version konnten diese Annahmen während eines laufenden Szenarios sogar von *Red* und *Blue* selbst verändert werden. Anschließend wurden vor allem die Szenario-Agenten verbessert und komplexiert, da Drittländer sich mit Supermächten bekanntlich alliieren und es deshalb im Ernstfall brisant ist, ob sie schneller oder langsamer reagieren, wie also z.B. das parlamentarische System eines Landes funktioniert oder wie zuverlässig es als Bündnispartner ist:

»Jedes Land bekommt eine Temperament-Bewertung – zuverlässig, widerwillig, anfangs zuverlässig, anfangs widerwillig, neutral – und wird als ›Führer‹ oder ›Mitläufer‹, d.h. als ›opportunistisch‹ oder ›entschlossen‹, eingestuft, womit eine ganz spezifische Bedeutung verbunden ist: ›Wenn Nuklearmacht, [dann] Ausübung unabhängiger nuklearer Abschreckung. Wenn ernsthaft bedroht, [dann] Anfrage eines Nuklearangriffs der Alliierten auf Territorium gegnerischer Supermacht. Wenn verlassen von verbündeter Supermacht, [dann] Einstufung als Nichtkom-

[77] Allen, S. 336.

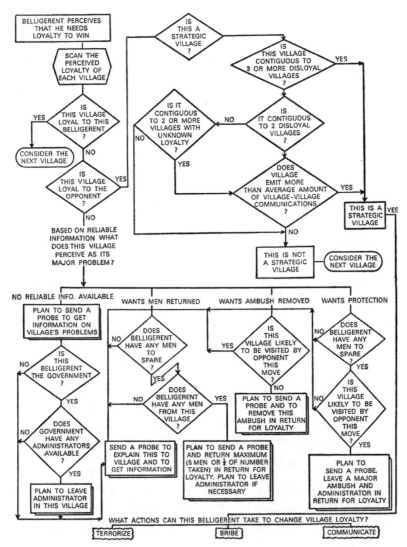

Die Wege des ›Roten Denkens‹: Flussdiagramm für Agenten mit vietnamesischem Nationalcharakter in der Computersimulation *AGILE-COIN*

battant. Wenn unterstützt von verbündeter Supermacht, [dann] Einstufung als verlässlich«.[78]

Die Festlegung solcher Agenten-Parameter, mit denen Programmierer und Strategen die möglichen Abenteuer kalter und heißer Kriege durchspielen, scheinen die Völkertafeln des Barock zu wiederholen und zu erweitern. Denn auch sie waren Versuche, das Wissen von den Völkern zu strukturieren, indem sie dieses ins Bild setzten. Ausgehend von den Stände- und Berufstafeln, die

---

78   Allen, S. 338.

»Kurze Beschreibung der In Europa Befintlichen Völckern Und Ihren Aigenschaften«

seit dem 16. Jahrhundert in Büchern, Kupferstichen und Holzschnitten existierten, überführte das frühe 18. Jahrhundert die Standes- und Verhaltenstypologien ins Ethnische oder Nationale. Völkertafeln organisierten aus Antike und Mittelalter überlieferte Topoi und Eigenschaften, aus Reisebeschreibungen oder ethnographischen Studien extrahiertes Wissen zu Stereotypen. Der Spanier ist »klug und weis«, der Franzose kleidet sich »unbeständig«, der »Türck oder Griech« hat einen Überfluss »an zart und weichen Sachen«, der Schwede ist »eifrig im Glauben«, der Pole »glaubt allerlei« usw. Die Tabellarik erlaubte nicht nur, sondern forderte, Wissenslücken systematisch zu erkennen und zu füllen und implizierte schon als Darstellungsform einen gezielten ›Willen zum Wissen‹.

Wo Nationen den makroskopischen Maßstab rationalisierender Stereotypenbildung abgeben, erscheint der Einzelne als mikroskopisches Programmierungsproblem, das ebenfalls um 1980 aufgenommen wurde. Als kleines Beispiel mag das Programm UNIVERSE von Michael Lebowitz dienen.[79]

---

79   Michael Lebowitz, »Creating Characters in a Story-Telling Universe«, in: *Poetics*, 13(1984), S. 171-194.

Soap Operas

Das Schreiben von Serien – sei es für Kino, Fernsehen oder Rollenspiele – benötigt eine Verwaltungsstruktur, die Familienbande, Freund- und Feindschaften, Liebesbeziehungen, kurz: alle Arten von Verknüpfungen organisiert. Da Serien nahezu geschlossene Welten sind, die nach dem Prinzip der Kombinatorik und Rekonfiguration arbeiten, bietet sich eine softwaretechnische Lösung an, die nicht nur das Gewesene verwaltet, sondern auch – davon ausgehend – das verbleibende Mögliche entwirft. Während schon Programme wie TALE SPIN und AUTHOR die Fähigkeit hatten, einfache Geschichten mit wenig Personal zu entwickeln,[80] ging es bei UNIVERSE darüber hinaus um die Begriffe Konsistenz, Kohärenz und Information, die einen Begriff von Vergangenheit, d.h. einen gespeicherten Spielstand benötigen. Die Akteure einer Serie müssen als Aktanten konsistent mit ihrem vergangenen Verhalten sein, die Fortsetzung muss eine logische Sequenz mit den vergangenen Folgen bilden, und die Ereignisse müssen glaubwürdig aber nicht allzu vorhersehbar sein, also einen angemessenen Unwahrscheinlichkeitsbetrag aufweisen.[81] Wie bei Roland Barthes ist die logische Verkettung von Knoten das Entscheidende: »it is our belief that such structure is largely an epiphenomenological result of the need for logical conceptual presentation of material«.[82]

Die algorithmische Generierung von Fortsetzungsgeschichten interessierte sich daher vornehmlich für die im Licht von *AI* und *Cognitive Science* betrachtete Frage, welche Konzepte nötig sind, um Geschichten zu »verstehen« und für die »methods for mapping text into these structures«.[83] Es ist gewissermaßen ein Parallelprojekt zu Hayden Whites Poetologie des historischen Wissens. Die Frage der benötigten Datenklassen lässt sich beispielsweise dadurch lösen, dass man herausfindet, welche Daten für bestimmte »plot units«,[84] wie Liebschaften, Scheidungen, Feindschaften, verschwindende Ehegatten usw. erforderlich sind, die sich zu standardisierten Kausalketten zusammenfügen lassen. Über *constraints* kann dann zurückverfolgt werden, was den einzelnen Akteuren an einer bestimmten Stelle des Spielverlaufs zu tun erlaubt ist, was also an Ereignissen unter einem Namen

---

80   James R. Meehan, *The Metanovel. Writing Stories by Computer*, Yale University, Department of Computer Science, Technical Report 74(1976); N. Dehn, »Memory in Story Invention«, in: *Proceedings of the Third Annual Conference of the Cognitive Science Society*, Berkeley 1981, S. 213-215.
81   Zu UNIVERSE auch: M. Yazdani, *Generating Events in a Fictional World of Stories*, University of Exeter, Computer Science Department, Technical Report R-113(1983).
82   Lebowitz, S. 175.
83   Lebowitz, S. 174. Dazu auch: R.C. Schank, »The structure of Episodes in Memory«, in: *Representation and Understanding. Studies in Cognitive Science*, Hg. D. Bobrow/A. Collins, New York 1975; B. Bruce/D. Newman, »Interacting Plans«, in: *Cognitive Science*, 2(1978), S. 195-233; Jamie G. Carbonell, *Subjective Understanding. Computer Models of Belief Systems*, Ann Arbor 1981; M.G. Dyer, *In Depth Understanding. A Computer Model of Integrated Processing for Narrative Comprehension*, Yale University, Department of Computer Science, Technical Report 219(1982); Michael Lebowitz, »Memory-Based Parsing«, in: *Artificial Intelligence*, 21(1983), S. 285-326.
84   Wendy G. Lehnert, »Plot Units and Narrative Summarization«, in: *Cognitive Science*, 7(1983), S. 293-332.

und mit einer je bestimmten Wahrscheinlichkeit rationalisierbar ist. Bei der Instantiierung der *plot unit* »John verliebt sich in Mary« könnte beispielsweise eine typische Kette lauten: Beide sind gute Freunde, bis dann ein schreckliches Ereignis passiert, eine(r) den (die) andere tröstet und beide sich unvermerkt ineinander verlieben. Die graphentheoretisch lösbare Plausibilitätsprüfung lautet: Gibt es Kinder, die entführt werden könnten, Lebensabschnittspartner, beste Freunde oder Eltern, die auswandern, an Krebs erkranken oder Erbschaften hinterlassen könnten usw.? Und welche Auswirkungen hätte eines dieser Ereignisse auf das übrige Beziehungsgeflecht?

Das Leitkriterium für Kohärenz und Konsistenz lautet also Widerspruchsfreiheit sowohl der Geschichte als auch der Charaktere. Die Geschichte erscheint als Graph (vgl. S. 170ff.), dessen Ecken »Knoten« und dessen Kanten »Katalysen« sind. Und die Charaktere werden – wie auch bei Adventures und Iwans üblich – über *person frames* verwaltet, also Persönlichkeitsmerkmale in Form von Eigenschaftstabellen. Dabei wurde die ›Person‹ von der Logik der Handlungssequenz her gedacht, in die sie »passen« kann, nicht jedoch von einem (wie auch immer humanistischen) Begriff der ›Persönlichkeit‹. Die Differenzierung ihres ›Namens‹ ist von der Detailliertheit und Belegung der Eigenschaftstabellen her gedacht, die sich von den möglichen Handlungssequenzen her rechnet. Wenn es beispielsweise um eine Serie geht, in der Heiraten vorkommen soll, ist ein »married«-Attribut (on/off) nötig, das bei Kinderserien entfallen kann.

Grafik 2: Person stereotype traits.[*]

Trait	Possible values
type	occupation, job group, avocation, habit, trait
sex	male or female
age	child, teen, young-adult, middle-aged, old
phys-appearance	-10 to 10
intelligence	0 to 10
moodiness	0 to 10
guile	-10 to 10
self-confidence	-10 to 10
niceness	-10 to 10
competence	-10 to 10
promiscuity	0 to 10
wealth	0 to 10
religion	Catholic, jewish, etc.
race	black, white, etc.
nationality	Irish, Polish, etc.
social-background	preppie, the docks, etc.
time-used	days, nights, evening, weekends. etc.

[*] nach Lebowitz 1984, S. 181.

Das Konzept der *person frames* hat daher bezeichnenderweise große Ähnlichkeit mit dem der *verb frames* von Adventurespielen. Wie bei den *verb frames* stellen nämlich diverse *default*-Informationen Kohärenz in Form von Stereotypen her. Dass ein Angriff einen Gegner braucht und Ärzte intelligente Menschen sind (ATTACK <X> oder INTELLIGENCE=9) löst Unbestimmtheitsstellen durch Selbstverständlichkeiten. So ergeben sich Tabellen etwa der folgenden Art:

Grafik 3: Sample stereotype frames.*

	Lawyer	Swinger	Waiter
type	occupation	trait	job
sex			
phys-appearance		7	
intelligence	6		
moodiness		6	
guile	7		8
self-confidence	6	6	
niceness	0	5	
competence			6
promiscuity		9	
wealth	6	2	
religion			
race			
nationality			
social-background			
time-used	days	nights	evenings

* nach Lebowitz 1984, S. 182.

– über die das gesamte Repertoire von Ärzten, Kleinkriminellen, Hochschuldozenten, Lebensrettern, Schalterdamen, intriganten Schwiegermüttern, Trinkern, Politikern, Taxifahrern, Bowlingliebhabern, New Yorkern und was die Mythen des amerikanischen Alltags sonst noch bereitstellen stereotypisiert werden kann. Zusätzlich kann das sogenannte ›zwischenmenschliche‹ Beziehungsgeflecht (wohlwollend/ablehnend, intim/distanziert, dominant/submissiv usw.) als gruppentherapeutischer Graph verwaltet werden.

Auf die Datenbank-Strukturen dieses paranoischen Universums setzen dann die Verwaltungsroutinen auf, wie etwa die für eine Heirat. Strukturell nicht wesentlich anders als eine Heirat in der geschlossenen Welt der *Daily Soap* funktioniert der Angriff auf einen Troll in einem Fantasy-Adventure oder eine Invasion im Irak bei einem politisch-militärischen Spiel. »Die Komplexität einer Erzählung«, schreibt Roland Barthes, »ist mit der eines Organisationsschemas vergleichbar, das imstande ist, Rückwendungen und Vorwärtssprünge zu integrieren«.[85]

---

85 Barthes, S. 134.

Grafik 4: Flussdiagramm der *UNIVERSE* »Heirats«-Routine*

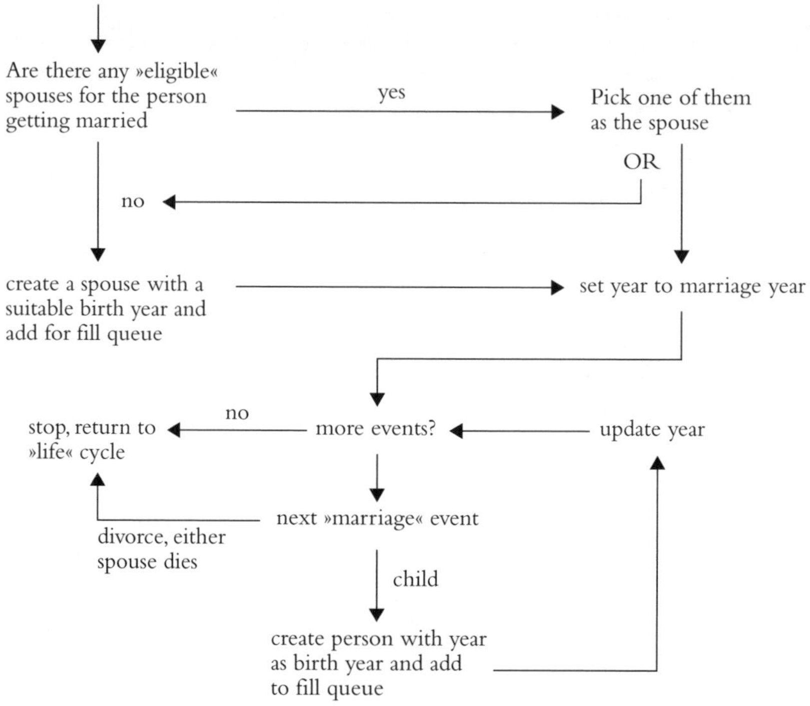

```
              ↓
Are there any »eligible«                yes           Pick one of them
spouses for the person        ─────────────────→      as the spouse
getting married
              │                                              │
              │ no                                            │ OR
              ↓  ←──────────────────────────────────────────┘
create a spouse with a        ─────────────────────→  set year to marriage year
suitable birth year and
add for fill queue
                                                             ↓
              ┌──────── no ────── more events? ←──────── update year
              ↓
stop, return to
»life« cycle
              ↑
              │       next »marriage« event
  divorce, either
  spouse dies
                              │ child
                              ↓
                     create person with year
                     as birth year and add  ──────────────┘
                     to fill queue
```

* nach Lebowitz 1983, S. 188.

Um 1980 sind – zumindest programmtechnisch – Seifenopern, *synthetic histories* der Militärs und Adventurespiele kaum unterscheidbar.

4. Programme, Labyrinthe, Graphen

Das Kapitel über Actionspiele hat gezeigt, dass der Spieler ein *device* ist, das über verschiedene Layer von Interfaces mit dem Computer gekoppelt ist, und dass zum gelingenden (Zusammen)Spiel eine erfolgreiche Akkommodation notwenig ist, so dass sich dieses als *zeitkritische* Serie von Eingaben und Ausgaben realisieren kann. Was aber ist der Spieler im Adventure? Und worin besteht sein Spiel?

flowcharts

Die Erzählung von Adventures erschien als System von funktionalen Öffnungen und Schließungen, gewissermaßen als teleologischer Staffellauf, in dessen Verlauf jedes Objekt durch den Spieler zu seinem vorbestimmten Ziel, zu seinem Übergabezusammenhang findet. Als Aufgabe des Spielers erscheint also zunächst einmal das Auslösen von Katalysen. Dazu sind die Erzählungen von Adventures auf diskrete »Räume« verteilt. Die Räume bilden die Orte, an denen Risikosituationen lokalisiert sind, sie markieren die Punkte, von denen Katalysen ihren Ausgang nehmen. Indem der Spieler Probleme löst und funktionale Schließungen vornimmt, durchläuft er notwendigerweise zugleich die Topographie der Adventurewelt. Oder umgekehrt formuliert: Wenn Anfang und Ende eines Adventures jeweils Orte (und meistens, aber nicht notwendigerweise, zwei *verschiedene* Orte) sind, dann ist der Sinn des Spiels – und zugleich die einzige Möglichkeit es »sinnvoll« zu spielen – vom ersten Ort zum letzten Ort zu gelangen und *en passant* alle Katalysen herbeizuführen, die nötig sind, um von einem Ausgangspunkt namens Spielbeginn zu einem Endpunkt namens Spielende zu gelangen.

Das nicht beendete Spiel ist (obwohl man natürlich den Spielstand speichern und das Programm beenden kann) nicht nur metaphorisch ein *unentschiedenes* Spiel, was auf direktem Weg zu den Unentscheidbarkeitsaussagen von Church, Gödel, Kleene und Turing aus den 1930er Jahren führt.[86] Der Gödel'sche Unvollständigkeitssatz besagt zunächst nur, dass sich in jedem Axiomensystem Aussagen formulieren lassen, deren Richtigkeit innerhalb des Systems weder beweisbar noch widerlegbar sind, weshalb wahr und beweisbar zu unterscheiden sind und Hilberts Versuch des Beweises der Widerspruchsfreiheit der reinen Zahlentheorie gescheitert war. Turing reduzierte bekanntlich die Frage, ob dies bei einer gegebenen mathematischen Aussage entschieden werden könne, auf eine primitive Maschine, die entweder in endlicher Zeit anhält oder aber nie zum Ende kommt und die Frage damit als unentscheidbare erweist. Die Frage der Entscheidbarkeit wurde eine Frage der Maschine, wodurch erstmals eine präzise Definition von Berechen- oder Entscheidbarkeit vorlag. Aus der Church-Turing-These folgt also, dass die Turing-Maschine das formale Äquivalent von Berechenbarkeit ist, die sich als Schreibbarkeit durch eine Maschine darstellt.

Das bedeutet nicht nur, dass das Halteproblem selbst ein prinzipiell nicht entscheidbares Problem ist, sondern vor allem, dass (mathematisch gesagt) alle »zugänglichen« Probleme (also solche der Klasse P, die nicht nur durch *brute force* oder vollständige Enumeration zu lösen sind), fortan als Schreibaufwand quantifiziert werden können. Diese Klassifizierung des Schwierigkeitsgrades von Problemen, ihre quantitative Komplexität, bemisst sich an der Höhe der notwendigen Ressourcen von Rechenzeit, Anzahl der Schritte eines Algorithmus, Größe des Speicherplatzes usw. Wenn Probleme codiert werden müssen, dann ist die »Größe« eines Problems einfach seine Codierungslänge $|x|$. Die Problemgröße der künstlichen Welt eines Adventures, die ja durch den Spieler zu lösen ist, wäre also proportional der quantitativen Komplexität seines Programmier- oder Schreibaufwands.

Blickt man nun zurück auf die Geschichte der Programmierung hardwaregewordener Turing-Maschinen (und besonders auf Goldstines und von Neumanns Diagrammatik für den ENIAC-Rechner), dann zeigt sich, dass diese – auf den ersten Blick eher wortspielerisch scheinende – Ähnlichkeit von Ent-

---

86 Zum mathematikhistorischen und wissenssoziologischen Hintergrund vgl. Heintz, Teil 1.

scheidungsproblem und entscheidungskritischem Adventurespiel tatsächlich tiefer liegt.[87] Wolfgang Hagen hat zuletzt noch einmal die Architektur des ENIAC Einheit für Einheit abgeschritten um zu zeigen:

> »Logik und Hardware [...] sind verschlungen miteinander, sie bilden eine historische Einheit, einen untrennbaren Diskurs, einen kontemporären Austausch. Seine Regeln entwickeln sich weder immanent hardwareseitig noch immanent logisch allein. Insofern herrscht, auf der Ebene dieser Verschlingung, ein gleichnahes Wissen von der Sache.«[88]

Der ENIAC hatte die Form eines »U«, auf das die einzelnen Einheiten verteilt waren: Links unten die Starter-Einheit und die *Cycle-Unit*, also der Taktgeber, dann die ersten vier von 20 Akkumulatoren und eine *Divider/Square-Rooter*-Einheit. An der Stirnseite fanden sich spezielle Akkumulatoren, die für die Multiplikation maximal zehnstelliger Dezimalzahlen zuständig waren. An der rechten Wand folgten zunächst vier weitere Akkumulatoren, dann zwei weitere Zahlen-Array-Speicher in Gestalt der *function-tables*, darunter wieder zwei Akkumulatoren, die bereits Ergebnisdienste für den Lochkarten-Output leisteten. Zuletzt drei Einheiten, die Konstanten speicherten, und ein Lochkartenschreiber als Ausgabegerät.

> »Der ENIAC ist [...] eine Logik in Elektronikgestalt [...] Wenn es irgendeines Beweises bedurfte, daß elektronische Hardwarelogiken die historische Bedingung der Möglichkeit aller Softwarelogiken sind, dann zeigt ihn dieser ENIAC.«[89]

---

87 Zum Folgenden vgl.: Herman H. Goldstine/John von Neumann, »Planning and Coding Problems for an Electronic Computing Instrument«, in: *Collected Works*, Hg. A.H. Taub, Bd. 5, New York 1963, S. 81-235; Herman Goldstine, *The Computer from Pascal to von Neumann*, Princeton ²1993; *Presper Eckert Interview* (www.si.edu/resource/tours/comphist/ekkert.htm); ENIAC *History Overview* (seas.upenn.edu/~museum/hist-overview.html); Wolfgang Hagen, *Von NoSource zu Fortran*, Vortrag auf dem Kongress »Wizards of OS«, Berlin 16.07.99 (www.is-bremen.de); Arthur W. Burks/Alice R. Burks, »The ENIAC. First General-Purpose Electronic Computer«, in: *Annals of the History of Computing*, 3,4/1981, S. 310-389; Arthur W. Burks, »From ENIAC to the Stored-Program Computer. Two Revolutions in Computers«, in: Metropolis, S. 311-344.
88 Hagen, *NoSource*, Folie 9.
89 Hagen, *NoSource*, Folie 25.

Die U-förmige Verteilung des *ENIAC* im Raum (links), die zu verbindenden Einheiten (hier: *Cycle Unit*, mitte) und ›ENIAC-girls‹ beim Verkabeln

Tatsächlich ging es von Neumann nicht um ein sprachliches Konzept der algrithmischen Lösung von Problemen, sondern um die Planung und Kommutation von in Hardware gegossenen Operationen. Programmieren ist die Evaluation eines bestimmten »modus operandi for handling specific problems«, wie von Neumann in den *Planning and Coding Problems for an Electronic Computing Instrument* schreibt.[90] Die dazu aufgestellten Qualitätskriterien sind fast alle von einer störanfälligen Hardware aus 17 480 unterschiedlich langlebigen Röhren her gedacht und folgen einer Ökonomie der Einfachheit, Kürze und Effizienz.[91] Was selten belastet wird, fällt eben selten aus. Im Hinblick auf Adventurespiele ist jedoch »Orchestration« (Hagen) ein nicht ganz treffendes Bild – beschreibt es doch eher, was die ›programmierenden‹ ENIAC-*girls* an gleichmäßiger Arbeitsverteilung zu bewerkstelligen hatten. Die *flowcharts* selbst handeln dagegen von topologischen Problemen und erscheinen als Aufgabe eines Routing, das Datenströme nicht nur durch eine noch real anschauliche und maßstäblich kommensurable Rechner-Architektur leitet, sondern auch durch einen Raum von Knoten alias *operation boxes* und *alternative boxes*. Boxen und Linien erscheinen (graphentheoretisch gesehen) als Knoten und Kanten oder (als Adventure gelesen) als Räume und Übergänge oder (mit Roland Barthes) als Kerne und Katalysen. Dieses Bild erhellt auch, dass von Neumann nicht an der algorithmischen Lösung eines Problems interessiert war, sondern an der effizienten *Darstellung* von wohl bekannten numerischen Lösungs*wegen*. Die Programmierung eines Adventurespiels besteht darin, einen Plot in einer bestimmten Weise zu formatieren, nämlich ihn in funktionale Sequenzen zu zerlegen, Entscheidungspunkte einzuführen, diese auf eine Topographie (hier: ein ordinales Relationssystem mit den Achsen N-S/W-O) zu verteilen usw., kurz: ihn räumlich und erzähltechnisch zu *pointieren*. Von Neumanns Flussdiagramme sind genau dies: die Verteilung eines numerischen Plots auf eine Topographie von Entscheidungsorten.

Angenommen der Plot eines Adventure verlangt, dass der Spieler eine verschlossene Tür öffnen muss. Dazu bedürfte es eines Schlüssels und einer

---

90 Goldstine/von Neumann, S. 81.
91 Goldstine/von Neumann, S. 80.

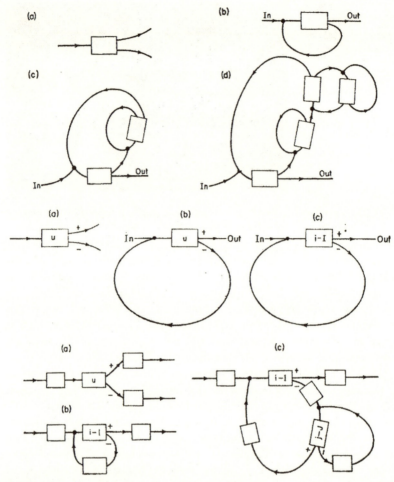

Die Entwicklung der von Neumann'schen Diagrammatik im

Tür, die erst dann aufgeht, wenn der Schlüssel funktional in ihr ›aufgeht‹ und wertlos wird. Der Spieler könnte dann durch die Tür gehen, die nur für ihn da war. Der Anfang dieser kleinen Passage wäre also Raum 1, ihr Ende Raum 3, und die Werkzeuge der Passage hätten ihre Aufgabe erfüllt. In der Notation von Neumanns angeschrieben sähe dies etwa aus wie in Grafik 5.[92]

In den Inventar-Attributen des Spieler-Objekts ist KEY auf 0 gesetzt, und der Spieler verbleibt in Raum 1 bis die Eingabe GO EAST erfolgt (Schleife). Die Tür ist eine Abfrage von KEY (Alternativbox), die bei 0 nur die Eingabe GO WEST

---

92 Die getrennten GO EAST/GO WEST-Schleifen sind natürlich realitätsfern umständlich (ja sogar logisch mangelhaft, da man normalerweise auch bei geöffneter Tür wieder nach Westen gehen kann) und sollen nur das Problem der räumlichen Verteilung von Entscheidungen deutlicher sichtbar machen. Aus diesem Grund wird auch die notwendige Eingabe USE KEY WITH DOOR nicht eigens dargestellt.

Grafik 5: Typische Adventure-Situation, aufgeschrieben in der Notation John von Neumanns

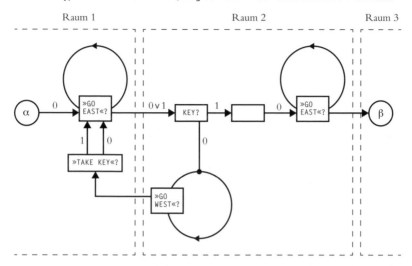

zulässt (wo durch das richtige Kommando, TAKE KEY, der Schlüssel aufgenommen werden kann), bei 1 jedoch das Schlüssel-Attribut auf 0 setzt (Schlüssel hat seinen Dienst getan, bleibt in der Tür stecken) und die Eingabe GO EAST erlaubt. Natürlich liegen in der spielerischen Praxis Schlüssel und Tür meist mehrere Räume auseinander, doch dies ändert nichts an der logischen Struktur, die nur auf verschiedene Weise auf diskrete Räume verteilt werden kann.

Schon hier ist abzulesen, dass es einen bestimmten Begriff der Effizienz des Spielens gibt, der sich mit dem der Effizienz von Programmen selbst deckt. Programmiertechnisch geht es – wie schon von Neumann fordert – um extensive Kombinatorik, so dass beispielsweise alle Kommandoabfragen (TAKE KEY, GO EAST usw.) auf die gleiche Parser-Routine zugreifen. Dass Schleifen jedoch nicht unnötig oft durchlaufen werden, gilt auch für den Spieler. Wer so dumm ist, ohne Schlüssel nach Osten zu gehen, wird an der verschlossenen Tür scheitern, wieder nach Westen gehen und mindestens zwei Eingaben zuviel gemacht haben, also mehr Aufwand betrieben haben, als es die »Problemgröße« verlangt. Eine Raumbeschreibung von 1 muss also einen Hinweis auf einen dort vorhandenen Schlüssel enthalten, der einer genauen Lektüre nicht entgehen sollte. In einer völlig notwendigen Adventure-Welt deutet der beste Spieler alle Zeichen richtig, nimmt den Schlüssel und öffnet die Tür. Ein Spieler der nur »gut« ist, durchläuft einen Raum zweimal, und wer weniger effizient entscheidet, bewegt sich auf immer niedrigeren Perfektibilitätsniveaus.[93]

Die Frage nach dem, was der Spieler ist, erscheint unter diesen Voraussetzungen als Frage nach dem, was eigentlich durch das Flussdiagramm fließt. Dazu John von Neumann:

---

93 Zu Leibniz vgl. 183ff.

»Ebenso klar scheint, dass das grundlegende Funktionsmerkmal des Codes in Verbindung mit der Entwicklung des Prozesses, den er kontrolliert, in dem Weg [*course*] gesehen werden muss, den die C-Steuerung [*control*] durch die codierte Sequenz nimmt, wobei sie die Entwicklung des Prozesses nachzeichnet. Wir schlagen daher vor, die Planung einer codierten Sequenz mit dem schematischen Entwurf des Weges von C durch diese Sequenz beginnen zu lassen, d.h. durch die benötigte Region des Selectron-Speichers. Dieses Schema ist das Flussdiagramm von C.«[94]

Dabei bezeichnet C einfach die Speicherinhalte, die auf der Verfahrensroute des Diagramms prozessiert werden.[95] Die Gesamtheit dieser abgefragten und geleiteten Speicherinhalte ist das ›Objekt‹ (der Datensatz mit seinen Attributen und Eigenschaften) der den Spieler repräsentiert. Der Avatar ›fließt‹ gewissermaßen durch die Präskriptionen eines (Verfahrens)Weges wie ein Formular durch einen Dienstweg, auf dem bestimmte Eintragungen und Löschungen vorgenommen werden müssen, damit der nächste Entscheidungsort erreicht werden kann. Nun findet das Adventurespiel in der Ungewissheit über den künftigen Verfahrensweg statt, ja es besteht sogar darin, den einzig richtigen für jede einzelne Situation zu ermitteln. Der Spieler ist also mit der Bearbeitung eines Datensatzes beschäftigt, der ausschließlich auf der taktischen Ebene von *micro-worlds* jeweils so zu manipulieren ist, dass er verfahrenskonform wird. Ist ein Schlüssel erfolgreich benutzt, wird das Bit wieder gelöscht, und die Angelegenheit ist vergessen.[96] Jenes C, das seinen Weg durch die Welt nimmt, lernt nicht dazu – und wenn, dann nur um bei der nächsten Entscheidung alles wieder vergessen zu haben. Schon weil Adventurespiele also keine Gestalten ausbilden, sondern nur Serien unterschiedlicher und gleich gültiger Konfigurationen, sind sie alles andere als Lebensläufe, deren rhetorische Leistung darin besteht, eine Einheit durch die wiederholte »Integration von Nichtselbstverständlichkeiten« in ein Zeitschema herzustellen.[97] Und erst recht sind sie keine Bildungsromane, in denen eine »gesetzmäßige Entwicklung […] im Leben des Individuums angeschaut« wird und in denen »Dissonanzen und Konflikte des Lebens […] als die notwendigen Durchgangspunkte des Individuums auf seiner Bahn zu Reife und Harmonie« erscheinen.[98]

Die Alternativboxen oder »Durchgangspunkte« eines Adventures kontrollieren lediglich die jeweils situative Beschaffenheit und Viabilität des sie durchfließenden Datensatzes. Diesen Datensatz zu manipulieren, also durch taktische Entscheidungen dessen Attribute und Eigenschaften zu verändern und ein ›Hindurchgleiten‹[99] zu ermöglichen, ist Aufgabe des Spielers. Dieses Hin-

94 Goldstine/von Neumann, S. 84 (Übers. C.P.).
95 Von Neumann zählt an anderer Stelle auch die Eingabeelemente zu den Speichern (*Die Rechenmaschine und das Gehirn*, München ⁶1991, S. 37).
96 »You interacted with the puzzles. You didn't interact with the story« (Herz, S. 150).
97 Niklas Luhmann, »Erziehung als Formung des Lebenslaufs«, in: *Bildung und Weiterbildung im Erziehungssystem. Lebenslauf und Humanontogenese als Medium und Form*, Hg. D. Lenzen/ N. Luhmann, Frankfurt a.M. 1997, S. 11-29, S. 18.
98 Wilhelm Dilthey, *Das Erlebnis und die Dichtung*, Göttingen ¹²1921, S. 249f.
99 So eine Bedeutung von »labor« (vgl. 166).

durchgleiten durch Situationen wie Türen ist das Entgleiten aus bedingten Endlosschleifen. Die Abfolge von DO/LOOP/UNTIL-Schleifen ist jedoch keine *Stufen*folge, innerhalb derer eines das andere ›aufhebt‹ und zuletzt zu einer ›Gestalt‹ namens »Reife und Harmonie« führt, sondern eine schlichte *Reihen*folge, die nach einer bestimmten Anzahl von Schleifen (also spielerischen Aufgaben) endet. Und da es immer nur eine Möglichkeit gibt, das UNTIL zu brechen und das Richtige zu tun, könnte man vielleicht sagen, dass jener Protagonist, der einer Liste von Entscheidungen seinen Namen gibt, den Spieler programmiert – ähnlich vielleicht der Programmierung, die das Spiel ADVENT an den späteren Höhlenbesuchern durchführte.

Hinweise auf die richtige Entscheidung bei mehreren vorgegebenen Möglichkeiten erhält der Spieler durch ein ›zweckrationales‹ *close reading* der ausgegebenen Texte. Erst durch eine besondere Art des filternden Lesens eröffnet sich ihm die Topologie der Adventure-Welt als eine viable: Schlüssel sind dazu da, Türen zu öffnen und Türen dazu, durch sie hindurchzugehen und nicht etwa – in einer Schleife steckend – die Flöhe im Pelz des Türhüters zu zählen. Es ist ein suchender oder musternder Blick, der nach Wörtern wie »key« Ausschau hält, die versprechen, im Spiel weiterzuführen und den Spieler aus einer Schleife zu befreien. Spielen heißt, nicht die Gegend zu bewundern, sondern auf die Steuerungssignale zu achten: »Wenn Poes Passanten noch scheinbar grundlos Blicke nach allen Seiten werfen, so müssen die heutigen das tun, um sich über Verkehrszeichen zu orientieren.«[100] Solche Lektüre nach *keywords* hat (mit historischer Berechtigung) Ähnlichkeit mit dem Lesen von Hypertext und der Suche nach den einst in schöner Einheitlichkeit blau unterstrichenen *links*. Schließlich ist jeder *link* ein Knoten, dessen Anklicken Katalysevorgänge jenes Typus auslöst, die Will Crowther unsichtbar gemacht hatte. Und dies führt zurück zu den Fragen nach dem Raum des Adventures.

Arbeit am Labyrinth

Dass Adventurespielen hauptsächlich aus Kartenzeichnen besteht, ist allen Spielern wohl bekannt, denn jede Entscheidung braucht ihren besonderen Ort. Da funktionale Schließungen der Erzählung oft ein topographisch redundantes Zurücklegen großer Wegstrecken erfordern, ist zur memorativen Entlastung des Spielers eine Karte hilfreich. Und da alle Wege des Spielers, alle möglichen Sackgassen und notwendigen Schleifen, im Programm vorgezeichnet sind, ist sein progredierendes *tracking* der eigenen Spur zugleich das (immer wieder gehemmte) Durchfließen der Spuren oder Kanäle des Programms, dessen Ergebnis sich am Ausgang der Spielwelt mit einer immer schon vorhandenen Karte decken wird. Das Spiel des Adventures bezeichnet also eine Doppelbewegung von Erzählen und Kartographieren, bzw. eine doppelte Rekonstruktion: einer vorgängigen Erzählung einerseits und einer vorgängigen Karte andererseits. Im Verlauf des Spiels sind daher zwar immer

---

100   Benjamin, S. 208.

Unikursales Labyrinth des Chartres-Typus (links) und multikursales Labyrinth (1551)

größere *Teile* der Welt überschaubar, jedoch kippt erst mit seinem Ende partikulare Ansicht in globale Übersicht. Darin folgt das Adventure dem Prinzip des Labyrinths, das – spätestens seit Hugo von Saint Victor und seiner Interpretation von *inventio, dispositio* und *elocutio* als Medien zur Errichtung eines rhetorischen *domus daedali* – mit dem des Erzählens verbunden ist.[101]

Allerdings sind mindestens zwei Arten von Labyrinthen zu unterscheiden: unikursale und multikursale.[102] Während unikursale Labyrinthe nur *einen* Weg kennen (in dessen Mitte beispielsweise ein Minotaurus wartet) und eine verdrehte Linie sind, besitzen multikursale Labyrinthe alternative Pfade und Sackgassen, die zur Rückkehr zwingen oder Schleifen entstehen lassen, deren Redundanz durch einen Ariadnefaden verhindert werden kann. »Ein Irrgarten [multikursales Labyrinth] benötigt keinen Minotaurus; mit anderen Worten: der Versuch des Besuchers, den Weg zu finden, ist der Minotaurus.«[103]

---

101 Implizit schon bei Vergil, der das Labyrinth in Bezug zum Spiel (*lusus Troiae*) setzt und dazu den Begriff des »Textes« (im Sinne von weben, zusammenfügen, verfertigen) benutzt, so dass, seit Text ein ›schriftlich Abgefasstes‹ bezeichnet, eine Beziehung zwischen Labyrinth und Erzählen hergestellt ist.

102 Vgl. zum Folgenden: Hermann Kern, *Labyrinthe. Erscheinungsformen und Deutungen*, München ³1995; Penelope Reed Doob, *The Idea of the Labyrinth: From Classical Antiquity through the Middle Ages*, Ithaca/London 1992; Manfred Schmeling, *Der labyrinthische Diskurs. Vom Mythos zum Erzählmodell*, Frankfurt a.M. 1987; Umbert Eco, »Kritik des Porphyrischen Baumes«, in: *Im Labyrinth der Vernunft. Texte über Kunst und Zeichen*, Leipzig 1990, S. 89-112; Abraham Moles/Elisabeth Rohmer/P. Friedrich, *Of Mazes and Men – Psychology of Labyrinths*, Strasbourg 1977; Max Bense, »Über Labyrinthe«, in: *Ästhetik und Engagement*, Köln/Berlin 1970, S. 139-142; Wolfgang Haubrichs, »Error inextricabilis. Form und Funktion der Labyrinthabbildung in mittelalterlichen Handschriften«, in: *Text und Bild. Aspekte des Zusammenwirkens zweier Künste in Mittelalter und früher Neuzeit*, Hg. C. Meier/U. Ruberg, Wiesbaden 1980, S. 63-174; Helmut Birkhan, »Laborintus – labor intus. Zum Symbolwert des Labyrinths im Mittelalter«, in: *Fs. Richard Pittioni*, Wien 1976, S. 423-454; Karl Kerényi, »Labyrinth-Studien«, in: *Humanistische Seelenforschung*, Wiesbaden 1978, S. 226-273; Gustav Renée Hocke, *Die Welt als Labyrinth. Manier und Manie in der europäischen Kunst*, Hamburg 1978; Peter Berz, »Bau, Ort, Weg« (unveröff. Vortrag, Berlin 1998).

103 Eco, S. 105. Vielleicht bilden auch der Spieler und sein Datensatz einen Minotaurus.

Penelope Doob hat zu Recht auf die Verflechtung beider Typen hingewiesen. Erstens handeln beide (seit Strabon) von der Spannung zwischen Verwirrung des Moments und Epiphanie der Ordnung:

> »Hat man das Labyrinth einmal verstanden oder ganz gesehen, dann verwandelt sich das sorgfältig ausgearbeitete Chaos in ein Muster. Dieser potenzielle Wandel des Labyrinths von Verwirrung in Ordnung, von kompliziertem Prozess zu hochkarätigem Produkt, ist ein verbreitetes Thema in späteren Schriften, besonders denen, die von den metaphorischen Labyrinthen der Epistemologie oder literarischer Texte handeln.«[104]

Und zweitens ist das *bivium* die Grundfigur beider Typen: Beim unikursalen Labyrinth geht es um die Frage, ob man sich – wie Herkules am Scheideweg – auf *diesen* Weg begibt, also überhaupt in das Labyrinth eintritt und sich damit für einen bestimmten, unausweichlichen Pfad entscheidet. Beim multikursalen Labyrinth wiederholt sich diese Situation mehrfach, wobei jeweils nur der Weg zwischen zwei Entscheidungsknoten nicht mehr zu verlassen ist. Das multikursale Labyrinth ist also eine Iteration des unikursalen, weshalb auch der Begriff »Labyrinth« bis zur Neuzeit beide Formen bezeichnen konnte. Hinzu kommt, dass Text- und Bildgeschichte auseinander fallen, dass also schon seit Platon, Plinius und Herodot multikursale Labyrinthe literarisch beschrieben, aber bis zum Beginn des 15. Jahrhunderts nur unikursale bildlich dargestellt wurden.[105]

Beschreibt man das Labyrinth als Übergang – also den Eintritt als Trennungsritus, das Labyrinth selbst als paranormalen Zustand und den Austritt als Aggregationsritus (*séparation, transition, incorporation* nach Eliade)[106] – dann erschließt sich schon ein Großteil des motivischen Repertoires von Adventurespielen: Türen, Schwellen, Kämpfe mit feindlichen Instanzen oder Reisen. Das Starten des Programms selbst bedeutet den Wechsel (»You are standing at ...«) in eine ausschließlich entscheidungskritische, künstliche Welt, in die kein Begriff von Zeit implementiert ist (unikursaler Aspekt). Der Spielverlauf selbst besteht dann aus Wiederholungen dieses ersten Übergangs: GO NORTH ist eine Trennung vom bisherigen Ort und der diskontinuierliche Übergang an einen anderen Ort, der keinen Begriff von Zeit (wohl aber eine erst am Ankunftsort nachrechenbare Dauer: seine Rechenzeit) hat. Der Übergang von Raum 1 nach Raum 2 ist – man erinnere sich an die Aufgaben der IMP-*group* – »Übertragung«, und ebenso wie das versandte Datenpaket ist der Spieler in diesem transitorischen Moment nirgendwo. Katalysen haben keine Adresse. Damit wird noch einmal der Problemhorizont deutlich: Wenn in Adventurespielen Entscheidungsbäume figurieren, dann fehlt ihnen die für Erzählungen konstitutive Zeitlichkeit, womit die von Lessing behauptete mediale Differenz von ästhetischen Zeichenregimen unterlaufen würde. Spielverläufe

---

104 Doob, S. 24 (Übers. C.P.).
105 Z.B. Platon, *Euthydemos*, 291b oder Plinus' Beschreibung des ägyptischen Labyrinths, das Abirrungen und Schleifen beinhaltet (»viarum illum inexplicabilem errorem«). Eine Übersicht der antiken Erwähnungen bei Kern 24f.
106 Mircea Eliade, *Initiation, rites, sociétés secrètes*, Paris 1976; vgl. Schmeling, S. 135ff.

Der Weg des Gerechten als Text-Adventure: Schreib/Lesespur durch ein unikursales Labyrinth

sind eher Formen der Annalistik und ihre (Spiel)Protokolle, die ein *history-demon* schreibt, allenfalls »Protokollanten der Kontingenz«.[107]

Auch die mittelalterliche Deutung des Labyrinths handelte vom Übergang, wenngleich unter den verschärfenden Bedingungen der (Lebens)Zeitlichkeit. Sie liest »Labyrinth« etymologisch als *labor intus*, wobei *labor* eine Vielfalt an Bedeutungen hat: Als Verb heißt es u.a. gleiten; dahingleiten; ausgleiten; entrinnen; straucheln, irren, fallen; allmählich geraten oder verfallen in, als Substantiv jedoch Mühe, Strapaze; Beschwerde, Drangsal; Arbeit, aber auch ausgeführtes Werk. Die multikursale Rekursion der unikursalen Entscheidungssituation kann daher als Verhältnis von Lernen und Vertrauen begriffen werden. Jede Entscheidung an einer ambigen Stelle kann falsch oder richtig sein, ein *error* sein oder näher zu Gott führen.[108] Die Situationen der *ambiguitas* sind pädagogisch, denn sie führen (richtig entschieden), näher an eine Lösung namens Transzendenz oder Übersicht heran, gleichwohl sie umwegig erscheinen können und das Verfolgen eines einmal gewählten Weges Vertrauen erfordert. Der Lebensweg ist gewissermaßen der verwundene Verbindungsgang zwischen irdischem Spielbeginn und himmlischem Spielende oder *laboriosus exitus domus* und *laboriosa ad entrandum*.

---

107 Hayden White, »Die Bedeutung der Narrativität in der Darstellung der Wirklichkeit«, in: *Die Bedeutung der Form. Erzählstrukturen in der Geschichtsschreibung*, Frankfurt a.M. 1990, S. 11-39.

108 Zu den Begrifen *labores, errores, ambages* bei Vergil, Boethius, Dante und Chaucer vgl. Teil 3 bei Doob.

Eine absturzgefährdete Labyrinthgängerin (Boethius van Bolswart, *Die christliche Seele im Labyrinth der Welt*, 1632)

Allegorie auf die Situation eines Studenten, angeregt von Comenius' »Tor der Berufswahl« (*Emblemata politica*, 1632)

Während das Mittelalter die Zahl der Entscheidungen auf den Minimalwert 1 zu reduzieren suchte (also eine einmalige Entscheidung für Gott und das Befolgen Seines Weges, der durch eine maximale Packungsdichte des Labyrinths möglichst umwegig erscheint), war es wohl ein medientechnischer Effekt neuzeitlicher Kartographierungstechnik, der das multikursale Labyrinth, also die Vielfalt einer Serie von Entscheidungen, ab ca. 1420 für das Bild erschloss und entsprechende theologische Wirkungen zeitigte. Der im unikursalen Labyrinth überflüssige Ariadnefaden wird in der graphischen Darstellung des multikursalen zum Vorläufer der Kanten späterer Graphentheorie. Er verknüpft in Form von Wegen oder Pfaden die Orte der nunmehr quantifizierten Land-Karten, die später kantengewichtete Graphen heißen sollen. Gleichzeitig mit der allegorischen Reisebeschreibung *Das Labyrinth der Welt oder Das Paradies des Herzens* des Pädagogen Comenius, die sich an mnemotechnische Leitsysteme wie Campanellas *Città del sole* oder Andreaes *Republicae christianopolitanae descriptio* anschließt, entstehen auch die ersten bildlichen Darstellungen des ›Christlichen Wandersmanns‹.[109] Da Lebensläufe als multikursale Topographien gedacht werden, erschienen nicht nur Entscheidungsorte oder technischer: *nodes* (»Tor des Lebens«, »Tor der Berufswahl« usw.), sondern werden auch navigatorische Leitsysteme nötig, die bei Comenius »Allwissend« und »Verblendung« heißen. Oder, im *Nürnberger Katechismus* von 1683:

---

109 Zu Comenius ausführlich Bernhard Dotzler, *Papiermaschinen. Versuch über* COMMUNICATION & CONTROL *in Literatur und Technik*, Berlin 1996.

LABYRINTHUS A DIVO BERNARDO COMPOSITUS QUO BENE VIVIT HOMO						
DICERE	SCIS	DICIT	SCIT	AUDIT	NON	VULT
FACERE	POTES	FACIT	POTEST	INCURRIT	NON	CREDIT
CREDERE	AUDIS	CREDIT	AUDIT	CREDIT	NON	EST
DARE	HABES	DAT	HABET	MISERE QUAERIT	NON	HABET
JUDICARE	VIDES	JUDICAT	VIDET	CON-TEMNIT	NON	DEBET
NOLI	OMNIA QUAE	QUIA QUI	OMNIA QUAE	SAEPE	QUOD	

Das *Labyrinth des Heiligen Bernhard*

»[M]itten in der Welt ist der abgesagte Feind GOttes und der Menschen. Der Faden führete ohn Irrsal durch den Irrgarten; durch die Welt führt richtig GOttes Wort. Weh denen/so von dieser Richtschnur über heilsame Warnung abweichen!«[110]

Der Barock brachte nicht nur im Gartenbau einzigartige multikursale Labyrinthe und in der Philosophie Leibniz' ein bekrönendes Modell der möglichen Welten als Entscheidungspyramide (oder Labyrinth aller Labyrinthe) hervor, sondern mit seiner *ars combinatoria* auch die Bedeutung von »Labyrinth« als Kombinationsspiel des Wissens. Comenius' *Lexicon reale pansophicum* beispielsweise gründet auf diesem Begriff des Labyrinths: Das Netz der Querverweise, die den Leser durch sein Werk navigieren lassen, nennt er »Labyrinth ohne Fehler«.[111] Diese Labyrinthe sind Spiele, bei denen aus einer diskreten Menge von Elementen durch unterschiedliche Verknüpfungen immer wieder verschiedene Ganzheiten zusammengestellt werden können. In einer bestimmten Anordnung von Elementen gibt es eine bestimmte Anzahl von Wegen, die diese Elemente als Knoten abschreiten und damit Sinn produzieren.

So sind beispielsweise im sogenannten *Labyrinth des Heiligen Bernhard* 36 Begriffe auf eine Topographie in Form einer Tabelle von sechs Zeilen und sechs Spalten verteilt. Ziel des Spiels ist es, solche Wege durch diese Matrix zu bahnen, dass entlang der Reihenfolge der Entscheidungsknoten eine moralische Sentenz lesbar wird, wie beispielsweise: »Noli → dicere → omnia quae → scis → quia qui → dicit → omnia quae → scit → saepe → audit → quod → non vult«.[112] Zeichnet man die Bewegung nach, ergibt sich eine Sägezahn-Linie. Gewichtet man die Kanten als Übergangswahrscheinlichkeiten (wie

110 Zit. nach Kern, S. 296.
111 Kern S. 343f.

Grafik 6: Pfad durch das Labyrinth des Hl. Bernhard

Shannon es für die englische Sprache getan hat[113]), dann zeigt sich, dass die unterste Zeile in diesem recht einfachen Labyrinth entscheidend ist, da an ihren Eingängen Informationsminima und an ihren Ausgängen -maxima anliegen (d.h. fünf Wahlmöglichkeiten gleicher Wahrscheinlichkeit von »noli« zu »dicere«, »facere«, »credere«, »dare« und »judicare«, maximale Wahrscheinlichkeit eines Übergangs von einem dieser fünf Knoten zu »omnia quae«, also keine Wahl).

Schon weil es anlässlich einer Edutainment-CD inzwischen selbst zum Computerspiel geworden ist, sei aus der Vielzahl möglicher Beispiele das Labyrinth von Versailles herausgegriffen. Es wurde nach Entwürfen des königlichen Gartenarchitekten André le Nôtre angelegt und 1674 vollendet. In diesem multikursalen Labyrinth ist ein Skulpturenprogramm mit Motiven nach Aesop verteilt, dessen Bestandteile die deutsche Übersetzung der Beschreibung Charles Perraults aufzählt. »Der Eingang deß Irr=Gartens« wird flankiert von einer »Abbildung Æsopi« und einer »Abbildung der Lieb«, worauf insgesamt weitere 39 Fabel-Motive folgen, auf die der Labyrinthgänger bei seinen möglichen Wegen stoßen kann. Dabei interessieren weniger Auswahl und Anordnung der Fabeln, die La Fontaine mit den ersten sechs Büchern seiner *Fables* wenige Jahre zuvor populär gemacht hatte. Bemerkenswert ist vielmehr, dass Sébastien Le Clercs Kupferstich einen Ariadnefaden verzeichnet. Dieser dient nicht nur dem bloßen Herauskommen aus dem Labyrinth, sondern beschreibt zugleich den kürzesten (und nahezu schleifenfreien) Weg, der dabei an allen 39 Skulpturen entlangführt. Schreibt man nun noch das Labyrinth als Graphen an, dann zeigt sich, dass zwei Drittel aller Knoten mit Skulpturen besetzt sind.[114] Dabei kommen zwar Doppelbesetzungen (16/17, 2/3), eine Sackgasse (28) und Skulpturen, die eigentlich an einer Kante liegen, aber durch eine Wegbiegung einen Knoten suggerieren (19, 20, 38), vor. Dennoch erscheint die Routenplanung des Perrault'schen Führers wie das Ergebnis eines *Routings* im modernen Sinne – wenngleich nicht mathematisch erstellt. Sie leitet (Besucher)Ströme von einem Eingang (*Input*, Sender) über einen

---

112 Sage nicht alles, was du weißt, denn wer alles sagt, was er weiß, bekommt oft zu hören, was er nicht will.
113 Claude E. Shannon/Warren Weaver, *Mathematische Grundlagen der Informationstheorie*, München/Wien 1976, S. 53ff.
114 26 Knoten (Ein- und Ausgänge nicht mitgerechnet) auf 39 Objekte.

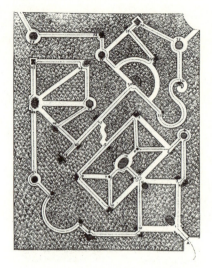

optimierten Entscheidungsweg zu einem Ausgang (*Output*, Empfänger). Dass dabei die Reihenfolge der Knoten oder Skulpturen wichtig sein kann, dass sie – in einer bestimmten Reihenfolge abgeschritten – zusätzlichen Sinn machen und beispielsweise die ›Gestalt‹ einer Erzählung bekommen, darf als zusätzliche Option gelten. Was jedoch – bei allen Gemeinsamkeiten – das *routing* von Labyrinthen von *flowcharts* oder Adventurespielen trennt, ist, dass auf der Hardwarebasis von Hecken und Skulpturen Wege nur schwer verschlossen und geöffnet werden können. Abfragen von Variablen hingegen, die dann als Schlüssel zu Türen semantisiert werden, ermöglichen Schließungen und Öffnungen von virtuell vorhandenen (aber noch verschlossenen) Wegen unter bestimmten Konditionen.

Graphen und Netze

Nichts anderes jedoch verwalteten Crowthers Tabellen für das gegen die EMP-Schläge eines nuklearen Ernstfalls gesicherte Labyrinth des ARPA*net*: Jede unterbrochene Verbindung reduziert den Grad des betroffenen Knotens um mindestens 1, und eine Softwareintelligenz ist aufgefordert, einen anderen Weg zu suchen.

Dabei ist die Graphentheorie,[115] die solche Probleme nicht länger Künstlern oder Cicerones überlässt, sondern sie mathematisch modelliert und algorithmisch löst, selbst in gewissem Sinne touristischen Ursprungs und berichtet auch heute in ihren Lehrbüchern vorzugsweise von (Handlungs)Reisen(den). Leonhard Eulers mehrfacher Weg über den Pregel würde gewissermaßen ohne die Zeitverluste und Wegekosten von Redundanz an alle Brücken

---

115 Einführend Reinhard Diestel, *Graphentheorie*, Berlin 1996; Th. Emden-Weinert et al., *Einführung in Graphen und Algorithmen*, Berlin 1996 (www.informatik.hu-berlin.de/~weinert/graphs.html); Dieter Jungnickel, *Graphen, Netzwerke und Algorithmen*, Heidelberg 1987.

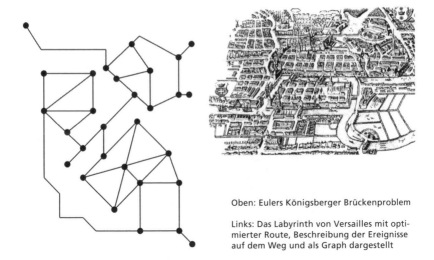

Oben: Eulers Königsberger Brückenproblem

Links: Das Labyrinth von Versailles mit optimierter Route, Beschreibung der Ereignisse auf dem Weg und als Graph dargestellt

Königsbergs führen – so sie denn eine gerade Anzahl hätten.[116] Im Adventurespiel werden Sehenswürdigkeiten zu Sehensnotwendigkeiten, wobei zwei Graphen verschränkt sind und gleichwohl unterschieden werden müssen: Karte und Erzählung. Denn einerseits sind Karten als Graphen darstellbar (und nichts anderes tat wohl Crowther beim Eingeben der speläologischen Vermessungsdaten), andererseits sind aber auch Erzählungen (schon weil sie funktional auf IF/THEN-Verzweigungen ruhen) als Graphen anschreibbar.

Die Erzählungen von Adventurespielen sind graphentheoretisch »Bäume«, also zusammenhängende, kreisfreie Graphen mit (so sie nicht trivial sein sollen) mindestens zwei Blättern. Die Kreisfreiheit von Bäumen garantiert logischerweise, dass jeder Weg in einem Baum ein »Pfad« ist, also den kürzesten Weg zwischen zwei Knoten bedeutet. Dies hat Implikationen für die Erzählung. Wenn die Größe $|E|$ eines Graphen durch die Anzahl seiner Kanten bestimmt ist, und die Erzählung eines Adventures ein Baum ist, dann ist die ›richtige‹ Erzählung (also die, die es spielerisch herzustellen gilt) diejenige, die $|E|$ am nächsten kommt. Angenommen die Erzählung eines Adventures hat 12 Kanten (oder mit Barthes: Katalysen), von denen sechs zu Blättern führen, also einem Spielende, das z.B. die Form des Todes des Spielers annimmt, dann bedeutet dies, dass das ›richtig‹ oder erfolgreich zu Ende gespielte Spiel sechs Kanten hat und mindestens fünf Fehlentscheidungen bereithält.

---

116 Weshalb ein Graph G seitdem eulersch heißt, wenn es einen geschlossenen Kantenzug in G gibt, der alle Kanten von G genau einmal durchläuft. Leonhard Euler, »Solutio problematis ad geometriam situs pertinentis«, in: *Comment. Acad. Sci. I. Petropolitanae*, 8(1736), S. 128-140.

172 ADVENTURE

Grafik 7: Ein Baum

Die Illustration links zeigt einen solchen Baum, wobei der unterste Knoten *s* (*source*) der Spielbeginn ist und der oberste *t* (*target*) das erfolgreiche Spielende, der Graph also *gerichtet* ist.[117] Gestrichelte Kanten signalisieren Fehlentscheidungen, die zum Tod des Spielers führen.[118] Offensichtlich bedeutet das gelungene Spiel das Durchlaufen einer *möglichst großen Anzahl* von Kanten, nicht jedoch *aller* Kanten. Spielen erscheint als Versuch, ein Ende möglichst lange hinauszuschieben ohne redundant zu werden, und zwar genau so lange, bis alle funktionalen Schließungen vollzogen sind, bis gewissermaßen kein erzählerischer Rest mehr bleibt. Adventurespiele sind in diesem Sinne erschöpfend – sie handeln von der effizienten Ausschöpfung einer maximalen Zahl von Möglichkeiten. Jeder Tod in einem Blatt ≠ *t* hinterlässt also ein Legat, und Todesfälle können bei einem ›schwierigen‹ Spiel häufig eintreten. Schwierigkeit kann dabei durchaus als Problem der Wahrscheinlichkeit gelesen werden. Dass die Benutzung einer Banane zum Öffnen einer Tür geringe Funktionswahrscheinlichkeit hat, versteht sich (lebensweltlich-stereotyp) von selbst, und dass die Überwindung eines Gegners die Erzählung mit hoher Wahrscheinlichkeit voranbringt ebenfalls. Die Strings, die an jeder Risikosituation namens Knoten auf dem Bildschirm erscheinen, legen bei ›richtiger‹ Lektüre bestimmte Wahrscheinlichkeiten nahe. Man könnte vielleicht sagen, dass so etwas wie ›poetische Notwendigkeit‹ den Spieler bei seiner Bildung von Metonymien instruiert. Die von ihm getroffenen Entscheidungen basieren auf seiner Kompetenz, eine bestimmte Art von narrativer Plausibilität zu erkennen, so wie der *connected discourse* die Performativität von Telegraphisten steigerte. Dass Adventure-Erzählungen sich stark an Gattungskonventionen halten, dient wahrscheinlich dazu, diese Übergangswahrscheinlichkeiten zu modellieren, oder anders gesagt: Unwahrscheinlichkeit und Entmutigungsschwellen zu senken. Hayden White nennt das in Anlehnung an Northrop Frye »patterns of meaning« und meint damit, »einer Ereignisfolge eine Plotstruktur zu verleihen, so daß sich ihr Charakter als verstehbarer Prozeß durch ihre Anordnung als eine Geschichte von ganz bestimmter Art […] offenbart.«[119] Eine ›Geschichte bestimmter Art‹ gewichtet also die Kanten des

---

117 Gerichtet schon deshalb, weil auf der Erzählebene eine einmal durchlaufene Kante nicht noch einmal in die umgekehrte Richtung durchlaufen werden kann (außer das Spiel wird abgebrochen und ein zuvor gespeicherter Spielstand geladen). Gleichwohl in Adventurespielen kein mehrfaches UNDO implementiert ist, wäre dies logisch möglich, da in einem Baum aufgrund seiner Kreisfreiheit alle Determinationsflüsse reversibel sind, also jeder Entscheidungsweg eindeutig zurückverfolgt werden kann.
118 Der vorletzte Knoten führt zu keiner weiteren Verzweigung, ist aber gerade darin typisch für den Erzählungsgraphen (denn selbst wenn es nur noch einen Raum gibt, bedarf es eines Befehls, um in diesen letzten Raum zu gelangen).
119 Hayden White, *Auch Klio dichtet oder Die Fiktion des Faktischen. Studien zur Tropologie des historischen Diskurses*, Stuttgart 1991, S. 75.

Graphen. Wenn zuvor schon Verwischungen zwischen Kommando-Eingabe und ausgegebenem Text, zwischen logischer und chronologischer Folge zu beobachten waren, dann sollte nun nicht übersehen werden, dass die Erzählung in Adventurespielen die Grenze von Literatur und Interface-Design verwischt. In einem Spiel von ›Ereignis und Zählung‹ ist Erzählung das, was Programmereignisse ermöglicht ohne dabei zählen zu müssen. Denn ein Adventurespiel auf Datenbankebene zu spielen scheint aussichtslos, wenn keine Erzählung vorhanden ist. Es wäre nicht nur müßig, sondern würde auch das Vorstellungsvermögen menschlicher Spieler übersteigen, mit einem Kommando die Datensätze 47 und 73 zu verlinken. Denn die Entscheidungsorte des Adventures ähneln den Topoi jener Mnemotechnik, die das Abschreiten einer virtuellen Architektur empfiehlt, die aus löschbaren und beschreibbaren Speicherstellen besteht, an denen Daten abgelegt werden können, und die durch einen Adressraum ohne Sinn die Produktion von Sinn unter Tilgung der Adressen ermöglicht. Nichts ist jedoch umgekehrt leichter, als den Befehl USE KEY zu tippen oder anzuklicken, wenn man vor einer Tür steht. Für solche Rekonstruktionen und Nachvollzüge vorgeschriebener Datenbankarbeit ist Erzählung das Interface. Sie ist gewissermaßen das, was eine Archivarbeit erst ermöglicht, durch die dann herauskommt, wie ›es wirklich gewesen ist‹ und immer sein wird.

Die zweite, topographische Hälfte von Adventures wird durch einen zusätzlichen Graphen bezeichnet. Denn jede Erzählung muss zur Spielbarkeit auf ein Labyrinth verteilt oder abgebildet werden, was nur heißt, dass bestimmte Strings an bestimmten Stellen des Spielverlaufs, die wiederum bestimmte Orte der Karte des Spiels sind, ausgelesen (memoriert) und auf dem Bildschirm angezeigt werden. Die solcherart durch die Bewegung des Spielers aufgerufenen Dokumente ergeben dann bei ihrer Lektüre als Literatur (und nicht als Abfolge bestimmter Nummern oder Signaturen, nach denen sie vom Programm intern verwaltet werden) die Form einer Erzählung, die bei der nächsten Eingabe wieder in Zählung übersetzt wird.[120] Auf LTEXT(47) kann LTEXT(48) oder LTEXT(60) folgen, worüber eine Verwaltungslogik entscheidet, aber beide Strings müssen so belegt sein, dass sich zugleich eine narrative Logik ergibt.[121] Was im Netz (vgl. S. 180ff.) durch das Anklicken eines *link* geschieht, nämlich der diskrete Sprung von einem Dokument zu einem anderen, wird im Adventure zu poetischer Notwendigkeit semantisiert. Die sinnlose Reihenfolge der Mausklicks beim Browsen durch Dokumente (die Vannevar Bush noch als *trail* oder Spur aufzeichnen wollte) erhält durch die spezifische Beschaffenheit der Dokumente im Adventure eine sinnhafte Form

---

120 Wolfgang Ernst, »Bauformen des Zählens. Distante Blicke auf Buchstaben in der Computer-Zeit«, in: *Literaturforschung heute*, Hg. E. Goebel/W. Klein, Berlin 1999, S. 86-97.

121 Wenn der Spieler beispielsweise, ausgehend vom String LTEXT(47), LTEXT(48) durch GO WEST aufruft, ist es (narrativ) logisch, dass der String LTEXT(48) ihn instruiert, dass er sich in einem westlich gelegenen Raum befindet, nicht jedoch in einem (womöglich westlich gelegenen) Fesselballon oder U-Boot, was topographisch durchaus richtig sein könnte und in jedem Fall verwaltungstechnisch legitim wäre, erzählerisch aber zu unvermittelt.

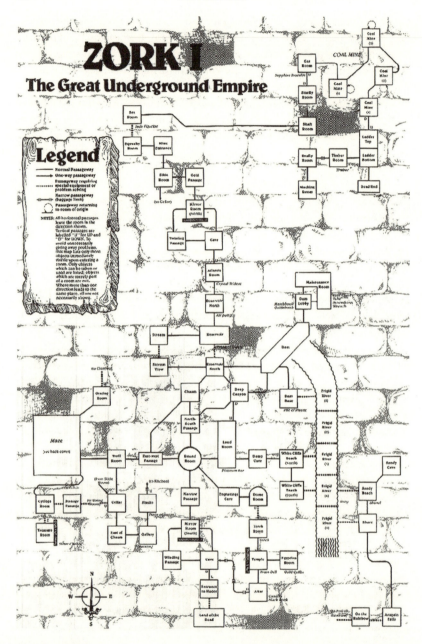

Karte von ZORK

namens Erzählung – und umgekehrt steuert die spezifische Beschaffenheit der Dokumente den nächsten Klick und damit die Spur.

Betrachtet man die Karten von Adventures und rekonstruiert die zugehörigen Spielwege, so wird deutlich, dass es sich nicht um Bäume handelt, sondern um zusammenhängende Graphen mit zwei ausgezeichneten Knoten, nämlich dem ersten Raum *s* und dem letzen Raum *t*. Folglich müssen der Baum der Erzählung und der Graph des Raumes nur in diesen beiden Punkten zur Deckung kommen. Und diese Verräumlichung des Erzählens heißt graphentheoretisch nur, dass die Erzählung der Block-Graph des Raumes ist. Wo mehrere Bewegungen durch die Adventure-Welt nötig sind, um die Erzählung entlang einer Kante zu katalysieren (z.B. ein Labyrinth im Labyrinth zu durchwandern wie in ZORK), da lassen sich diese mehreren Bewegungen zu einem erzählerischen Block zusammenfassen:

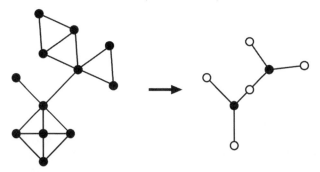

Grafik 8: Graph und Block-Graph

Bemerkenswerter ist jedoch, dass die Definition des Graphen des Raumes (nimmt man das Kriterium einer nichtnegativen Kapazitätsfunktion hinzu) sich »Netzwerk« nennt. Und ein Netzwerk dient bekanntlich der Überbringung eines Gutes (beispielweise einer E-Mail oder, in einem von Neumann'schen Flussdiagramm, *C*) von *s* nach *t*, wobei – getreu dem Flusserhaltungssatz – das Gut an keinem Knoten außer *s* eingebracht werden und an keinem außer *t* austreten darf, denn sonst gäbe es ein Sicherheitsleck. Damit schließt sich der Kreis zu den Routing-Problemen der ARPA*net*-Konstrukteure. Denn nichts anderes beschreibt Lickliders Entwurf von 1968 als das graphentheoretische Problem, wie über ein Netzwerk von *nodes* und Kanälen oder Kanten Datenpakete optimal von *s* nach *t* transportiert werden können. Die Aufgabe der *Message Processors* ist dabei die von »traffic directors, controllers, and correctors«.[122]

Auf den ersten Blick scheinen Adventurespiel und Netzwerk nicht viel gemeinsam zu haben. Während das Adventurespiel nur eine Startadresse *s* und eine Zieladresse *t* hat, kann im Netz jeder Knoten zu *s* oder zu *t* werden und damit jeder Eingang auch zu einem Ausgang, weshalb beispielsweise Umberto Eco angesichts des Netzes die Metapher des Rhizoms der des Labyrinthes

---

[122] Licklider 1968, S. 32ff. Eine vergleichbare *packet*-Struktur brachte ein 1960 projektiertes und pünktlich zum Vietnamkrieg implementiertes Netzwerk hervor, nämlich in Gestalt des Containers. Der Container ist ein Datenpaket genormter Größe, mit Absender und Empfängeradresse. Das ›Gut‹ wird auf verschiedene Container verteilt, die unterschiedliche Passagen nehmen, um im Kriegsgebiet empfangen und zusammengesetzt zu werden (dazu David F. Noble, »Command Performance. A Perspective on the Social and Economic Consequences of Military Enterprises«, in: *Military Enterprise and Technological Change*, S. 338ff.).

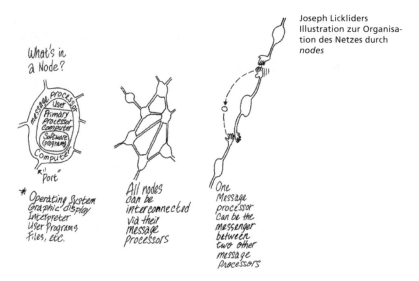

Joseph Lickliders Illustration zur Organisation des Netzes durch *nodes*

vorzieht. Wechselt man jedoch auf die Ebene einzelner E-Mails oder gar eines einzelnen *packets*, dann verschwindet dieser Unterschied: Das Netz erscheint als multikursales Labyrinth, bei dem es um ökonomische Formen des effizienten Durchlaufens geht. Da dies aus Komplexitätsgründen nur noch durch Softwareintelligenz geschehen kann, kommt es folgerichtig zu einem Zusammentreffen von Algorithmen und Graphentheorie.[123] Die Tabellen, mit denen Crowther arbeitete, sind (so darf man annehmen) Adjazenzlisten, die bei der anfangs bescheidenen Größe des Netzes ausreichten, den entsprechenden Graphen zu codieren.[124] Daran ist bemerkenswert und schlägt eine Brücke zu der permanenten Kartographierungsleistung des Adventurespielers, dass das Labyrinth oder Netz einen Speicher bekommen hat. Schon die ersten Ansätze der Telegraphentechnik, Graphenprobleme nicht mehr zu *beweisen*, sondern durch Operationsvorschriften optimal zu *lösen*, führen notwendigerweise das Markieren von besuchten Orten (Knoten) ein. Die 1920er und 1930er Jahre verzeichneten einen Publikationsboom zu diesem Thema, vor allem unter dem Gesichtspunkt, wie man im Rahmen des Behaviorismus solche Wegfindungsalgorithmen auf die *wetware* von Ratten und anderen Versuchstieren als Sequenz konditionierter Reflexe implementieren kann.[125] Shannons bekannte Studie über eine künstliche Ratte, die das Scharnier zur künftigen Informatik herstellt, ist – gleichwohl sie nicht mehr behavioristisch als biomecha-

---

123 Man erinnere sich nur an das graphentheoretische Vierfarbenproblem, das von Appel und Haken (»The solution of the four-color problem«, in: *Scientific American*, 237/1977, S. 108-121) mit Hilfe eines Computers über den Weg sogenannter ›unvermeidbarer Konfigurationen‹ gelöst wurde. Aus Beweisen werden Operationsvorschriften. Vgl. Tommy R. Jensen/Bjarne Toft, *Graph Coloring Problems*, New York 1995.

124 Eine Adjazenzliste ist ein Feld $Adj[i]$, $i=1,\ldots,n$, dessen i-ter Eintrag eine Liste mit den Nachbarn des i-ten Knotens in G enthält.

Ein frühes *Time-Sharing* System

nisches *device* funktioniert – von diesen Versuchen aus zu denken.[126] Denn Shannons Maus muss

> »erkennen, in welchem Quadrat sie sich befindet, das heißt: um den Speicher eines Quadrats zu beschreiben oder auszulesen, muß sie ein Quadrat als solches und eindeutig adressieren können. In Shannons labyrinthlösender Maschine hat das Labyrinth das Gedächtnis und nicht die Maus. Die Maus adressiert und verändert nur dieses Gedächtnis. Doch die eindeutige Adressierbarkeit eines Quadrats setzt eine Karte über die Lage des betreffenden Quadrats voraus oder programmnäher: die eindeutige Stelle innerhalb einer zweidimensionalen Liste (oder Matrix) mit 5 Elementen in jeder Zeile und 5 Elementen in jeder Spalte. […] Der Ort also ist nicht mehr dort, wo die Architektur ist, sondern dort, wo die Adresse ist.«[127]

Im Labyrinth des Adventurespiels erscheint der Spieler als Maus, der/die sich mit Hilfe des Speichers einer extern entstehenden Karte bewegt.

Die grundlegenden Algorithmen für Breiten- und Tiefensuche entstanden, vorweggenommen durch solche Probleme, beispielsweise automatischer

---

125 Beispielsweise: Helen Lois Koch, *The Influence of Mechanical Guidance Upon Maze Learning*, Princeton 1923; Katherine Eva Ludgate, *The Effect of Manual Guidance Upon Maze Learning*, Princeton 1923; William T. Heron, *Individual Differences in Ability Versus Chance in the Learning of the Stylus Maze*, Baltimore 1924; Norman Cameron, *Cerebral Destruction in its Relation to Maze Learning*, Princeton 1928; Donald A. MacFarlane, *The Rôle of Kinesthesis in Maze Learning*, Berkeley, Calif. 1930; Edward Chace Tolman, *Degrees of Hunger, Reward and Nonreward, and Maze Learning in Rats*, Reprint New York 1976; Frederick Hillis Lumley, *An Investigation of the Responses Made in Learning a Multiple Choice Maze*, Princeton 1931; Charles H. Honzik, *Maze Learning in Rats in the Absence of Specific Intra- and Extra-Maze Stimuli*, Berkeley, Calif., 1933; Warner Brown, *Auditory and Visual Cues in Maze Learning*, Berkeley, Calif. 1932; Charles H. Houzik, *The Sensory Basis of Maze Learning in Rats*, Baltimore 1936; William C. Biel, *The Effect of Early Inanition Upon Maze Learning in the Albino Rat*, Baltimore 1938.
126 Kapitel I, Anm. 38.
127 Berz, o.S.

Telefonvermittlung, in den 1960er Jahren.[128] *Breadth-First-Search* (BFS) ist eine Methode, einen Graphen zu durchsuchen bzw. zu durchlaufen, um Strukturinformation über ihn zu gewinnen.[129] Zu einem gegebenen Startknoten berechnet der BFS-Algorithmus beginnend bei $i = 0$ aus der Sphäre $S_i(u)$ die Sphäre $S_{i+1}(u)$ durch Untersuchung der Nachbarn der Knoten in S_i bis schließlich alle Knoten besucht wurden. Damit ist nicht nur die »Ordnung« eines Graphen (also die Anzahl seiner Knoten) feststellbar, was unter den militärischen Bedingungen des ARPA*net* ja entscheidend war, um laufend feststellen zu können, wie viele *nodes* noch funktionstüchtig sind und alternative *routings* vornehmen zu können. Vielmehr sind auch auf besonders einfache Weise Tests auf Kreisfreiheit und damit die Erkennung von Bäumen implementierbar.

Dem BFS-Algorithmus ist gleichgültig, in welcher Reihenfolge die Knoten und Kanten eines Graphen durchlaufen werden, und entscheidend ist nur das Vollständigkeitskriterium, dass *alle* besucht werden. *Depth-First-Search* (DFS) unterscheidet sich von dieser Breitensuche durch die Auswahlstrategie der zu besuchenden Knoten.[130] Im Verlauf von DFS werden Knoten markiert und in einer Tabelle vermerkt, welche Knoten entdeckt wurden. Diese enthält dann am Ende die *Reihenfolge* der besuchten Knoten.

Was an beiden Verfahren (denn Tiefensuche kann in Breitensuche übergehen) interessiert, ist das Problem des kürzesten Weges. Dazu wendet man Breiten- oder Tiefensuche auf kantengewichtete Graphen an, was seit Bellman[131] durch *dynamic programming* gelöst wird, wobei *programming* gewissermaßen synonym für Optimierung steht. Jede Kante hat dabei ein spezifisches Gewicht, das sich auf verschiedenste Weise als Überführungskosten interpretieren lässt. So erscheint die Länge eines Weges proportional der Summe der Überführungskosten der durchlaufenen Kanten. Das basale Optimalitätsprinzip besagt schon im Namen, dass eine optimale Strategie auch nur optimale Teilstrategien enthält. Ist also $u-v$ ein billigster Pfad, dann ist auch jeder enthaltene Teilpfad der billigste. Dynamisch heißt diese Technik, weil sie aus klei-

---

128 Der früheste Vorläufer ist wahrscheinlich Gaston Tarry, »Le problème des labyrinthes«, in: *Nouv. Ann. Math.*, 14(1895), der zeigte, dass man mit einer Art DFS-Algorithmus aus einem Labyrinth herausfindet, ohne eine Kante zweimal abzulaufen. In jüngerer Zeit haben trotz der zahlreichen literaturwissenschaftlichen Veröffentlichungen lediglich Moles/Rohmer/Friedrich auf die Beziehung zwischen Labyrinthen und Graphen hingewiesen: »The labyrinth is nothing more than the expression in simple words of a behavioural graph of movements of being, an application of Graph Theory to real space« (S. 3). Dabei sind die Entscheidungssituationen, die das Labyrinth für den Gänger zum Problem machen (wie gewichtete Kanten) psychologisch valorisiert: »anxiety linked to the ignorance of the solution path«, »pleasure of solitude«, »pleasures linked to a sum of successive microdiscoveries«, »insurance« (S. 11f.).

129 C.Y. Lee, »An algorithm for path connection and its applications«, in: *IRE Trans. Electr. Comput.* EC-10(1961), S. 346-365; E.F. Moore, »The shortest path through a maze«, *Proc. Internat. Symp. Theory Switching*, Part II, Cambridge, Mass. 1959, S. 285-292.

130 Robert E. Tarjan, »Depth first search and linear graph algorithms«, in: *SIAM J. Comput.*, 1(1972), S. 146-160.

131 Richard Bellman, *Dynamic programming*, Princeton 1957.

Optimale Wegfindung durch Maschinen statt Reiseführer: Flussdiagramm zu einem Routing-Modell (rechts) und statistische Auswertung der besten Wege (unten) bei RAND, 1964

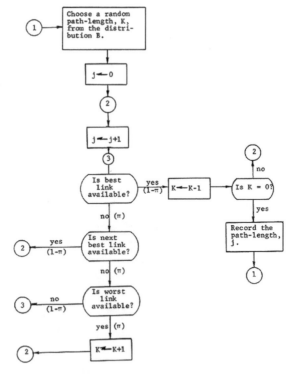

Net Description	Best-Path Average	Best-Path Longest	π	Average Path-Length			HMAX Required to Reduce Dropouts to One in 10^8.		
				S_1	M_a	M_b	S_1	M_a	M_b
14 x 7 R = 4	5.21	13	.5	11.17	12.16	10.40	61	>63	62
			.4	8.31	9.72	8.67	48	50	49
			.3	6.58	7.95	7.43	25	36	39
			.2	5.82	6.74	6.51	19	28	31
			.1	5.43	5.84	5.78	16	22	25
14 x 7 R = 3	6.11	19	.5	14.36	14.23	12.19	>63	>63	72
			.4	10.56	11.40	10.16	55	60	57
			.3	8.14	9.28	8.71	33	42	46
			.2	7.11	7.86	7.62	26	34	38
			.1	6.43	6.88	6.77	21	24	30
14 x 7 R = 2	7.00	19	.5	17.19	16.24	13.97	>63	>63	74
			.4	15.30	13.05	11.64	>63	63	59
			.3	11.25	10.63	9.98	59	43	47
			.2	8.95	9.04	8.74	42	35	38
			.1	7.66	7.85	7.76	27	26	31
10 x 10 R = 3	5.67	18	.5	12.32	13.23	11.32	>63	>63	70
			.4	9.39	10.50	9.43	51	60	55
			.3	7.53	8.64	8.09	29	37	44
			.2	6.50	7.33	7.07	21	33	36
			.1	5.98	6.37	6.29	19	25	29

S_1 – Simulation M_a – Model A M_b – Model B

neren optimalen Lösungen größere zusammensetzt, wozu normalerweise Tabellen benutzt werden. Von einem Startknoten ausgehend, wird eine Grenzschicht zwischen dem gerade erfahrenen und den noch nicht entdeckten Knoten ermittelt. Die kürzeste Kante wird gewählt, deren Endknoten dann zum Startknoten der nächsten Grenzschicht wird. Treffenderweise nennt sich

180 ADVENTURE

Grafik 9: Grenzschicht-Ermittlung

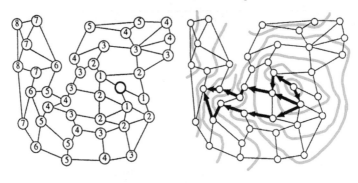

diese (nicht immer bestätigte) Hoffnung, dass lokal beste Lösungen auch global die besten sein werden, *greedy*-Prinzip. Schließlich spielen in der Praxis noch zahlreiche andere Faktoren eine Rolle, wie beispielweise die Lastverteilung innerhalb eines Netzes, also das Verhältnis von Datenpaketen, gleichzeitig arbeitenden Benutzern, *nodes* und Kanalkapazitäten. Bei RAND hatte man schon seit 1964 auf einem IBM 7090 mit mehreren FORTRAN-Simulationen das Verhalten von Datennetzwerken unter bestimmten Variablen erforscht.[132]

MEMEX

Legt man diese Gier nach billigsten Wegen wieder etwas höher an, so gelangt man zurück zu Vannevar Bushs prominenter Phantasie einer netzwerkförmigen Wissensorganisation.[133] Nicht umsonst vergleicht Bush die Navigation durch die Datenbestände seines MEMEX mit dem *routing* in automatisch vermittelnden Telefonnetzen. Auch das besondere Lesen der Texte von Textadventures wurde schon als Abtastung nach *keywords* gedeutet (vgl. S. 162), und nichts anderes tut der Benutzer der MEMEX. Die Lektürearbeit besteht – wie Bush schreibt – darin, Anknüpfungspunkte zu finden und diese als Verknüpfungen zu realisieren: »Selektion durch Assoziation statt durch Indexierung«. Wissen entsteht nämlich, wie Bush als Koordinator von gut 6000 Wissenschaftlern während des Zweiten Weltkriegs lernen konnte, darin, Zuhandenes unter bestimmten Gesichtspunkten zu verknüpfen:

---

132 Dazu: Paul Baran, *Introduction to Distributed Communications Network*, Santa Monica 1964 (RAND RM-3420-PR); Sharla P. Boehm and Paul Baran, *Digital Simulation of Hot-Potato Routing in a Broadband Distributed Communications Network*, Santa Monica 1964 (RAND RM-3103-PR); J. W. Smith, *Determination of Path-Lengths in a Distributed Network*, Santa Monica 1964 (RAND RM-3578-PR).

133 Vannevar Bush, »As We may Think«, in: *Atlantic Monthly*, 7(1945), S. 101-108 (www.isg.sfu.ca/~duchier/misc/vbush/vbush.txt). Gleichwohl immer wieder als Phantasie von 1945 datiert, bildete ein von *Eastman Kodak* seit 1936 gesponsertes Forschungsprojekt über photoelektrisch automatisiertes *scanning* und *retrieval* von 35mm-Mikrofilm mit dem sog. »Rapid Selector« die technische Anregung.

»Ein Datensatz muss, wenn er für die Wissenschaft nützlich sein soll, [...] gespeichert werden, und vor allem muss er abgefragt werden. [...] Tatsächlich ist jedes Mal, wenn man Fakten gemäß gängiger logischer Verfahren verknüpft, der kreative Teil des Denkens bloß mit der Auswahl der Daten und den einzusetzenden Verfahren beschäftigt«.[134]

Die Logik dieser Verknüpfungen ist ›menschlich‹, weil sie unwahrscheinlich scheint. Daher sollte das, was berechenbar ist, besser den Maschinen überlassen werden, das aber, was unberechenbar ist, zumindest in eine benutzerfreundliche Form gebracht werden.

»Ein neuer, wahrscheinlich positionaler, Symbolismus muss der Reduktion mathematischer Transformation auf Maschinenprozesse allem Anschein nach vorausgehen. Dort, jenseits der strikten Logik des Mathematikers, liegen die Anwendungen der Logik auf alltägliche Vorgänge. Vielleicht werden wir eines Tages mit derselben Sicherheit Argumente auf einer Maschine anklicken [click off], mit der wir heute Preise in die Kasse eingeben.«[135]

Datensätze, Dokumente oder Diskurselemente bekommen also Positionen. Sie liegen in der Topographie eines verräumlichten Wissens als Knoten vor, die durch jene Kanten verbunden werden, die der Benutzer des MEMEX zurechtklickt. Die fortwährend wiederholte Urszene lautet: »Vor ihm [dem Benutzer] liegen die beiden zu verbindenden Gegenstände [items] jeweils auf nebeneinanderliegende [adjacent] Ansichtspositionen projiziert.« Was aus dieser lesenden Codierung von Dokument-Knoten durch Adjazenzlisten entsteht, ist ein Weg (trail) durch eine topographische Wissensordnung, die Bush passenderweise ›Labyrinth‹ nennt. »So hinterlässt er [der Benutzer] eine Fährte [trail] seiner Interessen im Labyrinth des ihm verfügbaren Materials. Und seine Spuren verblassen nicht«,[136] weil sie wie Spielstände gespeichert werden können. Dies liegt schon deshalb nahe, weil die generierenden Regeln für Labyrinthe – anders als die memorierbaren Zeichen der Schrift – schon seit der Antike Archivierungstechniken für Wegstrukturen (oder näherhin: Tänze) waren. Die routing-Arbeit am MEMEX war also ein nach bestimmten Interessensregeln ablaufender Produktionsvorgang, an dessen Ende eine mögliche Ordnung der Unordnung durch einen bestimmten Weg steht. Und da Bush nur die Metaphorik bereits erprobter Medien zur Verfügung steht, heißt dieses Produkt *Buch*: »Es ist genau so als seien die physischen Gegenstände in ein neues Buch eingebunden.«

Das zu Ende gespielte (und damit rückblickend als notwendig erscheinende) Adventure als Buch erscheint in ähnlich metaphorischer Schieflage, die sich auch dadurch nur wenig begradigen lässt, dass es das umfangreichste mehrerer möglicher Bücher ist. Der wesentliche Unterschied zwischen dem Netz der Spielwelt und dem MEMEX-Konzept besteht darin, dass es im Spiel immer nur *einen* Weg von s nach t gibt, der immer schon gebahnt ist, nachvollzogen werden muss und in t unwiderruflich endet, während es bei MEMEX

---

134 Bush.
135 Bush.
136 Bush (Hervorh. C.P.).

nicht nur möglich ist, *mehrere* Wege zu finden, *t* der Ausgangspunkt eines neuen Weges sein kann oder von anderen Wegen durchkreuzt wird, vor allem aber die Benutzung in der *Herstellung* der Bahnen selbst liegt.[137] Dieser – trotz aller Verwandtschaft – für den Spielbegriff entscheidende Unterschied wurde zur Entstehungszeit von *Adventure* bekanntlich als der zwischen Bäumen und Rhizomen bezeichnet.[138] Das Rhizom ist ausgezeichnet durch Konnektivität und Heterogenität, Vielheit und asignifikante Brüche, es ist nicht genealogisch und nicht generativ, es hat viele Ein- und Ausgänge, wohingegen »der Baum und die Wurzel [...] ein trauriges Bild des Denkens [zeichnen], das unaufhörlich, ausgehend von einer höheren Einheit [...] das Viele imitiert.«[139] Oder, in den Worten Michel Serres:

> »Zwischen zwei Thesen oder zwei Situationselementen, das heißt, zwei Gipfelpunkten, gibt es nach Auffassung der Dialektik einen und nur einen Weg, auf dem man vom einen zum anderen gelangen kann; dieser Weg ist ›logisch‹ notwendig und verläuft durch einen ganz bestimmten Punkt, den der Antithese oder der entgegengesetzten Situation. In dieser Hinsicht ist die dialektische Argumentation einlinig; sie ist dadurch gekennzeichnet, daß es nur einen Weg gibt, daß dieser Weg einfach und der Determinationsfluß, den dieser Weg transportiert, eindeutig ist. Das oben beschriebene [tabulatorische] Modell ist dagegen durch die Vielfalt und Komplexität der vermittelnden Wege charakterisiert. Hier gibt es, wie man auf den ersten Blick erkennt, zwar nicht beliebig viele Wege, die von einem Gipfelpunkt zum anderen führen, wohl aber eine große Zahl von Wegen, sofern die Zahl der Gipfel endlich ist. Es liegt auf der Hand, daß der Weg durch beliebig viele und im Grenzfall durch sämtliche Punkte führen kann. Keiner dieser Wege kann für sich beanspruchen, der ›logisch‹ notwendige zu sein; es mag durchaus vorkommen, daß der kürzeste Weg zwischen den beiden fraglichen Punkten am Ende der schwierigere oder weniger interessante (weniger praktikable) ist als ein anderer, der zwar länger ist, aber ein höheres Maß an Determination transportiert oder zum betreffenden Zeitpunkt aus diesen oder jenen Gründen offen steht. [...] Beim Übergang von der Linearität zur ›Tabularität‹ vergrößert sich die Zahl der möglichen Vermittlungen, und zugleich werden diese Vermittlungen flexibler. Wir haben es nicht mehr mit einem und nur einem Weg zu tun, sondern mit einer bestimmten Zahl von Wegen oder einer Wahrscheinlichkeitsverteilung.«[140]

Der Weg durch ein Adventurespiel gehört offensichtlich zum Modell der ›dialektischen Argumentation‹, denn er ist logisch notwendig, er ist unter den Spielbedingungen des redundanzfreien, maximalen Ereignisreichtums der optimale Pfad von *s* nach *t*, und alle dazwischenliegenden Punkte können nur in *einer* bestimmten Reihenfolge durchfahren werden. Zuletzt widersprechen Adventures dem Prinzip der ›offenen Karten‹. MEMEX ist hingegen ein Netz und bezieht sich ebenso offensichtlich auf ein tabulatorisches Modell. Der *Graph der Erzählung* von Adventures gehört – gleichwohl oft nicht implemen-

---

137 Was bei Lyotard ja »Argumentationen, die Metapräskriptionen zum Gegenstand haben« hieß.
138 Gilles Deleuze/Félix Guattari, *Rhizom*, Berlin 1977.
139 Deleuze/Guattari, S. 26.
140 Michel Serres, »Das Kommunikationsnetz: Penelope«, in: *Hermes I. Kommunikation*, Berlin 1991, S. 9-23, 11f.

tiert – einer reversiblen Ordnung an, in der von jedem Knoten aus eine Rekonstruktion des Wegs zurück zum Anfang möglich ist. In Netzen hingegen, die nicht kreisfrei sind, hat der Weg zu einem Knoten mehrere mögliche Determinationsflüsse, ist irreversibel und kann nicht rekonstruiert werden. Dies trifft manchmal auch auf den *Graph der Karte* des Spiels zu. Das Herumirren auf bereits entdecktem Territorium ist ebenfalls nicht rekonstruierbar, bringt jedoch auch keinen spielerischen Fortschritt, ist daher in doppeltem Sinne *geschichtslos*. Spielen ist also allenfalls eine besonders ökonomische Sonderform des Verhaltens im Netz, so wie für Serres die dialektische Bewegung eine Sonderform der tabulatorischen ist.

Daraus ergibt sich die ebenso absehbare wie ungewöhnliche Situation, dass im Adventure-Spiel eine unvergleichlich geringere Freiheit herrscht als in der Arbeit am MEMEX. Die möglichen Verknüpfungsleistungen in dem, was sich »Spiel« nennt, haben so gar nichts von jenem ›unerschöpflichen Reservoir‹ möglicher *links* oder Determinationen an sich, das Lyotard (vgl. S. 139) und Serres für das netzhafte Konzept des Arbeitsgerätes MEMEX konstatieren. So erscheint der Spieler im Adventure erneut als Fluss durch ein Programm (*flowchart*) und das Spielen als taktische Ermöglichung dieses Flusses in einer ökonomischen Weise, wohingegen der Benutzer eines Netzes oder MEMEX zum Programmierer (s)eines Assoziationsflusses avanciert. Die Begriffe von Freiheit versus Unfreiheit, wie sie eine ›schöpferische‹ Spieltheorie oft bemüht hat, verrutschen anscheinend: auf dem »Spiel« lastet der Effizienzdruck der optimalen (und ›gierigsten‹) Entscheidung, und die Spielräume der Unwahrscheinlichkeit öffnen sich plötzlich auf dem Schreibtisch.

Die beste Welt

Die von Adventures zugebilligte Freiheit besteht darin, dass an jeder entscheidenden Stelle des Spiels – an jeder Stelle also, an der Spiel stattfinden kann – eine Entscheidung zu treffen ist, so dass jedes Ereignis, das durch eine solche Entscheidung hervorgerufen wird, zwar durchgängig bestimmt, zugleich jedoch mit einer Art ›hypothetischer Notwendigkeit‹ versehen ist. Alles könnte (wenn das Ziel nur nicht Effizienz hieße) auch ganz anders sein – und zugleich ist das, was effizient oder verschwenderisch geschieht, nur die Realisierung einer der Möglichkeiten, die im Programm der Spielwelt liegen. Die *eine* ›richtige‹ Entscheidung aller Adventurespiele ist die, die das Spiel weder beendet noch wiederholt, sondern seine Fortsetzung ermöglicht, sein Ende aufschiebt und damit die Zahl der verbleibenden Möglichkeiten maximal hält. Die Realität des Virtuellen, die in den Datenbanken, Parsern und Verwaltungsrichtlinien von Adventurespielen gründet, enthält darüber hinaus (und zur Ermöglichung aller Ökonomie) auch alle möglichen oder unmöglichen, wahrscheinlichen oder eintretenden Ereignisse, die dann im Vollzug des Spiels zu Aktualitäten werden.

Das wohl prominenteste Modell für eine solche Verzweigungsstruktur ›möglicher Welten‹ im Spannungsfeld von Virtualitätsreichtum und Aktualisierungsökonomie hat Leibniz in seiner Parabel vom »Palast der Lose des Lebens« am Ende der *Theodizee* gegeben. Dieser enthält »Darstellungen nicht allein dessen, was wirklich geschieht, sondern auch alles dessen, was möglich ist.«[141] Seine Kammern sind verschiedene Möglichkeiten des Lebens des Sextus Tarquinius, in die Theodorus, von Pallas Athene geführt, Einblick erhält:

> »Ich werde Dir welche davon zeigen, in denen sich zwar nicht derselbe Sextus, den Du gesehen hast (dies ist nicht möglich, er trägt immer das, was er sein wird, mit sich) aber ähnliche Sextuse, welche alles, was Du von dem wirklichen Sextus gesehen hast, an sich tragen, aber nicht alles das, was zwar schon in ihm ist, aber nicht bemerkbar wird und folglich auch nicht alles das, was ihm noch begegnen wird. Du wirst also in dieser Welt einen Sextus sehr erhaben und glücklich finden; in einer andern, der mit einem mittlern Zustande zufrieden ist; kurz Sextuse von allen Arten und unzähligen Manieren.«[142]

Während jeder einzelne Lebenslauf dieser möglichen Sextusse in Form einer Erzählung darstellbar ist (ein Sextus, der nach Korinth geht, ein Sextus der nach Thrakien geht, ein Sextus der nach Rom geht), ist die Möglichkeitsbedingung dieser verschiedenen Erzählungen selbst nicht als Erzählung darstellbar. Sie bedarf vielmehr eines Graphen mit Entscheidungsknoten, an denen sich die verschiedenen Lebens- und Erzählverläufe trennen. Wie im Adventurespiel mit seinen Höhlen organisieren die Knoten des Graphen die Sprünge zwischen den einzelnen Kammern, die Kanten stellen jedoch jenes rein chronologische Stück Erzählung innerhalb einer Kammer dar, das keine Entscheidungen oder Verzweigungen mehr beinhaltet, sondern nur zum nächsten Knoten hin katalysiert. Theodorus' Beobachtung dieses Graphen ist daher auf Knoten oder Entscheidungssituationen fokussiert:

> »Auf Befehl der Pallas zeigte sich Dodona mit dem Tempel des Jupiter und der heraustretende Sextus. Man hörte ihn sagen, er werde dem *Gott gehorchen* [Option: nicht gehorchen] und er geht nun in eine zwischen zwei Meeren gelegene Stadt, die *Corinth* [Option: Thrakien] ähnelt. Er kauft sich hier *einen kleinen Garten* [Option: keinen], bei dessen Bearbeitung er *einen Schatz* [Option: keinen] findet und er wird ein reicher, geliebter und geachteter Mann; er stirbt in hohem Alter, von der ganzen Stadt geliebt.[143]

Im durchgehaltenen und eigens betonten Präsens wird deutlich, dass es nicht um ein zeitkritisches, sondern um ein entscheidungskritisches Spiel geht. Jede Entscheidung bedeutet einen instantanen, diskreten Wechsel in eine andere Kammer oder einen anderen »Raum«, um in der Terminologie von Adventures und Speläologie zu bleiben. Und da das von Jupiter programmierte Universum keinen Speicherplatzbeschränkungen und Programmiererlebenszeiten unterliegt, kann die pyramidenförmige Verzweigungsarchitektur dieser Kammern sich nach unten hin zu einer unendlichen Anzahl von Möglichkeiten des Andersseins ausdehnen. Schon am postalischen System des ARPA*net*, aus

---

141 Vgl. das Kapitel »Aleatorik und Roman«, in Joseph Vogl, *Kalkül und Leidenschaft. Poetik des ökonomischen Menschen*, München 2002.
142 Gottfried Wilhelm Leibniz, *Die Theodicee*, übers. von J. H. v. Kirchmann, Leipzig 1879, S. 667.
143 Leibniz, S. 668 (Hervorh. C.P.).

dem sich die ersten Adventurespiele ableiten, wurde deutlich, dass die Kanten oder Katalysen zwischen zwei Entscheidungen selbst keine Adresse haben, sondern dass nur Knoten oder Risikomomente adressierbar sind – also jene Punkte, deren Logik über die Chronologik des Buches hinausgeht. Leibniz' Lösung dieses Problems von Text und Hypertext nimmt daher mit einiger Genauigkeit die Form an, die auch Vannevar Bush ihr gegeben hat:

> »In dem Gemach lag ein grosser Band von Schriften und Theodorus fragte, was dies bedeute. Es ist die Geschichte dieser Welt, die wir jetzt vor uns sehen, sagte die Göttin; es ist das Buch ihrer Schicksale. Du hast auf der Stirn des Sextus eine *Zahl* gesehen, suche in dem Buche die mit dieser *Ziffer* bezeichnete *Stelle*. Theodorus that es und fand da die ausführlichere Geschichte des Sextus, als die, welche er im Abriss gesehen hatte. Lege den *Finger* auf die Zeile, die Du willst, sagte ihm Pallas, und Du wirst da alles im Einzelnen wirklich *dargestellt* finden, was die Zeile im Groben andeutet. Er gehorchte und es zeigten sich alle Einzelheiten eines Theils von dem Leben des Sextus.«[144]

Bei Bush führte jede Entscheidung, jedes Anklicken eines *links*, zu einem anderen Stück Text. Die jeweiligen Textstücke zwischen zwei *links*, also zwischen zwei Entscheidungsmöglichkeiten, die selbst keine Verzweigungen beinhalten, können dann (in der Reihenfolge in der sie aufgerufen wurden) ausgedruckt werden und zusammen ein neues Buch bilden. Dabei referenzieren die Spielverläufe oder *trails*, die Bush speicherbar machen will, nur die Folge der Entscheidungen. Lediglich eine Liste der angeklickten *links* wird verzeichnet und kann dann auf jede kompatible Datenbank angewendet werden. Man könnte also sagen, dass alle möglichen Bücher Bushs in der Datenbank des MEMEX vorhanden sind und von einem Benutzer durch ein Nachvollziehen der als Spur gespeicherten *links* aktualisierbar sind. Ein ebensolches Oszillieren zwischen Adressen, Schriften und Aufführungen findet auch bei Leibniz statt: »Eine Zahl« bezeichnet eine »Stelle« und ein Anklicken (»Finger«) löst eine Aufführung aus (»vor dir sehen«). Die Sextusse sind auf der Stirn nummeriert, und diese Zahl ist jeweils ein *link*, der eine Stelle in einer Datenbank, dem »Buch der Schicksale«, adressiert. Ist diese angeklickt oder nachgeschlagen, wird der Leser oder Benutzer dann an die Stelle der Aufführung transportiert. Und genau dies trifft auch für die »Nacherzählungen« von Adventurespielen (Anm. 27) zu: Sie speichern eine Folge von Entscheidungen oder Knoten, die – auf die Datenbank eines kompatiblen Spiels angewandt – über eine bestimmte Erzählung zu einer bestimmten Stelle (aktueller Spielstand) führen. Wo die Welt eine nummerierte Kette von Dingen, Agenten und Ereignissen ist, verschwimmt der Unterschied zwischen Zählen und Erzählen.[145]

---

144 Leibniz, S. 668 (Hervorh. C.P.).
145 Vielleicht könnte man die These wagen, dass Computerprogramme das Leibniz'sche Darstellungsproblem lösen, indem sie Schrift, Zahl, Diagramm und Theater zu integrieren in der Lage sind.

Nun steht an der Spitze der Leibniz'schen Pyramide bekanntlich eine ›beste Welt‹, die – führt man die Analogie fort – einiges über die Ökonomie des Adventures sagt.

> »Hier ist Sextus wie er ist, zu sehen, und wie er wirklich sein wird. Er geht voll Zorn aus dem Tempel und verachtet den Rath der Götter. Du siehst ihn auf dem Wege nach Rom, wo er alles in Unordnung bringt und der Frau seines Feindes Gewalt anthut. Hier siehst Du ihn mit seinem Vater verjagt, geschlagen, unglücklich. Hätte Jupiter hier einen Sextus gesetzt, der glücklich in Corinth war, oder König in Thracien, so wäre dies nicht mehr diese Welt gewesen. Und dennoch musste er diese Welt wählen, die in Vollkommenheit alle andern übertrifft und die Spitze der Pyramide bildet, denn sonst hätte Jupiter seiner Weisheit entsagt und mich, seine Tochter, verbannt. Du siehst, nicht mein Vater hat Sextus schlecht gemacht; er war es schon von aller Ewigkeit und er war es immer von freien Stücken; er hat ihm nur das Dasein bewilligt, welches er der Welt, in der er mit befasst war, nicht versagen konnte; er hat ihn nur aus der Region der möglichen Dinge zu der der wirklichen Wesen übergehen lassen.«[146]

Aufgrund des paradoxalen Verhältnisses von Notwendigem und Möglichem sind zwar ein glücklicher und ein unglücklicher Sextus möglich oder »kompossibel«, jedoch nicht in ein und derselben, sondern nur in räumlich und zeitlich unterschiedenen Welten. So ergibt sich die Konkurrenzsituation der möglichen Welten. Bei einem guten Spiel (oder genauer: dem besten Spielen eines Spiels) geht es darum, Redundanzen, Schleifen oder Spielabbrüche zu vermeiden, oder anders herum formuliert: das Ende des Spiels unter dem Primat höchster Information möglichst lange herauszuzögern und damit all jene in ihm angelegten Möglichkeiten durch solche Entscheidungen wahrzunehmen, die möglichst viele weitere Möglichkeiten offen halten. Gutes Spielen ist in einem fast mathematischen Sinne ›elegant‹, wenn es den reichhaltigsten und zugleich kürzesten Weg wählt. Und genau so lautet auch das Ökonomieprinzip der Leibniz'schen besten Welt, deren Realitätsstreben darin liegt, dass sie einer Maxime der Effizienz folgt und mit geringstem Aufwand die größten Effekte erzeugt.

> »Es gehört zu dieser Optimierung und Maximierung von Existenz auch ein kombinatorisches Spiel, das die größte Anzahl an Möglichkeiten verwirklicht und zugleich unter den Kompossiblen die höchste Relationsdichte und die höchste Bindekraft herstellt. Unter einer Reihe von Möglichen wird demnach diejenige Kombination ausgewählt, die die meisten Möglichen gemeinsam enthält und damit die einfachste und reichste Welt ergibt, eine Welt, die die größte Vielfalt in der Einheit und wie eine Kugel das größte Volumen auf kleinstem Raum unterbringt. Eine Welt jedenfalls, in der alle Teile [...] fugenlos aneinander passen [...] markiert die optimale Realisierung des Möglichen«.[147]

Ein *gutes Spiel* zu spielen, das in der Integration aller Elemente besteht, die in der Objektdatenbank zur Integration in einen Spielverlauf bereitstehen, bedeutet also im Leibniz'schen Sinne tatsächlich auch, *das Gute* zu tun, indem es ein göttliches Programm realisiert. Die göttliche Einrichtung der besten Welt

---

146 Leibniz, S. 670.
147 Vogl, »Aleatorik und Roman«, S. 110.

fordert ihre Realisierung in der wirklichen, ebenso wie die programmierte Lösung eines Spiels nach ihrer Realisierung in einem Spielverlauf verlangt und sich in der Aufführung vollendet. Und wenn Jupiter alle möglichen Welten überdacht und die beste erwählt hat, so heißt dies auf Softwareebene, dass das Spiel nichts enthält, was nicht innerhalb des Spielverlaufs aufgehen könnte, dass ein fugenloses Aneinanderpassen aller Dinge möglich und eine Welt ohne Rest realisierbar sind. Algorithmen und Spieler sind die Instrumente der Zeit, in denen sich eine Kombinatorik erfüllt, die alle Gegenwarten, Vergangenheiten und Zukünfte bereits enthält.

Es verwundert kaum, dass die Gottähnlichkeit des Programmierers immer wieder thematisiert wurde und ihre Metapher in umfassenden Schreib- und Leserechten auf einer digitalen *tabula ansata* findet: »Der Programmierer-Gott macht die Welt nicht ein für allemal, sondern viele Male [...]. Das Universum verhält sich wie ein Programm, bis es abstürzt oder wild wird, und dann wird die Tafel sauber gewischt, und ein neues Spiel beginnt«.[148] Während Gott jedoch keine vorgängigen Gesetze zu beachten hat und ihm alle Freiheit der Metapräskription zusteht, die Spielregeln erst aus dem Nichts generiert, ist der Programmierer allenfalls ein kleiner Gott, der zumindest den Diskursbedingungen seiner Programmiersprachen verpflichtet bleibt. Ohnmächtigste sind jedoch die Bewohner seiner Welt, sofern sie keine Programmiersprachen sprechen und keine Pallas Athene einen träumerischen Blick gewährt. Denn wie bei »Leibniz entsteht die Welt, wenn und sofern Gott rechnet. Daß sie schon deshalb die beste aller möglichen ist, schließt nicht aus, sondern ein, daß Geschöpfe ihrem Schöpfer unmöglich hinter die Schliche kommen.«[149]

So finden sich unter den unrealisierten Plänen der ZORK-Programmierer bei *Infocom* zwei aufschlussreiche Fragmente zu diesem Thema. Das eine bezieht sich auf ein Spiel, das die *Genesis* als Adventure implementieren sollte:

»INTERACTIVE BIBLE
Genre: Fantasy? TOA?   Rating: probably Standard
System: could go either way   Estimated Development Time: 8-10 months
Imagine the ad campaign: ›Have you always thought that God screwed it up? Try it yourself!‹ The opening room: VOID. Suggested first moves LET THERE BE LIGHT, CREATE WORLD. Imagine the response to EXAMINE LIGHT: You see that it is good. As the ›story‹ progresses, you would become other characters. As Adam, you might decide to shun the serpent's apple, stay in Eden and die of boredom; as Noah, you could refuse to build the ark and drown in the Flood, or forget to bring along two horses, changing the entire shape of human history. The writing would naturally all be in shalts and begats and haths.«[150]

Was als Ulk daherkommt, verweist jedoch auf ein nicht uninteressantes programmiertechnisches Problem:

---

148 David J. Bolter, *Turing's Man. Western Civilization and Natural Man*, New York 1977, S. 187f.
149 Friedrich Kittler, *Ein Tigertier, das Zeichen setzte. Gottfried Wilhelm Leibniz zum 350. Geburtstag* (www.uni-kassel.de/wz2/mtg/archiv/kittler.htm).
150 CD-ROM *Masterpieces of Infocom*. Ich danke Ralf Höppel für diesen Hinweis.

THE CREATION
Infocom interactive fiction - a very old story
Copyright (c) 1985 by Infocom, Inc. All rights reserved.
THE CREATION is a trademark of Infocom
Release 42/Serial number 271828

Void
All is unformed and void; and darkness is upon the face of the deep.
>VERSION
This is the Authorized Version of King James.
>TIME
It is the beginning.
>WHO AM I
You are that you are.
>EXAMINE DARKNESS
You can't see the darkness without a light!
>LET THERE BE LIGHT
Okay, there is light.
>EXAMINE THE LIGHT
It is good.
>DIVIDE THE LIGHT FROM THE DARKNESS
It is so.
>CALL THE LIGHT "DAY" THEN CALL THE DARKNESS "NIGHT"
Called.
Called.
>EXAMINE NIGHT AND DAY
night: There is evening.
day: There is morning.
>TIME
It is the first day.
>LET THERE BE A FIRMAMENT
Okay, there is a firmament.
>FIRMAMENT, DIVIDE THE WATERS FROM THE WATERS
[Which waters do you mean, the lower waters or the upper waters?]
>LOWER
[Which waters do you mean, the lower waters or the upper waters?]
>UPPER
It is so.
>CALL THE FIRMAMENT "HEAVEN"
Called.
>TIME
It is the second day.
>GATHER TOGETHER THE LOWER WATERS UNTO ONE PLACE
Gathered.
>LET THERE BE DRY LAND
It is so.
>CALL THE DRY LAND "EARTH" THEN CALL THE GATHERED WATERS "SEAS"
Called.
Called.
>EXAMINE ALL
It is good.

>EARTH, BRING FORTH GRASS AND HERB AND FRUIT TREE
grass: It is so.
herb: It is so.
fruit tree: It is so.
>EXAMINE ALL
It is good.
>TIME
It is the third day.
[...]
>CREATURES, BE FRUITFUL AND MULTIPLY AND FILL THE WATERS IN THE SEAS
"Okay."
>TIME
It is the fifth day.
>MAKE THE BEAST OF THE EARTH AND CATTLE AND ALL CREEPING THINGS
beast: Made.
cattle: Made.
zebras: Made.
yaks: Made.
platypuses: Made.
...
cockroaches: Made.
>EXAMINE ALL
It is good.
>CREATE MAN AND WOMAN IN MY OWN IMAGE
man: Made.
woman: Made.
>BLESS THEM
Blessed.
>THEM, BE FRUITFUL AND MULTIPLY AND REPLENISH THE EARTH AND SUBDUE IT
"No problem."
>THEM, HAVE DOMINION OVER THE FISH AND THE FOWL AND ALL LIVING THINGS
"You got it."
>EXAMINE ALL
Behold, it is very good.
>TIME
It is the sixth day.
>REST
Time passes...
>TIME
It is the seventh day.
>BLESS THE SEVENTH DAY
Blessed.
>SANCTIFY IT
[Be specific: what object do you want to sanctify?]
>THE SEVENTH DAY
Sanctified.
>QUIT
Your score is 350 (total of 350 points), in 47 moves.
This gives you the rank of God.
Do you wish to leave the game? (Y is affirmative):
>Y

Hypothetisches Spielprotokoll des nie geschriebenen Adventures *The Creation* (Infocom, Inc.)

»How about a game where the geography and objects are created by the player? Everything starts out blank, and the player has a bunch of labels, like ›exit‹, ›sword‹, etc., which can be used to identify things. I wonder if this can be done using current Zork technology? Note that the vocabulary is already there, it's just the changing of the various tables for objects that's new.

This could also just be a problem in some other game; a blank area that you have to fill in ›properly‹ (perhaps with magic?) to solve a particular problem.

One way to actually work this would be to have an object called FORMLESS-OBJECT, and then swap in the real object associated with the name given it by the player.«[151]

Es ginge also um die Ermöglichung des Spiels selbst als Spielaufgabe, um eine weitere Verschachtelung der Hierarchie der Gottheiten oder auch um die Verfertigung theodorischer Träume. Die Entscheidung über die Objekte in dieser zu generierenden Welt wäre nicht einfach eine über die Spiele, die darin – von wem auch immer – gespielt werden könnten.[152] Das Gewicht des Spiels würde sich vielmehr von der taktischen Ebene der Entscheidungen auf eine strategische Ebene der Konfigurationen als Möglichkeitsbedingungen von Entscheidungen verlagern. Das Gute zu tun (oder: ein gutes Spiel zu spielen) würde nicht mehr darin bestehen, eine Virtualität nach einer bestimmten Ökonomie zu aktualisieren, sondern darin, diese Virtualität selbst zu organisieren. Dies ist die historische Brücke zwischen dem Metaphysiker Leibniz und dem Ingenieur und Geschäftsführer der Erzminen im Harz, denn an diesem beispielhaften Fall stellte sich die Aufgabe der Konstruktion einer modellhaften, funktionierenden und zugleich in allen ihren Teilen ineinandergreifenden Welt – ein Unternehmen, das die Integration verschiedenster Ereignistypen, Wissens- und Tätigkeitsfelder verlangte. Es ist zugleich auch die systematische Grenze zwischen Adventure- und Strategiespielen, die sich mit der softwaretechnischen Modellierung verschiedenster Ereignis- und Wissensformen beschäftigen und deren Aufgabe genau darin besteht, gleich mögliche virtuelle Welten zu generieren und eine darin enthaltene optimale Welt zu ermitteln.[153]

★ ★ ★

---

151 CD-ROM *Masterpieces of Infocom*.
152 Die späten 1980er Jahre brachten dann tatsächlich einige sog. »Adventure-Construction Kits« hervor, die die Erstellung, Compilierung und freie Distribution von Adventures ermöglichten ohne sich mit der Kenntnis von Programmiersprachen belasten zu müssen.
153 Obwohl inzwischen alle Arten von Unternehmen (vom Pizzaservice bis zur Eisenbahngesellschaft) als Strategiespiele zu kaufen sind, hat sich leider noch kein Programmierer eines Bergwerks oder einer »Kompagnie der Glückseligkeit« angenommen.

III. Strategie

1. »that naive concept of utility«

Sowohl das Action- als auch das Adventurespiel haben sich als Signaturen umfänglicherer computerhistorischer Problemstellungen erwiesen: Das eine war mit den Fragen von Rhythmus und Kommensurabilität von Menschen und Maschinen verwoben, das andere mit den Fragen von Vernetzung und Navigation. Im einen Fall ging es um eine chronologische Ökonomie von Wahrnehmung und Motorik, im anderen um eine logische Ökonomie von Entscheidung und Orientierung. Der Begriff des »Strategiespiels« für einen dritten Typus ist nicht nur in Anlehnung an Clausewitz' berühmte Definition gewählt, wonach Strategie »die Lehre vom Gebrauch der Gefechte zum Zweck des Krieges« ist, also eine Logistik der einzelnen taktischen Gebräuche bezeichnet,[1] sondern natürlich auch mit Verweis auf John von Neumanns und Oskar Morgensterns ökonomische Spieltheorie, die ihren prominentesten Gegenstand (die »zero-sum games« oder Nullsummenspiele) allgemein als »Games of Strategy« bezeichnet.[2] Von Neumann unterscheidet, wie im Englischen üblich, zwischen »game« (die Gesamtheit der Regeln, die es beschreiben, ist ein Spiel) und »play« (also einer Instantiierung oder Aktualisierung der Regeln in einem Spiel). Diese Unterscheidung wiederholt sich in »moves« (die Gelegenheit einer Entscheidung zwischen Alternativen, sei es durch den Spieler oder ein »device«) und »choice« (der spezifischen Alternative, die in einem *play* gewählt wird). Zuletzt unterscheidet von Neumann zwischen »rules« (den Anweisungen, die nicht hintergehbar sind, ohne dass ein Spiel aufhören würde, ein bestimmtes Spiel zu sein) und »strategy« (dem Konzept, das die Entscheidung eines Spielers organisiert).[3]

In stark geraffter Form heißt dies: Jedes Spiel Γ mit n Spielern $(1,\ldots,n)$ hat eine bestimmte Anzahl von ν Zügen (*moves*, $\mathcal{M}_1,\ldots,\mathcal{M}_\nu$). Jeder Zug $\mathcal{M}_\kappa$ hat eine bestimmte Anzahl von Alternativen α_κ, die ihn als Zug konstituieren und mit $\mathcal{A}_\kappa(1),\ldots,\mathcal{A}_\kappa(\alpha_\kappa)$ bezeichnet werden. Fällt die Entscheidung über einen Zug nicht über einen Zufallsgenerator (und wird dabei durch die Wahrscheinlichkeiten $p_\kappa(1),\ldots,p_\kappa(\alpha_\kappa)$ für $\mathcal{A}_\kappa(1),\ldots,\mathcal{A}_\kappa(\alpha_\kappa)$ bestimmt), sondern ist ein »personal move«, dann ist k_κ $(1,\ldots,n)$ der Spieler, der am Zug ist. Der gezogene Zug (*choice*) ist dann σ_κ (aus $1,\ldots,\alpha_\kappa$ möglichen) und das realisierte Spiel π (*play*) ist folglich die Sequenz $\sigma_1,\ldots,\sigma_\nu$. Die Auszahlungen $\mathcal{F}_k$, die die einzelnen Spieler $(k = 1,\ldots,n)$ erhalten, sind also eine Funktion der Spielverläufe: $\mathcal{F}_k = \mathcal{F}_k(\sigma_1,\ldots,\sigma_\nu)$. Dabei spezifizieren die

---

1   Carl von Clausewitz, *Vom Kriege*, Augsburg 1998, S. 84.
2   Zum Folgenden John von Neumann/Oskar Morgenstern, *Theory of Games and Economic Behavior*, Princeton 1944, Kapitel II.
3   Von Neumann 1944, S. 49.

Regeln (*rules*) eines Spiels die Auszahlung $\mathcal{F}_k(\sigma 1,...,\sigma\nu)$ nur als Funktion oder Abhängigkeit von den Variablen $\sigma 1,...,\sigma\nu$. Jede konkrete Entscheidung (*choice*) $\sigma\kappa$ aus den Möglichkeiten $\sigma,...,\sigma\nu$ ist hingegen nicht Teil des Spiels (*game*), sondern nur des Spielens (*play*). Zuletzt führt von Neumann noch die Variable der Information ein, nämlich als das Wissen $\Lambda\kappa$ des Spielers, der am Zug κ ist, über vorgängige Entscheidungen $\sigma 1,..., \sigma\kappa - 1$ bei der Entscheidung $\sigma\kappa$.

Die Definition von »Strategie«, mit der dieses Modell zusammengedacht wird, lautet:

> »Stellen wir uns also vor, dass jeder Spieler $k = 1, ..., n$ bereits im Voraus sämtliche Eventualfälle entscheidet, anstatt jeweils von der Situation geforderte Einzelentscheidungen zu treffen, d.h. Spieler k beginnt das Spiel mit einem kompletten Plan, einem Plan, in dem alle Entscheidungen für sämtliche denkbaren Situationen bereits vorgesehen sind, alle möglichen tatsächlichen Informationen, die er im jeweiligen Augenblick entsprechend dem Informationsmuster besitzen mag, die ihm die Spielregeln jeweils zur Verfügung stellen. Einen solchen Plan nennen wir *Strategie*.«[4]

Faszinierend ist, wie innerhalb eines 30-seitigen Beweises eine Variable nach der anderen aus der Spiel-Definition zum Verschwinden gebracht wird, so dass zuletzt nur die bekannte schlichte Formel des Nullsummenspiels übrig bleibt:

$$\sum_{k=1}^{n} F_k(\pi) = 0$$

Was bei zufallsgeleiteten Spielen trivial scheint, nämlich der Neustart bei jedem Zug,[5] bedarf bei Spielen mit ›personalen‹ Zügen, also Zügen von Personen, denen ja gemeinhin Erinnerung und Hoffnung zugeschrieben wird, eines erheblich größeren Beweisaufwands. »Man beachte«, so von Neumann, am Ende erfolgreich seine eigene Definition von Strategie über Bord werfend, »dass in diesem Schema kein Platz für irgendeine Art von ›Strategie‹ mehr bleibt. Jeder Spieler hat einen und nur einen Zug; den er in vollständigem Unwissen von allem anderen ausführen muss. [...] In diesem Spiel hat ein Spieler k nur einen einzigen persönlichen Zug, und das unabhängig vom Verlauf des Spiels[...]. Und er muss seine Entscheidung bei $\mathcal{M}_k$ ohne jegliche Informationen treffen.«[6]

Was bei diesem mehr als flüchtigen Blick[7] auf die Ansätze der mathematischen Spieltheorie auffällt ist, dass personale (oder: ›persönliche‹) Züge nur das Gegenteil von ›zufälligen‹ Zügen und eben nicht Züge von Personen im emphatischen Sinne sind. Personalität erscheint einfach als ein Weniger an Information: Spieler sind schlechtere Zufallsgeneratoren. Sie produzieren unweigerlich jenes mehr an Redundanz, das man in einem hergebrachten Sinne

---

4 Von Neumann 1944, S. 79 (Übers. C.P.).
5 John von Neumann, »Zur Theorie der Gesellschaftsspiele«, in: *Mathematische Annalen*, Berlin/Göttingen/Heidelberg 1928, S. 295-320.
6 Von Neumann 1944, S. 84 (Übers. C.P.).
7 Vgl. zur Übersicht die axiomatische Formulierung von Neumann 1944, S. 75.

Strategie nennen könnte, und dank dem man ihnen früher oder später auf die Schliche kommt.

Jacques Lacan hat dies am Beispiel des »Grad-Ungrad-Spiel« beschrieben, wie es von Edgar A. Poe literarisch und von Claude Shannon mathematisch gefasst wurde. Der eine Spieler hält dabei eine Anzahl Steine in seiner Hand, der andere muss erraten, ob es eine gerade oder ungerade Anzahl ist und gewinnt bei einem richtigen Tipp. Verräterisch werden Personen erst ab der zweiten Runde, denn der ›dumme‹ Gegenüber wird in der folgenden Runde von Gerade auf Ungerade wechseln, der ›kluge‹ Gegenüber wird jedoch schlauer sein wollen und bei Gerade bleiben. Aber für wie schlau wird der andere mich halten? So entsteht ein Wechselspiel der Unterstellungen, das im Ergebnis zwischen Gerade und Ungerade hin- und herschaltet. »Die ganze Frage resümiert sich darauf, ob der andere ausgefuchst genug ist zu wissen, dass auch ich ein anderer für ihn bin, ob er in der Lage ist, über diesen zweiten Takt hinauszugehen. Wenn ich ihn als mit mir selbst identisch unterstelle, dann unterstelle ich zugleich, dass er fähig ist, von mir zu denken, was ich dabei bin, von ihm zu denken, und zu denken, dass ich denken werde, dass er das Gegenteil dessen tun wird, von dem er denkt, dass ich dabei bin, es zu denken. Eine simple Oszillation, die immer wiederkehrt. Allein dadurch ist all das, was von der Ordnung des psychologischen Profils ist, strikt eliminiert.«[8] Lacans Faszination rührt daher, dass es ein Spielzeug geben kann, das gerade und ausgerechnet solche Spiele gewinnt, ohne irgendetwas von Intersubjektivität zu ahnen oder gar eine imaginäre Dimension zu besitzen. Es »evaluiert weder das intellektuelle Niveau, noch die emotionale Ausstrahlung des Gegners [...], sondern registriert ganz einfach die Serie seiner Entscheidungen, [es] zählt und speichert die Skansionen des Spiels.«[9] Das Spielzeug operiert statistisch und wird daher umso besser, je mehr Daten vorliegen. Je öfter man mit ihm spielt, desto sicherer verliert man, denn sein Wissen um die Strategie wächst und triumphiert über die Täuschungsmanöver menschlicher Psychologie. Jeder Wiederholungszwang wird von ihm und in solchen Spielen irgendwann approximiert und jeder Algorithmus jedes Unbewussten irgendwann entschlüsselt, weshalb Lacan auf den Einsatz von Rechenmaschinen in der Psychoanalyse hoffen durfte.

Damit von Neumann also zu einer mathematischen Abstraktion von Strategie auf einen einzelnen Spielzug kommen kann, dürfen seine ›Spieler‹ keine Gedächtnisse oder Speicher haben, keine Buchführung betreiben und folglich auch keine Loyalität besitzen. Sie entscheiden – und diese Annahme bestimmt den Tenor der späteren, einflussreichen Kritik – wenn die ›Situation es fordert‹ nach dem Greedy-Prinzip des instantanen, maximalen Gewinns. Die einzige Redundanz oder Verlässlichkeit besteht also darin, dass sie immer den größt-

---

8   Jacques Lacan, *Das Seminar II. Das Ich in der Theorie Freuds und in der Technik der Psychoanalyse (1954-1955)*, Hg. N. Haas, Weinheim 1980, S. 235.
9   Annette Bitsch, ›*always crashing in the same car*‹. *Jacques Lacans Mathematik des Unbewußten*, Weimar 2001, S. 270; vgl. Simon Shaffer, »OK Computer«, in: *Ecce Cortex. Beiträge zur Geschichte des modernen Gehirns*, Hg. M. Hagner, Darmstadt 1999, S. 254-285.

möglichen lokalen Vorteil wählen und durch dieses berechnende Verhalten leicht berechenbar werden. Am Beispiel des rein personalen (d.h. von Zufallsgeneratoren freien) Schachspiels, das von Neumann anführt, ist ersichtlich, dass es einer Geschichte des Spiels nicht bedarf, sondern nur eines Satzes von Regeln und einer gegebenen Konfiguration von Figuren. Die Ausgangsstellung des Schachspiels ist nur *eine* spezielle Konfiguration, und eine Partie kann auch ausgehend von jeder anderen Konfiguration (ausgenommen Schachmatt) begonnen werden, und sie kann nach jedem Zug von anderen Spielern als neue Ausgangskonfiguration übernommen werden.[10] Auf der anderen Seite erscheint es gerade beim Schach unmöglich, *alle* möglichen Züge vorab in eine Strategie zu integrieren – schon alleine, weil deren Zahl nach Shannons Schätzung bei 10^{120} liegt. Doch von Neumann geht es gar nicht um die technischen Probleme von *brute force*-Lösungen, sondern nur darum, dass Strategien zwar *virtuell* vollständig sein mögen, aber immer nur anlässlich von Zügen *aktuell* werden können. Strategie erscheint nur anlässlich von Taktik, und nur von Beobachtungen auf taktischer Ebene kann auf Strategie geschlossen werden, d.h. immer nur aufgrund der zu diesem Zeitpunkt vorliegenden Information. Man könnte vielleicht sagen, dass der von Neumann'sche Begriff der Strategie die Ermittlung und Evaluation der möglichen Ereignisse innerhalb eines Spieles (das ja auf einen Spielzug abstrahiert ist) bezeichnet. Dies ist schon deshalb einsichtig, weil die ›Spieler‹ von Neumanns eine mathematische Abstraktion sind, hinter der kein Begriff personaler Identität zu stehen braucht. Für das Gelingen eines Spiels (*play*) ist es gleichgültig, ob die Spieler die gleichen bleiben oder nach jedem Zug ausgetauscht werden. Geht man beispielsweise davon aus, dass bei einem Schachspiel nach jedem Zug die Spieler wechseln, dann gibt es für den einzelnen Spieler gar keinen Grund, weiter als einen Zug zu denken. Wer sich aus dem Spiel verabschieden kann, dessen einziges Ziel wird es sein, mit seinem Zug eine maximale Auszahlung zu erreichen. Für den von Neumann'schen Spieler gilt es also »alle komplizierteren Begriffe von ›Erwartung‹ [beispielsweise ›moralischer‹ Art] auszuschließen, die in Wirklichkeit nur Versuche sind, den schlichten Begriff des Nutzens zu veredeln«.[11]

Die bis hierhin ebenso schlichte wie kalte Spieltheorie von Neumanns ist auf mehrfache Weise mit der Geschichte und Erscheinung von Strategiespielen verknüpft. Sie ist – gleichwohl auch schon der erste Entwurf von 1928 von den leicht abstrahierbaren Einzelzügen von Pokerspielern ausging – eine computationale Theorie, oder genauer: eine Theorie, der der Digitalrechner eingeschrieben ist. Sie rechnet mit einer vorliegenden Datenkonfiguration zu einem diskreten Zeitpunkt, die gemäß bestimmter Regeln verarbeitet werden kann, so dass sich eine Matrix verschiedener Auszahlungen ergibt. Ein Algorithmus oder Spieler (was zusammenfällt) ermittelt die maximale Auszahlung unter der anschließend *ein* Zug ausgeführt werden *könnte*. Die Ausführung selbst gehört nicht zur Berechnung, sondern beendet sie, setzt Spieler oder

---

10 Von Neumann 1944, S. 79, Anm. 1.
11 Von Neumann 1944, S. 83, Anm. 2 (Übers. C.P.).

Algorithmen zurück und schafft eine neue Ausgangskonfiguration. Insofern ist sie eine Theorie des kommenden Kalten Krieges – eines Krieges, der aus einem und nur einem Zug bestehen würde, der nie ausgeführt werden darf, dessen Optimierung aber ununterbrochen von rationalen Pokerspielern prozessiert wird.

Dabei bestünde der Unterschied zwischen Charles Babbage und John von Neumann etwa darin, dass Babbage nur an eine Vorrichtung (*device*) dachte, die automatisch gute Züge in einem Spiel macht, von Neumann jedoch (unter kybernetischen Vorzeichen) einen mathematischen Formalismus entwickelt, der Menschen *und* Maschinen über beste Züge informiert und steuert und damit diese Differenz selbst unterläuft. Spieltheorie erscheint als Möglichkeit, Entscheidungsprozesse zu depersonalisieren und zu objektivieren. Denn was soll man noch (wie zuvor nur Gilbreths glücklich optimierte Arbeiter) gegen eine Mathematik einwenden, die formal nachweisbar das Beste tut? Spieltheorie entbindet nicht nur von individuell zuschreibbarer Verantwortung, sondern erfüllt zugleich auch einen bürokratischen Traum. Denn getreu Max Weber erhöhen Institutionen ihre Stabilität dadurch, dass sie ihre Verfahren von jenen Individuen unabhängig machen, die durch diese Verfahren als verwaltungstechnische Objekt generiert und prozessiert werden. Nicht zuletzt deshalb scheint es erst möglich geworden zu sein, dass die Spieltheorie in den 1950er Jahren zur Beratungsinstanz für Politik und Militär avancieren konnte. Zumeist sah man dabei aus lebensweltlichen Gründen davon ab, dass die Spieler nach jedem Zug wechseln, und ging davon aus, dass es ein höheres Ganzes (eine Gestalt, eine Person oder einen Agenten) gibt, aus der oder dem sich die einzelnen Züge speisen und die oder der den einzelnen Zügen einen Namen oder einen (wie auch immer gearteten) Zusammenhang verleiht. Diese Identität bezieht die von Neumann'sche Theorie aus einem universalen (gewissermaßen Adam Smith'schen) Egoismus, innerhalb dessen alle Spieler nach instantanem, maximalen Gewinn streben. Die Spieltheorie ist in diesem Sinne konservativ oder statisch und setzt sowohl konservative wie vollständig intelligible Spieler und Gegenspieler voraus.

Die im Folgenden beschriebenen Strategiespiele mögen zwar alle das Ziel möglichst hoher Auszahlung (oder – getreu dem *minimax*-Theorem – möglichst geringer Verluste) haben, doch geht es ihnen im Wesentlichen um einen (reproduzierbaren) Weg dorthin, also um die Gestalt oder Identität oder Strategie, die die Abfolge von Zügen oder Taktiken reguliert und um die Konfigurationen, die sich daraus ergeben. Während das Actionspiel von der Synchronisation von *Gegenwarten* handelt und das Adventurespiel sich als Rekonstruktion einer *Vergangenheit* oder rückwärtsgewandte Prophetie entfaltet, hat das Strategiespiel einen eher *futurischen* oder hypothetischen Charakter. Während das Adventurespiel eine zuvor eingerichtete ›beste Welt‹ ist, in die es sich im Zuge der spielerischen Er-fahrung ›von aller Ewigkeit her und [... doch] immer aus freiem Willen‹ (Leibniz) zu fügen gilt, handelt das Strategiespiel von der Verfertigung und Organisation möglicher Welten mit dem Ziel der Evaluation einer ›besten‹ (die oft, aber nicht immer, die gewinnträchtigste für

NATO-Luftbild der zerstörten serbischen Reparaturbasis des Militärflughafens Batajnica (1999)

die rechnende Seite ist). Das Strategiespiel spielt Serien von Taktiken durch und ermittelt dabei erst eine beste Welt. Schon deshalb beginnen seine unterhaltsamen oder kommerziellen Varianten oft genug mit einer unmarkierten Landschaft oder unbeschriebenen Karte, auf die der Spieler aus dem Himmel hinabblickt, um Häuser und Verkehrsnetze, Flüsse und Berge, Menschen und Tiere, Kriege und Naturkatastrophen, Krankheiten und wissenschaftliche Entdeckungen in seine Welt zu klicken. Er manipuliert die Zeitachse und balanciert uchronische oder utopische Zuständen. Weil Spielen somit in der Herstellung, Veränderung und Evaluation von Konfigurationen liegt, sind Strategiespiele nicht zeitkritisch (Action) oder entscheidungskritisch (Adventure), sondern *konfigurationskritisch*.

Während die Actionspiele diachronisch und die Adventurespiele eher synchronisch betrachtet wurden, in beiden Fällen jedoch das Erscheinen des ersten kommerziellen Spiels als Schwelle zu einer eigenständigen und ungeschriebenen Geschichte des Computerspiels als *Computerspiel* fungieren konnte, sieht die Lage bei Strategiespielen anders aus. In den beiden ersten Fällen tritt der Begriff des ›Spiels‹ erst relativ spät auf, gilt als supplementär oder parasitär zum ›Ernst‹ und bedarf erst einer Evaluation, die – obwohl vieles dafür spricht – gerade nicht die Differenz Spiel/Ernst tilgt, sondern sich am Markt legitimiert und diese erst befestigt. Wo Spiel draufsteht, kann nicht Ernst drin sein. Strategiespiele bilden diesbezüglich einen Sonderfall, denn der Begriff des Spiels ist hier – von den Schachvariationen des 17. Jahrhunderts über die Kriegsspiele des preußischen Generalstabs, die Planspiele der Logistik, die ökonomische Spieltheorie bis hin zu den Simulationen des Kalten Krieges und des Vietnamkriegs – immer anwesend, führt den Ernstfall als extrasym-

Screenshot des Strategiespiels *Command & Conquer* (1998)

bolischen Horizont stets mit sich und kann im *Information Warfare* historisch mit ihm zusammenfallen.[12] Angesichts von Strategiespielen *als Computerspielen* steht also weniger der Begriff des Spiels zur Disposition als vielmehr das Eintreten des Computers in eine historisch ältere Kopplung von *play* und *game*, von Simulation und Realem und die Frage nach einer qualitativen Veränderung durch diesen Eintritt.

2. Schachspiel und Computer

Vor diese Frage schiebt sich jedoch eine andere, die sich auf das Diktum einer ›computationalen‹ Spieltheorie von Neumanns bezieht. Sybille Krämer hat zuletzt angeregt, den »Gebrauch des Computers weniger in den Termini des instrumentellen, denn des spielerischen Handelns zu konzipieren«, wenn Spielen sich 1. im symbolischen Als-ob vollzieht, 2. reglementiert ist, jedoch nicht durch die moralischen und juridischen Regeln der Alltagswelt, und 3. ein interaktives Geschehen ist, bei dem die einzelnen Spielzüge kontingent sind (partikulare Realisierung unendlich vieler Konfigurationen).[13] Ihre Originalität verdankt diese These jedoch nur den Skrupeln eines anthropologisch hypostasierten und allzu menschlichen *play*, das die kriegsentscheidenden

---

12 Roger C. Molander/Andrew S. Riddle/Peter A. Wilson, *Strategic Information Warfare. A New Face of War*, Santa Monica 1996 (RAND MR-661-OSD).

13 Sybille Krämer, »Zentralperspektive, Kalkül, Virtuelle Realität. Sieben Thesen über die Weltbildimplikation symbolischer Formen«, in: *Medien Welten Wirklichkeiten*, Hg. G. Vattimo/W. Welsch, München 1998; vgl. Sybille Krämer, »Spielerische Interaktion«, in: *Schöne neue Welten?*, S. 225-236.

Gonzalo Torres y Quevedo, der am Rande des Pariser Kybernetik-Kongresses 1951 den Automaten seines Vaters zum Spiel gegen Norbert Wiener vorbereitet

Ernsthaftigkeiten der Computerbenutzung (wie bspw. Kryptoanalyse) anscheinend ungern bei ihrem Namen nennt, der Spiel heißt. Wirft man nur einen Blick auf das Schachspiel, dann zeigt sich, dass die Entstehungsgeschichte des Computers selbst aufs Engste mit dem Spielbegriff verbunden ist. Dass sich Babbage, Zuse, Shannon, Turing oder Wiener mit Schachspielen beschäftigt haben, ist weder biographischer Zufall noch nachträgliche ›Benutzung‹ oder ›Missbrauch‹ des Computers zu Spielzwecken, sondern ein ›Denkbild‹ (Benjamin) des Computers selbst.

So stellte schon Babbage die entscheidende Frage, ob es der Vernunft bedürfe, um Schach zu spielen, war überzeugt, dass es auf einer *Analytical Engine* implementierbar sei und beschreibt in sieben Sätzen einen entsprechenden Algorithmus.[14] Um die »Myriaden von Kombinationen« zu reduzieren, die auf einer Mechanik des 19. Jahrhunderts kaum zu schalten gewesen wären, entwirft er immerhin eine Maschine, die *Tic-Tac-Toe* spielen und damit – man erinnere sich an die Demo-Programme *Spacewar* und *Tennis for Two* – ihre eigene Leistungsfähigkeit unter Beweis stellen konnte. Babbages Spiel handelt vom Computer selbst und gibt im besten Falle eine »populäre und einträgliche Ausstellung« ab, die zur Finanzierung der Entwicklung der nächsten Hardware-Generation dient.[15] Und so wie William Higinbotham seine ballistischen Kurven von Bomben zu Bällen semantisierte, überzog auch schon Babbage seine Maschine mit dem nostalgisch-vertrauten Charme Vaucauson'scher oder Kempelen'scher Automaten. Als Publikumsattraktion sollten die Puppen eines Kindes mit einem Hahn und eines Kindes mit einem Lamm gegenein-

14 Charles Babbage, *Passagen aus einem Philosophenleben*, Hg. B. Dotzler, Berlin 1997, S. 321.
15 Babbage, S. 322.

ander spielen. »Das Kind, welches das Spiel gewänne, würde in die Hände klatschen und der Hahn würde krähen, wonach das unterlegene Kind weinen und die Hände ringen würde, während das Lamm zu blöken anfinge.«[16] (Leider verschweigt Babbage, was in der umgekehrten Situation passieren würde.)

Leonardo Torres y Quevedo baute zu Beginn des Ersten Weltkriegs seine Endspiel-Maschine, die mit einem Turm und einem König gegen einen zweiten, von einem menschlichen Spieler kontrollierten König gewinnt und sodann (historisch angemessen) das Wort »Schach« aus einem Grammophon ertönen lässt.[17] Torres war nicht nur Konstrukteur dieses funktionsfähigen Schachspiels, an dem sich noch Norbert Wiener 1951 auf dem Pariser Kybernetik-Kongress erfreuen sollte, sondern auch Schöpfer eines *Remote-Control*-Systems zur Leitung des Schiffsverkehrs durch den Hafen von Bilbao und beschäftigte sich mit der Automation von Fließbandarbeit. Sein Grammophon ist daher eher als ironischer Kommentar eines Ingenieurs aufzufassen, der ansonsten jede Form anthropomorpher Mimetik entschieden ablehnte. So schrieb Torres 1915 im *Scientific American*: »Die alten Automaten […] imitierten die Erscheinung und Bewegungen lebender Wesen, was nur von geringem praktischen Interesse ist, weshalb ich eine Gattung von Apparaten wollte, die die bloß sichtbaren Gesten des Menschen weglässt und versucht, die Ergebnisse zu erzielen, die eine lebende Person erreicht und dabei einen Menschen durch eine Maschine ersetzt.«[18] Nicht um die menschliche Anmutung eines zweiten Schachspielers geht es Torres, sondern um die Imitation menschlicher Entscheidungslogik. Und sofort zieht er die Konsequenz, denn wenn Maschinen Dinge tun, die gängigerweise unter »Denken« klassifiziert werden, dann können sie auch Menschen an den entsprechenden Stellen ersetzen.

In den 1920er Jahren wurde jene Hilbert'sche Formalisierung der Mathematik, die so entscheidend für die Turingmaschine sein sollte, selbst als Spieledesign begriffen. Die Mathematik wird dabei – beispielsweise bei Hermann Weyl – explizit mit einem Schachspiel verglichen:

> »Die Sätze werden zu bedeutungslosen, aus Zeichen aufgebauten Figuren, die Mathematik ist nicht mehr Erkenntnis, sondern ein durch gewisse Konventionen geregeltes Formelspiel, durchaus vergleichbar dem Schachspiel. Den Steinen des Schachspiels entspricht ein beschränkter Vorrat an Zeichen in der Mathematik, einer beliebigen Aufstellung der Steine auf dem Brett die Zusammenstellung der Zeichen zu einer Formel. Eine oder wenige Formeln gelten als Axiome; ihr Gegenstück ist die vorgeschriebene Aufstellung der Steine zu Beginn einer Schachpartie. Und wie hier aus einer im Spiel auftretenden Stellung die nächste hervorgeht, indem ein Zug gemacht wird, der bestimmten Zugregeln zu genügen hat, so gelten dort formale Schlußregeln, nach denen aus Formeln neue Formeln gewonnen, ›deduziert‹ werden können. Unter einer spielgerechten Stellung im Schach verstehe ich eine solche, welche aus der Anfangsstellung in einer den Zugregeln gemäß verlaufenen Spielpartie entstanden ist. Das Analoge in der Mathe-

---

16 Babbage, S. 322.
17 Wolfgang Coy, »Matt in 10^{60} Rechenschritten«, in: *Künstliche Spiele*, Hg. G. Hartwagner/ S. Iglhaut/F. Rötzer, München 1993, S. 202–218.
18 Zit. nach *Computer Perspective*, S. 67 (Übers. C.P.).

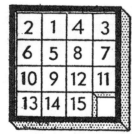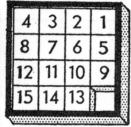

Schiebespiel mit möglicher (links) und unmöglicher (rechts) Konfiguration

matik ist die beweisbare (oder besser, die bewiesene) Formel, welche auf Grund der Schlußregeln aus den Axiomen hervorgeht. Gewisse Formeln von anschaulich beschriebenem Charakter werden als Widersprüche gebrandmarkt; im Schachspiel verstehen wir unter einem Widerspruch etwa jede Stellung, in welcher 10 Damen der gleichen Farbe auftreten. Formeln anderer Struktur reizen, wie die Mattstellung den Schachspieler, den Mathematikspielenden dazu, sie durch eine geschickte Aneinanderkettung der Züge als Endformeln in einer richtig gespielten Beweispartie zu gewinnen.«[19]

So markiert das Hilbert'sche Programm den qualitativen Wechsel von einem Spiel nach Regeln zur Reflexion der Spielregeln selbst. Metamathematik handelt von den formalisierten Spielen der Mathematik, von den logischen Beziehungen zwischen ihren Zeichen und Zeichenketten. Alan Turing schließt sich Weyl mit seiner Betrachtung von Geduldsspielen, also solchen Spielen, bei denen man bestimmte Teile nur auf eine bestimmte Weise bewegen darf,[20] an: »Zum Beispiel ist die Aufgabe, eine gegebene mathematische Theorie eines axiomatischen Systems zu beweisen, ein sehr gutes Beispiel für ein Geduldsspiel«, bei dem es um das »Neuanordnen der Symbole oder Spielmarken« geht.[21] Das populäre Schiebespiel mit 15 Zahlen in 16 Feldern, das Turing analysiert, wurde übrigens jahrelang mit dem *Apple*-Betriebssystem ausgeliefert, bis man es Mitte der 1990er Jahre geschichtsvergessen durch ein Puzzlespiel ersetzte. Seine Tradition jedoch reicht ins 19. Jahrhundert zurück, als Wettbewerbe stattfanden und Preisgelder für seine Lösung ausgesetzt wurden. Schon 1879 hatten Johnson und Story im *American Journal of Mathematics* nachgewiesen, dass von den 16! möglichen Konfigurationen nur die Hälfte durch Spielzüge herstellbar sind, so dass umgekehrt auch nur aus der Hälfte der gegebenen Konfigurationen wieder ein Normalzustand hergestellt werden kann. Lösbar (oder in Weyls Worten: durch Herumschieben von Zeichen

---

19 Hermann Weyl, »Die heutige Erkenntnislage der Mathematik«, in *Gesammelte Abhandlungen*, Hg. K. Chandrasekharan, Berlin/Heidelberg/New York 1968, Bd. 2, S. 511-542 (zit. nach Heintz, S. 49).
20 Alan Turing, »Lösbare und unlösbare Probleme«, in: *Intelligence Service*, Hg. F. Kittler/B. Dotzler, Berlin 1987, S. 69ff.
21 *Intelligence Service*, S. 70. Statt des traditionsreicheren Schachspiels ließe sich also auch, wie Wang in den 1960er Jahren gezeigt hat, eine besondere Art von Geduldspiel wie *Solitaire* nehmen: »We can justifiably say that all mathematics can be reduced, by means of Turing machines, to a game of solitaire with dominoes« (Hao Wang, »Games, Logic and Computers«, in: *Scientific American*, 213 (1965), S. 98-106).

SCHACHSPIEL UND COMPUTER   201

Karikatur aus einem der Schach-Aufsätze Shannons, der *Saturday Evening Post* entnommen (die Ähnlichkeit mit Wiener, der seinen Computer-Gegner umprogrammiert, ist unschwer zu erkennen)

›beweisbar‹) sind nur solche Konfigurationen, bei denen die Gesamtzahl der auf eine kleinere Zahl folgenden Steine gerade ist.

Und ebenso wie Alan Turing grundlegende Eigenschaften der Mathematik auf die Funktion von Maschinen abbildet, wodurch sich Berechenbarkeit als Schreibbarkeit erweist, gibt es auch eine Abbildung der Geduldsspiele: »Für jedes Geduldsspiel können wir ein entsprechendes Substitutions-Geduldsspiel finden, das ihm in dem Sinne gleichwertig ist, dass wir bei einer gegebenen Lösung des einen diese leicht anwenden können, um die Lösung des anderen zu finden.«[22] Die Frage, ob diskrete Maschinen auch Menschen imitieren können, entwirft Turing nun nicht nur am berühmten Geschlechterspiel in

---

22 *Intelligence Service*, S. 71.

Rechenmaschinen und Intelligenz, sondern auch ausführlich am Beispiel des Schachspiels:

> »Man kann ein kleines Experiment in dieser Richtung durchführen, sogar beim gegenwärtigen Stand des Wissens. Es ist nicht schwer, sich eine Papiermaschine auszudenken, die kein allzu schlechtes Schach spielt. Nun nehme man drei Personen A, B, C als Versuchsobjekte. A und C müssen ziemlich dürftige Schachspieler sein, B ist der Operator, der die Papiermaschine bedient. (Im Hinblick darauf, daß er sie recht schnell bedienen können sollte, ist es ratsam, daß er sowohl Mathematiker als auch Schachspieler ist.) Zwei Räume mit einer Einrichtung, die Züge mitzuteilen, werden gebraucht, und das Spiel findet statt zwischen C und entweder A oder der Papiermaschine. C könnte es durchaus schwierig finden, anzugeben, mit wem er spielt. (Das ist die einigermaßen idealisierte Form eines Experiments, das ich tatsächlich durchgeführt habe.)«[23]

Die letzte Anmerkung bezieht sich wohl auf die 1947/48 mit David Champernowne entstandene Ein-Zug-Analyse-Maschine namens *Turochamp*, die gegen ein von Donald Mitchie und Shaun Wylie geschriebenes Programm namens *Machiavelli* antrat, und zwar in einer manuellen Version, in der die Programmierer selbst als Papiermaschinen antraten.[24] (Eine Partie, die übrigens nie zu Ende geführt wurde, weil die Rechnungen der beiden Teams zu aufwendig wurden.)

Wenn das Schachspiel zunächst – von der »Göttinger Mathematik reiner Symbolspiele« herkommend – ein Denkbild lieferte, in dem die Turingmaschine gedacht werden konnte, dann wurde es später, sobald diese »schaltungstechnischer Ernst«[25] war, zu seiner prominenten Anwendung. Schachprobleme sind (so ein Motto Turings) die »Hymnen der Mathematik« und daher hervorragend geeignet, einen Überblick über zu programmierende Probleme zu gewinnen, die alles andere als »reiner Spaß«[26] sind. Der Blick, mit dem der Spieler ein Schachbrett mustert, um den Stand des Spiels zu ermitteln, sei (so Turing) von »derselben Art, in der [... man] Geschäftspapiere durchsehen muß«, und die Weise der Lösung von Schachproblemen durch Programmieren führe zu Fortschritten in Wirtschaft und Krieg.[27] Und da Turing – wie seitdem alle Schach-Programmierer – nicht auf vollständige Enumeration der Möglichkeiten setzt, sondern auf Gewichtungsalgorithmen für

---

23 *Intelligence Service*, S. 112f.
24 Umgekehrt werden dann intelligente Maschinen »ihre meiste Zeit damit [... verbringen], Spiele wie Schach [...] zu spielen« (*Intelligence Service*, S. 11).
25 Kittler in *Intelligence Service*, S. 219. Zur Turingmaschine als Spielzeug auch andeutungsweise Florian Rötzer, »Aspekte der Spielkultur in der Informationsgesellschaft«, in: *Medien Welten Wirklichkeiten*, S. 149-172.
26 *Intelligence Service*, S. 118. Trefferweise hieß die *Government Code and Cyper School* in Bletchey Park unter ihren Angestellten auch »Golf Club and Chess Society« (Metropolis, S. 53).
27 *Intelligence Service*, S. 119. Ganz ähnlich auch Shannon in seinem grundlegenden Aufsatz »Programming a Computer for Playing Chess«, in: *Philosophical Magazine*, 41(1950), S. 256-275. Das Studium des Schachspiels erscheint als eine Art Katalysator für das Studium algorithmisierter Strategie. Es bietet ein Problem mit »a real form without the complexities of the real world«. Dazu auch Claude E. Shannon, »A Chess Playing Machine«, in: *The World of Mathematics*, S. 2124-2133.

nur wenige Züge, gleichen seine grundlegenden Bewertungsdaten denen, die auch für ökonomische und militärische Spiele relevant sind. Das sind erstens die erwägenswerten Züge, zweitens der Stellungswert (die Addition der vorhandenen Figuren von unterschiedlicher Wertigkeit) und drittens der Positionsspielwert (aus mehreren Faktoren zusammengesetzte Werte von Bedrohungen und Möglichkeiten jeder einzelnen Figuren, die dann zu einer ›Lagebewertung‹ addiert werden). Der Blick des Spielers auf die Lagen von Geschäftsbüchern oder Schlachtfeldern rechnet mit Standorten, Ressourcen und Bewegungsmöglichkeiten. Dass die Literatur zu Computerspielen von informatischer Seite sich fast ausschließlich mit dem Schachspiel beschäftigt, verwundert also kaum. Daher sei auch nur erwähnt, dass die Ökonomen Newell und Simon (vgl. Kapitel I, Anm. 189) sich (ausgehend von Shannon) damit beschäftigten, Schachprobleme in den Termini der von Neumann'schen Spieltheorie zu rechnen, was umgekehrt nur auf die Hoffnung verweisen kann, dass ökonomische Probleme durch Schachspiel-Algorithmen lösbar sind. Alan Kotok (vgl. Kapitel I, Anm. 194) ging – nicht minder zeitgemäß – in den 1960er Jahren Schachprobleme graphentheoretisch an, nämlich mittels variabler Tiefensuche und Kantengewichtung des Entscheidungsbaums. Und während die Rechner der prognostischen Institute den Kalten Krieg als Computerspiel im strengen Wortsinne prozessierten, spielten die Supermächte ganz wortwörtlich Schach. John McCarthy hatte nämlich Kotoks Programm vom MIT (das eine führende Rolle in der Entwicklung politisch-militärischer Spiele und Computersimulationen von *guerilla warfare* hatte) zum *AI Lab* in Stanford mitgenommen und verbessert. So kam es, dass 1966 Stanford (wo sich in den Nebenräumen 1 400 Angestellte u.a. mit »antiballistic missile defense, air defense, naval warfare« und nicht zuletzt »unconventional warfare«[28] beschäftigten) viermal gegen das *Institut für Theoretische und Experimentelle Physik* in Moskau Schach spielte. Auf der amerikanischen Seite von *Blue* stand das Kotok/McCarthy'sche Programm mit ›künstlicher Intelligenz‹ auf einem IBM 7090, auf sowjetischen Seite von *Red* ein Programm nach Shannon'schen Regeln auf einem (langsameren) M-20, das zuletzt gewann.[29]

3. Taktisches Schach und Kriegsspiel

Als Anfang der 1980er Jahre der Begriff des Kriegsspiels oder *wargame* durch den gleichnamigen Film in die sogenannte Öffentlichkeit einzog, hatte das Militär schon begonnen, sich an zentraler Stelle von ihm zu verabschieden. Die *Studies, Analysis, and Gaming Agency* (SAGA) im Erdgeschoss des Pentagon hatte sich in den frühen 1980ern in *Joint Analysis Directorate* (JAD) umbenannt, und man begann, die Begriffe »simulation« und »modelling« dem Wort »game« vorzuziehen.[30] Damit schloss sich ein Bogen von nahezu zwei Jahrhunderten, denn um 1800 hatte jene Entwicklung begonnen, innerhalb derer aus Spielen

---

28 Wilson, S. xi.
29 Dazu Levy, Bd. 1, S. 118. Die Leistungsdaten des M-*20* bei Metropolis, S. 171.
30 Allen, S. 7.

– und zwar gerade unter dem Begriff des »Kriegs*spiels*« – Simulationen wurden. Zwischen 1780 und 1820 vollzog sich vom Schachspiel, »das wie die hergebrachten Künste [...] nur im Symbolischen operieren konnte«, zum »Sandkasten als Miniatur einer nicht codierbaren Kontingenz [... der] Schritt von Künsten zu Analogmedien, von Fiktionen zu Simulationen.«[31] Die im Folgenden vorgestellten Spiele markieren, wie das Schachspiel umdefiniert wurde, wie diese Versuche der Einbeziehung des Realen an eine Grenze stießen und ab 1811 die eigenständige Form des Kriegsspiels entstand.[32] Die Ausführlichkeit ihrer Behandlung rechtfertigt sich aus einer Vergessenheit, die auf die gleiche Epochenschwelle datiert. Denn als Friedrich Schiller 1793 das Spiel anthropologisierte und eine postrevolutionäre Sozialtheorie im Gewand einer Spieltheorie zu formulieren suchte, um die Probleme einer mehr und mehr funktional sich ausdifferenzierenden Gesellschaft zu lösen, unterlagen die *games* dem *play*. Trotz aller Kant'schen Vorbereitung war Schiller genötigt, sich für seine Begriffswahl zu verteidigen. Erniedrige es nicht die Ästhetik, so fragt er, sie mit »den frivolen Gegenständen [...gleichzustellen], die von jeher im Besitz dieses Namens waren« und unter »Ausschließung alles Geschmackes« bestehen können?[33] Die Antwort lautet, dass man »nicht an die Spiele erinnern [darf], die in dem wirklichen Leben im Gange sind und die sich gewöhnlich nur auf sehr materielle Gegenstände richten«. Es geht also nicht um zeitgenössische ›Frivolitäten‹ wie *Faro* oder *Whist* und nicht um ›geschmacksneutrale‹ Kalküle wie Schach, nicht um Spiele oder *games*, sondern um das *play* eines spielerischen Verhaltens ›des Menschen‹. Von Gewalt und Gewinn dieser Ausgrenzung aller Materialität der Spiele, von der Hierarchie zwischen einem ›eigentlichen‹, ›ursprünglichen‹ und ›allgemeinen‹ Prinzip des *play* und dem Frivolen, historisch Bedingten und Partikularen einzelner *games*, zehren weiteste Teile der Spieltheorie der letzten zwei Jahrhunderte. Während Schiller jedoch mit seiner Favorisierung des *play* ein anthropologisches Operationsfeld aufmacht, zeichnet sich zugleich ein neuer Umgang mit den Konkreta von *games* ab, die sich zu einem experimentellen ›rechnenden Raum‹ entwickeln, der in verschiedene Wissensfelder transplantiert werden kann.

Hellwigs »Taktisches Spiel«

Zwölf Jahre vor der *Ästhetischen Erziehung* erschien in Leipzig Johann Christian Ludwig Hellwigs *Versuch eines aufs Schachspiel gebaueten taktischen Spiels von*

---

31 Friedrich Kittler, »Fiktion und Simulation«, in: *Philosophien der neuen Technologie*, Hg. Ars Electronica, Berlin 1989, S. 57–80, S. 73.
32 Als Beispiele dienen sie nur dazu, einen historischen Wendepunkt scharf zu stellen. Insofern bleiben beispielsweise Christoph Weickmanns Schachspiel von 1644, die Kartenspiele wie *Jeu de la Guerre* und *Jeu de la Fortification* des frühen 18. Jahrhunderts oder Viturinus' fast unspielbares *Neues Kriegsspiel* unberücksichtigt (vgl. dazu auch H. J. R. Murray, *A History of Board Games other Than Chess*, New York 1952; *A History of Chess*, Oxford 1913).
33 Friedrich Schiller: »Über die ästhetische Erziehung des Menschen in einer Reihe von Briefen«, in: *Sämtliche Werke*, Hg. G. Fricke/H. G. Göpfert/H. Stubenrauch, München ³1962, Bd. 5, S. 616.

zwey und mehreren Personen zu spielen, dessen sechsseitiges Subscribenten-Verzeichnis sich wie ein *who-is-who* der Regierungshäupter und führenden Militärs seiner Zeit liest. Die zwölf Bogen lange Bau- und Spielanleitung des herzoglich-braunschweigischen Hofmathematikers ist von einem Sprachgestus unprätentiöser, luzider Sachlichkeit geprägt, der nicht nur patriotische Exkurse, sondern auch alle Redundanz vermeidet. Die durchgängige Nummerierung in Paragraphen, die zahlreichen Verweise und Rekursionen und die immer wiederkehrenden gleichen Zahlenverhältnisse muten streckenweise wie die umgangssprachliche Übersetzung eines Programms mit globalen und lokalen Variablen, mit logischen Verzweigungen und Subroutinen an.

Das Ziel dieses Spiels lautet Visualisierung: Sein »Endzweck [ist,] die vornehmsten und wichtigsten Auftritte des Krieges sinnlich zu machen«, und das heißt Deckung und »Communication« erhalten, Vordringen und Rückzug organisieren, eigene Terrainvorteile nutzen, »Detachiren« des Feindes herbeiführen und effektivste Positionen zum optimalen Zeitpunkt erlangen.[34] Wenn es solcherart nicht mehr um Sinnbildhaftigkeit, sondern um Versinnlichung geht, ist die Frage der Relationierung von extra- und intraspielerischen Zusammenhängen nicht mehr eine von poetischer Qualität, sondern von kommensurablen Abbildungsmaßstäben. Mimetische Qualität bemisst sich am Grad informatischer Abstraktion und darstellungstechnischer Auflösung. Der Maßstab für die Vollkommenheit des Spiels ist (so Hellwig) seine ›Naturnachahmung‹ des Gegenstandes Krieg.[35] Dass beispielsweise die Figur des Läufers nicht als so etwas *wie* Artillerie *gedeutet* werden, sondern auch das Verhalten realer Artillerie *abbilden* könnte, führt Hellwig daher vor allem Regelwerk zur Frage der Repräsentation im Sinne der modellhaften Auflösung. Der Tagesmarsch eines Corps mit Artillerie und die Schussweite dieser Artillerie stehen beispielsweise im Verhältnis 4:3. Hellwig rechtfertigt diese Abstraktion damit, dass für ein ›natürliches‹ Verhältnis der Spielplan »wenigstens 16mal größer [hätte] seyn müssen, als er jetzt ist«, also 176 statt 11 Quadratschuh, und damit die Spielbarkeit durch Inkommensurabilität bedroht worden wäre.[36] Neben diese Frage der Überschaubarkeit gesellt sich die nach der Auflösung des Regelwerks. Damit das Spiel leicht erlernbar ist und der Verwaltungsaufwand die bürokratische Kapazität der Spieler nicht überfordert, gilt es die Zahl der grundlegenden Regeln möglichst gering zu halten. Aufgrund der Naturnachahmung seines Spiels scheint Hellwig daher eine Art Lernen durch Beobachtung zweiter Natur möglich: »Die Hälfte der herzoglich-braunschweigischen Pagen, welche alle zwischen dreyzehn und funfzehn Jahren sind, haben dies Spiel vom bloßen Zusehen erlernt, und spielen es alle in einem ziemlichen Grade der Vollkommenheit. Man schließe hieraus weiter.«[37] Die weiteren Schlüsse zog wohl Alan Kay zwei Jahrhunderte später, als er die Zukunft von

---

34 Johann Christian Ludwig Hellwig, *Versuch eines aufs Schachspiel gebaueten taktischen Spiels von zwey und mehreren Personen zu spielen*, Leipzig 1780, S. 1, xi f.
35 Hellwig, S. 1.
36 Hellwig, S. xiv; das Spielfeld hätte folglich nicht 1617, sondern 25 872 Felder gehabt.
37 Hellwig, S. xvi f.

Interfaces fortan daran zu bemessen vorschlug, inwieweit Kinder durch Zusehen und *learning by doing* zur Computerbenutzung in der Lage seien (vgl. S. 299ff.).

Während nun Glücksspiele wie »Faro, Vingtün, Quinze« nur für »Menschen ohne Kopf« taugen,[38] basiert Hellwigs taktisches Spiel auf einer Kopfrechenarbeit, die dem Realismus einer Modellierung jener zweiten Natur geschuldet ist, die die »Natur der Truppen«, der Verkehrswege, der »Geräthschaften« und der »übrige[n] Bedürfnisse einer Armee« ist. Alfred Hausrath, Vorsitzender der *Military Gaming Division* der *Research Analysis Corporation* definiert:

> »Ein Modell ist die vereinfachte Repräsentation eines Systems oder einer Aktivität, die untersucht werden soll. Ein Modell stellt die grundlegenden Elemente und Kräfte bereit, die dann in sehr ähnlicher Weise interagieren und funktionieren wie in einem realweltlichen System. Ein Modell kann eine physikalische Gerätschaft sein wie ein einfacher Spielzeugballon oder ein maßstäbliches Modell eines Düsenflugzeugs in einem Windkanal, dessen Verhalten im Luftstrom untersucht werden soll. Ein Modell kann auch ein theoretisches Konstrukt sein, das aus einer Menge von Daten, Regeln und mathematischen Formeln besteht wie sie etwa benutzt werden, um eine größere geschäftliche Unternehmung oder eine diplomatische Krise, eine militärische Konfrontation oder ein ökonomisches Modell zu simulieren, um daran die Wirtschaft einer Nation zu untersuchen.«[39]

Von der spezifischen Form des Wissens, das für ein Modell nötig ist, von Datenerhebung, informatischer Abstraktion und auch den Wechselwirkungen zwischen Modell und Wirklichkeit wird noch zu handeln sein. Vorerst interessiert nur, wie Hellwig versucht, den Modellgedanken in ein tradiertes Format wie das Schachspiel einzuschreiben.

Zunächst unterscheidet er zwischen Infanterie, Kavallerie und Artillerie. Infanterie bewegt sich langsam, Kavallerie schnell, und beide richten Schaden an dem Ort an, an dem sie sich befinden, wohingegen die Artillerie »durch besonders dazu verfertigte Maschinen in einer merklichen Entfernung« wirkt. Während also Infanterie und Kavallerie noch durch Züge von Figuren darstellbar sind, bereitet dies bei der Artillerie schon erhebliche Schwierigkeiten, da Ursache und Wirkung räumlich getrennt sind. Zweitens stellt das Schachspiel (außer anderen Figuren, die geschlagen werden können) eine friktionsfreie Fläche dar, wohingegen der Kriegsschauplatz beseitigbare und unbeseitigbare Hindernisse für Truppen- und Maschinenwirkungen aufgibt. Drittens haben Maschinen »keine eigenthümliche Bewegung«, sondern hängen von »willkürlich würkenden Geschöpfen« ab, und viertens haben diese Geschöpfe (ob Mensch oder Tier) »Bedürfnisse« nach »Communikation«, also beispielsweise nach Verpflegungs-Depots.[40] Fünftens bewegt sich im seriellen Schachspiel immer nur *eine* Figur, wohingegen der Krieg eine parallel verarbeitende

---

38 Hellwig, S. xix.
39 Alfred H. Hausrath, *Venture Simulation in War, Business, and Politics*, New York 1971, S. xvi (Übers. C.P.).
40 Hellwig, S. 3f.

Maschine ist. Mehrere Truppenteile können sich zugleich bewegen und sind fähig, »in einem Zuge mehrere Feinde niederzuhauen«.[41] Sechstens und zuletzt ist die Gefangennahme einer einzigen Figur als Indikator für den Gewinn eines Krieges »nicht natürlich«.[42] Vielmehr bemisst sich der Gewinn an der Stärke, das Land des Feindes zu besetzen und besetzt zu halten. Die Figur des Königs – so Hellwigs logischer Schluss – ist nicht relevant und kann daher schlicht weggelassen werden.[43] Kurz bevor reale Häupter rollen, rollt also schon im zeitgenössischen Spieledesign der Kopf des Königs. Wenn man sich derart »der Natur möglichst nähern« will, heißt es »das Schachspiel gänzlich [zu] verlassen«, das kein »Kriegstheater«, sondern allenfalls ein »Paradeplatz« ist.[44]

Für Hellwig bedeutet dies zunächst, Art und Funktion der Spielfiguren oder Agenten neu zu bestimmen. Von den gängigen Schachfiguren bleiben nur Königin, Turm, Läufer, Springer und Bauer (auf dem Spielfeld abgekürzt als »K«, »T«, »L«, »S« und »b«) übrig. Gleichwohl die klingenden Namen erhalten bleiben, werden die Figuren als Kombinationen elementarer Bewegungsmöglichkeiten neu entworfen: König, Turm und Läufer gelten als Kavallerie, Bauern und Springer als Infanterie. Dabei wird die Königin anhand ihrer Freiheitsgrade als Kompositfigur von Turm (links/rechts, vor/zurück) und Läufer (diagonal) interpretiert. Durch weitere Zusammensetzungen wie springende Königinnen (»SK«), springende Läufer (»SL«) und springende Türme (»E« für Elephanten) können gemischte Truppen aus Kavallerie und Infanterie dargestellt werden.[45] Bauern – alias Infanterie-Trupps – können auch rückwärts oder zur Seite marschieren und werden zur Orientierung mit einem »Dintenfleck« markiert, wobei jede Schwenkung als ein Zug gilt. Die Kavallerie kann nun so viele Figuren schlagen, wie sie »ohne Bedeckung in gerader Linie antreffen.«[46]

Zur Darstellung der »wichtigsten Chikanen eines Terrains« werden die Spielfelder verschiedenfarbig koloriert und gegebenenfalls mit zusätzlichen Zeichen bestückt: schwarze und weiße Felder sind widerstandslos, grüne Felder bedeuten partielle Widerstände wie Sumpf oder Morast (über den man zwar nicht hinwegmarschieren wohl aber hinwegschießen kann), rote Felder bedeuten unüberwindliche Hindernisse wie »Gebürge«, und blaue Felder bezeichnen Gewässer, die allesamt so tief sind, dass weder Mensch noch Tier hindurchschwimmen können. Rot-weiß geteilte Felder zuletzt bezeichnen Gebäude, von denen mehrere zusammen Städte und Dörfer formen.[47]

---

41 Hellwig, S. 10f.
42 Hellwig, S. 6.
43 Hellwig, S. 11. Ein Spielgewinn tritt vielmehr ein, wenn einer der Spieler die Festung des anderen einnimmt und sie – unabhängig von der verbleibenden Stärke des Gegners – für einen Zug lang halten kann.
44 Hellwig, S. 6, 13.
45 Hellwig, S. 16ff.
46 Hellwig, S. 18.
47 Hellwig, S. 14ff.

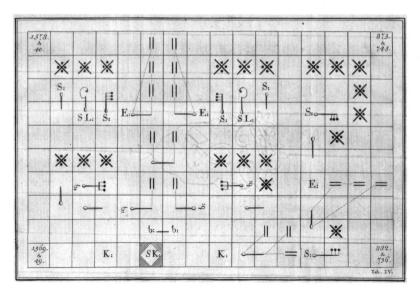

Einige Bastelarbeit wird dem Spieler bei der Herstellung der Artillerie abverlangt.[48] Auf einem Brettchen von der Größe zweier Spielfelder ist ein abgeschrägter Holzwürfel mit drei Stecknadeln zu befestigen und in der Farbe eines der Spieler zu lackieren. Neben diesem Würfel ist der »Ort des Artilleristen«, einer beliebigen Spielfigur, ohne die die Kanonen weder bewegt noch abgefeuert werden können. Diese haben eine »Würkungsfläche« von drei Feldern in Richtung der Stecknadeln, und der Spieler entscheidet beim Schuss, ob sie auf eines, zwei oder alle drei Felder wirkt, ohne sich von der Stelle zu bewegen.[49] Artillerie-Figuren können zusammengeschlossen werden, um dann synchron abgefeuert und bewegt zu werden, wobei doppelte Geschütze einfache des Feindes aus den von ihnen »bestrichenen« Quadraten vertreiben. Rote Felder verhindern Artilleriefeuer, grüne und blaue nicht.[50] Feindliche

---

48 Die Geschichte von Beschreibung, Bau- und Betriebsanleitung würde – ausgehend vielleicht von den ›Modellen‹ der Zentralperspektive – eine ausgiebige medienhistorische Beschäftigung lohnen. Kriegsspiele wie das von Hellwig kamen beispielsweise als Bücher daher, die nicht nur die Spielregeln, sondern auch Baupläne (und teilweise Bastelbögen) mit schriftlicher Bauanleitung enthielten. Überall galt es auszuschneiden, aufzuzeichnen und auszumalen, zu tischlern, zu kleben und allerlei Hausrat zu mobilisieren, und leider sind aus diesem Grund auch die meisten Bastelbögen verschollen. Bei Reißwitz' späterem Kriegsspiel hingegen wurden fertige Kästen mit allen erforderlichen Spielmitteln geliefert, so dass die Bauanleitung entfiel. Die Software (also die Verarbeitung der Eingaben und Ausgaben der Spieler gemäß den Spielregeln) lief dort ohnehin auf einem »Vertrauten« (vgl. S. 216ff.), so dass die Spieler letztlich weder Schaltpläne noch Sourcecode, sondern bloß eine dünne Betriebsanleitung benötigten, womit neuerdings ein Spielen ohne Verstehen möglich war. Diese Trennung dürfte für zahlreiche komplexe Maschinen des folgenden 19. und 20. Jahrhunderts gelten und hat sich bis heute in der Trennung von *Software Manuals* für Benutzer und *Technical Reference Guides* für Hardwarekundige erhalten.
49 Hellwig, S. 27.
50 Hellwig, S. 38f.

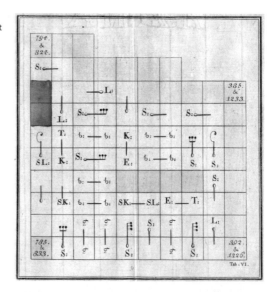

Beispielkonfigurationen auf dem Hellwig'schen Schachbrett

Geschütze können durch Beseitigung des Schützen eingenommen werden, eigene jedoch auch »ruinirt« werden, um sie dem Feind nicht zu überlassen. Ein ähnlich aufgebautes Wurfgeschütz (gebogener Draht mit roter Kugel) zeigt verwandtes Verhalten, setzt jedoch Häuser und Brücken in Brand. In diesem Fall wird das betroffene Gebäude durch ein Stück roter Pappe bezeichnet, und der Gegner muss seine Truppen unverzüglich aus dem Feuer holen, das sich bei jedem Spielzug auf eine Generation umliegender Gebäude ausbreitet. Häuser brennen jeweils sechs Spielzüge lang, danach ist das Gelände wieder begehbar.

An den Geschützen zeigen sich deutlich die Erweiterungen und Grenzen des Schachspiels. Im Zusammenschluss mehrerer Geschosse zu einer Batterie, aber auch in der Regel, dass Bewegen und Abfeuern eines Geschosses als nur ein Zug gilt, deutet sich zaghaft so etwas wie eine Parallelverarbeitung mehrerer Ereignisse an. Mit der Einführung einer Wirkungsfläche werden Ursache und Wirkung *räumlich* entkoppelt, mit der Brenndauer der Gebäude *zeitlich*. Die Verwaltung mehrerer Brandherde erfordert gewissermaßen ein *multithreading* von jeweils sechs Systemtakten langen Routinen, das dem hergebrachten Schach völlig fehlt. Was man hinsichtlich von Wirkungen jedoch auffällig vermisst, ist Kontingenz. Zufall und Wahrscheinlichkeit spielen keine Rolle, und nichts verrauscht die Übertragung von Ursache zu Wirkung. Vom ›willkürlich würkenden Geschöpf‹ abgefeuerte Projektile verfehlen niemals ihr Ziel, und einmal entzündete Brandherde breiten sich mit der gleichen Notwendigkeit aus wie Wellen eines ins Wasser geworfenen Steins – gewissermaßen im Rasterbild eines sich kreisförmig fortpflanzenden Impulses. Die aufklärerische Signatur des Hellwig'schen Spiels zeigt sich vielleicht darin, dass seine Welt die transparente, mechanische Kausalität eines Uhrwerks besitzt. Gegenwärtige Zustände sind Wirkungen von vorangegangenen und Ursache für zukünftige. Die Reduktion der Physik auf Punktmechanik als dominierende wissen-

Eine Musterseite aus dem Hellwig'schen Regelwerk

§. 97. a.

Das auf 585, 586, 607, 608, 629, 630, 651 und 652 in der zweyten Tafel stehende Corps, kann daher in einem Zuge nur folgende Stellungen nehmen:

I. Vorwärts.
  1 das ganze Corps rückt bis auf 563 und 564 vor
  2 — — — — 541 — 542 —
  3 — — — — 519 — 520 —
  4 — — — — 497 — 498 —

II. Rechts zur Seite.
  1 es rückt bis auf 587, 609, 631 und 653
  2 — — 588, 610, 632 — 654
  3 — — 589, 611, 633 — 655
  4 — — 590, 612, 634 — 656

III. Links zur Seite.
  1 es rückt bis auf 584, 606, 628 und 650
  2 — — 583, 605, 627 — 649
  3 — — 582, 604, 626 — 648
  4 — — 581, 603, 625 — 647

IV. Rückwärts.
  1 das ganze Corps rückt bis auf 673 und 674 zurück
  2 — — — — 695 — 696 —

und so ferner in die dritte und vierte Stellung.

§. 98.

Man ist nicht gezwungen, ein aus verschiedenen Teilen bestehendes Rektangel in einem Zuge ganz zu bewegen; es ist genug, wenn der bewegte Teil ein Rektangel ist. So hat man z. B. nicht nöthig, das über

---

schaftliche Ideologie scheint es Hellwig (der sich ansonsten nicht scheut, alle Schachregeln über Bord zu werfen) zu untersagen, seine deterministische Spielwelt durch Stochastik zu verunreinigen. Wenn Gott nicht würfelt, sollte es sich auch der Spieledesigner verbieten.

Darüber hinaus fällt auf, dass die Verzeitlichung des Schachspiels durch brennende Dörfer und Festungen ein Kurzzeitgedächtnis von sechs Zügen bzw. je lokalen Variablen für sechs Taktzyklen pro bebautem Spielfeld erfordert und damit den Verwaltungsaufwand enorm erhöht. Schon eine 5×5-Matrix erfordert die Zwischenspeicherung des Zustandes von maximal 25 Feldern über 8-10 Spielzüge im Gedächtnis des jeweiligen Spielers, und es ist erstaunlich, dass Hellwig an dieser Stelle keine zusätzlichen Spielmittel einführt, wie er es beispielsweise bei der Verschanzung tut. Solcherlei »durch leblose Gegenstände getroffene Vorkehrung [...] um das Vordringen des Feindes [...] zu verhindern«[51] wird aus Erde hergestellt und (je nach Spieler) durch grün-gelbe oder grün-rote Pappe markiert. Die Errichtung einer »Brustwehr« (die einzige implementierte Art der Verschanzung) kostet einen Zug und schichtet drei Papptäfelchen übereinander. Jede weitere Erhöhung kostet dann einen weiteren Zug und wird durch eine zusätzliche Marke angezeigt. Umgekehrt wird eine Brustwehr bei jedem Zug um eine Einheit vermindert, wenn sie sich in der Wirkungsfläche eines feindlichen Geschützes befindet. Angriff und Verteidigung, deren Reglementierung treffenderweise die Mitte des Buches bildet,[52] führen zu einer sprunghaften Anhäufung von IF/THEN-Anweisungen, die darzustellen müßig wäre. Interessant sind hier nur zwei Beobachtungen: Einerseits gibt es so etwas wie globale Variablen, also Zahlen, die in fast allen Berechnungen aufgerufen werden. Dies ist vor allem die Weite eines Kanonenschusses, die zugleich die Flugweite eines Wurfgeschosses ist und noch zahlreiche weitere Bewegungen bemisst. Der Kanonenschuss erscheint gewissermaßen als Urmeter des Spiels um 1780. Andererseits fällt auf, dass es so gut wie keine Logistik der Versorgung, Munitionierung und Ernährung gibt. Erde zur Verschanzung wird überall angenommen, Munition ist unbeschränkt vorhanden, und allenfalls bei der Einnahme von Festungen spielen Versorgungsprobleme eine gewisse Rolle.[53] »Communikation« bleibt also, gleichwohl sie bemerkenswerterweise angesprochen wird, so gut wie unmodelliert.

Eine der wenigen Stellen, an denen Logistik zum Zug kommt, ist der Truppentransport und seine Sonderform, der Brückentransport. Der »Transporteur«, ein Holzbrettchen von zwei Spielfeldern Größe und einem Draht mit »Püschel«, ist einer der erstaunlichsten Einfälle Hellwigs und bedeutet für die Modellierung des Raumes etwa das, was die brennenden Häuser für die Modellierung der Zeit bedeuten.[54] Transporteurs können sich, wenn sie mit mindestens einer Spielfigur besetzt sind, wie Artillerie bewegen, und zwar bei Besetzung durch Kavallerie neun, bei Infanterie oder Artillerie sieben Felder weit. Ein Transporteur kann – und das ist das Bemerkenswerte – rekursiv verwendet werden, also nicht nur Platz für eine zweite Spielfigur bieten, sondern auch für einen zweiten Transporteur, der wiederum einen Transporteur aufnehmen kann usw. Und einzelne oder zusammengesetzte Transporteurs können wiederum einzelne oder zusammengesetzte Geschütze aufnehmen und dann *en bloc* geschwenkt oder bewegt werden. Transporteurs als »Maschinen, auf welchen sie [Truppen, Artillerie usw.] von einem Ort zum andern gebracht werden« können, unterlaufen das Prinzip des Schachspiels, nach dem bei jedem Zug nur eine Figur bewegt werden kann, indem sie – wie später noch Güterwaggons – zusammenhängende Transporte von Soldaten, Waffen

---

51 Hellwig, S. 67.
52 Hellwig, S. 77ff.
53 Hierfür gilt, dass eine Festung besiegt ist, wenn sie 50 Züge lang von keiner Figur verlassen werden konnte. Kleinere Verbände sind bereits nach sechs Zügen »unterbrochene[r] Communikation« (S. 116) ausgehungert.
54 Hellwig, S. 54ff.

und anderem Material organisieren. Letzteres beschränkt sich bei Hellwig vorerst auf Brücken, die auf speziellen »Brückentransporteurs« bewegt werden müssen. Dabei sind – Signum einer noch nicht standardisierten Ära – Brücken und Transporteurs nummeriert, und Brücken können nur von Transporteurs mit gleicher Nummer bewegt werden, wobei zusätzlich noch auf eine gleichmäßige Auslastung zu achten ist.[55]

Erst gegen Ende der Anleitung, nach allen detaillierten Anweisungen zum Aufbau des Spieltisches und selbst zum Sortieren der über 900 Spielmarken entwirft Hellwig eine zweite, komplexere Version des Spiels, die einige Features künftiger Kriegsspiele vorwegnimmt, die nicht mehr auf einer Schach-*engine* aufgebaut sein werden. Dieses taktische Spiel der »zweyten Schule« würde sich vor allem dadurch auszeichnen, dass es Vertikalität und Logistik prozessiert.[56]

Während die erste Version nur unterschiedliche Reibungen einer prinzipiell ebenen Fläche verarbeiten konnte, modelliert die zweite durch das Konzept der »Anhöhen« einen dreidimensionalen Raum. Dies bereitet schon deshalb Darstellungsprobleme, weil die farbige Illumination einer Anhöhe durch die Besetzung mit einer Figur unsichtbar würde. Würde man hingegen einzelne Felder tatsächlich erhöhen, dann würden die Transporteurs kippen. Hellwig schlägt daher quadratische Brettchen von 4×4 Feldern zur Visualisierung vor, die durch Fähnchen markiert sein sollten und durch eine verschiedene Anzahl von Kreisen (referierend auf die kartographische Technik der Höhenlinien) verschiedene diskrete Höhenniveaus anzeigen müssten. Anhöhen brächten interessante Veränderungen ein, beispielsweise ein vorher nicht vorhandenes Spiel mit Sichtbarkeit und Unsichtbarkeit oder auch Regeln für Standortvorteile wie diese:

> »In der Ebene stehende Artillerie, wenn sie gleich um 1 stärker ist, als die auf einer Anhöhe stehende, vertreibt diese nicht von der Anhöhe. Ist sie aber um 2 stärker, so vertreibt sie solche. Einfaches Geschütz wird daher von der Anhöhe nicht durch doppeltes, wohl aber durch dreyfaches vertrieben.«[57]

Wurde in der ersten Version noch ungefragt angenommen, dass Armeen sich immer von dem »unterhalten« können, was sie vorfinden (was nach Hellwig und vor Napoleon noch als »die seltenste Ausnahme von der Regel« galt), so würde eine zweite Version auch Kommunikationsprobleme modellieren.[58] Jedes Spiel hätte ein »Hauptmagazin« mit »gewissen [gesicherten] Zuflüssen«, von dem aus den Truppen die benötigten Dinge »nachgefahren werden« könnten. Am Ort der Kampfhandlungen wären dann Depots zu errichten und man hätte »für eine sichere Communication desselben mit dem Hauptmagazin« zu sorgen. Die somit notwendig werdende »Theorie von Verpfle-

---

55   Hellwig, S. 95. Der Abbau einer Brücke kann folglich nur geschehen, wenn ein Transporter mit gleicher Nummer zur Stelle ist – ansonsten bleibt nur, die eigene Brücke durch Beschuss zu zerstören (S. 93, 99).
56   Hellwig, S. 152.
57   Hellwig, S. 154.
58   Hellwig, S. 155.

gung und Unterhaltung derTruppen im Kriegsspiel« kann Hellwig jedoch nur andeutungsweise liefern und überlässt ihre Entwicklung dem ambitionierten Leser.[59] Das Hauptmagazin sollte – so Hellwigs Vorschläge – jeweils in der Festung liegen und die Depots Wirkungsflächen (oder Versorgungsgebiete) von 9×9 anliegenden Feldern haben. Jedes Depot sollte von einer Figur in Kanonenreichweite bewacht werden. Truppen, die auf Transporteurs oder Brückentransporteurs vorrücken wollten, müssten im Wirkungsfeld eines Depots sein oder doch spätestens drei Züge nach Verlassen des Versorgungsgebietes eines anlegen.[60] Alle Figuren, die nicht in drei Zügen die Wirkungsfläche eines Depots erreichten, hätten automatisch die Waffen zu strecken. Die Kommunikation mit dem Hauptdepot ginge über Land und Fluss, wodurch die Flüsse plötzlich in einer neuen Richtung benutzbar und Brücken zu Hindernissen würden. Verständlicherweise scheut sich Hellwig, zusätzliche Spielmarken einzuführen, um »den würklichen Transport der Zufuhre aus dem Hauptmagazin in die Depots anzuzeigen.«[61] Nimmt man nämlich die als notwendig prognostizierte Erhöhung der Auflösung auf den Faktor 1,6 ernst, so würde dies bedeuten, dass bei einem Spielfeld von 2640 Quadraten zur flächendeckenden Versorgung des Kriegstheaters bis zu 15 Depots pro Spieler notwendig wären. Der Krieg (und damit das Spiel) käme zum sofortigen Erliegen, weil die Züge beider Parteien nur noch von der Logistik der Versorgung handeln müssten.

Zusammengefasst versucht Hellwig, verschiedene Aspekte von Agenten, Gelände, Maschinen, Kommunikation, Synchronizität und Auszahlung auf der Basis des Schachspiels zu implementieren. Dabei zeigt sich erstens, dass das Schachspiel als diskreter Apparat mit den Eigenschaften serieller Abarbeitung einzelner Anweisungen, punktmechanischer Kausalität und Verarbeitung ausschließlich natürlicher Zahlen für diese Ansprüche in den wenigsten Fällen geeignet ist. Vielmehr bedürfte es eines analogen, parallel verarbeitenden Apparates, der mit Wahrscheinlichkeitsverteilungen rechnet. Zweitens wird deutlich, wie eine Modellierung schon weniger Parameter des Kriegstheaters zu einer verwaltungstechnischen Überforderung der Spieler führt, die nur durch Delegation von Buchführung und Kalkulation an eine externe Instanz zu lösen wäre.

Hoverbeck und Chamblanc

In den folgenden Jahrzehnten lässt sich beobachten, wie das Schachspiel, das aufgebrochen war, Simulation zu werden, auf der einen Seite wieder zu einem ›bloßen Spiel‹ zurückgebaut wurde, um sich auf der anderen Seite zum *Kriegsspiel* zu emanzipieren. 1806, also im Moment der Niederlage Preußens, veröffentlichte ein gewisser C. E. B. von Hoverbeck »mit unbegränzter Liebe zum Militair und mit der treuesten Anhänglichkeit eines preussischen Un-

---

59   Hellwig, S. 156.
60   Hellwig, S. 158.
61   Hellwig, S. 160f.

Hoverbecks Vorschläge für Spielfiguren von 1806

terthans« sein *Preußisches National-Schach*, um in einem Gestöber von Ausrufezeichen »in der tiefsten Ehrfurcht und Submission« zu ersterben.[62] An allen aktuell beobachtbaren Phänomenen moderner Kriegführung (wie Massenheere, Ende der Lineartaktik, Requisitionssystem, Telegraphie usw.) zielsicher vorbeischauend, setzt Hoverbeck den von Hellwig als ›unnatürlich‹ entlassenen König wieder in sein Amt: »Er repräsentirt die Person des Herrn der Armée, die *Er selbst* anführet. – Er ist die *Erste*, und die *Hauptfigur* im Spiel, – und es bedarf weder einer *Abänderung* seines *Nahmens*, noch seiner *Züge*.«[63] Wo sich die Figuren bei Hellwig in Geometrie aufgelöst hatten und eine ›Königin‹ einfach ein Agent mit drei Freiheitsgraden in der Fläche war, liest Hoverbeck ganz inhaltistisch Geschlechterklischees: Frauen hätten »eine sanftere Bestimmung« als den Krieg, nämlich den Mann »durch Liebe zu neuen Siegen kraftvoll machen« und seine Wunden zu »versüßen« – was für den Staat zwar entscheidend sein mag, die Modellierungsprobleme von Kriegsspielen aber völlig verfehlt.

> »Die Schlacht kostet dem Staate viele Menschen, Evas Töchter sind aber dazu bestimmt, ihm neue zu geben, und sie zum Dienste desselben zu erziehen! – Heil dir, *Borussia*, wenn die Deinigen so patriotisch denken, und mit voller Überzeugung sagen können: Wir fühlen uns *glücklich*! – Wir haben dem Staate *Söhne* gebohren, und sie *so erzogen, daß sie im Dienste des Vaterlandes zu bluten, – und für die Ehre ihres Königs gerne zu sterben wissen!!!*«[64]

Während solcherart eine Dame verschwindet, müssen die übrigen Figuren eine militärisch korrekte Umbenennung über sich ergehen lassen. Während der König ganz König bleibt, wird aus der Dame eine Leibgarde, werden Läufer zu Kürassieren und Dragonern, Springer[65] zu Husaren, Türme zu Kano-

---

62 C.E.B. von Hoverbeck, *Das preußische National-Schach*, Breslau 1806, Widmung an Prinz Friedrich Wilhelm.
63 Hoverbeck, S. 2.
64 Hoverbeck, S. 3.
65 Eine Bezeichnung, die – so Hoverbeck – »nach Tivoli in Paris [gehöre], wo die Kunstreiter ihre Geschicklichkeit für Geld sehen lassen« (S. 5).

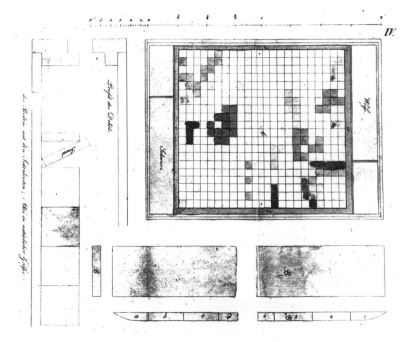

Franz Dominik Chamblancs Bastelanleitung von 1828 (Bogen IV)

nen und Bauern zu Füsilieren. Mit der Erweiterung des Spielfeldes auf 11 × 11 Felder (die »dem Sachverständigen [...] einleuchtend seyn« wird, einfach weil dies 57 Felder mehr ergibt als im »ordinaire[n] Schachspiel«) enden denn auch Hoverbecks Innovationen.[66] Was dieses Spiel üben soll, ist nach dem Wunsch seines Autors »Geist«, »Scharfsinn«, »rasche Beurtheilungskraft« und »schnelle Entschlossenheit in militairischer Rücksicht«.[67] Der Nutzen des Spiels auch fürs »Privat-Leben« bestehe darin, »kaltes Blut, gründliches Nachdenken, reife Überlegung und eine ausdauernde Beharrlichkeit mit Geiestesruhe und Geduld unterstützt« zu fördern, was mindestens so spezifisch ist wie die zahllosen Lehren und historischen Betrachtungen, die Hoverbeck vorgeblich aus Spielsituationen ableitet, die jedoch allesamt auf Gemeinplätze hinauslaufen.[68]

Nachdem Hellwig an die Grenzen des Schachspiels gestoßen war und Hoverbeck ihm jeden Simulationsgedanken wieder ausgetrieben hatte, schlug Franz Dominik Chamblanc 1828 noch einmal einen Kompromiss vor.[69] Die einen Spiele seien (so Chamblanc) zu »seicht«, die anderen zu »complicirt«.[70] Der von ihm vorgeschlagene »Mittelweg« halte sich »so viel wie möglich an das Natürliche«, womit nicht (wie bei Hellwig) die algorithmisierbaren Erfah-

66 Hoverbeck, S. 9.
67 Hoverbeck, S. 7.
68 Hoverbeck, S. 37, 147.
69 Franz Dominik Chamblanc, *Das Kriegsspiel, oder das Schachspiel im Großen. Nach einer leicht faßlichen Methode dargestellt*, Wien 1828.
70 Chamblanc, S. iii.

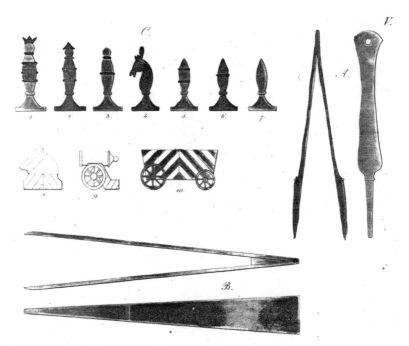

Franz Dominik Chamblancs Bastelanleitung von 1828 (Bogen V)

rungen des realen Krieges gemeint sind, sondern das ›natürliche‹ oder tradierte Schachspiel. Man dürfe, so Chamblanc, »von dem Hauptzwecke: daß ein Spiel *nur zur Unterhaltung* dienen müsse gar nicht abgehen.«[71] Was daraus folgt, ist eine Art *light*-Version des *taktischen Spiels* auf einem deutlich kleineren Spielfeld (460 Felder) mit erheblich weniger Figuren und Regeln, einigen neuen Elementen wie »Schanzkörben«, »Sturmleitern«, zwei Bewegungen pro Zug und einem ins Kriegstheater zurückgekehrten König.[72] Während also bei Hoverbeck der Simulationsanspruch völlig wegbricht und das Spiel nurmehr anempfindend oder allegorisch an den Ernstfall zu denken aufgibt, bleibt bei Chamblanc zwar der Gedanke einer ›naturalistischen‹ Modellierung erhalten. Diese lokalisiert sich allerdings bewusst und erheblich unter dem Niveau postnapoleonischen Wissens um den Krieg, um in dieser subtheoretischen Ansiedlung »bloß Spiel« sein zu dürfen.

Reißwitz, das Kriegsspiel…

Im Jahr 1828, also zugleich mit Chamblancs Umstellung auf »Unterhaltung«, erschien in Berlin jedoch das *Supplement zu den bisherigen Kriegsspiel-Regeln, von einer Gesellschaft preuß. Offiziere bearbeitet*. Gewissermaßen als erstes *update* zur Bereinigung von Fehlern im Betriebssystem schreibt es jenes *Kriegsspiel*

---

71 Chamblanc, S. iv (Hervorh. C.P.).
72 Chamblanc, S. 3ff.

um und fort, das den radikalen Ausstieg aus dem Schachparadigma bedeutete und inzwischen kanonischer Simulations-Apparat des preußischen Generalstabs geworden war.[73]

Als der Breslauer »Kriegs- und Domainenrath« Georg Leopold Baron von Reißwitz seine »mechanische Vorrichtung« erstmals 1811 vor Prinz Wilhelm demonstrierte, zeigte diese (so Dannhauer, ein Beta-Tester von Reißwitz jun.) ein im »irrationalen« Maßstab von 1:2 373 abgebildetes Terrain »in festem Sande in einem Holzkasten *modellirt* [...] mit Höhen, Thälern, Flüssen, Dörfern, Wegen«. Das Interesse Friedrich Wilhelms III. führte dann zu jener prächtigen (und inzwischen wiederaufgefundenen) Version, die auf einer »mächtige[n] Kommode« basiert, deren Deckplatte in 3-4 Zoll große Gevierte gerastert ist. Aus farbig gefassten, reliefierten Terrainstücken aus Gips können darauf verschiedene Schlachtfelder zusammengesteckt werden – ein Verfahren der Rasterung und Modularisierung von ›Landschaft‹ also, auf dem im weiteren Sinne noch alle heutigen Strategiespiele basieren. Etagenweise angebrachte Schiebekästen enthalten Würfel mit Truppenabzeichen aus Porzellan und zahlreiche andere Spielmittel. »Das Ganze, außerordentlich soigniert dargestellt«, gelangte im Salon Louises in Potsdam zur Aufstellung, wo nicht nur Friedrich Wilhelm, sondern 1816/17 auch Großfürst Nikolaus es spielte. Schon Ende 1817 kam es daher – in Ermangelung eines Tisches – in Moskau zu einem *reverse-engineering* auf mehreren zusammengestellten Spieltischen, auf deren grünes Tuch das Terrain mit Kreide gezeichnet wurde.

Gültige Gestalt sollte jedoch erst Georg Heinrich von Reißwitz, der Sohn Georg Leopolds, dem *Kriegsspiel* verleihen. Reißwitz jun. änderte den Maßstab des Spiels auf 1:8 000, den er als optimale Auflösung ansetzte, um »das Schützengefecht eines Bataillons in Detail durchführen und andererseits [...] mit mehreren Armee-Corps manövriren zu können«. Reißwitz' Projekt sollte »nicht mit den Karten und Brettspielen auf ein und derselben Linie stehe[n], sondern etwas ganz anderes als diese sei[n].« Anlässlich der Demonstration vor Prinz Wilhelm im Frühjahr 1824 legte er folglich – die Bezeichnung »Spiel« ablehnend – besonderes Augenmerk auf den Modellierungsaspekt, also darauf, wie »Raum und Zeit gegenseitig zum richtigen Ausdruck kämen«. Das Spiel habe »den Zweck, solche Momente des Krieges darzustellen, in welchen der strategische Zweck nur durch Einleitung eines Gefechtes verfolgt werden kann.« Beteiligt sind in Abänderung aller vorangegangenen Schachspiele min-

---

73 Philip von Hilgers wird dem Kriegsspiel eine ausführliche Studie widmen (*Vom Kriegsspiel*, www2.rz.hu-berlin.de/inside/aesthetics/los49/texte/infowar.htm). Für die folgenden Zitate vgl. *Militair-Wochenblatt*, 402/1824, S. 2973f; Dannhauer, »Das Reißwitzsche Kriegsspiel von seinem Beginn bis zum Tode des Erfinders 1827«, in: *Militair-Wochenblatt*, 56/1874, S. 527-532; »Zur Vorgeschichte des v. Reißwitz'schen Kriegsspiels«, in: *Militair-Wochenblatt*, 73/1874, S. 693f. Georg Heinrich Rudolf Johann Baron von Reißwitz, *Anleitung zur Darstellung militärischer Manöver mit dem Apparat des Krieges-Spieles*, Berlin 1824; Georg Leopold Baron von Reißwitz, *Taktisches Kriegs-Spiel oder Anleitung zu einer mechanischen Vorrichtung um taktische Manoeuvres sinnlich darzustellen*, Berlin 1812; Wilson, S. 4ff. Ferner John P. Young, *A Survey of Historical Development in War Games*, Bethseda (Operations Research Office) 1959; Rudolf Hofmann, *War Games*, Washington (Office of the Chief of Military History) 1952.

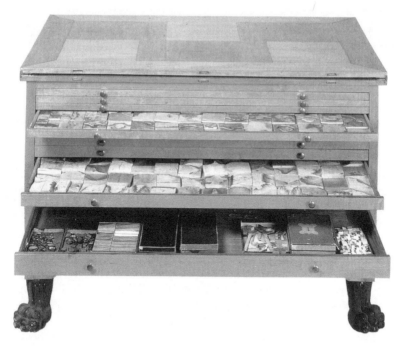

destens drei Parteien, nämlich zwei Kontrahenten und eine Recheninstanz namens »Vertrauter«, wobei die Kontrahenten am effektivsten durch Kollektivsingulare von je 4-6 physischen Spielern repräsentiert werden. Kleine »Parallelepipede von Metall« (Truppen) werden dann »mit Rücksicht auf Zeit und Raum bewegt«, und zwar nicht in einzelnen räumlichen »Zügen«, sondern in Zeitfenstern von jeweils zwei Minuten. Es sind dies Züge, »von denen jeder das ausdrückt, was in der Wirklichkeit, sowohl in Rücksicht der Bewegung als in Rücksicht der Wirkung des Feuergewehrs und der blanken Waffe, nach Erfahrungen und Versuchen wahrscheinlich erfolgen würde«, womit wohl die Erfahrungen der napoleonischen Kriege und die Versuche in Scharnhorsts Artillerieschule gemeint sind. Es ging also darum, mit dem Realen zu rechnen und das Spielgeschehen durch den Abgleich zu einer vermessenen Außenwelt zu plausibilisieren. Anders als in allen bisherigen Schachspielen bedeutete dies auch, punktmechanische Kausalität durch Wahrscheinlichkeit zu ersetzen oder (im einfachsten Beispiel) »die Erfahrungssätze über die Wirkung des Feuergewehrs [...] auf Würfel« zu kleben. Die vorerst dritte Abweichung von (Kriegs)Schachspielen bestand in der Verarbeitung von Unsichtbarkeit, also darin, Stellungen, die dem Gegner nicht bekannt sind, dadurch zu erzeugen, dass man sie dem Vertrauten, der das Spiel »controllirt«, mitteilt ohne sie durch Spielsteine zu repräsentieren.

Dass konsequenterweise reale statt fiktive Karten in den Maßstäben 1:8000 bis 1:32000 benutzt werden konnten (sofern »sie die Neigungswinkel angeben«), erheischte selbstredend das Interesse des »gebildeten Offiziers« Karl von Müffling, der »das althergebrachte freihändige Kartenzeichnen durch eine

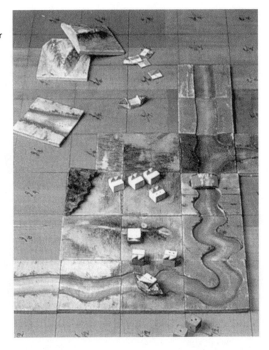

Spieltisch von Georg Leopold Reißwitz von 1811 mit Spielelementen (links) und Setup einer Kriegslandschaft (rechts)

Trigonometrie aus Messtischen und Theodoliten« hatte ersetzen lassen.[74] Müffling, zunächst einigermaßen verwundert, dass »auf einem wirklichen Situationsplan und nicht auf einem Schachbrette gespielt« wurde, reagierte »am Schlusse mit Enthusiasmus«: »Das ist ja kein Spiel [...], das ist eine Kriegsschule. Das muß und werde ich der Armee auf das wärmste empfehlen.« Was er denn auch im *Militair-Wochenblatt* tat: Man habe »schon öfter versucht, den Krieg auf eine solche Art darzustellen, daß eine Belehrung und angenehme Unterhaltung dadurch entstehe«, dabei aber immer das Problem gehabt, dass »zwischen dem ernsten Kriege und dem leichten Spiel [...] eine große Verschiedenheit« geblieben sei. Dies möge (so Müffling weiter) wohl daran gelegen haben, dass das Spiele-Design bislang in den Händen von Zivilisten lag. Erst jetzt habe es der junge Reißwitz durch »Aufmerksamkeit, Einsicht und Ausdauer« fertig gebracht, »den Krieg auf eine einfache und lebendige Art« darzustellen. Dabei erweist sich die Oberfläche des Spiels durch die Auslagerung aller Rechenoperationen als eine für Benutzer, denn sie verlangt nur, dass man etwas vom Krieg versteht, nicht aber von der Funktionsweise des Spiels. »Wer die Kriegführung [...] versteht, kann unbedenklich die Rolle eines Führers [...] bei diesem Spiel übernehmen, selbst wenn er es gar nicht kennt, und nie hat spielen sehen.« Nur der Vertraute muss mit den Programmdetails vertraut sein und kann deshalb als *black box* zwischen unkundige User geschaltet werden. Reißwitz selbst als Vertrautem in Berliner und Petersburger

---

74 Friedrich Kittler, »Goethe II: Ottilie Hauptmann«, in: *Dichter – Mutter – Kind*, München 1991, S. 119-148.

Setting des Strategiespiels *Age of Empires*, Microsoft 1998

Kreisen blieb allerdings die Kritik nicht erspart, seine Simulation »verdürbe die jungen Offiziere. Sie bekämen durch dasselbe, bei dem sie Brigaden und Divisionen führten, eine zu hohe Idee von ihrem Feldherrentalent, und verlören dadurch die Lust zu ihrem Kompagniedienste.« (Eine Verderbnisthese, die sich – trotz oder wegen ihrer Banalität – von den Gefahren der Lesesucht bis zur Gewaltbereitschaft unter Computerspielern hartnäckig hält [vgl. S. 306ff.].) Durch eine Versetzung nach Torgau 1827 in den Suizid getrieben, konnte Reißwitz den Siegeszug seines Spiels über pädagogische Anfechtungen nicht mehr erleben.

Ein kurzer Blick in das *Supplement*, das den Namen Reißwitz sorgfältig vermeidet, mag die Neuerungen noch etwas deutlicher machen. So lauten beispielsweise die Regeln für »Bewegungen der Kavallerie«:

> »1) *Die Bewegung im Galopp* wird gestattet: unmittelbar vor und nach der Attacke; ferner beim Aufmarsch für die Flügel der Linie, und endlich wo es darauf ankommt, kurze Terrainstrecken in möglichster Geschwindigkeit mit nicht mehr als 4 Eskadrons (geschlossen) zurückzulegen. Immer darf die Kavallerie aber nur 1 Zug von vieren galopiren.
> 2) *Der Trab* gilt für alle übrigen Fälle als Maximum der Geschwindigkeit, und auch hierbei darf geschlossene Kavallerie und Reitende-Artillerie nicht über 8 Züge im anhaltenden Trabe zurücklegen, widrigenfalls sie sich bei vorkommenden Gefechten in den ersten 2 Zügen nachher mit einem Würfel schlechter schlägt. Hat sie größere Weiten zu durchtraben, so muß sie nach 8 Trab-Zügen immer wieder 2 Schritt-Züge marschiren, wenn sie gefechtsfähig bleiben will.«[75]

Der Vertraute hat »besonders darauf zu sehen,« dass gegen solche Regeln »nicht gefehlt [wird]; es ist deshalb eine genaue (schriftliche) Kontrolle der marschirenden [...] Truppen nothwendig«.[76] Einige Abschnitte später folgt diesen Regeln, die sich allesamt über *mehrere* Züge erstrecken, die detaillierte Vollzugsanleitung eines *einzelnen* Zugs in Form einer »Tabelle für die Marschweiten«, die genau zwischen Truppenarten (Infanterie, Kavallerie usw.), Bewegungsart (Trab, Galopp), Kontext (Angriff), Geländeneigung (in 5°-Schritten) und Geländebeschaffenheit (leichter Wald, Gehöfte, sumpfige Wiesen) unterscheidet. Während es bei Hellwig nur diskrete Sprünge von 1,..., *n* Felder und nur passierbare oder unpassierbare Hindernisse gab, eröffnet sich im Kriegsspiel eine Matrix von Möglichkeiten, die versucht, der kontinuierlichen Realwelt durch eine bestimmte Auflösung (beispielsweise in 5°-Schritten) auch eine annähernd analoge Spielwelt gegenüberzustellen. Die oft schlichten, konstitutiven Regeln Hellwigs werden bei Reißwitz in Tabellen von Erfahrungswerten überführt, womit die regulativen Regeln die Vorherrschaft übernehmen.[77] Um diese von John Searle benutzte Unterscheidung durch ein anderes Beispiel zu verdeutlichen: Die Fußballregeln konstituieren das Fußballspiel, indem sie ein bestimmtes Verhalten »sinnvoll als Fußballspiel« beschreiben lassen, d.h. dieses »in einer Weise spezifizieren [...] wie es nicht möglich wäre, wenn es [...] die Regeln nicht gäbe«.[78] Gelangt der Ball während eines Spiels ins Tor, dann ist dies in schöner Tautologie ein »Tor«, und solange dabei nicht gegen konstitutive Regeln verstoßen wurde, interessiert nicht, wie der Ball dorthin gekommen ist. Das neue Interesse des *Kriegsspiels* liegt jedoch nicht im *dass*, sondern vielmehr im *wie*. Fußball als Kriegsspiel gedacht, würde zwar die konstitutiven Regeln akzeptieren, vorrangig jedoch mit der Bodenbeschaffenheit rechnen, mit Masse und Beschleunigung des Balls, der Geschwindigkeit der Spieler, den Wind- und Lichtverhältnissen usw. – kurzum mit all jenen Materialitäten, die »stets in der gleichen Weise beschreibbar und spezifizierbar [sind ...], unabhängig davon, ob die Regel existiert oder nicht«.[79] Aufgrund dieser anders gelagerten Frage ist das *Kriegsspiel* auch das erste Spiel, das permanenter *updates* bedarf, um das je historische »wie«, das sich beispielsweise durch neue Waffen, Transport- oder Kommunikationsmittel einstellt, immer aufs Neue zu integrieren. Spielen erscheint (wenn diese frivole Parallele erlaubt ist) wie in Schillers knapp vorangegangener Spieltheorie als Regelungstechnik zwischen »Kräften« und »Gesetzen«, zwischen der »absoluten Realität« von Toten und der »absoluten Formalität« des Spieledesigns, zwischen »wirklich[en]« Kriegen und »problematisch[en]« Modellierungen.[80]

---

75 *Supplement*, S. 4.
76 *Supplement*, S. 3.
77 John Searle, *Sprechakte. Ein sprachphilosophischer Essay*, Frankfurt a.M. 1971, S. 54-60.
78 Searle, S. 57.
79 Searle, S. 57.
80 Schiller, Bd. 5, S. 575, 603.

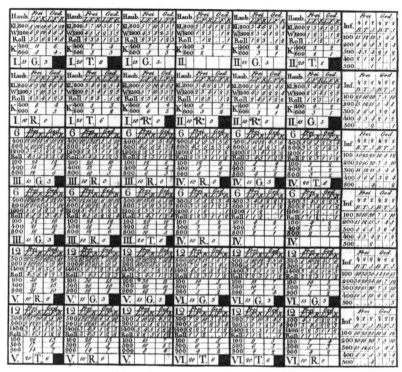

Bastelbogen zum Bekleben der Würfel aus dem *Supplement...* von 1828

Zweitens dürfte das *Kriegsspiel* das erste Spiel sein, das Regeln zur Generierung von Regeln vorsieht, das sich also unter bestimmten Bedingungen selbst umschreiben kann oder euphemistischer: das lernfähig ist. Das *Supplement* führt zu diesem Zweck die Instanz des »Ausnahmewürfels« und Regeln für das Aussetzen der Regeln ein, denn um »keinen im Kriege möglichen, wenn auch noch so unwahrscheinlichen Fall vom Spiel auszuschließen, muß das Spiel auch Ausnahmen von der Regel gestatten«.[81] Will der Spieler es – entgegen aller Erfahrung – wagen, »sich [beispielsweise] mit einer Eskadron in 20 feindliche zu stürzen«[82], so entscheidet ein »Ausnahmewurf« über das Recht dazu. »Schlägt dieser Wurf fehl, so deutet dies an, daß die Truppen keine Neigung zu außerordentlichen halsbrechenden Dingen haben, und der Spieler ist verbunden, seine Leidenschaft bis zum nächsten Zug im Zaum zu halten.«[83] Darauf bauend, dass es für »kriegserfahrne Spieler [...] niemals zweifelhaft sein« kann wann die Ausnahme eintritt, schließt der Ausnahmezustand Krieg die Umwelt der Spielregeln aus, und alles, was »nicht *Regel* ist, kann nur *Ausnahme* seyn.«[84] Philipp von Hilgers nennt dies »Anleitung zu einer mechanischen Vorrichtung, um Souveränität und Befehlsgewalt zu im-

81 *Supplement*, S. 11.
82 *Supplement*, S. 12.
83 *Supplement*, S. 11.
84 *Supplement*, S. 12.

plementieren.«[85] Diese Vorrichtung trägt die Form eines abstrakten »Nothwürfels«, einer Kombination aus fünf einzelnen Würfeln, die jeweils eine Zahl (1, 3, 4, 5, 6) und fünf leere Flächen besitzen und bei einem Wurf mindestens acht Punkte ergeben müssen. »Der Nothwürfel kann [...] kein Verhältniß des Gelingens oder Nichtgelingens, also nichts Relatives, sondern nur etwas Absolutes ausdrücken, weil sich wohl bestimmen ließe, wie wahrscheinlich ein Ding ist, aber niemals wie unwahrscheinlich es ist. Wenn man Glück hat, gelingt auch das Unwahrscheinlichste.«[86]

Damit ist die dritte der entscheidenden Veränderungen benannt, die in der Einführung von mehreren, verschieden eingerichteten Zufallsgeneratoren bestand, wodurch nicht nur die Wahrscheinlichkeitsrechnung in das Spiel einzog, sondern auch die binäre Logik von verfügbaren und herausgenommenen Spielfiguren um eine Punktestandsberechnung ergänzt werden musste, die es – wie in späteren Computerspielen – erlaubt, Erfolg oder Misserfolg an *scores* oder »Points« zu skalieren. So bewertet sich beispielsweise der »Einfluß des Terrains auf die Ordnung der Kavallerie«:

> »11. [...] *Ebene* bis 5° bergauf oder bergab: Würfel Nr. I. *Abhang* von 10° bergauf oder bergab: Würfel Nr. III., also hier bei einer Stärke von
> 2:1 = Würfel Nr. I.
> 3:2 = Würfel Nr. II.
> 1:1 = Würfel Nr. III.
> 2:3 = Würfel Nr. IV.
> 1:2 = Würfel Nr. V.
> 1:3 = Würfel Nr. VI.«[87]

usw., und die In- bzw. Dekrementierung bei einer Attacke schreibt sich:

> »16. Der Verlust des Geschlagenen ist
> bei R = 0
> – G = 3   Points pr. Eskadron des Feindes
> – T = 6
> Der Verlust des Siegers ist
> bei R = 0
> – G = 1   Points pr. Eskadron des Feindes
> – T = 2«[88]

Die Geschichte der Wahrscheinlichkeitsrechnung, bei der das (Glücks)Spiel als Modell für Handelsgesellschaften und Versicherungswesen eine entscheidende Rolle spielte und eine neue Form von Ereignissen konstituierte, ist gut dokumentiert und braucht hier nicht wiederholt werden.[89] Bemerkenswert ist allerdings ihre diskursive Gleichzeitigkeit im Kriegs- und Staatswesen. So hat

---

85   Vgl. Anm. 73.
86   *Supplement*, S. 12.
87   *Supplement*, S. 17.
88   *Supplement*, S. 20 (R = »Rückzug«, G = »Geschlagen«, T = »Total-Geschlagen«).
89   Lorraine Daston, *Classical Probability in the Enlightenment*, Princeton 1988; Ian Hacking, *The Emergence of Probability. A Philosophical Study of Early Ideas About Probability, Induction and Statistical Inference*, Cambridge 1975; Ivo Schneider, *Die Entwicklung der Wahrscheinlichkeitstheorie von den Anfängen bis 1933*, Berlin 1989.

Attakirende Escadrons.		Gegen intakte Infanterie.		Geg. leicht erschütterte Inf.		Geg. stark erschütterte Inf.	
		1 Bat. Würfel	½ Bat. Würfel	1 Bat. Würfel	½ Bat. Würfel	1 Bat. Würfel	½ Bat. Würfel
1 Escadron		unzulässig	V	VI	III	III	II
2 Eskad.	1.⎫ 2.⎭	V	IV	V V	III III	III III	II II
3 Eskad.	1.⎫ 2.⎬ 3.	V V	IV IV	V V V	III III III	III III III	II II II
4 Eskad.	1.⎫ 2.⎬ 3.⎭ 4.	V IV	IV III	IV IV IV IV	III III III III	III III III III	II II II II

Hinweise zur Benutzung von Zufallsgeneratoren für die Ermittlung von Todesziffern: die römischen Zahlen bestimmen den zu benutzenden Würfel

Wolfgang Schäffner zuletzt im Anschluss an Ian Hacking gezeigt, wie die (zumal preußische) Staatswissenschaft um 1800 von einer beschreibenden zu einer wahrscheinlichkeitstheoretischen Statistik, von der Deskription des Merkwürdigen zu numerischer Analyse überging und wie seitdem »das Nicht-Wissen das Wissen nicht mehr zum Scheitern [bringt], sondern zu dessen zentraler operationalen Größe« wird.[90] Der Staat wurde »mit der Dimension einer dynamischen Zeit durchsetzt, [... wurde] zu einem dynamischen Raum von Ereignissen, in dem Würfelwürfe, Sterbeziffern, Verbrechen und historische Fakten in gleicher Weise auftauchen«.[91] Während die Verwaltungspraktiken auf die Umsetzung dieser Ansätze bis in die zweite Jahrhunderthälfte hinein warten mussten, war der Handel schon um 1800 einer steten Wahrscheinlichkeitsrechnung unterworfen. Die kriegerischen Händel – so wäre angesichts des *Kriegsspiels* hinzuzufügen – ebenfalls: Nicht nur Glücks-, sondern auch Kriegsspiele inszenieren den strategischen Einsatz von Nicht-Wissen und verlangen (wie später noch das Wetter) nach einem *dynamic programming*.

Dadurch erfuhr das Reißwitz'sche *Kriegsspiel* gegenüber dem *taktischen Spiel* Hellwigs eine weitere (und vierte) entscheidende Veränderung. Das Teilungsproblem, also die Auszahlung bei einem verfrühten Spielende, die seit Luca Pacioli ein basales Problem der Glücksspielrechnung und der doppelten Buchführung war, führte zu einem völlig neuen Begriff des Spielzugs. Während bei Hellwig ein Zug das Bewegen einer Figur meinte und der dafür benötigte Zeitrahmen unkritisch war, triggert Reißwitz das *Kriegsspiel* auf eine Taktrate immer neuer Konfigurationen, zwischen denen beliebig viele Rechenoperationen des Vertrauten liegen können.[92] Der Spieler kann nun innerhalb seines Zeitfensters alle Figuren um so viel bewegen, wie sie laut regula-

---

90 Wolfgang Schäffner, »Nicht-Wissen um 1800. Buchführung und Statistik«, in: *Poetologien des Wissens um 1800*, Hg. J. Vogl, München 1999, S. 123-144, hier S. 127.
91 Schäffner, S. 128.
92 Letztere kann natürlich gegen 0 gehen, etwa durch Implementierung der Regeln auf einem Computer. Damit würde das entstehen, was heute als Genre »Echtzeit-Strategiespiel« heißt.

tiven Regeln in dieser Zeit an Weg zurücklegen können, und der Vertraute entscheidet über die Gültigkeit dieser Züge und berechnet ihre Erfolgsfaktoren durch Würfeloperationen. Damit wird nicht zuletzt auch eine Zeitachsenmanipulation durch Veränderung des Quotienten von Simulationszeit und simulierter Zeit möglich, bei der ein 2-Minuten-Takt auch zwei Stunden, zwei Tage oder zwei Jahre modellieren kann.

Indem die veränderten Konfigurationen, die von einem zum nächsten Zug entstehen, durch Wahrscheinlichkeiten gebrochen und verrauscht werden, werden die Züge selbst irreversibel. Kybernetisch ausgedrückt entsprächen die deterministischen Züge Hellwigs und die wahrscheinlichen Übergänge Reißwitz' dem Unterschied von Newton'scher und Bergson'scher Zeit.[93] Wenn aber aus einer aktuellen Konfiguration nicht mehr auf die vorangegangene geschlossen werden kann, dann heißt dies auch, dass jeder neue Zug den Beginn eines neuen Spiels markiert und dass umgekehrt jeder abgeschlossene Zug ein Spielende bedeutet. Der Einsatz des Vertrauten, der nach jedem Zug Gewinne und Verluste, Überlebende und Tote, Fort- und Rückschritte berechnet, gleicht dem Einsatz des Versicherungsbeamten, der bei einem gesunkenen Schiff (also einem abgebrochenen Spiel) die Auszahlungen kalkuliert. Und damit schließt sich der erste Bogen zu John von Neumanns Beweis, dass unter den Bedingungen der Wahrscheinlichkeit das Gedächtnis permanent liquidiert werden muss und dass Strategiespieler nur an einen (nämlich den aktuellen) Zug zu denken und ›vollständige Ignoranz‹ gegenüber allem anderen zu bewahren haben.

... und die Folgen

Trotz Reißwitz' Unbehagen, dass seine Simulation das Wort ›Spiel‹ im Titel führte, fand bei der mehr oder minder weltweiten Verbreitung seines Apparates niemand einen angemesseneren Begriff. Anders als in den vorangegangenen Kapiteln über Action- und Adventurespiele erscheint das Strategiespiel also von Anfang an ein *Spiel*, und zwar eines, in dem Computer (zunächst in menschlicher Form von Vertrauten, dann als hardwaregewordene Papiermaschinen) ihre Rolle spielten. Ob und wie dabei die Quantität schierer Rechenleistung auch in Qualität umschlagen kann, wird noch zu zeigen sein. Bemerkenswert scheint vorerst, dass es keinen vorgängigen »Ernst« gab, dem ein wie immer parasitäres »Spiel« sich erst hätte anschließen müssen. Das *Kriegsspiel* war durch seine Modellierung immer schon dem Ernstfall abgelauscht und markierte jene Virtualität des Experimentierens mit Spielräumen, die darauf wartet, auch wieder in die Aktualität von Ernstfällen umzuschlagen. Schon 1866 gegen Österreich, vor allem aber bei der logistischen Planung 1870/71 gegen Frankreich entfaltete, wie Walter Görlitz in seiner *Geschichte des deutschen Generalstabs* dargestellt hat, das Kriegsspiel seine Möglichkeiten, was seine Verbreitung über ganz Europa sicherte und beschleunigte. Für einzelne

---

93 Vgl. Kapitel I, Anm. 50.

Operationen wie den Schlieffen-Plan im Ersten Weltkrieg, den Einmarsch nach Polen im Zweiten, die Ardennen-Offensive, die geplante Invasion nach England oder den Russland-Feldzug, die allesamt mit dem Apparat des Kriegsspiels simuliert wurden, kann hier nur auf die militärhistorische Fachliteratur verwiesen werden. Bemerkenswert sind jedoch die Lieferbedingungen der *updates*, so dass beispielsweise die zur Modellierung des Deutsch-Französischen Krieges benutzten Daten nur zur einen Hälfte aus den Erfahrungen gegen Österreich, zur anderen Hälfte aber aus dem amerikanischen Unabhängigkeitskrieg stammten, wo man vor allem Erfahrungen mit der Logistik von Eisenbahnnetzen gemacht hatte. So ergibt sich der Chiasmus, dass Europa seine Kriege mit amerikanischen, Amerika jedoch mit europäischen Daten führte.[94] Ebenso verwischt sich die Grenze der Kommerzialität: Schon das Reißwitz'sche *Kriegsspiel* war auf Massenherstellung angelegt, und seit den 40er Jahren des 19. Jahrhunderts bildeten sich »Kriegsspieler-Vereine«, die sich nahtlos in die heutigen Strategiespiel-Communities im Internet verlängern.[95] Deshalb gibt es im Falle des Strategiespiels wohl auch eine verbindliche (weil amtliche) Definition dessen, was ein Spiel (und insbesondere ein Kriegsspiel) ist. Es ist

> »die Simulation einer Situation oder eines Konfliktes, bei denen die gegnerischen Spieler entscheiden, welchen Handlungslinien sie auf der Basis des Wissens über ihre eigene Situation und ihre Ziele und ihren (oft unvollständigen) Informationen über ihren Gegner folgen. [... Es ist,] mit welchen Mitteln auch immer, die Simulation einer militärischen Operation, an der zwei oder mehr gegnerische Mächte beteiligt sind, durchgeführt unter Einsatz von Regeln, Daten und Prozeduren die dazu ausgelegt sind, eine aktuelle oder angenommene realweltliche Situation darzustellen.«[96]

Ausgehend von Reißwitz spaltete sich jedoch das Kriegsspiel zunächst in zwei Linien: das freie (*free*) und das strenge (*rigid*) Kriegsspiel. Angelegt war diese Teilung schon durch die Regelung der Ausnahme, gleichwohl diese zunächst noch strikt durch Wahrscheinlichkeit verwaltet wurde. Während das strenge oder ›rigide‹ Kriegsspiel weiterhin ausschließlich auf Rechenbarkeiten basierte, auf Regeln und Würfeln also, und der Vertraute weitgehend als Computer und Kontrolleur fungierte, stellte das freie Kriegsspiel Entscheidungen von Kalkulationen frei und machte damit aus dem Vertrauten einen Beurteilenden.

---

94 *Historical Trends Related to Waepons Lethality: Basic Historical Studies*, Hg. Historical Evaluation and Research Organization, Washington 1964; Robert V. Bruce, *Lincoln and the Tools of War*, Indianapolis 1956; James A. Houston, *The Sinews of War. Army Logistics 1775-1953*, Washington (Office of the Chief of Military History) 1966.

95 Der erste Zusammenschluss dieser Art war wohl der »Berliner Kriegsspieler-Verein«, der 1846 auch ein eigenes Handbuch veröffentlichte. Beschleunigt durch den deutsch-französischen Krieg gab es 1874 allein sieben Vereine dieser Art an der Berliner Militärakademie (Wilson, S. 6).

96 *Dictionary of U.S. Army Terms*, AR 320-5, Department of the Army 1965 (zit. nach Hausrath, S. 9f., Übers. C.P.). Oder auch »replicas of two-sided human adversary situations involving a contrived conflict and a few procedural rules, probably originated as tools for planning military operations« (Garry D. Brewer/Martin Shubik, *The War Game. A Critique of Military Problem Solving*, Cambridge, Mass. 1979, S. 46).

Freies Kriegsspiel am *Naval War College*, 1914

Von Meckels *Anleitung zum Kriegsspiel*[97] beispielsweise lässt die Würfel ganz verschwinden und mutet damit jene Souveränität wieder einem Subjekt zu, die zuvor an einen Apparat delegiert worden war. Seit den 1870er Jahren sollte das strenge Kriegsspiel kleineren taktischen Aufgaben vorbehalten bleiben, größere strategische Probleme hingegen im Freien gelöst werden.

In England erst sehr spät bemerkt, übernahm man 1872 in den *Rules for the Conduct of the War Game* von 1872 die rigide Variante. Der Theaterkritiker, Militärreformer und Gründer der *Manchester Tactical Society* Spenser Wilkinson bringt in seinen *Essays on the War Game* das Verhältnis von Ernst und Spiel auf den Punkt: »Genau genommen, sagt er, sind Kriegsspiele Manöver auf einer Karte. Kurz, sie sind Ersatz für Manöver mit Truppen – ein Training, das ›wie der Krieg selbst zu teuer ist, um außer bei seltenen Gelegenheiten erreichbar zu sein.‹ […] Der einzige Unterschied zu einem tatsächlichen Krieg ist die Abwesenheit von Gefahr, von Ermüdung, von Verantwortung und von den Hindernissen, die Disziplin aufrechtzuerhalten […]. Es stellt sich folglich die Frage – Wie viele Männer müssen getötet oder verwundet werden, bis die Verbleibenden endlich bereit sind, ihre Meinung zu ändern und sich zurückzuziehen.«[98]

Und damit das Kriegsspiel tatsächlich als Kosten sparender Test anstelle von Manövern funktionieren kann, erweiterte Naumann es in seinem *Regiments-Kriegsspiel* von 1877 um aktuelle Statistiken aus dem Krieg von 1870/71. Diese Version wurde (vor Tschischwitz, Verdy, Meckel und Trotha) die Hauptquelle für die amerikanische Variante, W. R. Livermores 1879 erschienenes *American Kriegsspiel*, so dass sich die Effektivität amerikanischer Taktik drei

---

97 Berlin 1875.
98 Zit. nach Wilson, S. 10, 12 (Übers. C.P.).

Jahrzehnte lang nicht am Unabhängigkeitskrieg, sondern an den deutschen Kriegserfahrungen von 1870 eichte. Was jedoch nach diesem Export einsetzte, waren neue Ansätze der Visualisierung des inzwischen zu erheblichem Umfang angewachsenen Zahlenmaterials und damit ein Problembewusstsein, das anlässlich des Datenschubs computergestützter Kriegsspiele erneut zu beobachten sein wird. Die Spielbarkeit des Kriegsspiels wird zu einer Frage von Displays und Interfaces. Livermore vereinfachte beispielsweise die Buchführung der Truppenstärke durch drehbare, farbige Spielsteine, die die verschiedenen Verluste (20%, 40% usw.) durch Farbcodes erkennen ließen. Darüber hinaus führte er Gerätschaften ein, an denen die Gangart (*gait*), die Feuerrichtung, der Grad von Ermüdung und das Maß an Desorganisation nach einer Aktion auf einen Blick und ohne die Dazwischenschaltung von Schrift ablesbar waren.

Das *freie* Kriegsspiel erreichte erst 1908 mit Farrand Sayres *Map Manoeuvres and Tactical Rides* und seinen Vorlesungen in Fort Leavenworth die Neue Welt. Sayre führte gewissermaßen den *single-player*-Modus ins Kriegsspiel ein: Dabei hat der Vertraute (*umpire*) nicht nur die Berechnungen, sondern auch die Steuerung der gegnerischen Truppen zu übernehmen. Diese Hybridisierung des Vertrauten zu einem Computer, der zugleich Recheninstanz und Gegner, Spielmittel und Spielpartner, Rechnender und Entscheidender ist, markiert einen Unterschied ähnlich dem zwischen *Tennis for Two,* das zwei menschliche Spieler verband, und PONG, mit dem man in der Einsamkeit nächtlicher Bars spielen konnte.

4. Operations Research und Wetter

Während sich alle Kriegsspiele seit Reißwitz mit den modellierungstechnischen Unwägbarkeiten von Land und Leuten zu plagen hatten, eröffnen technische Kriege zur See und später in der Luft weit bessere Chancen der Mathematisierung. Sie haben es, abgesehen von (un)wahrscheinlichen Unwettern, nicht nur mit homogenen Räumen und, abgesehen von (un)wahrscheinlichen Gezeiten und Strömungen, mit ebenen Flächen zu tun, sondern funktionieren auf der Basis technischer Apparate mit genau bestimmten Leistungsdaten wie Geschwindigkeit, Verbrauch, Störanfälligkeit usw. Mit etwas Verspätung schlossen sich folglich den Dampfschiffen die ersten Marine-Portierungen des *Kriegsspiels* an. Wie zu erwarten, oblag dies der Seemacht England, wo Philip Colomb 1878 ein Spiel namens *The Duel* präsentierte, das – wie der Name sagt – ein Gefecht zwischen zwei Schiffen simuliert. In Amerika war es William McCarthy Little, der 1887 gleich drei Typen von maritimen Kriegsspielen vorstellte. Erstens das *Duel*, bei dem zwei Schiffe gegeneinander spielen und (basierend auf realen Daten wie Wenderadius und -geschwindigkeit, Feuerkraft und -frequenz usw.) Punkte und Wahrscheinlichkeiten für Kanonenfeuer, Torpedofeuer und Rammen berechnet werden. Zweitens das *Fleet Game*, das mit sechs Offizieren zu spielen ist (zwei Flottenkommandanten, ein *arbitrator*, ein *recorder* und zwei *mover*) und bei dem ganze

Flotten bewegt werden. Da auch die Kommunikation zur See spätestens seit der Systematisierung von Signalflaggen Ende des 18. Jahrhunderts schon eine technisch quantifizierbare von Signalen und Übertragungskapazitäten war, geben die Kommandanten ihre Befehle im Takt von 1,5 Minuten gemäß den Normen der *Signal Book Language*. Daher eignete sich dieses Modell – anders als alle vorangegangenen – auch zur Evaluation zeitkritischer Manöver, da es sowohl die Zeit der Befehle selbst als auch die Zeit ihrer Ausführung modellieren konnte. Drittens und zuletzt stellte McCarthy das *Chart* oder *Strategic Game* vor, bei dem sich die Kommandanten in getrennten Räumen befinden. Der Vertraute liest die Pläne vor und entscheidet über den Zeitrahmen für den ersten Zug. Beide Parteien reichen nach Ablauf dieses Intervalls Folien mit Wachsstiftzeichnungen ein, die in einem Kontrollraum übereinander gelegt werden. Das Spiel endet, sobald die Flotten in Sichtweite sind.

McCarthys Ansatz ist schon deswegen bemerkenswert, weil er die Konzepte von Skalierung und Modularität ins Kriegsspiel einführt, gleichwohl die praktischen Konsequenzen noch nicht gezogen werden (können). Während nämlich einerseits das *Strategic Game* bei Sichtweite aussetzt und in ein *Fleet Game* im Angesicht des Feindes übergehen kann, das dann – wie unter eine Lupe – in einzelne *Duels* aufgelöst werden könnte, wäre es andererseits – passende Verwaltungstechnik vorausgesetzt – auch möglich, alle Spiele in eines zu integrieren, wie es durch Zoom-Funktionen in heutigen Computerspielen der Fall ist. *Duels* wären dann nicht mehr als die Subroutinen, die bei jedem Spielzyklus für alle beteiligten Schiffe aufgerufen würden.

Lanchasters Gesetz

Es ist vor allem Frederick William Lanchaster, der mit seiner Artikelserie in der Zeitschrift *Engineering* 1914, also am Advent des Ersten Weltkriegs, die neue Berechenbarkeit eines technischen Krieges als einer ›Materialschlacht‹ in aller Schärfe zu Bewusstsein brachte.[99] Lanchaster hatte sich zuvor nicht nur mit der Modellierung der Stabilität von Flugzeugen beschäftigt, sondern auch mit Fragen der Ökonomie und der Arbeitswissenschaft. Schon deshalb war er bestens vorbereitet, Modellbildung und Normierung zu einer Art *Scientific Management* des Krieges zu verschränken. Lanchaster, der immer wieder als Ahnherr des *quantitative reasoning* zitiert wird, hatte mit seiner mathematischen Argumentation zwar kaum kriegspraktische, wohl aber erhebliche theoretische Bedeutung für die Begründung eines *Operational Research*. Sein sogenanntes Lanchaster-Theorem ist von Erfolg versprechender Schlichtheit, denn seine Prämisse lautet nur, dass der gewinnt, der mehr Material hat und dass eine solche Materialüberlegenheit – gegen eine Zeitachse aufgetragen – in modernen Kriegen unterschiedliche Verlustraten bewirkt.[100] Die Stärke ei-

---

99 Als Buch 1916 unter dem Titel *Aircraft in Warfare* erschienen, im Folgenden zit. nach *The World of Mathematics*, S. 2138-2157.
100 Als vormoderne (oder nicht-technische) Kriege gelten Lanchaster solche, bei denen es nicht zu vermeiden ist, dass ›Individuum‹ gegen ›Individuum‹ kämpft.

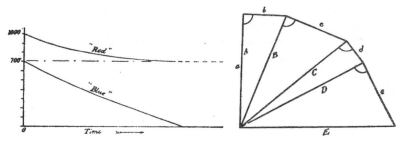

Illustrationen von Frederick William Lanchaster. Links: Rot (1000) schlägt Blau (700) unter Verlust von 300; rechts: a+b getrennt schlagen B, B+c getrennt schlagen C usw.

ner Armee ist daher einfach das Produkt von Material und Effektivität, also: $\frac{db}{dt} = -Nb \times$ constant für *blue* und $\frac{dr}{dt} = -Mr \times$ constant für *red*, wobei N und M die jeweilige Effektivität bedeuten. Später beschreibt Lanchaster, besonders angesichts von maritimen Gefechten, die Stärke als ›Energie der Kriegsmaschine‹, die entlang einer Zeitachse aufzutragen sei und bemisst folglich den Krieg in Pferdestärken, wie es Taylor mit der Arbeit tat. Man kann also sagen $\frac{db}{bdt} = \frac{dr}{rdt}$ oder $\frac{-Nr}{b} = \frac{-Mb}{r}$ oder zuletzt einfach $Nr^2 = Mb^2$, nämlich dass zwei Streitkräfte gleich stark sind, wenn das Quadrat ihrer Materialstärke (*numerical strength*) multipliziert mit ihrer Effektivität (*fighting value*) gleich ist.[101] Dieses sogenannte *N-Square-Law* erlaubt diverse weitere Umstellungen, beispielsweise die zu einem pythagoreischen $b^2 = r^2 + q^2$, wobei q die Reststärke von *blue* nach der Vernichtung von *red* beschreibt, oder umgekehrt: eine zweite, virtuelle rote Armee, die in einem *seperaten* Gefecht nötig wäre, um ein Gleichgewicht der Kräfte herzustellen. Um dies mit einem Beispiel Lanchasters zu veranschaulichen: Einer geschlossenen Armee *blue* mit 50000 Einheiten wäre nur durch zwei getrennte rote Armeen von 40000 und 30000 Einheiten beizukommen.[102] Interessanter sind jedoch die Gleichungen, die Effektivitätsfaktoren einbeziehen. Angenommen ein Maschinengewehr feuert 16 mal schneller als ein einfaches Sturmgewehr, dann ließe sich berechnen, wie viel MG-Posten nötig sind, um gegen eine gegnerische Armee von 1000 Einheiten zu bestehen, nämlich: $n = \sqrt{\frac{1000000}{16}} = \frac{1000}{4} = 250$. Dass es dabei zu einem Verhältnis von 1:4 und nicht 1:16 kommt, erhellt schon daraus, dass sich vier gegnerische Einheiten auf den MG-Schützen konzentrieren, so dass sich seine ›Haltbarkeit‹ (*last*) auf ein Viertel reduziert. Selbstredend erkannte schon Lanchaster selbst die Naivität seiner Berechnungen – nicht jedoch deren Zynismus.

---

101 Lanchaster, S. 214 f.
102 D.i. $50\,000^2 = 40\,000^2 + 30\,000^2$.

Trotz der theoretischen wie mathematischen Dürftigkeit seiner Ausführungen zeigt sich ein neuer Aspekt, der über die bisherigen Rechenarten hinausweist und den Weg zum späteren *Operational Research* vorbereitet. Gleichwohl der Begriff des Spiels vermieden wird, sollte nämlich Lanchasters Versuch in der Tradition der *Kriegsspiel*-Berechnungen betrachtet werden. Dabei fällt zunächst auf, dass es nicht mehr um einzelne Spielregeln geht, sondern gewissermaßen um eine axiomatische Klärung. Das *N-Square-Law* bildet – wie stark es auch im Einzelfall modifiziert werden mag – als universales Gesetz die allgemeine Berechnungsgrundlage von Materialschlachten. Zweitens werden keine Spielmittel (wie beispielsweise Figuren oder Geländesimulationen) mehr benutzt. Lanchasters Papierspiele bedürfen erst einmal keiner Visualisierung, um gespielt zu werden. Drittens bekommt das Spiel eine futurische Implikation. Der schlichte Dreisatz des Maschinengewehrfeuers fragt nicht danach, was passiert, wenn Feuer sich ereignet, sondern danach, für wie viel Feind eine bestimmte Feuerstärke ausreichen würde, also nach einem »Was-wäre-wenn...«. Was bislang im Ermessen der beteiligten Spieler lag und sich aus ihrem Wissen oder ihrer Erfahrung speiste, nämlich nach reiflicher Überlegung Konfigurationen von bestimmten Stärken an bestimmten Orten herzustellen, wird nun zum Problem der Spielregel selbst, die in früheren Spielen nur nachträglich über die Eingaben der Spieler entschied. Die Benutzerintelligenz wird also ins Spiel übertragen, wird zur Spielintelligenz, was eine erste, zaghafte Entkopplung des Spielers vom Spiel markiert. Viertens – und dies ist vielleicht die entscheidende Veränderung – eröffnet sich durch Reproduzierbarkeit auch eine Perspektive der Optimierbarkeit. Nicht umsonst führt Lanchaster die Differentialrechnung in sein ›Spiel‹ ein, die beispielsweise Zeitintervalle gegen Null gehen lassen kann. Um im Bild des Spiels zu bleiben, wird damit jeder Zug einer Seite zu einer unendlichen Folge kleiner Züge diskretisiert, deren Ziel darin besteht, den ›eigentlichen‹ Zug schon *vor* seinem Vollzug zu optimieren, also beispielsweise durch Ableitungen Minima oder Maxima einer Funktion zu ermitteln. Jeder Zug wird damit zu einer Berechnung und jeder Spieler zu einem Rechner, der seine Entscheidungs-Spielräume so lange rechnend reduziert, bis ein Optimum erreicht ist.

Operations Research

Dieses Verfahren bezeichnet exakt jene Spiele, die das *Operational Research*[103] – ein Konglomerat aus Methoden verschiedener Wissensbereiche wie Maschinenbau, Bergbau, Kommunikation, Ökonomie usw. – während des Zweiten Weltkrieg spielte. *Operational Research* verstand sich als »eine wissenschaftliche Methode, die ausführenden Organen eine quantitative Basis für Entscheidungen über Vorgänge an die Hand gibt, die unter ihrer Kontrolle stehen«.[104] In

---

103 Wenig später dann *Operations Research* und nach dem Zweiten Weltkrieg – in der Einsicht, dass es keine Waffen, sondern nurmehr Waffensysteme gibt – *Systems Analysis* (Wilson, S. 60). Der letztere Ausdruck wurde erst durch Edward W. Paxson bei RAND geprägt.
104 *World of Mathematics*, S. 2158 (Übers. C.P.).

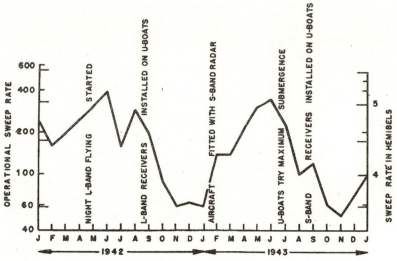

Effektivitätsmessungen im Golf von Biskaya

England begannen solche Untersuchungen Ende der 1930er Jahre im RAF *Fighter Command Headquarter* in Stanmore im Zusammenhang mit der Effektivität des Luftkrieges, doch die zu optimierenden Operationen umfassen alle Aspekte des Krieges.[105]

Eine der vielleicht zynischsten Anwendungen betraf die Frage, wann ein Soldat stirbt. Bis zu den Untersuchungen des Anatomen und Biologen Solly Zuckerman nahm man an, dass 5 pd Druck pro Quadratzoll letal wirkten. Zuckerman ermittelte durch Versuchsreihen mit Ziegen, die – feldmäßig bekleidet – in Schützengräben aufgestellt wurden, dass selbst bei einem Druck von 500 pd pro Quadratzoll noch eine 50-prozentige Überlebenschance besteht. Aktuelle Bombardements gaben medizinische Evidenz, so dass der später geadelte Zuckerman das Konzept der *Standard Casuality Rate* entwickeln konnte, also die Vorhersage der durchschnittlichen Zahl von Opfern in Abhängigkeit von Bombengewicht und Bevölkerungsdichte im Detonationsraum. Nicht ohne Ironie ist es, dass J. D. Bernal und F. Garwood zur Probe einen 500-Bomber Angriff auf eine ›typische‹ britische Stadt namens Coventry ausrechneten. Denn als am 11. April 1941 tatsächlich 500 deutsche Flugzeuge Coventry bombardierten, hatte dies wenigstens ein positives Resultat, nämlich die anscheinend hohe Genauigkeit der Modellierung.[106]

Um jedoch die Verfahren des *Operational Research* jenseits des Anekdotischen zu illustrieren, eignet sich das Problem der U-Boot-Patrouillen als Beispiel, wie es der Physiker Phillip M. Morse und der Chemiker George E. Kimball modellierten.[107] Ziel sei es – so Morse und Kimball – einen angemes-

---

105 Dazu Wilson, S. 45ff.
106 So kolportiert es jedenfalls der Kriegsberichterstatter des *London Observer*, Wilson, S. 50; vgl. Solly Zuckerman, *From Apes to Warriors*, New York 1978.
107 Philipp E. Morse/George E. Kimball, *Methods of Operations Research*, New York 1951.

senen Abstraktionsgrad zu ermitteln, also Details auszublenden und die ›Konstanten einer Operation‹ zu ermitteln, wofür die mäßige Komplexität und hohe Reproduzierbarkeit der Patrouille besonders geeignet sei.[108] Als Maß ermittelten sie die *operational sweep rate* $Q_{op} = \left(\frac{CA}{NT}\right)\left[\frac{\text{Quadratmeilen}}{\text{Stunde}}\right]$ [109], die, zur *theoretical sweep rate* $Q_{th} = 2Rv\left[\frac{\text{Quadratmeilen}}{\text{Stunde}}\right]$ [110] in Beziehung gesetzt, das »criterion for excellence«, also die Effektivität liefere. Nach Verzeichnung der Messwerte des real stattfindenden Krieges ist auf der Basis solcher Quotienten eine Optimierung der Lastverteilung im System möglich, die – so die Autoren – die Effektivität um den Faktor 3-10 zu steigern vermag. Eine Messkurve der *operational sweep rate* der RAF im Golf von Biskaya zwischen 1942 und 43 zeigt deutlich, wie sehr sich jede Optimierung dieser Art von technologischen Innovationen her schreibt.[111] Anfangs fuhren deutsche U-Boote tagsüber unter Wasser, nachts jedoch an der Oberfläche, um die Dunkelheit und »lookout fatigue« der Briten auszunutzen. Die Einführung von L-Band Radar und Suchscheinwerfern führte so lange zu einem Anstieg der Rate, bis dann L-Band-Receiver in den U-Booten installiert wurden. Der Einbau von S-Band-Radar auf britischer Seite ließ die Rate wieder anschwellen, was zunächst zu einer taktischen Änderung (permanente Tauchfahrt) führte, dann zum Einbau von S-Band-Receivern auf deutscher Seite, was die Rate wiederum absenkte. Jede dieser technischen Invektiven forderte also eine neue Optimierungsleistung. Spieltechnisch ausgedrückt könnte man sagen, dass es bei dieser Form des Kriegsspiels um das Einbringen neuer Figuren geht, die jeweils neuer, regulativer Regeln bedürfen, wobei diese Regeln jeweils unter dem Primat der Optimierung aus einem regelgeleiteten ›Herumspielen‹ mit Spielräumen als Approximation entwickelt werden. Man könnte die Berge und Täler des Effektivitäts-Diagramms gewissermaßen als überdimensionale Spielzüge lesen, die jedoch nicht mehr einzelne Bewegungen, sondern nur statistische Durchschnitte von Bewegungen bezeichnen. Wenn aber jeder neue Zug eine neue Optimierungsleistung erfordert, dann wird das Spiel gedächtnislos, womit sich erneut der Kreis zu John von Neumanns Spieltheorie schließt, die nur eine möglichst hohe Auszahlung für jeden einzelnen Zug erstrebt. Dass das Kriegsspiel es trotzdem nicht bei der berechnenden Optimierung alltäglicher Gegenwart belässt, sondern immer wieder in Prognostik

---

108 *World of Mathematics*, S. 2160.
109 C = Anzahl der Kontakte, A = beobachtete Fläche, T = Flugstunden, N = wahrscheinliche Anzahl feindlicher Ziele.
110 R = Suchradius in Meilen; v = Fluggeschwindigkeit in Meilen.
111 Als auffälliges Signum industrieller Serienproduktion und eines *international style* der Kriegstechnologie erscheint dabei, dass die *constant effectiveness ratio* für alle Krieg führenden Nationen (die Sowjetunion vielleicht ausgenommen) etwa gleich ist. Deutsche, Briten und Amerikaner kamen beispielsweise bei der Verminung aus der Luft alle auf eine Rate von einem versenktem Schiff pro 60 Minen, so dass Rekonstruktion – zumindest bis zur nächsten Waffengeneration – nahtlos in Prognose konvertiert werden konnte.

übergeht, ist – wie schon bei McCarthy deutlich wurde – ein Skalierungsproblem. Während die Skala nach unten bis zum einzelnen Kriegsgerät oder der Schulung eines einzelnen Soldaten hin offen ist, erweitert sie sich nach oben hin zu ganzen Kriegen. Wenn (um im Beispiel zu bleiben) einzeln optimierte Mensch-Maschine-Systeme wie Radar, Suchscheinwerfer und psychotechnisch trainierte *lookouts* die statistische Grundlage von ›Duellen‹ bilden, dann bilden Duelle die statistische Grundlage von Patrouillenflügen, die wiederum die statistische Grundlage für Hochrechnungen über den Kriegsfortschritt bilden können. Denn während die Physik – ausgelöst von der Thermodynamik und ausformuliert in Quantentheorie und Unschärferelation – längst ein Maßstabsproblem mit inkompatiblen Modellen zur Beschreibung mikro- und makroskopischer Vorgänge hat, das auch das Verständnis des Sozialen, des Lebens und der Geschichte affiziert, rechnet die Kriegswissenschaft noch jahrzehntelang unbesorgt mit »Weltformeln«.

Vilhelm Bjerknes

Was dergestalt als ›Großwetterlage‹ beschrieben wird, ist in gewisser Hinsicht ein meteorologisches Problem der ›Atmosphäre‹ des Kriegsraums. Nicht allein, dass das Wetter aus antagonistischen ›Fronten‹, widerstreitenden Kräften, Bewegungen, Friktionen und Turbulenzen entsteht. Es ist jenseits aller Metaphorik auch eine der schwierigsten Aufgaben der Modellierung des Realen und stellt – besonders unter Kriegsbedingungen, unter denen in früheren Zeiten irrende Meteorologen durchaus mit ihrem Leben zu büßen hatten – in besonderer Weise das Problem der Prognostik. Würde man Lanchasters Gleichungen mit den reduktionistischen Quantifizierungen Jominis vergleichen wollen, so fände die Komplexität der Wetterprobleme vielleicht eine Parallele in Clausewitz' Betrachtungen zur Friktion.[112] Für die Invasion in der Normandie, eine der größten Aufgaben des *Operations Research*, gab man beispielsweise in Princeton eine vergleichende Studie von Ansätzen zur Wettervorhersage in Auftrag, die nur zu dem Ergebnis führte, dass keine verfügbare Methode sicherer sei als die Regel, dass das Wetter morgen das gleiche wie heute sein würde.[113] Für die Computerentwicklung waren solche Probleme (vor allem nach dem Zweiten Weltkrieg) von größter Bedeutung, da sie in theoretischer wie praktischer Konsequenz die Leistungsfähigkeit des Computers erweisen konnten. Der Computer markiert angesichts von Wetter nicht ein bloß quantitatives Mehr an Rechenleistung, sondern ein qualitatives Umschlagen, da er die atmosphärische Hydrodynamik als komplexes, nichtlineares Problem zugänglich macht, das bisher aufgrund der Disproportion von Lebens- und Rechenzeiten verschlossen war. Zuletzt existiert das Wetter in einer irreversiblen Zeit: Die Wettergeschichte wiederholt sich nicht, gleichwohl

---

112 John Shy, »Jomini«, in: *Makers of Modern Strategy. From Machiavelli to the Nuclear Age*, Hg. P. Paret/G. A. Craig, Princeton 1968, S. 143-185. Wobei Lanchasters starker Bezug auf Nelson als wissenspolitischer Schachzug demjenigen Jominis auf Napoleon entsprechen würde.
113 Aspray, S. 294.

folgt sie aber Gesetzen (und seien es chaotische Bifurkationen), nach denen sich bestimmte Konfigurationen einstellen und wieder auflösen, ohne dass deshalb aber ein (Welt)Geist nötig wäre – kurz: Wetter kann zugleich als Modell von Geschichte herhalten. Einige Betrachtungen zur ›Strategie‹ des Wetters sind also für Strategiespiele aus drei Gründen empfehlenswert: dem Umschlagen von Quantität in Qualität durch das Medium Computer, dem Problem der Modellierung dynamischer Prozesse und dem prognostischen Anspruch solcher Unternehmungen.

Vor der Begründung und Implementierung einer numerischen Meteorologie galt die ›subjektive‹ Methode, die auf dem Erfahrungswissen beobachtender Subjekte beruhte. Meteorologie war, wie William Aspray bemerkt, eher eine Kunst denn eine Wissenschaft. Die einlaufenden Daten der Beobachtungsstationen wurden aufgenommen und kartographisch verzeichnet, um anschließend Luftmassen zu identifizieren, nach persönlicher Erfahrung Isobare und Isotherme einzutragen und dann in einem Bildvergleich mit gespeicherten Karten ähnliche (historische) Wetterlagen aufzufinden und daraus – unterstützt durch Faustregeln – Prognosen zu erstellen. Im Zuge der Ablösung und Konvertierung von Erfahrungswissen in Algorithmen und Datenbanken konnten die *Army Mental Tests* die Testergebnisse gegen Beurteilungen von Lehrern und Vorgesetzten abgleichen und damit die Ergebnisse (zumindest statistisch) vertrauenswürdig machen. Auch die Arbeitswissenschaft konnte die Steuerungsparameter an der Produktionswirklichkeit messen. Im Fall des Wetters gab es jedoch bis zum Computer keine Möglichkeit eines empirischen Abgleichs von Modell und Realem, da jede weitere Abstraktion der schon vor dem Computer vorhandenen Modelle, die sie für Menschen rechenbar gemacht hätte, deren Ergebnisse zugleich unzulässig verfälscht hätte. Für die Entstehung numerischer Wettermodelle sind also mindestens vier Faktoren entscheidend. Erstens ein geeigneter Grad an Abstraktion oder Auflösung, d.h. die Evaluation derjenigen hydro- und thermodynamischen Faktoren, die den größten Einfluss auf das Wetter haben. Zweitens die Differentialrechnung, denn da nicht einmal die einfachsten Gleichungen analytisch zugänglich sind, bedarf es approximativer Lösungsverfahren. Drittens werden zur Feststellung von Ausgangs- und Randbedingungen erhebliche Mengen von vereinheitlichten Beobachtungsdaten nötig. Dabei ist nicht zuletzt die Einführung der Normalzeit (die übrigens weder Bjerknes noch Richardson eines Wortes würdigen) von entscheidender Bedeutung. Erst das medientechnische Linienraster einer Weltzeit homogenisiert die Zeit, so dass chronologische Daten konvertierbar und eine weltweite zeitliche Lokalisierung von Ereignissen möglich wird. Viertens bedarf es, wie gesagt, eines ›Computers‹ (auch im älteren Wortsinne), um die Millionen Berechnungen so schnell auszuführen, dass eine Aussage nicht Nachrede ist, sondern Vorhersage sein kann.

Etwa ab der Mitte des 19. Jahrhunderts waren zwar die Einzelgesetzte der Hydro- und Thermodynamik vorhanden, aber noch nicht kohärent zur Anwendung für ein großräumiges Phänomen wie das Wetter gebracht. Der wohl erste umfassende Versuch dieser Art stammt von dem Hertz-Schüler und späteren Lehrstuhlinhaber für Geophysik in Leipzig Vilhelm Bjerknes.[114] Inspiriert von Dampfschiffen auf reproduzierbaren Routen zu reproduzierbaren Zeiten, von drahtloser Telegraphie und aeronautischer Meteorologie hoffte Bjerknes 1904 auf eine baldige Schließung der Lücken einer atmosphärischen Wissenstopographie, der die Ozeane und oberen Luftschichten bislang entgangen waren. Auf der Basis einer solcherart hinreichenden Zustandsbeschreibung sollten, so Bjerknes' Hoffnung, bei Kenntnis der mechanischen und physikalischen Spielregeln Prognosen möglich sein. Dazu reiche es aus, ein Problem in mehrere kleine Probleme zu zerlegen, nämlich in diesem Fall für sieben Variablen auch sieben unabhängige Gleichungen aufzustellen, die jeden Punkt der Atmosphäre bestimmen.[115] Genauer gesagt: hydrodynamische Bewegungsgleichungen als Differentialrelationen zwischen Geschwindigkeit, Dichte und Druck, die Kontinuitätsgleichung (also das Prinzip der Erhaltung der Masse) als Differentialrelation von Geschwindigkeit und Dichte, die Zustandsgleichung atmosphärischer Luft als Relation zwischen Dichte, Druck, Temperatur und Feuchtigkeit und zuletzt die zwei Hauptsätze der Thermodynamik, die als Differentialrelationen die Änderung von Energie und Entropie bei Zustandsänderungen angeben. Übrig bleiben zuletzt sechs partielle Differentialgleichungen mit sechs Unbekannten.[116]

Bjerknes war sich wohl bewusst, dass »eine strenge analytische Integration des Gleichungssystems« unmöglich bleibt und dass es vielmehr um ein im statistischen Ergebnis effizientes Modell geht, das »vor allem [eine] übersichtliche Form zu haben und deshalb unzählige Einzelheiten unbeachtet [zu] lassen« hat.[117] Das Gelingen hängt dabei von der Auflösung ab: »Die Vorhersage darf sich [...] nur mit Durchschnittsverhältnissen über größere Strecken und für längere Zeiten beschäftigen, sagen wir beispielsweise von Meridiangrad zu Meridiangrad und von Stunde zu Stunde, nicht aber von Millimeter zu Millimeter und von Sekunde zu Sekunde.«[118] Statt sich mit infinitesimalen Intervallen unendlich anzunähern, betreibt man Differenzrechnung in einem vorteilhaften Raster. Die Welt wird diskretisiert, gescannt wie ein Bild oder gerastert wie ein Schachbrett oder Kriegsspiel – nur eben in den drei Dimensionen des Raumes und zusätzlich in der Zeit. Diese Umrechnung von *Linien* in *Raster* (praktischer: von Bézier-Kurven in Pixelgrafik, oder mathematischer: von einer kontinuierlichen Funktion $\gamma : (0,1) \subset R \to R^2$ zu einer Menge von Punkten in einem Gitter $\{\gamma_i\}_{i=1}^{\infty} \subset \Lambda$ wobei jeder Punkt γ_i genau zwei Nachbarn hat, die auch auf der Funktionskurve liegen) ist – nebenbei be-

---

114 Vilhelm Bjerknes, »Das Problem der Wettervorhersage, betrachtet vom Standpunkte der Mechanik und der Physik«, in: *Meteorologische Zeitschrift*, 1(1904), S. 1-7.
115 Diese sind: Geschwindigkeit (also im dreidimensionalen Raum ein Vektor mit drei Werten), Dichte, Druck, Temperatur und Feuchtigkeit.
116 In moderner Notation bei Aspray, S. 124.
117 Bjerknes, S. 3.
118 Ebenda.

merkt – ein nicht zu unterschlagendes Problem der Computergrafik, bei dem ebenfalls die optimale Auflösung entscheidend ist.[119] Bei der Rasterung von *Flächen* ist zudem die Form des Rasters entscheidend, also z.B. die Entscheidung zwischen dem quadratischen Gitter des Schachbretts oder dem hexagonalen, wie es in Kriegsspielen bis heute bevorzugt wird und wahrscheinlich erstmals in *Tin Soldier* von George Gamow 1950 am *Operations Research Office* in Washington verwendet wurde.[120] Ein Vorteil liegt auf der Hand, denn die sparsamste Abdeckung einer Fläche ist durch eine Diskretisierung in hexagonale Felder zu gewinnen.[121]

Bei Bjerknes werden die Rasterdaten der Wetterstationen nur zur einen Hälfte rechnerisch, zur anderen aber graphisch verarbeitet: »Auf Grund der angestellten Beobachtungen wird der Ausgangszustand der Atmosphäre durch eine Anzahl von Kanten dargestellt, welche die Verteilung der 7 Veränderlichen von Schicht zu Schicht in der Atmosphäre angeben. Mit diesen Karten als Ausgangspunkt soll man neue Karten von Stunde zu Stunde darstellen.«[122] Das Verbinden der Punkte erzeugt also Fronten (wie die von Bjerknes erstmals beschriebene Polarfront) und Marschbewegungen, die wie Spielzüge als Sprünge im Stundentakt vollzogen werden. In rascher Folge hintereinander abgespielt, würde sich wohl ein Trickfilm der Wetterlage ergeben. Eine Glättung des Diskreten, die beim Film durch die Trägheit des Auges hergestellt wird, ist auch im Rahmen der graphischen Verfahren Bjerknes' notwendig, um aus Rastern wieder geschlossene Frontlinien herzustellen. Statt nämlich das hydrodynamische Problem durch drei Gleichungen zu rechnen, schlägt er Parallelogrammkonstruktionen für eine bestimmte Anzahl von Punkten vor, die dann durch Interpolation und Augenmaß verbunden werden sollen. Trotz des Optimismus von Bjerknes bezüglich eines »täglichen praktischen Wetterdienst[es]«, der in 4 Berechnungen zu 6 Stunden einen Tag würde voraussagen können, ist schon klar, dass »Instinkt und Augenmaß« von Kartographen angesichts der Darstellungsprobleme mehrerer Höhenlayer überfordert sein werden.[123]

Richardsons Computer-Theater

Diese notwendige Umstellung von Kartographie auf Tabellenkalkulation leistete der Kriegstheoretiker Lewis Fry Richardson mit dem wohl ersten umfassenden Buch über dynamische Meteorologie.[124] Es würde zu weit führen, hier detailliert auf die über 200-seitigen Erörterungen Richardsons einzugehen.

---

119 J. E. Bresenham »A Linear Algorithm for Incremental Digital Display of Circular Arcs«, in: *Communications of the ACM,* 20(1977), S. 100-106; A. Rosenfeld, »Arcs and Curves in Digital Pictures«, in: *Journal of the ACM*, 20(1973), S. 81-87.
120 Hausrath, S. 64ff.; Allen, S. 133; vgl. 249ff.
121 Pavel S. Alexandrov, *Combinatorial Topology*, Bd. 1, Rochester 1956; Claude A. Rogers, *Packing and Covering*, Cambridge 1964.
122 Bjerknes, S. 4.
123 Bjerknes, S. 6.

Ernest Gold hat die wesentlichen Züge seines Ansatzes wie folgt zusammengefasst:

> »Die Berechnungsmethode sah die Aufteilung der Atmosphäre in horizontale Schichten von einer Dicke von ca. 200 Millibar und dieser Schichten in ›Quadrate‹ vor, deren Kantenlänge 200 km nach Osten und Westen und 3 Längengrade d.h. etwas über 200 km auf dem 50. Grad nördlicher und südlicher Breite betrug. Die Grenzen der Schichten bilden jeweils die Erdoberfläche und die parallelen Oberflächen auf der Höhe von 2,0, 4,2, 7,2 und 11,8 km, was jeweils ungefähr einem Druck von 800, 600, 400 bzw. 200 Millibar entspricht. Zur leichteren Orientierung wurden die Quadrate wie auf einem Schachbrett abwechselnd gefärbt betrachtet, allerdings in Rot und Weiß. Die Ausgangswerte der einzelnen Impuls/Momentkomponenten wurden für die Mittelpunkte der Quadrate und die Ausgangswerte für Druck, Temperatur und Luftfeuchtigkeit in den Mittelpunkten der roten Quadrate tabellarisch angeordnet. Berechnet wurden dann Veränderungen über einen Zeitraum von 6 Stunden, zwischen 4 Uhr und 10 Uhr für jede Schicht für zwei der Quadrate über Mitteldeutschland, ein weißes für den Impuls und ein rotes direkt südlich darunter für Druck, Temperatur und Luftfeuchtigkeit bzw. Wassergehalt[...] der Schicht.«[125]

Interessant sind nicht nur die Entkopplung von Druck- und Geschwindigkeitsphänomenen im ›rechnenden Raum‹ oder die Einführung mehrerer Höhen, sondern vor allem die vielen Faktoren (Strahlung, Reibung, Oberflächenbeschaffenheit, Vegetation usw.), die Richardson – wie in einem Kriegsspiel – für jedes Planquadrat seines Spielfeldes modelliert. Wie viel Wärme speichert ein bestimmter Boden? Wie viel Feuchtigkeit dünstet ein Wald aus? Welche Turbulenzen verursacht ein Gebirgszug in verschiedenen Höhen? Richardson gestaltet Europa als Spielbrett voller Friktionen, das von einer Natur bespielt wird, über deren Spielregeln nur Hypothesen aufgestellt werden können, die praktisch nicht rechenbar sind. Richardson ist zur Abstraktion gezwungen. Die Messdaten müssen einem »smoothing« unterzogen werden, so dass jedes Spielfeld homogen erscheint: Der Wind beispielsweise sei (fraktal *avant la lettre*) voller kleiner Verwirbelungen, so dass jede Messstation mit dem Telegraphieren warten möge, bis ein statistischer Mittelwert der Geschwindigkeit über 10 Minuten ermittelt sei.[126] Besser noch sei es, in jedem Quadrat mehrere Messstationen zu errichten, die ihre Daten anschließend mitteln. Dafür könnten dann bei größeren homogenen Flächen mit geringer Informationsdichte wie Ozeanen oder »wilderness« Stationen eingespart werden.[127] Trotz oder eher wegen solcher Abstraktionen schlug auch Richardsons Versuch als ›rückwärtsgewandter Prophet‹ fehl: Seine zwölf Jahre verspätete Prognose für sechs Stunden des 20. Mai 1910, der durch den *Inter-*

---

124 Lewis F. Richardson, *Weather Prediction by Numerical Process*, London 1922 (Reprint New York 1965); zu Richardson auch Oliver M. Ashford, *Prophet or Professor. The Life and Work of Lewis Fry Richardson*, Bristol 1985.
125 Ernest Gold, *Obituary Notices of Fellows of the Royal Society*, 9(1954), 217-235, zit. nach Richardson 1965, S. vii (Übers. C.P.).
126 Richardson, S. 214.
127 Richardson, 153ff.

OPERATIONS RESEARCH UND WETTER 239

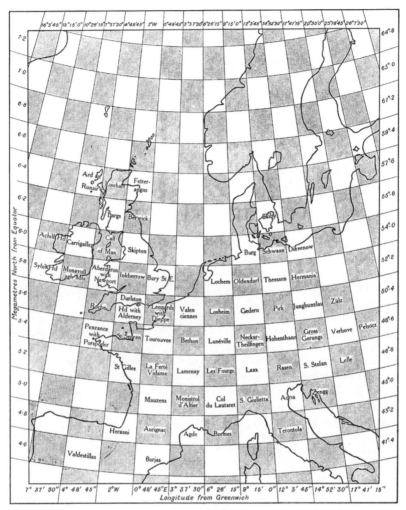

Lewis Fry Richardsons Vorschlag zur Rasterung Mitteleuropas ...

national Balloon Day exzellent dokumentiert war, lag trotz der enormen Rechenzeit von sechs Wochen teilweise um den Faktor 100 neben den historisch dokumentierten Daten.[128]

Von besonderem Interesse ist die arbeitswissenschaftliche Computer-Utopie, die Richardson (selbst zuvor im *Industrial Research* tätig) auf den letzten Seiten und unter dem Titel *The Speed and Organization of Computing* entwickelt. Da in seine eigene, sechswöchige Rechenzeit auch die Erstellung der Tabellen fiel und er im *computing* nicht geübt sei, dürfte ein (auf bestimmte Rechenarten trainierter) Arbeiter um den Faktor 10 schneller sein.[129] Bei ei-

---

128 Offenherzig dokumentiert in Richardson, Kapitel 9. Dass die falsche Skalierung der homogenisierten Felder tatsächlich erheblich zu Richardsons Scheitern beitrug, weil ihre Intervalle nicht das Stabilitätskriterium erfüllten, wies später John von Neumanns Team nach.

ner zeitlichen Auflösung von 3 Stunden würden demnach 32 menschliche Computer für die Berechnung von 2 Punkten in Echtzeit ausreichen. Angesichts einer räumlichen Auflösung von 200 km käme man (abzüglich der redundaten Gebiete) auf 2000 Felder, also 2000 × 32 = 64000 Computer für ein Kopf-an-Kopf-Rennen (*race*) mit dem Realen.[130] Diese würden dann eine globale ›Fabrik der Zukunft‹ (*central forecast-factory for the whole globe*) im doppelten Wortsinne bilden:

> »Man stelle sich einen großen Saal wie ein Theater vor, nur dass die Ränge und Galerien ganz herumreichen und auch den Platz einnehmen, an dem sich üblicherweise die Bühne befindet. Die Wände dieses Saals sind mit einer Weltkarte bemalt. Die Decke stellt den nördlichen Polarkreis dar, England befindet sich in einer der oberen Galerien, die Tropen sind in den oberen Rängen, Australien liegt im ersten Rang und die Antarktis im Orchestergraben. Unzählige Computer arbeiten dort – jeder am Wetter des Ortes, an dessen Stelle in der Karte er sitzt, doch jeder Computer ist nur mit einer einzigen Gleichung oder einem Teil einer Gleichung beschäftigt. Die Arbeit der einzelnen Regionen wird durch einen höheren Beamten koordiniert. Unzählige kleine Lämpchen zeigen die errechneten Werte an, so dass die angrenzenden Computer sie ablesen können. Jeder Wert wird so in drei angrenzenden Zonen dargestellt, um die Kommunikation nach Norden und Süden auf der Karte zu erhalten. Vom Boden des Orchestergrabens ragt eine schlanke Säule bis zur halben Höhe des Saals auf. Auf der Spitze thront eine mächtige Kanzel. In ihr sitzt der verantwortliche Aufseher des gesamten Theaters umringt von Assistenten und Boten. Eine seiner Pflichten ist es, eine einheitliche Arbeitsgeschwindigkeit in allen Teilen des Globus zu erhalten. So gesehen hat er die Rolle des Dirigenten eines Orchesters, in dem die Instrumente Rechenschieber und Tischrechner sind. Aber statt einen Taktstock zu schwingen, richtet er einen Strahl rötlichen Lichts auf alle Regionen, die den anderen davoneilen, und einen blauen Lichtstrahl auf jene, die zurückbleiben.
> Vier höhere Beamte in der zentralen Kanzel sammeln das zukünftige Wetter sofort nach dessen Berechnung ein und befördern es über ein Rohrpostsystem in einen abgeschirmten Raum. Dort wird es codiert und telefonisch an die Radiostationen durchgegeben.
> In einem anliegenden Gebäude gibt es eine Forschungsstelle, in der Verbesserungen entwickelt werden. Allerdings bedarf es vieler Experimente in verkleinertem Maßstab, bevor Veränderungen an den komplexen Routinen des Computer-Theaters durchgeführt werden. Im Keller beobachtet ein Enthusiast Wirbel in der flüssigen Auskleidung einer großen, sich drehenden Schüssel, doch vorerst bleibt die Arithmetik der gangbarere Weg. In einem weiteren Gebäude sind die üblichen Kostenstellen, Sekretariate und Verwaltungsbüros untergebracht. Draußen gibt es Spielplätze, Wohnhäuser, Berge und Seen, denn wir denken dass die, die das Wetter berechnen, es auch frei genießen sollten.«[131]

---

129 Zur Arbeitsteilung der Mathematik vgl. Bernhard Dotzler, »›Theilung der geistigen Arbeit‹. Literatur und Technik als Epochenproblem«, in: *neue vortraege zur medienkultur*, Hg. C. Pias, Weimar 2000, S. 137-164.
130 Richardson verrechnet sich übrigens um den Faktor 4, und korrekterweise müssten es 256000 Rechenknechte sein.
131 Richardson, S. 219f. (Übers. C. P.).

Karikatur des Richardson'schen Parallelrechners aus den 1950er Jahren

Unschwer ist der Sonderling im Keller als Künstlerselbstbildnis jenes Boulée des *parallel-processing* namens Richardson zu entziffern, der sich gewissermaßen mit dem Attribut des Wirbels entwirft, der seine Karriere begründete.[132] Architektonisch am günstigsten in einer kugelförmigen Architektur, auf der Innenseite eines Globus untergebracht, würde Richardsons Phantasie zumindest eines der Probleme von Borges' *Karte des Reiches im Maßstab 1:1* lösen, nämlich die Funktionsbestimmung als »semiotisches Instrument«[133]: Die rechnende Karte Richardsons würde jede Veränderung der Welt in Echtzeit darstellen oder bestenfalls sogar vorwegnehmen, so dass das Symbolische dem Realen vorausgehen würde. Ebenso wie Shannon bei seiner labyrinthlösenden Maus alle Intelligenz in das labyrinthische Spielfeld verlegte, rechnet im »Wettertheater« jede Zelle der Karte für sich und ist nur transversal mit ihren nächsten Nachbarzellen verbunden. Ein absolutistisch zentrierter Beobachter ohne Rechen-, dafür aber mit administrativer Macht sorgt nicht nur für gleichmäßige Lastverteilung im Multiprocessor-System, sondern illuminiert auch Regionen rhythmischer Devianz, also mögliche Krisengebiete. Massenspeicher und I/O-Ports vervollständigen diesen Großrechner, für den schon die Devise »never touch a working system« gilt und dessen erster Hacker (und zugleich Atlas) im Keller sitzt. Auf beide Aspekte wird zurückzukommen sein: auf die zelluläre Organisation der numerischen Meteorologie im Zusammenhang mit von Neumanns zellulären Automaten und ihrer Anwendung auf Strategiespiele, auf den Gedanken eines Wettertheaters als Echtzeitkarte möglicher Krisengebiete im Zusammenhang mit den Visualisierungsproblemen der Datenmassen möglicher Kriegstheater auf Großdisplays.

Während des Zweiten Weltkriegs hatte besonders das *Operations Research* ein erhebliches Interesse an numerischer Meteorologie angemeldet, denn die Technik und ihre Benutzer waren zwar auf einen Toleranzbereich geeicht, mit dem sich rechnen ließ, die unverfügbare Natur der Stürme, Regengüsse und Nebel war jedoch eine entscheidende Unbekannte in vielen Gleichungen geblieben. Da sich das Problem der Rechenkapazität noch nicht lösen ließ, verstärkte man zunächst die Zahl der Messstationen, setzte Radar zum Studium von Wolken, Zyklonen und Wetterfronten ein und erhöhte die Zahl der me-

---

132 1919 hatte er die Formel für das sog. »Richardson-Kriterium« aufgestellt, deren Ergebnis anzeigt, ob sich eine Turbulenz verstärkt oder verringert (»The Supply of Energy From and to Atmospheric Eddies«, in: *Proceedings of the Royal Society*, A 97(1920), S. 354-373).
133 Dazu Umberto Eco, »Die Karte des Reiches im Maßstab 1:1«, in: *Platon im Striptease-Lokal. Parodien und Travestien*, München 1990, S. 85-97.

teorologischen Trainingscamps, so dass mit Kriegsende nicht nur eine mehr oder minder lückenlose Infrastruktur zur Wetterdatenerfassung der nördlichen Hemisphäre bereitstand, sondern auch (allein auf U.S.-amerikanischer Seite) 5000 gut ausgebildete *weather officers*.

John von Neumann

Angeblich soll der RCA-Elektrotechniker Vladimir Zworykin John von Neumanns Interesse für das Problem des Wetters geweckt haben. Von Neumann hatte sich schon im Sommer 1942 im Auftrag des *Navy Bureau of Ordnance* an der *University of Chicago* mit Methoden des *Operations Research* für den U-Boot-Krieg beschäftigt. Zworykin hatte 1945/46 Pläne für einen Analogrechner entwickelt, der auf einen Schirm projizierte, zweidimensionale Verteilungen von Wetterdaten abscannen und daraus mittels Analogrechnung Wettervorhersagen treffen sollte. Zworykins Vorschlag folgte nicht dem Intervall-Prinzip ballistischer Prognosen, sondern dem Paradigma des *acting-out* von *Differential Analyzern*. Der Akteur ist dabei das Reale des Wetters selbst, das an der Stelle von Bushs Operatoren sitzt und graphische Eingabe-Bewegungen in einer Fläche erzeugt, die zu graphischen Ausgabe-Bewegungen in einer anderen Fläche führen. Dass diese Eingaben aber nicht unbedingt aus der realen Wetterlage stammen müssen, machte Zworykins Apparat zu einer Angelegenheit des *Operations Research*, denn »indem man die Eingaben ununterbrochen verändert und die Ausgaben auswertet, könnte man bestimmen, wie man eine Eingabe am effektivsten gestaltet, um die erwünschte Ausgabe zu erzeugen.«[134] Es geht also nicht nur darum, das Modell (die analogen Gestänge und Getriebe) an der Simulation bereits dokumentierter, historischer Wetterentwicklungen zu prüfen, sondern zugleich darum, wie man Wetter selbst unter einer effizienten Modifizierbarkeit unterstellen könnte. Nach einem Treffen mit Zworykin im Jahr 1946, das eine Zusammenarbeit von RCA und IAS zum Bau eines geeigneten Computers begründen sollte, wird John von Neumann erheblich deutlicher, um sofort wieder in geheimnisvolles Schweigen zu verfallen. Das gemeinsam projektierte Gerät diene, so von Neumann in einem Brief, zu »Wettervorhersage und Wettermodifikation«[135], und »wenn solch ein Forschungsprogramm erfolgreich durchgeführt wird, wäre dies der erste Schritt in Richtung Wetterkontrolle – aber das möchte ich jetzt noch nicht vertiefen.«[136] Erst ein Jahrzehnt später wird von Neumann das Rätsel aufklären: Als Vorsitzender der *Atomic Energy Commission* vertraute er darauf, dass es um 1980 möglich sein sollte, das Wetter durch gezielten Einsatz von Atomenergie auf taktischer Ebene zu beeinflussen und damit einem *Operations Research* überantworten zu können.[137] Diesseits Shakespeare'scher Träume, die zunächst vielleicht nur die Männerphantasien (militärischer) Drittmittelgeber

---

134 Zitiert nach Aspray, S. 130 (Übers. C.P.).
135 Aspray, S. 131 (»weather forecasting and *weather modification*«).
136 John von Neumann an Lewis Strauss, 4. Mai 1946 (Übers. C.P.).
137 John von Neumann, »Can We Survive Technology?«, in: *Fortune*, June 1955.

erregen sollten, stellte sich jedoch heraus, dass durch Digitalcomputer »das gesamte Corpus meteorologischer Theorie neu betrachtet und neu formuliert werden muss«.[138] Nicht nur dass der »menschliche Flaschenhals« gebrochen war[139] und sich die Rechenleistung gegenüber *desk calculators* um den Faktor 10000 erhöht hatte (und mit EDVAC, IAS oder *Whirlwind* schon der Faktor 100000 in Aussicht stand) – die Wettermodelle Richardsons mussten auch in Software und in dedizierte Hardware übersetzt werden, weshalb Meteorologen gleich am Hardwaredesign beteiligt werden sollten.

So mussten John von Neumann und Hans Panofsky die von Bjerknes und Richardson entwickelten Modelle in ein neues Medium transplantieren, kontinuierliche Phänomene des Raumes diskontinuierlich erfassen, mit temporalisierter Komplexität verarbeiten und wieder bei kontinuierlichen Ausgaben enden. Denn was Bjerknes durch kartographisches Augenmaß lösen wollte, sollte nun ›objektiv‹ werden. Aus dem Rasterbild der Temperaturen und Drücke macht ein Polynom mit ca. 40 Parametern als bestmögliche Raster-Approximation eine zweidimensionale Vektorgrafik von Isothermen und Isobaren. Auch sonst blieb man zweidimensional: Einem Vorschlag von Rossby folgend, nahm man an, dass die Atmosphäre sich in einer Höhe von 3-6 Kilometern wie ein zweidimensionaler, homogener, inkompressibler Fluss verhalte. Das derart vereinfachte Problem konnte zwar nicht mehr von Menschen, wohl aber auf einem der verfügbaren Digitalcomputer gerechnet werden:

> »Das [barotopische] Modell hatte zwei entscheidende Eigenschaften: Es basierte ausschließlich auf beobachtbaren Daten (und vermied damit die Schwierigkeiten abgeleiteter Variablen, die in Richardsons Methode auftraten) und es ersetzte Richardsons primitive Gleichungen durch eine von Computern leichter zu bearbeitende Einzelgleichung mit einer Unbekannten. Das barotopische Modell sonderte alle Schall- und Gravitationswellen aus, die sich erheblich schneller bewegen als atmosphärische, meteorologisch bedeutsame Bewegungen. Diese Aussonderung lockerte die Courant-Bedingung bei der numerischen Approximation, was die Wahl längerer Zeitabstände zwischen den Approximationen erlaubte und die Zahl der Berechnungen bis auf ein Maß reduzierte, das in der Reichweite existierender Computer lag.«[140]

So hatte man zuletzt sechs Gleichungen auf eine reduziert, so dass 1950 die erste Berechnung auf einem ENIAC lief, nämlich $\frac{\partial z}{\partial t} = \frac{1}{a^2 \cos^2 f} \frac{\partial (z,y)}{\partial (f,l)}$ mit

$z \equiv \nabla^2 \psi + 2\Omega \sin\phi$ für die Strömungsfunktion $\psi(\phi,\lambda,t)$ auf einer rotierenden Fläche mit dem Radius a, der Breite ϕ, der Länge λ und der Winkelgeschwindigkeit Ω. Erst die Koppelung von zwei Ebenen zu einem ›zweieinhalbdimensionalen‹ Modell konnte auch das Fallen von Luftmassen, also die Umwandlung von Lage- in Bewegungsenergie berücksichtigen und damit

---

138 John von Neumann an Lewis Strauss, 4. Mai 1946 (Übers. C.P.).
139 Aspray, S. 130 (*human bottleneck*).
140 Aspray, S. 141 (Übers. C.P.).

1951 im Rückblick den Ostküsten-Sturm von Thanksgiving 1950 nachspielen. Von Prognose konnte allerdings – trotz passabler Resultate – keine Rede sein, da 24 Stunden Wetter einer Rechenzeit von 36 Stunden bedurften. Das Modell hatte 361 Spielfelder oder Messpunkte, und jede Vorhersage setzte sich aus 24 Zügen zu 1 Stunde zusammen, d.i. 54000 Additionen und 17000 Multiplikationen. Neue Eingabegeräte und der ab 1954 verfügbare IBM 701 rechneten dann in 10 Minuten, wofür ein *desk calculator* noch acht Jahre benötigt hätte. Und drei-, fünf- und sieben-Ebenen-Modelle erschlossen, von *Wheather Bureau, Air Force* und *Navy* finanziert, rasternd die Vertikale.

5. Die fünfziger Jahre

> »If you say why not bomb them tomorrow, I say, why not today. If you say at five o'clock, I say why not one o'clock.«
>
> *John von Neumann*[141]

Die Zeit nach dem Zweiten Weltkrieg ist durch eine enorme Ausdifferenzierung des Kriegsspiels gekennzeichnet. Kopplungen von *Operations Research* und freiem oder strengem Kriegsspiel in verschiedensten Maßstäben, von ökonomischer Spiel- und zellulärer Automatentheorie unter dem Primat des neuen Mediums Computer mögen dabei eine erste historische Phase bezeichnen, Visualisierungsprobleme, objektorientierte Programmierung und die Integration von politischen, militärischen und ökonomischen Spielen eine zweite, Agentenkonzepte und die kritische Erweiterung der von Neumann'schen Spieltheorie eine dritte.

Computer Games

Das Spielen von Kriegsspielen hat, Alfred Hausrath folgend, drei Funktionen, die nicht nur systematisch, sondern auch historisch gelesen werden können: das Training von Offizieren, das Testen von Plänen und die Erzeugung von Daten. Die erste Funktion des Spielens (Offizierstraining) war, ausgehend von Reißwitz und Müffling, schon seit dem 19. Jahrhundert fester Bestandteil des militärischen Schulungssystems und legitimierte sich vor allem durch Kostenvorteile gegenüber Manövern im Realen.

Die zweite Funktion (Testen von Plänen) wurde im Ersten und Zweiten Weltkrieg für alle größeren Operationen angewandt, sei es für den Schlieffen-Plan, für die Operation Seelöwe (gespielt im Sommer 1940), für die Operation Barbarossa (gespielt im Februar 1941) oder den Einmarsch in Polen, bei dem sich dann im Realen das Wetter änderte, aber keine Zeit mehr für ein weiteres Spiel blieb. Umgekehrt – noch durch Versailles an Manövern gehindert – leitete Erich von Manstein schon 1929 ein politisch-militärisches Spiel über einen polnischen Angriff auf Ostpreußen und Oberschlesien. Russland wusste schon durch ein Spiel von der katastrophalen Niederlage bei Tannenberg.[142] Die USA spielten gegen Japan, vergaßen jedoch – wie Chester Ni-

---

141 Zit. nach C. Blair, »Passing of a great mind«, in: *Life*, 25.2.1957, S. 96.

mitz vorsichtig zugab – die Kamikaze-Taktik »zu visualisieren«.[143] Und Japan spielte Ende 1940 elf Tage lang Pearl Harbor am *Naval War College* in Tokyo.

Wie das Kriegsspiel als Testfeld von Plänen unversehens auch zum Kontrollfeld des Realen werden kann, deutete sich schon in einer Episode des Jahres 1944 an. Am 2. November, sechs Wochen vor Beginn der Ardennenoffensive, war der Stab der Fünften Armee mit einem Kriegsspiel unter der Leitung des Oberbefehlshabers West, Generalfeldmarschall Walter Model, beschäftigt. An der Sandkasten-Simulation sollten die Mittel gegen eine amerikanische Offensive an der Grenze zwischen Fünfter und Siebter Armee abgeschätzt und optimale Strategien getestet werden. Kaum dass die versammelten Befehlshaber jedoch ihr Spiel aufgenommen hatten, trafen Nachrichten über einen amerikanischen Angriff in der Gegend von Hürtgen im Hauptquartier ein. Model ließ daraufhin nicht etwa die Partie abbrechen, sondern forderte ganz im Gegenteil die Spieler auf, weiterzuspielen und die von der Front einlaufenden Berichte sogleich als Input für das laufende Spiel zu benutzen. Während der nächsten Stunden wurde die Situation an der Front – und das hieß auf dem Spieltisch – zunehmend kritisch. Die 116. Panzerdivision musste aus der Reserve geholt und der bedrohten Armee zur Unterstützung geschickt werden. Deren Kommandeur, General von Waldenfels, stand ebenfalls gerade am Spieltisch und tat nichts anderes, als die dort prozessierten Daten als Outputs oder Befehle wieder an Kuriere zurückzugeben.

Damit war ein Regelkreis zwischen Symbolischem und Realem geschlossen, über den die Historiker dieser Szene nur staunen konnten.[144] Eine steuerungstechnische Schleife von Meldung und codierter Eingabe, Prozessierung durch einen Apparat, decodierter Ausgabe und Befehl war geschlossen, die im Takt der eintreffenden Frontberichte iterativ weiterlaufen konnte. Jede Frontmeldung bedeutete eine Unterbrechung des Spiels, eine Art unregelmäßiges Interrupt-Signal, an dem Eingaben in Laufzeit stattfinden konnten. Spielzustände, die aus der symbolischen Logik von Spielregeln heraus entstanden, kreuzten sich in solchen Momenten mit Realzuständen, die aus der materiellen Kausalität des Schlachtfelds heraus entstanden. Nicht die Genies von Feldherren, deren Taten nach Clausewitz ja ›die schönste Regel‹ bil-

---

142 Im April 1914 spielt man in Russland die Strategie eines Invasionsplans in Ostpreußen mit Kriegsminister Vladimir Sukhomlinov als Kommandant und stellte fest, dass die erste russische Armee sechs Tage vor der zweiten am Ziel wäre, was zu einer Niederlage führen müsse. Vier Monate später vergaß Sukhomlinov angeblich, den Marschplan zu ändern (oder misstraute den Spieldaten), Rennenkampf und Samsonov zogen mit denselben Armeen in den Krieg, mit denen sie zuvor gespielt hatten, und wurden bei Tannenberg geschlagen.
143 Robert D. Specht, *War Games*, Santa Monica 1957 (RAND P-1401), S. 1-14; F. J. McHugh, *Gaming at the Naval War College*, United States Naval Institute Proceedings, März 1960, S. 52; Roberta Wohlstetter, *Pearl Harbor. Warning and Decision*, Stanford 1962.
144 *U.S. Army Historical Document MS P-094*, Department of the Army, Office of the Chief of Military History, Washington 1952; John P. Young, *A Survey of Historical Developments in War Games*, Johns Hopkins University, Operations Research Office, 1959 (ORO-SP-98); Hugh M. Cole, *The Ardennes. Battle of the Bulge*, Department of the Army, Office of the Chief of Military History, Washington 1965 (U.S. Army in World War II, Bd. 3/7); Charles Whiting, *Ardennes. The Secret War*, London 1984.

Modell und Modelliertes: Pearl Harbor-Simulation in einem Kriegsspiel der japanischen Marine (oben) und Luftaufnahme des japanischen Angriffs auf Pearl Harbor (rechts)

den sollten, sondern Algorithmen hatten also die Geschicke der Schlacht übernommen. Offiziere wurden gewissermaßen zu Beta-Testern einer Software, deren komplexen Sourcecode sie im Ernstfall nicht einmal mehr umschreiben konnten. Und damit stellte sich, zumindest in einer historischen Miniatur, die Frage wer oder was das Subjekt einer Geschichte ist, deren Kairos sich in *black boxes* entscheidet, und wie diese Geschichte überhaupt noch zu schreiben sein könnte.

Die dritte systematische Funktion des Spielens, die Hausrath mit »Data, Insights, and Evaluation of New Ideas in Military Operations« beschreibt, ist historisch eng mit dem Digitalcomputer verbunden und könnte als *Herstellung eines Virtuellen* beschrieben werden. Strategiespiele beschreiben einen Raum virtueller Ereignisse, der nicht in den Kategorien des Geschehens oder Nicht-Geschehens zu denken ist, sondern als Ensemble von Möglichkeiten, deren jede einen bestimmten Wahrscheinlichkeitsindex hat. Das virtuelle Ereignis bezieht sich damit auf Formen versicherungstechnischen Wissens. »Ein Unfall, der passiert oder nicht passiert, eine Krankheit, die ausbricht oder nicht ausbricht, sind für dieses Wissen von derselben ontologischen Qualität«.[145] Das Wissen virtueller Ereignisse ist folglich geeignet, die gängige Unterscheidung zu dekonstruieren, die vorgängige Spiele oder Simulationen von vermeintlich ›realen‹ und nachgängigen Ernstfällen trennt. Denn in diesem Wissen passieren Unfälle oder Krankheiten nicht erst, wenn sie sich in einer physischen Realität ereignen, sondern sind mit einer gewissen Wahrscheinlichkeit immer schon passiert. Sie siedeln sich nicht entlang der Grenze von wirklich und unwirklich, sondern an der von Virtualität und Aktualität an (vgl. S. 183ff.). Der Raum virtueller Ereignisse gleicht eher den kugel- oder

---

145 Joseph Vogl, »Grinsen ohne Katze. Vom Wissen virtueller Objekte«, in: *Orte der Kulturwissenschaft*, Hg. H. C. v. Hermann/M. Midell, Leipzig 1998, S. 40-53, hier S. 40.

keulenförmigen Orbitalen, in denen ein Elektron überall eine gewisse Seinswahrscheinlichkeit hat, zugleich aber nirgendwo *ist* – es sei denn, seine Aktualität wird durch eine Messung forciert. In diesem Sinn sind virtuelle Räume u-topische Räume im Wortsinne und Kriegsspiele (wie zu zeigen sein wird) Maschinen zur Erzeugung von Utopien, deren Motor keine literarische Einbildungskraft, sondern mathematisches Kalkül ist.[146]

Die systematische Herstellung des Virtuellen nahm – wie bereits angedeutet – ihren Beginn im *Operations Research*. Als Ökonomie »des Planers, der die beste Verteilung begrenzter Ressourcen in einer Vielzahl konkurrierender militärischer Ansprüche sucht«, modelliert es eine Anzahl von virtuellen, verschieden möglichen Ereignissen. Ein geradezu klassisches Beispiel ist die taktische Situation von U-Boot und Torpedo. Da diese Operation weitgehend von technischen Leistungsdaten wie Geschwindigkeit, Schussweite, Wenderadius usw. abhängt, ist die Zahl der Parameter klein genug, um alle möglichen Kombinationen durchzurechnen, in denen ein U-Boot und ein Torpedo zusammentreffen können. Die aus den Berechnungen entstehenden Diagramme zeigen Landschaften der Wahrscheinlichkeit, in denen sich hohe Trefferwahrscheinlichkeiten wie Höhenlinien abzeichnen. Diese Darstellungen sind gewissermaßen Karten des Virtuellen, die alle möglichen Ereignisse nach ihrer Wahrscheinlichkeit auftragen und durch weiße Flächen (als Territorien unmöglicher Ereignisse) begrenzen – Ereignisse, die (vergleichbar dem Elektron) zugleich überall sind ohne dass sie oder bevor sie irgendwo stattfinden. *Operations Research* dient jedoch nicht nur der Kartographie, sondern auch der zielsicheren Navigation im Virtuellen, denn es geht darum, das beste

---

146 Claus Pias, »Thinking About the Unthinkable«, in: *Thinking Utopia*, Hg. J. Rüsen/M. Fehr/T. Rieger, New York 2002.

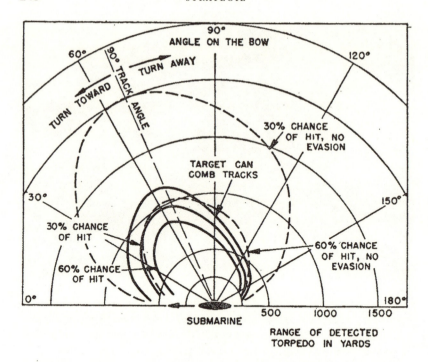

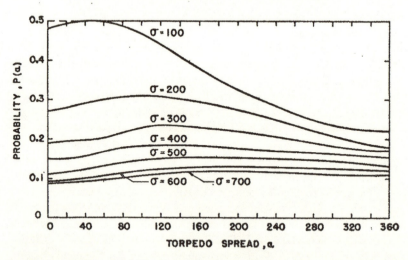

Landschaften der Wahrscheinlichkeit: Ausweichmanöver eines U-Boots vor einem Torpedo auf einer Karte virtueller Ereignisse aller möglichen Szenarien zu ermitteln: höchstwahrscheinliches Überleben oder höchstwahrscheinlicher Tod, je nachdem auf welcher Seite man steht.

1941 ans *Naval Ordnance Laboratory* importiert und 1942 als *Operations Research Office* unter Ellis A. Johnson institutionalisiert, kannten die amerikanischen Militärs *Operations Research* vor Pearl Harbor nur unter den arbeitswissenschaftlichen Gesichtspunkten des Studiums von Stress und Ermüdung.[147] Danach war jedoch klar, dass es nicht nur darum gehen konnte, das Vorhandene zu verbessern, sondern auch das Mögliche zu ermessen. Dabei helfen die im *Operations Research* maßgeblichen Differentialgleichungen, mit denen aus bekannten Werten Minima und Maxima abgeleitet werden können, nur sehr begrenzt weiter. Es geht nicht um Annäherungen, sondern um Variationen, nicht um Kontinuitäten, sondern um diskrete Sprünge. Und diese Umstellung ist zugleich die von Analog- auf Digitalcomputer, von Differentialen auf Algorithmen, von Annäherungen und Ableitungen auf Wiederholungen und Zufälle.

Der Physiker George Gamow, der in Los Alamos treffenderweise an Monte-Carlo-Methoden und anschließend an der Kombinatorik des menschlichen Erbguts arbeitete, führte 1950 Wiederholung und Zufall in einem kleinen, zunächst handbetriebenen Spiel namens *Tin Soldier* zusammen:

> »Die beiden gegnerischen Panzerverbände von je zehn Einheiten sind anfangs an den hinteren Linien des Schlachtfelds aufgestellt, und ein Zug auf einer der Seiten besteht in der Verschiebung der Panzer auf eines der angrenzenden hexagonalen Felder (obgleich nicht unbedingt alle Panzer bewegt werden müssen).
> Wenn zwei gegnerische Panzer auf angrenzenden weißen Feldern zu stehen kommen, ist ein Gefecht angezeigt, dessen Ergebnis durch den Wurf einer Münze oder eines Würfels entschieden wird. Wenn, was vorkommen kann, ein bewegter Panzer gleichzeitig mit zwei feindlichen Panzern konfrontiert wird, muss er den Kampf zuerst mit einem der Panzer austragen und dann, falls siegreich, mit dem anderen. (Für diesen Fall können auch realistischere Regeln eingeführt werden.)
> Wenn ein Panzer auf einem weißen Feld mit einem Panzer auf einem schraffierten Feld zusammentrifft (der als versteckt gilt), gilt der erste Panzer immer als vernichtet (oder es wird ihm eine deutlich höhere Wahrscheinlichkeit der Vernichtung beim Würfeln zugewiesen). Wenn beide Panzer im Gebüsch sind, wird nur dann ein Gefecht angezeigt, wenn sich einer der beiden auf das Feld bewegt, das von dem anderen besetzt ist (Hälfte der normalen Sichtbarkeits-Distanz), wobei das Ergebnis wiederum durch Würfelwurf entschieden wird.
> Ziel des Spiels kann die Zerstörung einer maximalen Zahl feindlicher Panzer unter geringsten Verlusten eigener Kräfte, die Zerstörung eines Ziels in den hinteren Linien der feindlichen Kräfte oder irgendein anderer Zweck sein.«[148]

Was als Primitivstkopplung aus Schachbrett und Würfel erscheint, bezieht seinen Reiz nicht aus dem *einzelnen* Spiel, sondern aus einer *Serialität* von Spielen ohne Subjekt. »Zu didaktischen Zwecken wurde das Spiel von Hand betrieben und die Züge durch menschliche Entscheidungen gesteuert, doch die

---

147 Alexander M. Mood, *War Gaming as a Technique of Analysis*, Santa Monica 1954 (RAND P-899); S. W. Davis/J. G. Taylor, *Stress in the Infantry Combat*, Chevy Chase 1954 (ORO-T-296).
148 Gamow, zit. nach Hausrath S. 65f. (Übers. C.P.); vgl. Allen, S. 133.

Schematische Darstellung der Ausgangsstellung von George Gamows *Tin Soldier* (karierte Felder stellen Gebüsch dar)

letztendliche Absicht des Spiels war, zufällige Handlungen zu generieren«.[149] Die »Intelligenz« von Spielern, die die Produktion von Zufall immer wieder durch Sinn behindert, erscheint bei der Organisation von »random tank movement« gewissermaßen als Verunreinigung. Außerdem lernen Spieler unvermeidlich dazu, so dass keine Serien ohne redundante Gedächtniseffekte möglich sind, und zuletzt sind menschliche Spieler viel zu langsam, um auch nur mehrere hundert Spiele hintereinander zu spielen. Zufallsbasierte Serien von Spielen fordern daher Spieler ohne Sinn und ohne Gedächtnis, dafür aber mit hoher Verarbeitungsgeschwindigkeit – kurzum also Fähigkeiten, für die nach Gamow nur Computer einstehen können. Folglich kennzeichnet nicht mehr Interaktivität, sondern vielmehr ›Interpassivität‹ (Zizek) die Spielverläufe. Man spielt nicht, sondern lässt spielen. Der Computer wird gewissermaßen zum ›Subjekt, dem Spielen unterstellt wird‹ und zum Instrument für das Spielen eines anderen. Der Spielraum des interpassiven Spielers liegt darin, Ausgangskonfigurationen herzustellen oder Parameter zu verändern, das Spielen dann aber an einen Apparat zu delegieren und die statistischen Ergebnisse mehrerer Spiele abzulesen. Beispielsweise kann man den schwarzen Panzern eine »clustering tendency« geben, was sie zwar stärker, aber auch zu einem besseren Ziel macht. Oder man führt eine temporale Skalierung ein und macht die weißen Panzer schneller, dafür aber auch dünner gepanzert und verwundbarer. Die Ergebnisse dieser Computerspiele im engen (oder militärischen) Wortsinne, von Spielen also, die *von* Computern und nicht von Menschen gespielt werden, können in Form von Protokollen ausgedruckt, analysiert und statistisch verarbeitet werden. Aus *Tin Soldier* ging daher 1952 das

---

149 Hausrath, S. 66 (Übers. C.P.).

Kommerzielles (Papier)Kriegsspiel mit hexagonalem Raster: *Gulf Strike*

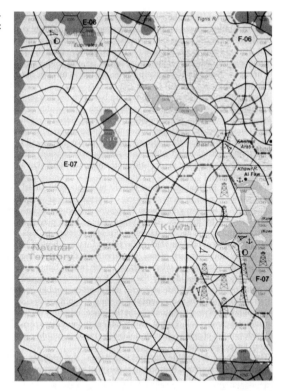

erste vollständig computerisierte, analytische Spiel namens *Maximum Complexity Computer Battle* hervor.[150]

Bemerkenswerterweise erschien 1954 auch das kommerzielle Spiel *Tactics* von Charles S. Roberts bei *Avalon Hill* – dem Verlag, der bis zum Siegeszug der (Heim)Computerspiele zu Beginn der 1980er Jahre den Markt an Strategiespielen beherrschen sollte.[151] Gleichwohl von Reißwitz bis H. G. Wells[152] kommerzielle Kriegsspiele nichts Unübliches waren, gilt *Tactics* als gattungsbegründend für alle noch folgenden Spiele dieser Art und benutzt, ebenso wie Gamows *Tin Soldier*, die bis dahin unübliche hexagonale Rasterung.[153] Auf-

---

150 Von Gamow in Zusammenarbeit mit den Los Alamos-Kollegen Richard E. Zimmerman und Warren Nicholas am *Operations Research Office* der Johns Hopkins University.
151 Der Nationalgardist Roberts hatte *Avalon Hill* nach seiner Rückkehr aus Korea gegründet und sich in den Folgejahren darauf konzentriert, die Kriegsgeschichte (beginnend mit *Gettysburg*) Stück für Stück in Spiele zu übersetzen. Bestseller wie James Dunnigans *Panzerblitz* erreichten bald Auflagen von über 200000.
152 Wells' *Floor Games* erschienen 1911, seine *Little Wars* 1913; beide wurden 1995 als Faksimile wieder aufgelegt.
153 Der Beginn kommerzieller Strategiespiele für private Computer, der meist als ›Übersetzung‹ der Brettspiele auf den Monitor interpretiert wird, bringt zunächst wieder ein quadratisches Raster hervor, das bei der niedrigen Auflösung früher PC's und Homecomputer bessere Sichtbarkeit gewährleistet (vgl. Chris Crawford, *The Art of Computer Game Design*, [o.O.] 1982 [www.erasmatazz.com], der die ersten Strategiespiele für Atari programmierte).

Kommerzielles (Computer)Kriegsspiel mit hexagonalem Raster: *Panzer General II* (1997)

schlussreich an dieser zeitlichen wie optischen Koinzidenz ist die Tatsache, dass all das, was bei Gamow aus dem Spiel evakuiert wird (Strategie, Gedächtnis, kommensurable Verarbeitungsgeschwindigkeit – kurz: all die Nachteile menschlicher Spieler bei der Generierung von Virtualitäten), von Roberts wieder eingesammelt und Gegenstand des lehrreichen Zeitvertreibs wird. Was Roberts als ›revolutionär‹ ankündigt, ist das, was professionelle Spieler dem Spiel gerade ausgetrieben haben, und der im heimischen Kontext fehlende Computer bezeichnet die Leerstelle, an die Hobby-Spieler gestellt werden.[154]

Vermutlich muss vor diesem Hintergrund auch das Motto Herman Kahns, des vermeintlich größten Zynikers des Kalten Krieges, anders gelesen werden. ›Das Undenkbare zu denken‹ bezieht sich eben nicht nur auf die Inkommensurabilität eines nuklearen Kriegs und die Hochrechnungen der Millionen von Toten, die noch jedes Auditorium zu schockieren vermochte.[155] In den Szenarien von Spielen wie *Tin Soldier* erweist es sich zugleich als Funktion eines Rechenprozesses, der so aufwendig ist, dass er in menschlichen Spielzeiten nicht hätte durchgeführt werden können, und der durch eine endlose Wiederholung von Zufällen möglichst das erscheinen lassen sollte, woran nie-

---

154 »Es war revolutionär [so Roberts] zu sagen, dass man notfalls alle Spielsteine auf einen Zug bewegen kann, dass die Bewegung innerhalb gewisser Grenzen in der Freiheit des Spielers lag und dass der Ausgang eines Gefechts in einem Würfelwurf bestand, der auf eine Tabelle verschiedener Ergebnisse verwies. So einfach das heute klingt, der Spieler musste seine Schach- und Dame-Mentalität über Bord werfen und neu gehen lernen« (zit. nach Allen, S. 110; Übers. C.P.). Vgl. Matthew J. Costello, *The Greatest Games of All Time*, New York 1991, S. 75ff.

155 Herman Kahn, *Thinking About the Unthinkable*, New York 1962.

mand gedacht hatte. Denn die Analysten als *Betreiber* (und nicht als *Spieler*) von Computerspielen interessieren sich nicht für die tausenden ähnlich verlaufenden Spiele, sondern eben nur für die Handvoll mit unerwartetem Ausgang. Nur deren Verlauf gilt es durch das Studium der Spielprotokolle, der Ausgangsparameter und Regeländerungen zu rekonstruieren. Denn was unerwartet ist, zeichnet sich dadurch aus, dass es als Singularität einer besonderen Kontextualisierungs- und Ordnungsleistung bedarf. Es ist ein extremer Fall des kontingenten Ereignisses und durch diese ausgezeichnete Position im Raum des Virtuellen dem Wunder und der Katastrophe verwandt. Der Computer erweist sich gewissermaßen als Instrument zur systematischen Erforschung eines notwendigen und völlig intelligiblen Wunderbaren als Grenzfall des Wahrscheinlichen, also genau desjenigen, was im militärischen Sinne eines Krisen- oder *contingency-management* bedarf.

Fasst man die Bestandteile des Gamow'schen Spiels zusammen – ein Raster von homogenen Feldern mit wenigen eindeutigen Zuständen, ein Satz einfacher Regeln für Zustandsänderungen, Wechsel dieser Zustände nach diskreten Zeitintervallen, Zufallsgeneratoren und Iteration durch Computer –, so wird die Beziehung zu einem anderen Diskurs offensichtlich, der mit den gleichen Elementen operiert und in einem ganz anderen Sinne von unerwarteten Ausnahmezuständen handelt, nämlich der Möglichkeit von Computern selbst, um Fehler, Störungen und Krisengebiete herumzuarbeiten und diese in Form eines internen *contingency managements* selbsttätig zu beheben. Dies ist John von Neumanns Begründung einer Theorie zellulärer Automaten.

Zelluläre Automaten

Der ENIAC und seine Programmierung durch Diagrammatik einerseits und verkabelnden *girls* des »proper programming« andererseits (vgl. Kapitel II, S. 156) machte rasch deutlich, dass es unökonomisch ist, für jedes mathematische Problem ein eigenes *flowchart* zu entwerfen. Informatische Probleme setzen sich aus zahlreichen Unterproblemen zusammen, die als Subroutinen abgelegt und dann durch Kombination und Ergänzung zu einem Programm zusammengesetzt werden können. Dazu zählen beispielsweise Programme für binär-dezimal-Konversion, verschiedene Methoden der Integration und Interpolation oder auch Sortier-Algorithmen. Zusätzlich zu diesen Ansätzen der Rationalisierung war es jedoch nötig, das Programmieren selbst zu vereinfachen – ein Problem, das von Neumann in seinem kleinen Spätwerk *The Computer and the Brain* unter den Begriffen »short code« (heute: Hochsprachen) und »complete code« (Maschinensprachen) diskutiert.[156] Das heute so selbstverständliche Prinzip von Interpretern oder Compilern (und damit die Sprachlichkeit von Computerprogrammierung selbst) war Anfang der 1950er Jahre erst noch zu begründen und machte mit der von Turing festgestellten Universalität des Computers Ernst.

---

156 John von Neumann, *The Computer and the Brain*, New Haven 1958, S. 70-73 (vgl. die anfängliche Ablehnung jeder Vergeudung kostbarer Maschinenzeit; Kapitel I, Anm. 198).

So gibt es für jede Turingmaschine M bekanntlich ein Programm P, so dass eine Maschine U, wenn sie von P gesteuert wird, die gleichen Ergebnisse zeitigt wie M. Mit anderen Worten: U mit P simuliert M. Angenommen eine Maschine U_c arbeitet mit einer für Programmierer schwer benutzbaren Maschinensprache, und es existiert eine einfach zu schreibende Hochsprache. Dann bedarf es nur einer virtuellen Maschine M_t und eines Programms P_t (geschrieben in der Sprache von U_c), das von einer Hochsprache in die Maschinensprache von U_c übersetzt. Wenn also U_c unter P_t läuft, zeitigt sie die gleichen Ergebnisse wie eine virtuelle Maschine M_p, die eine Hochsprache verstünde. Mit anderen Worten: U_c mit P_t simuliert M_p. Ein ähnliches Verhältnis zwischen ›primärer‹ und ›sekundärer‹ Sprache bestehe – so jedenfalls von Neumanns Vermutung – zwischen den Hochsprachen des Menschen und der Maschinensprache in dessen zentralem Nervensystem.[157] Dies ist jedoch nur ein einzelner Aspekt der Ähnlichkeit zwischen Lebewesen und Computern. Von Neumanns Versuch einer allgemeinen Theorie des Computers unterläuft vielmehr – in jener kybernetischen Tradition, die das Sonder-Konstrukt ›des Menschen‹ schon lange vor Foucault und weniger pathetisch aufgab – auf einer bestimmten Ebene die Unterscheidung von Organismen und Computern. Vielmehr sind sie im epistemologischen Experiment einer Automatentheorie gemeinsam zu verhandeln.

> »Die Theorie der Automaten sollte eine kohärente Sammlung von Begriffen und Prinzipien sein, die die Struktur und Organisation sowohl von natürlichen als auch von künstlichen Systemen, die Rolle von Sprache und Informationen in solchen Systemen sowie die Programmierung und Steuerung dieser Systeme betreffen.«[158]

Wenn organisches Leben sich gegen alle Unwahrscheinlichkeit der Entropie erhält, dann gäbe es auch (unter den Gesetzen der Information) ein Leben der Maschinen. Von Neumanns Automatentheorie ist eine Art Einlösungsversuch des kybernetischen Anspruchs, als neue Metawissenschaft von Lebewesen und Maschinen eine Epochenschwelle zu begründen und in dieser Sphäre eine seinsgeschichtliche Lösung des Missverhältnisses zwischen Mensch und Natur herzustellen. Nachdem Warren McCulloch und Walter Pitts im Vorfeld der Kybernetik gezeigt hatten, wie neurologische Begriffe in ingenieurstechnische und diese wiederum in epistemologische konvertierbar sind,[159] nimmt sich von Neumann gewissermaßen des Fallbeispiels von Selbstreproduktion und fehlertoleranter Selbststeuerung an. Wie kann Zuverlässigkeit aus unzuverlässigen Komponenten entstehen und welche Organisationsform ermöglicht Selbstreproduktivität?[160] Wie ist es möglich, nicht die Einzelteile zu verbessern, sondern jenes gestalthafte Mehr eines Ganzen entstehen zu lassen, das

---

157 Von Neumann 1958, S. 79-82.
158 Arthur W. Burks in: John von Neumann, *Theory of Self-Reproducing Automata*, Hg. A.W. Burks, Urbana/London 1966, S. 18 (Übers. C.P.).
159 Warren S. McCulloch/Walter Pitts, »A Logical Calculus Immanent in Nervous Activity«, in: *Bulletin of Mathematical Biophysics*, 5(1943), S. 115-133. Vgl. Claus Pias, »Die kybernetische Illusion«, in: *Medien in Medien*, Hg. I. Schneider/C. Liebrand, Köln 2002.

einen Computer zuverlässiger macht, als es das Produkt der Störanfälligkeit seiner Teile eigentlich zuließe? Für den Lösungsansatz in Form zellulärer Automaten sind – im Hinblick auf Computerspiele – vor allem drei Aspekte interessant.

Erstens die Hypothese, dass die symbolische Beschreibung des Verhaltens eines einfachen Automaten einfacher als der Automat selbst ist, dass jedoch bei steigender Komplexität des Automaten die Komplexität der symbolischen Beschreibung den Automaten gewissermaßen überholt. Ab einem bestimmten Komplexitätslevel ist folglich der Automat einfacher als die symbolische Beschreibung seines Verhaltens.[161] *Zweitens* behauptet von Neumann, dass jede deterministische Lösung den entscheidenden Teil des Problems verfehle: Ist bei Automaten eindeutig bestimmt, was sie in einer bestimmten Situation tun werden, gibt es gegen unzuverlässige Teile nur Palliative aber keine Kuren. Vielmehr komme es darauf an, die Wahrscheinlichkeit zu einer ›unabhängigen logischen Entität‹ zu machen:

> »Die Axiome sind nicht von der Form: Wenn *A* und *B* sich ereignen, dann folgt *C*. Die Axiome sind vielmehr immer von der Variante: Wenn *A* und *B* sich ereignen, dann folgt *C* mit einer bestimmten Wahrscheinlichkeit, folgt *D* mit einer anderen bestimmten Wahrscheinlichkeit und so weiter. Anders ausgedrückt: In jeder Situation sind mehrere Alternativen mit unterschiedlichen Wahrscheinlichkeiten zulässig. Mathematisch ist es am einfachsten zu sagen, dass in Übereinstimmung mit einer Wahrscheinlichkeitsmatrix alles auf alles folgen kann. Man könnte die Frage in der Art stellen: Wenn *A* und *B* sich ereignet haben, wie ist dann die Wahrscheinlichkeit, dass *C* folgt? Dieses Wahrscheinlichkeitsmuster führt zu einem probabilistischen Logiksystem. Sowohl künstliche als auch natürliche Automaten sollten in diesem System verhandelt werden, sobald sie auch nur ansatzweise beteiligt sind.«[162]

Drittens kann die Automatentheorie parallel zur mathematischen Spieltheorie gelesen werden. Das Verhältnis zwischen natürlichen und künstlichen Automaten, Lebewesen und Computern, entspricht dabei dem Verhältnis (realweltlicher) Ökonomie und Spiel. Das eine soll in der Spieltheorie, das andere in der Automatentheorie vereint werden.

Die ersten Gedankenspiele von Neumanns zu selbstreproduzierenden Automaten waren noch sehr gegenständlich.[163] Die imaginierte Maschine sollte neben Elementen zur Speicherung und Verarbeitung von Informatio-

---

160 John von Neumann, »Probabilistic Logics and the Synthesis of Reliable Organisms From Unreliable Components«, in: *Collected Works*, Hg. A. H. Taub, Bd. 5, New York 1963, S. 329-378.
161 Von Neumann 1966, S. 47ff.
162 Von Neumann 1966, S. 58 (Übers. C.P.). Auf die nicht unerheblichen Implikationen dieser (Im)Plausibilisierung für die Gewissheiten Boole'scher Logik und digitaler Schaltalgebra kann hier nicht eingegangen werden.
163 Vgl. von Neumann 1966, S. 91-131; M. Gerhard/H. Schuster, *Das digitale Universum. Zelluläre Automaten als Modelle der Natur*, Braunschweig 1995; Manfred Eigen/Ruthild Winkler, *Das Spiel. Naturgesetze steuern den Zufall*, München/Zürich ³1979; Herbert W. Franke, »Künstliche Spiele. Zellulare Automaten – Spiele der Wissenschaft«, in: *Künstliche Spiele*, S. 138-143.

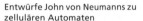
Entwürfe John von Neumanns zu zellulären Automaten

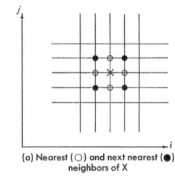

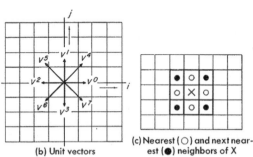

nen auch Komponenten wie beispielsweise Arme enthalten, mit denen sie verschiedene Teile (von ihr selbst oder aus der Umgebung) trennen oder verbinden könnte. Im Gedankenspiel existierte diese Maschine in einem eigenen Lebensraum, in dem wie in einem endlosen See all die Elemente zufällig verteilt sein könnten, aus denen sie selbst zusammengesetzt ist. Um sich selbst zu reproduzieren, müsste die Rechnereinheit des Automaten alle Informationen seines Speicherbandes auslesen, die die exakte Bauanleitung seines zweiten Ichs enthielten, diese Anweisungen kopieren und an eine nächste Komponente weitergeben, die dann wie eine kleine Fabrik den neuen Automaten zusammenbaute. Diese würde dann Stück für Stück die notwendigen Teile aus ihrer Umgebung heraussuchen und dem Bauplan entsprechend zu einer neuen Maschine zusammenschrauben, wobei *workarounds* bei Störungen zu einer Art evolutionären Zufallsstreuung führen würden.[164]

Die entscheidende Vereinfachung dieses allzu naturalistisch gedachten und mathematisch kaum zu beschreibenden Modells lieferte Stanislaw Ulam. Ulam hatte erkannt, dass von Neumann einen Formalismus benötigte, der es erlaubte, Tausende einzelner Komponenten nach möglichst einfachen Regeln miteinander in Wechselwirkung treten zu lassen, und schlug einen einfachen, gitterför-

---

164 Bemerkenswert an dieser Konstruktion (die ja inzwischen zum industriellen Alltag einer Herstellung von Chips geworden ist, die in *illegal opcodes* tatsächlich unvorhersehbare Eigenschaften haben) ist, dass ein im Elternautomaten gespeichertes Informationsband ausgelesen und in einen Nachkommen kopiert wird. Der ›Schrift des Lebens‹ entspricht ein nachrichtentechnischer Kopiervorgang (vgl. Lily Kays Diskursanalyse *Who Wrote the Book of Life? A History of the Genetic Code*, Stanford 1999).

migen Lebensraum vor, dessen Felder die Informationen aus ihrer unmittelbaren Nachbarschaft in die eigene Lebensentwicklung mit einbeziehen sollten. Und von Neumann nannte diese Spielfelder – da es ja um eine Metatheorie von Biologie und Symbolverarbeitung ging – in suggestiver Voreiligkeit »Zellen«. Jede Zelle war fortan ein kleiner Automat und konnte nach bestimmten Regeln mit benachbarten Zellen wechselwirken. Anlässlich eines jeden Interrupts würde die Zelle ihren eigenen Zustand mit dem der umliegenden Zellen vergleichen und aus diesen Daten ihren eigenen, neuen Zustand berechnen. Aus der Science-Fiction eines bastelnden Roboters im Ersatzteil-Meer war dank Ulams Vorschlag ein mathematischer Formalismus namens »zellulärer Automat« geworden. Arthur Burks, dem Herausgeber John von Neumanns, gebührt nicht nur die Ehre, in dessen unüberschaubarem Aggregat von 200000 Zellen mit je 29 möglichen Zuständen den entscheidenden Systemfehler gefunden, sondern auch an der *University of Michigan* erstmals Computergrafik zur Visualisierung von zellulären Automaten eingesetzt zu haben.

Eine kurze Übersicht der Grundeigenschaften zellulärer Automaten mag den Bezug zu Computerspielen wie *Tin Soldier* etwas deutlicher machen. Zelluläre Automaten bestehen aus ein- oder mehr- (meistens aber zwei-)dimensionalen Gittern, deren Zellen diskrete, sich zeitlich ändernde Zustände besitzen. Der Zustand zu einem Zeitpunkt t ergibt sich aus dem vorangegangenen Zustand $t-1$ der jeweiligen Zelle sowie dem Zustand der nächsten (evtl. auch übernächsten usw.) Nachbarzellen. Zelluläre Automaten haben gegenüber Systemen von Differentialgleichungen beispielsweise den Vorteil, dass ihre Simulation auf einem Digitalcomputer keine Rundungsfehler produziert, die gerade bei dynamischen Systemen rasch eskalieren können. Gleichwohl können stochastische Elemente leicht in die Regeln eingearbeitet werden, um Rauscheinflüsse zu modellieren. Zelluläre Automaten sind gekennzeichnet durch Dynamik in Zeit und Raum. Der Raum ist eine diskrete Menge von Zellen (bspw. in einer Kette, einem Flächengitter, einem Raumgitter). Jede Zelle hat eine diskrete Anzahl möglicher Zustände, die sich in diskreten Zeitschritten verändern. Alle Zellen sind identisch und verhalten sich nach den gleichen Regeln. Die Entwicklung einer Zelle hängt nur von ihrem eigenen Zustand und dem der sie umgebenden lokalen Nachbarzellen ab. Mathematischer heißt dies, dass ein zellulärer Automat beschrieben werden kann durch: 1. Den Zellraum, also die Größe des möglichen Spielfeldes, die Zahl seiner Dimensionen (Linie, Fläche, Kubus usw.) und seine Geometrie (rechteckig, hexagonal usw.); 2. die Randbedingungen, also das Verhalten der Zellen, die nicht genügend Nachbarn haben; 3. Nachbarschaft, also den Radius des Einflusses auf eine Zelle (z.B. die 5er von-Neumann- oder die 9er Moore-Nachbarschaft); 4. die Menge möglicher Zustände einer Zelle (also 0 oder 1); und 5. die Regeln nach denen Zustandsänderungen ablaufen (»totalistisch«, wenn nur die Nachbarschaft zählt, »außentotalistisch« wenn auch der eigene Zustand einer Zelle eingeht).

So war beispielsweise John Horton Conways berühmtes *Game of Life* von 1968 nur ein recht primitives Papierspiel in der Rubrik »Mathematical

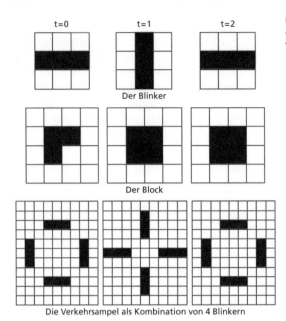

Einige einfache Figuren aus John H. Conways zellulärem Automaten *Game of Life*

Games« des *Scientific American*, das jedoch gerade aufgrund seiner Einfachheit den zellulären Automaten erst zu ihrer Popularität verhelfen sollte.[165] Conways Spiel basierte auf einem zweidimensionalen, rechteckigen Gitter, die Randbedingungen waren beliebig, die Zustände waren binär und wurden nach einer Moore-Nachbarschaft berechnet, wobei eine Zelle »geboren« wird, wenn sie genau drei lebende Nachbarn hat und stirbt, wenn sie weniger als zwei oder mehr als drei Nachbarn hat (Einsamkeit bzw. Überbevölkerung). Conways Spiel, das zugleich als Preisausschreiben inszeniert war (ein gewisser William Gosper vom MIT fand die gesuchte Konfiguration) entwickelte sich zu einer Mode, die mit dem Aufkommen von PC's noch einmal auflebte und ungezählte heimische Bildschirme mit »Gleitern«, »Fressern«, »Verkehrsampeln«, »Fähren« und »Rädern« bevölkerte.

Blickt man jedoch aus der historischen Perspektive von Kriegsspiel und numerischer Meteorologie auf die zellulären Automaten, werden Vorprägungen sichtbar, die biologische Metaphern allenfalls katalysieren. Schon die brennenden Anwesen Hellwigs hatten geradezu zelluläre Ausbreitungsregeln. Auch die Einnehmbarkeit einer Stellung, wenn weniger als drei Spielfiguren in einer bestimmten Nachbarschaft anwesend sind, lässt sich als Regel ausdrü-

---

165 Apokryph geblieben ist dagegen Konrad Zuses gleichzeitiges Büchlein *Rechnender Raum* (Braunschweig 1968, auszugsweise wieder in: *Kursbuch Medienkultur*, Hg. C. Pias/J. Vogl/L. Engell, Stuttgart 1999, S. 450-463), das zelluläre Automaten treffenderweise auf hydromechanische Probleme anwendet, wie sie bei der Meteorologie auftreten. Diese wohl gewagteste Theorie zellulärer Automaten behauptet, dass die physikalische Welt selbst diskret und auf der Basis von »Digitalteilchen« (als Zellen) funktioniere und folglich nicht in den Begriffen von Wellenmechanik, Thermodynamik und Unbestimmtheitsrelation, sondern in denen von Schaltalgebra, Information und Rechengenauigkeit zu denken sei.

cken, gemäß derer eine Zelle stirbt, wenn weniger als drei Nachbarzellen lebendig sind. Und erst recht erscheint Richardsons gerastertes Computer- und Wettertheater als Vorläufer zellulärer Automaten. Denn 1. rastert es Welt zum Zellraum; 2. vereinfacht seine Kugelform die Definition der Randbedingungen erheblich; 3. gibt es nur Nachbarschafts- aber keine Fernwirkungen zwischen Zellen; 4. haben alle Zellen die gleiche endliche Menge von Parametern, die ihren Zustand definieren (Geschwindigkeit, Dichte, Druck, Temperatur, Feuchtigkeit, Energie und Entropie), bilden also einen homogenen Raum und 5. definiert sich numerische Meteorologie durch den Versuch, Regeln für außentotalistische Zustandsänderungen zu ermitteln.

Wie immer die Genealogien auch sein mögen: Gemeinsam ist den neuen Computerspielen (sei es bei Gamow oder von Neumann), dass Ausgangskonfigurationen bereitgestellt werden und durch Rekursion und gezielte Regeländerungen ein Virtuelles exploriert wird. Das unwahrscheinliche ›Leben‹ des Automaten und die wundersamen Enden des Spiels entgleiten in jedem Fall und mit voller Absicht der Zuständigkeit menschlicher Spieler, deren Aufgabe (oder auch Spiel) nurmehr darin besteht, Konfigurationen herzustellen, einzelne Parameter zu modifizieren, ihre Prozessierung und die Entwicklung des Spiels zu beobachten und zu analysieren. Das Spiel – gleichgültig ob es im ›Tod‹ des Automaten endet, ob auf einen unveränderlichen, oszillierenden, periodischen oder chaotischen Endzustand hinausläuft,[166] ob Wunder oder Katastrophen erscheinen – ist im reinsten Sinne *konfigurationskritisch*, da es nur einen menschlichen Spielzug, nämlich die Herstellung einer Ausgangskonfiguration kennt. Dass Strategiespiele ihr Eigenleben führen, ist kein Defekt, sondern ihr ganzer historischer Sinn. Es sind Spiele, in denen komplizierte Strukturen mit komplexem Verhalten als einfache Strukturen mit komplexem Verhalten modelliert werden.[167] Und dies könnte man vielleicht »computergerecht« in dem Sinne nennen, dass der größte Vorteil der neuen Digitalrechner darin bestand, einfache Dinge über jedes menschliche Maß hinaus schnell

---

166 Stephen Wolfram (*Theory and Application of Cellular Automata*, Singapur 1986) hat sich in den 1980er Jahren intensiv mit dem Begriff der Komplexität von zellulären Automaten beschäftigt und diese auf vier Klassen von eindimensionalen Automaten mit deterministischen Regeln reduziert. Klasse 1 entwickelt aus beliebigen Anfangszuständen unveränderliche Endzustände, Klasse 2 bildet im Lauf ihrer Entwicklung periodische Muster aus, Klasse 3 zeigt chaotisches Verhalten und Selbstähnlichkeit und Klasse 4 entwickelt komplizierte, räumlich voneinander getrennte Strukturen, die instabil und aperiodisch sind. Die drei ersten Klassen entsprechen den drei Attraktortypen für kontinuierliche dynamische Systeme (Gleichgewichtszustand, periodischer Grenzzyklus und chaotisches Verhalten eines seltsamen Attraktors). Dass es jedoch zu Klasse 4 in der Welt der kontinuierlichen Systeme nichts Vergleichbares gibt, nährte die Hoffnung, tatsächlich einen »universalen Automaten« oder künstliches Leben begründet zu haben. Obwohl diese Spekulationen bis heute nicht eingelöst sind, erwiesen sich die zellulären Automaten für die Modellierung menschlichen Lebens als hervorragend geeignet. Manfred Eigens Theorie des Hyperzyklus löste beispielsweise die Frage, wie eine DNA-Information sicher zu kopieren ist, obwohl der Speicherplatz begrenzt ist und jede Präzisierung des Kopiermechanismus selbst DNA-Speicherplatz benötigt, durch zelluläre Automaten. Allerdings restituieren sie mit der Abbild-Relation von natürlich und künstlich wieder jene Differenz des Lebendigen, die von Neumann dekonstruierte.

und oft durchzuführen. Die Arbeitslosigkeit, aus der heraus Millionen ›Spieler‹ Conways *Game of Life* auf ihren heimischen Bildschirmen anstarrten, war aber nur konsequent.

Gleichwohl die zellulären Automaten schon einige Modellierungsaufgaben in sich vereinigen können und ein originäres Computerspiel sind, obwohl sie ausschwärmten in ökonomische, biologische, ökologische und soziale Systemanalysen, bleiben die 1950er Jahre durch eine Vielzahl von konkurrierenden Modellen gekennzeichnet. Aus mathematischer Spieltheorie, freiem und rigidem Kriegsspiel, zellulären Automaten, *Operations Research* und zahlreichen verschiedenen Anwendungsgebieten (die – wie die Politik oder Management – oft gerade erst erschlossenen wurden) ergibt sich eine Vielfalt von Kombinationen und Mischformen von Modellen und Modelliertem. Die zentralen Fragen sind jedoch, wie und wo diese zahlreichen Spiele durch die spezifischen Möglichkeiten von Computern konstituiert und formatiert wurden, und wie, wo und zu welchem Zweck menschliche Spieler in ihnen erschienen und verschwanden, konstruiert und dekonstruiert wurden.

Politik und Geschäft

Die *Joint War Games Agency* des amerikanischen Generalstabs im Pentagon hatte damals drei Abteilungen: Die *General War Division* (zuständig für Strategien bei einem ›roten‹ Angriff), die *Limited War Division* (zuständig für Krisenmanagement in Übersee) und die *Cold War Division*, die sich speziell mit der Antizipation möglicher Ereignisse eines globalen Krisenmanagements in Form der von Herman Kahn angeregten Szenario-Entwicklung beschäftigte. Letztere war also zuständig für politisch-militärische Spiele wie hypothetische Aufstände in Lateinamerika, kommunistische Invasionen in Berlin[168] und amerikanische Interventionen in Südostasien.

Die Spielvorbereitungen solch hochrangig besetzter Rollenspiele nahmen jeweils etwa drei Monate in Anspruch. Den Anfang bildete üblicherweise eine Vorbesprechung mit dem Generalstab, mit Vertretern der Geheimdienste und universitären Fachberatern. Waren Krisenregionen in Übersee betroffen, so wurden aktuelle Informationen eingeholt und wenn möglich Botschaftsangehörige als Mitspieler eingeflogen. Ein *fact book* fasste den technologischen Stand, die politischen, sozialen und ökonomischen Verhältnisse der Region zusammen, ein weiteres, essayistisches Papier »problems, issues, and questions«. Auf Basis dieser Studien wurde dann eine Serie möglicher Ereignisse erstellt, die zusammengenommen zum Ausgangspunkt und Spielbeginn jener Krise führten, die dann Gegenstand des Spiels war. Die Teams von *Red* und

---

167 Eine einfache Struktur mit einfachem Verhalten wäre beispielsweise ein Pendel; eine einfache Struktur mit komplexem Verhalten ein Doppelpendel; eine komplizierte Struktur mit einfachem Verhalten ein Fernseher, eine komplizierte Struktur mit komplexem Verhalten das Wetter.
168 In den teilweise grotesk erscheinenden, teilweise historisch eingetroffenen virtuellen Ereignissen findet sich übrigens kein Szenario, das eine Mauer enthielte.

Blue bildeten einen Kollektivsingular von je 5-10 Personen, wobei Amerikaner (stets *Blue*) frei handeln durften, *Red* sich hingegen so verhalten musste, wie man sich nach bestem Wissen und Gewissen vorstellen konnte, dass der Feind handle.

Die Virtualitäten des Kalten Krieges wurden gewissermaßen als Stegreiftheater exploriert – als Psychodrama ohne Dramaturg und vorgegebenen Text, dafür aber mit den von Jacob Moreno beschriebenen Elementen von Schauplatz, Protagonist, therapeutischem Spielleiter und mehreren Hilfs-Ichs. Nur dass keine Therapie-Effekte einsetzen durften, denn sonst wären die Spiele weder reproduzierbar gewesen noch hätten sie vergleichbare Ergebnisse geliefert. Solche Sitzungen dauerten gewöhnlich etwa 3 Tage zu je 3-6 Zügen und bildeten 2-7 Tage simulierter Zeit auf maximal 4 Stunden Simulationszeit ab. Die Folgen wurden, wie im freien Kriegsspiel, von einem Spielleiter entschieden, und anschließend wurde das Spiel analysiert und zu einem 30-minütigen Lehrfilm aufgearbeitet. Aus Dokumentarmaterial zusammengeschnittene Bilder von Straßenschlachten, Truppenaufmärschen und Heeresgerät, begleitet von kritischem Kommentar zu Szenario und Fehlern von Blau aus dem *off*, sollten den Entscheidungsträgern des Pentagon und des *State Department* im Dunkeln zu denken geben.

Nicht der Macht der Bilder oder der Erfahrung von Diplomaten, Generälen und Sekretären, sondern der mathematischen Modellierung vertraute man jedoch – einer etwas apokryphen Anekdote folgend – schon im Koreakrieg. Werner Leinfellner, ein ehemaliger Mitarbeiter Oskar Morgensterns, berichtet:

> »Ein praktisches Beispiel für die spieltheoretische Lösung eines internationalen kriegerischen (=kompetitiven) Konfliktes, der sich zum Weltkrieg Nr. 3 ausweiten hätte können, liefert der Koreakrieg: Die amerikanische Regierung beauftragte damals ein Team von Spezialisten, dem Neumann und Morgenstern angehörten, eine optimale Lösung des Koreakriegs zu finden. Für die spieltheoretische Lösung dieses Konfliktes, des drohenden Krieges zwischen China und den USA, wurde eine 3000 mal 3000 große Matrix aufgestellt; diese enthielt alle kriegerischen Züge (Strategien) beider Gegner im Falle des Krieges, samt deren Bewertungen. Die Matrix ergab als optimale Lösung eine Sattelpunktlösung [...], nämlich, den Krieg schleunigst zu beenden. Die Lösung wurde auf einem [...] ENIAC-Computer berechnet. Sie hatte zur Folge, dass der Präsident der USA, Truman, der Armee den Befehl gab, den Yula-Fluß, die Grenze zwischen China und Korea, nicht zu überschreiten, und daß er den Oberbefehlshaber McArthur feuerte«[169]

– der anschließend, so wäre zu ergänzen, ausgerechnet Präsident eines Büromaschinenkonzerns wurde. Günther Anders hat diese Miszelle unter dem Titel »Geschichtliche Illustration für Beschämung: McArthur als Präzedenzfall« rubriziert.[170] Computerspiele – so Anders' Diagnose – erklären ihre Spieler schlicht für »unzurechnungsfähig«, weil sie mit den Rechenleistungen ihrer

---

169 Werner Leinfellner, »Eine kurze Geschichte der Spieltheorie«, in: *Jenseits von Kunst*, Hg. P. Weibel, Wien 1997, S. 478-481.
170 Günther Anders, *Die Antiquiertheit des Menschen*, Bd. 1, München [7]1988, S. 59-64.

Apparate nicht im Entferntesten mehr mithalten können. Jenseits humanistischer Trauerarbeit erklärt sie jedoch nur einen Teil der Spieletrends der frühen 1950er Jahre, denn von Neumanns Kalkulation verbraucht sich – wie die Operationsanalyse von U-Boot und Torpedo – in einem einzigen Schritt: Sind alle Daten vorhanden, braucht nur noch die spieltheoretische Matrix der 90000 Kombinationen durchgerechnet zu werden, und die beste aller Lösungen ist gewiss. Was jedoch seit Gamows Algorithmen interessierte, war die Serialisierung von Entscheidungen und waren die iterativ, in diskreten, selbstbezüglichen Schritten vorangetriebenen, unwahrscheinlichen Konsequenzen eines Modells. Diese Logik galt es von kleinen Panzer-Scharmützeln auf Szenarien weltpolitischen Ausmaßes zu transplantieren.

Bei RAND hatte Herbert Goldhamer diesen Trend zu mathematisch formalisierten (und damit rigiden und prinzipiell computerisierbaren) Spielen mit seinem *Cold War Game* 1954 begründet. Goldhamers Ansatz bestand darin, eine Senkung von Komplexität durch Abstraktion durchaus in Kauf zu nehmen, wenn dadurch nur die Wiederholbarkeit des Spieles gewährleistet bliebe. Der Ansatz einer programmierbaren Formalisierung von Politik und Ökonomie scheiterte zu diesem Zeitpunkt zwar am Stand der Computertechnik, blieb aber als Forschungsprogramm bestehen. In Goldhamers Spielen von 1955/56 mussten daher weiterhin Regierungen durch Teams gespielt werden, wobei noch ein weiteres hinzugekommen war, das als »nature« Kontingenz in Form von Hungersnöten, Umweltkatastrophen und Ernteausfällen einspielte. Obwohl von menschlichen Rechnern betrieben, waren diese Papierspiele schon Computerspiele, weil sie – ganz der Logik Gamows folgend – auf eine häufige Iteration der gleichen Szenarien unter leicht veränderten Konfigurationen setzten. Damit explodierte jedoch der Verwaltungsaufwand, da jede Berechnung, jedes Ereignis und jede Entscheidungsbegründung zur späteren Analyse protokolliert werden musste. »Um Strategien zu testen und politische Entwicklungen vorauszusagen, wäre es notwendig gewesen, jedes Spiel viele Male zu wiederholen. Aber es dauerte schon Monate, ein einziges Spiel vorzubereiten und Wochen, es zu spielen. Und die Spieler waren allesamt viel beschäftigte Leute.«[171] Und sie sind – so müsste man hinzufügen – auch darin unzuverlässig, als auf ihnen nur schwerlich reproduzierbare Versuchsbedingungen aufgebaut werden können.

Harold Guetzkows INS (*Inter-Nation Simulation*) hatte im Jahr 1957 immerhin damit begonnen, den Computer in ein politisches Spiel zu integrieren und dadurch eine erhebliche Beschleunigung herbeigeführt.[172] Die Regierungen einzelner Länder wurden zwar durch menschliche Spieler repräsentiert, die Bevölkerungen jedoch, die sie verwalten und die sie umgekehrt in ihrem Amt legitimieren, wurden durch ein Computerprogramm gespielt. »Er [der Entscheidungsträger] erhält seine Position dadurch, dass er imaginäre Teile der Bevölkerung zufrieden stellt, die ihn in seinem Amt ›validieren‹.«[173]

---

171 Goldhamer zit. nach Wilson, S. 68 (Übers. C.P.).
172 Harold Guetzkow, *Simulation in International Relations*, Englewood Cliffs 1963.
173 Wilson, S. 190 (Übers. C.P.).

Diese sogenannten *validators* existierten nur als Computerprogramm, weil regierte Massen einfacher durch einige Parameter zu modellieren schienen als Entscheidungsträger. Der Computer testete und validierte folglich das Spiel seines Benutzers, bestrafte ihn notfalls mit Amtsenthebung oder Revolution und übernahm damit in Form eines verwalteten Volkes erstmals die Rolle eines aktiven Gegenspielers. INS wurde in Zügen von 75 Minuten gespielt: Jeder Spieler bekam ein Datenblatt ausgehändigt, auf dem sich diskrete Werte für Import und Export, Zufriedenheit mit Waren- und Dienstleistungsangebot, Verteidigungsstärke usw. befanden. Typischerweise bezeichnete eine 11-Punkt-Skala den Grad jeweiliger Zufriedenheit. In diese Bögen wurden die Veränderungen eines Zuges numerisch eingetragen und in den Computer eingegeben, der nach kurzer Berechnung die Ausgangsbedingungen für den nächsten Zug als weiteres Formblatt ausgab. Sank die durchschnittliche Zufriedenheit der virtuellen Bevölkerung (*overall validator satisfaction*) unter ein bestimmtes Niveau (*revolution threshold*) entschied ein erster Zufallsgenerator über das Ausbrechen einer Revolution und eine zweiter über den Erfolg derselben, wobei schon das bloße Ausbrechen mit 20 % des Bruttosozialprodukts im nationalen Haushalt verbucht wurde. Es würde hier zu weit führen, das komplizierte Verfahren für das Ausbrechen und die Führung eines Krieges in INS darzulegen. Bemerkenswert ist, dass Krieg, Ökonomie und Politik ansatzweise in einem computerassistierten Spiel zusammengeschlossen wurden.

Der erste Versuch, ein politisches Spiel *vollständig* auf Computerbasis zu implementieren, ein Spiel also, das im Sinne Gamows für den menschlichen Spieler nur die Herstellung von Ausgangskonfigurationen, die Modifikation von Regeln und die Auswertung selbsttätiger Spielverläufe übrig lässt, ist hingegen Oliver Bensons *Simple Diplomatic Game* von 1959. Bensons sehr schlichtes Modell beruht auf Aktions- und Situationsvariablen. Dabei gliedern sich die Aktionsvariablen in neun »actor nations« (USA, Großbritannien, UDSSR, BRD, Frankreich, Italien, Indien, China und Japan), neun »target nations« (Korea, Guatemala, Ägypten, Libanon, Ungarn, Vietnam, Taiwan, Indonesien und Iran) und neun »intensity levels« der Interaktion (diplomatic protest, United Nations action, severing diplomatic relations, propaganda-subversion campaign, boycott and/or reprisals, troop movements, full mobilization, limited war, all-out war).[174] Auf Seiten der Situationsvariablen spielen beispielsweise die militärische Stärke, die Verteilung dieser Stärke, Art und Umfang der ökonomischen oder diplomatischen Beziehungen zwischen Akteuren und Zielen eine Rolle. Bensons Spiel implementiert also erstmals eine Art ›objektiven‹ Spielens im Bereich des Politischen, ein Spiel also, bei dem man einem maschinellen Stellvertreter die Spielräume überlässt und ihn spielen lässt. Benson selbst betrachtete sein Spiel als Ergänzung zu dem Guetzkows und gab der Hoffnung Ausdruck, dass

---

174 Oliver Benson, *A Simple Diplomatic Game, or: Putting One and One Together*, Oklahoma 1959.

»der Platz menschlicher Spieler vollständig von Maschinen eingenommen« und damit das »Problem menschlicher [Spiel]Arbeit eliminiert« werden könne.[175]

★

Die ebenfalls in den 1950ern entstehenden *business games* lokalisierten sich selbst in der Tradition eines *scientific management* oder *efficiency engineering* und damit in der Ahnenreihe von Towne, Taylor, Gantt oder Gilbreth.[176] Diese klassische Arbeitswissenschaft hatte vom historischen Einzelfall des mimetischen Lernens zwischen Lehrer und Schüler abstrahiert und den Arbeitsprozess nicht nur standardisiert, normalisiert und universalisiert, sondern auch von einer Rückkopplung phantasiert, wie sie erst Computerbildschirme einlösen sollten. Ein ähnlicher Prozess ist auch bei den ökonomischen Spielen zu beobachten, deren egoistischer Imperativ seit von Neumann und Morgenstern als ähnlich universell ausgemacht galt wie der energetische der Arbeitswissenschaft. Die 1908 gegründete *Harvard Graduate School of Business Administration* bildete ihre Studenten bis in die 1950er Jahre noch an historischen Fallstudien aus. Im hermeneutischen Nachvollzug sollten Studium und Interpretation der Quellen die zukünftigen Wirtschaftsführer auf kommende Ernstfälle vorbereiten, deren Unwahrscheinlichkeit sich durch die Annahme zu reduzieren schien, dass man aus der Geschichte lernen könne. Diese Rekonstruktionen kannten keine Virtualitäten, sondern nur historische Daten und endeten folglich dort, wo *Operations Research* erst anfing, nämlich bei einer herumspielenden und hypothetische Spielräume ermessenden Modifikation der Daten. Das Anliegen der neuen *business games* war es daher, einen historischen in einen uchronischen Zustand zu überführen, die Fragen ›wie ist es gewesen‹ und ›warum ist es so gewesen‹ in die Fragen ›wie hätte es sein können‹ und ›wie wäre es optimal gewesen‹ zu verwandeln. Die Spiele wurden verstanden als

> »Ausarbeitung einer Fallstudie, in der die Daten den Handlungen der Spieler im Fortschreiten des Spiels (interaktiv) unterworfen sind, statt nur in der erneuten Durchsicht des Protokolls eines bereits abgeschlossenen Beispiels zu bestehen.«[177]

Bei dieser Kopplung von Fallstudie und Rollenspiel, die – ganz in der Tradition des Kriegsspiels – eines Vertrauten bedarf, der die Regeln verwaltet und der ein Mensch oder ein Computer sein kann, spielte das *Operations Research* eine entscheidende Rolle. Eine der ersten reinen (und damals unpublizierten) Computersimulationen von *Operations Research* lief 1953/54 auf dem UNIVAC-Rechner der *Johns Hopkins University* und diente der Luftverteidigung der USA. Bekannt als ZIGSPIEL (*Zone of Interior Ground Defense Game*), durchlief das Programm ohne menschliche Eingriffe mehrere tausend Spiele mit mehreren hundert wechselnden Kombinationen aus Bombern, Abfanggeschützen und Angriffsformationen. Zur gleichen Zeit und gewissermaßen ergänzend dazu

---

175 Wilson, S. 93.
176 Henry R. Towne, »The Engineer as an Economist«, in: *Transactions of the American Society of Mechanical Engineers*, 7(1886), S. 425-432; Wallace Clark, *The Gantt Chart*, London ³1952.
177 Vgl. Stanley C.Vance, *Management Decision Simulation*, New York 1960, S. 1-3 (Übers. C.P.).

hatte man bei RAND ein Spiel namens MONOPOLOGS installiert, an dessen Titel schon abzulesen ist, dass Ökonomie und Logistik des Krieges zusammengeführt werden sollen. Mit MONOPOLOGS begann die ansatzweise Implementierung dessen, was fast allen Spielen dieser Zeit fehlte, nämlich kriegswirtschaftliches Denken auch in Friedenszeiten zu modellieren. Denn gemäß Herman Kahns bekanntem Ausspruch von 1960 ist der »Krieg eine schreckliche Sache – der Frieden aber genauso. Der Unterschied scheint nur ein quantitativer von Grad und Ausmaß.«[178] MONOPOLOGS handelt von der Verwaltung von fünf Luftwaffenstützpunkten, die es zu versorgen und in Bereitschaft zu halten gilt. Dabei spielen Faktoren wie Ersatzteile, Wartung oder Verpflegung im Verhältnis zur Einsatzbereitschaft und den entstehenden Kosten eine entscheidende Rolle. Das Ziel lautete (wie kaum anders zu erwarten), das Verhältnis von Alertheit und Unterhaltskosten unter Friedens- wie Kriegsbedingungen gleichermaßen zu optimieren. Ähnlich wie Gilbreth für die Arbeitswissenschaft, versuchte man die »wirklich guten Fortschritte« der Kriegszeit dadurch zu retten, dass man Kriegsbedingungen dauerhaft im Frieden installierte.

Eine nahe liegende Kopplung von ZIGSPIEL und MONOPOLOGS fand zu diesem frühen Zeitpunkt jedoch noch nicht statt. Jedoch hatte man das Potential der Kriegsspiele erkannt und gründete im gleichen Jahr die *U.S. Army Management School*, an der diverse ökonomische Fort- und Base-Simulationen gespielt wurden. Ab etwa 1956 begann dann die Adaptierung von Kriegsspielen zu Wirtschaftszwecken als Zusammenarbeit von *American Management Association* (AMA), *Naval War College* und IBM. Eine erste Demonstration auf einem IBM 650 wurde als »major break-through in management education« gepriesen, und Zeitschriften wie *Business Week*, *Fortune* oder *Factory Management* reagierten prompt.[179] Während bei der AMA selbst ein Computer über die Ausgänge einzelner Spielzüge entschied, hielt (schon aus kosten- und programmiertechnischen Gründen) in zahlreichen anderen Organisationen erst einmal der Apparat des Kriegsspiels (zwei Teams, ein Vertrauter, ein Buchhalter, aber auch die konkreten Spielmaterialien, die Konzepte von Referenzdaten, Modellierung, Probabilistik, Rückkopplung usw.) Einzug.

Das populärste und standardsetzende Spiel war wohl das *Business Management Game*, das G. R. Andlinger und Jay R. Greene bei *McKinsey & Co.* entwickelt und im *Harvard Business Review* vorgestellt hatten.[180] Andlingers und Greenes Spiel handelt von einer Firma, die nur ein Produkt herstellt und mit einer anderen, ähnlich strukturierten Firma in Konkurrenz steht. Es wird gespielt von zwei ›Spielern‹ zu jeweils 3-4 Personen und gesteuert von einem *control team*, das mit Gleichungen für »market, marketing, advertising, research and development, production, finance and competition« rechnet.[181]

---

178 Herman Kahn, *On Thermonuclear War. Three Lectures and Several Suggestions*, Princeton 1961, S. 228.
179 *Top Management Decision Simulation*, Hg. Elizabeth Marting, New York 1956, S. 107.
180 G. R. Andlinger, »Business Games – Play One!«, in: *Harvard Business Review*, March-April 1958, S. 115-125; ders. »Looking Around: What Can Business Games Do?«, in: *Harvard Business Review*, July-August 1958, S. 147-152.

Eine Flut von dedizierten Spielen entstand in den Folgejahren. *Boeing* trainierte beispielsweise schon Mitte 1959 etwa 2000 Angestellte im Management an Spielen, *Bell* brachte es 1961 schon auf 15000. Schließlich ließ sich schon nach wenigen Jahren kaum ein »Bereich im Management [finden], der noch unberührt von Spielen und Simulationen« war.[182] Das Erstaunliche ist aber nicht die Erfolgsgeschichte der ökonomischen Spiele, sondern die Beobachtung, dass diese sich eher der Techniken des (meist freien, bei entsprechender Computerausstattung aber auch des rigiden) Kriegsspiels bedienen und nicht etwa vorrangig der von Neumann'schen Spieltheorie, die doch seit 1944 genau dieses Anwendungsgebiet im Titel führte. Vielmehr feierte die ›ökonomische‹ Spieltheorie in den 1950er Jahren ihren Siegeszug an einer ganz anderen Stelle, nämlich als Recheninstrument und zugleich als Theorie des Kalten Krieges.

Spieltheorie und Kalter Krieg

Was als apolitische Theorie in den 1920er Jahren seinen Anfang nahm und in den 1940ern an die Ökonomie adressiert wurde, nutzten die U.S.-Strategen der 1950er als Instrument der Evaluation von Strategien angesichts möglicher globaler nuklearer Konflikte. Es stellt sich dabei weniger die Frage, ob es sich um einen nachträglichen ›Missbrauch‹ der Spieltheorie handelt, als vielmehr die, ob eine solche Verwendung ihr nicht schon eingeschrieben war und auf welchen ›Werten‹ oder Annahmen sie beruht.[183]

Wie bereits angedeutet, verstand sich die Spieltheorie nicht nur als konzeptuelles Rahmenwerk, um soziale oder ökonomische Phänomene zu beschreiben, sondern vor allem als depersonalisiertes Verfahren, ›gute‹ Wahlen zu treffen – wobei sich die Güte am eigenen Vorteil instantaner und maximaler Auszahlung unter der Annahme konfligierender Interessen von Mitspielern bemisst. Es sind diese Grundannahmen, die das Wissen der Spieltheorie in jedem Einzelfall organisieren und formatieren. In diesem Sinne muss sie zunächst davon ausgehen, dass jeder Spieler völlig ›rational‹ in dem Sinne agiert, als er eine Liste von (allen) alternativen Ereignissen aufstellt und er in der Lage ist, eine weitere, unzweideutige Liste ihrer relativen Bewertungsrangfolge anhand von Auszahlungen zu erstellen. Diese Auszahlungen bestimmen die Auszahlungen des Gegenspielers, was die Spieltheorie von der verwandten mathematischen Entscheidungstheorie unterscheidet, die die anderen Spieler und deren Optionen aus ihrer Kalkulation ausschließt. Die ideale Situation der Spieltheorie ist also das Zwei-Personen-Nullsummenspiel, in dem zwei gleichermaßen erbarmungslose wie rationale Gegner kommunikationslos rechnen.

---

181 Hausrath, S. 196; Wilson, S. 184f.
182 Hausrath, S. 202 (Übers. C.P.).
183 Dazu v.a. Steve J. Heims, *John von Neumann and Norbert Wiener. From Mathematics to the Technologies of Life and Death*, Cambridge, Mass. ²1984, Kapitel 12; Wilson, Kapitel 10.

Der Kriegs(spiel)raum des Pentagon, 1959. Das Display zeigt einen amerikanischen Erstschlag

Steve Heims hat drei charakteristische Züge der Spieltheorie beschrieben, von denen hier zwei interessieren: ihre Insistenz auf einer formal-logischen Struktur und ihre Beziehung zwischen Mitteln und Zwecken. Erstens ist sie inkompatibel zu jenem Wissen, das seit den Theorien des Sozialen im 19. Jahrhundert (bspw. Tarde oder Veblen) darauf hindeutet, dass Menschen nicht unbedingt aus Gründen ökonomischer Zweckrationalität entscheiden oder zusammenhalten, sondern aus ganz irrationalen Phänomenen. Sie übersieht damit auch, dass Berechnungen nie ohne historische Perspektive stattfinden, sondern auf gesellschaftliche Sanktionierungen, auf Loyalität, auf Freundschaft oder auf Zukünfte hin bestimmt sind. Das Spiel hat also eine zeitliche Komponente, die von Neumanns Versuch einer automatisierten Bürokratie herauskürzt und die jede Entscheidung oder Strategiewahl hinsichtlich eines Gedächtnisses und einer Verantwortung in die Vergangenheit bzw. in die Zukunft öffnet. *Zweitens* separiert die von Neumann'sche Spieltheorie Mittel und Zwecke. Als Zwecke gelten ihr die begehrtesten (weil höchsten) Auszahlungen, und als Mittel dazu Strategien, die nach ihrer Effizienz gewählt werden, die gewünschten Auszahlungen herbeizuführen. Diese Trennung verfehlt nicht nur mögliche *spin-off*-Effekte, sondern allgemeiner auch die schlichte Einsicht, dass die Mittel die Zwecke erzeugen und bestimmen. Die

Spieltheorie implementiert in diesem Sinne keine Rückkopplung, sondern ist ebenso statisch wie die Gefangenen ihres berühmtesten Beispiels kommunikationslos sind. Besonders im Hinblick auf die Kybernetik könnte man die von Neumann'sche Figur des Spielers also der Wiener'schen Figur des Steuermanns gegenüberstellen. Während der rationale Spieler alle möglichen Wege zu seinem Ziel vorab auflistet, valorisiert und dann den besten auswählt, handelt der Steuermann in Rückkopplung mit der aktuellen Situation und wird von ihr verändert, während er sie verändert. Schon Ende der 1940er Jahre haben daher Norbert Wiener und Gregory Bateson vor einer Anwendung der Spieltheorie auf politische Entscheidungen gewarnt:

> »Die Theorie mag in sich ›statisch‹ sein, doch ihre Anwendung propagiert Veränderungen, und ich vermute, dass die so propagierten Veränderungen auf lange Sicht in eine paranoische Richtung und Verfassung führen. Ich denke dabei nicht nur an die Verbreitung der Prämissen des Misstrauens, die in das von Neumann'sche Modell *ex hypothesi* eingebaut sind, sondern auch an die eher abstrakte Prämisse, dass die menschliche Natur unveränderlich sei. Diese Prämisse [...] ist eine Reflexion oder eine Folge des Umstands, dass die Theorie ursprünglich dazu gemacht war, Spiele zu beschreiben, in denen sich die Regeln nicht ändern und die psychologischen Profile der Spieler *ex hypothesi* fixiert sind. Als Anthropologe weiß ich, dass die ›Regeln‹ des kulturellen Spiels nicht konstant sind, dass die Psychologie der Spieler nicht fixiert ist, und dass die Psychologie zeitweilig nicht mit den Regeln im Einklang ist«[184]

Ein Jahrzehnt später wies Wiener – nicht zuletzt im Umfeld antikommunistischer Hysterie, in der sich die Bateson'sche Diagnose der Paranoia inzwischen erfüllt hatte – nochmals auf die Lücke hin, dass selbst ein rationaler Spieler erhebliche Vorteile aus der Kenntnis des Charakters seines Opponenten ziehen könnte.[185] Historisch hätten sich, so Wiener, die besten Entscheidungen oft als diejenigen erwiesen, die sich nicht auf Nullsummen verlassen haben, sondern auf den Eigenheiten, Beschränkungen und bisherigen Erfahrungen des Gegners basierten ohne ihn als Ebenbild eigener Rationalität zu verrechnen. Darüber hinaus kritisiert Wiener, dass sich beispielsweise Kriege auf mehreren Ebenen abspielen, zwischen denen steuerungstechnische Kommunikation und damit Rückkopplung besteht. Entgegen der Spieltheorie, die eine Homogenisierung des Entscheidungsraumes anstrebe, sei zu beobachten, dass Empfehlungen oder Berechnungsverfahren auf einer Ebene denen auf einer anderen widersprechen können und dass das, was auf einer Ebene als maximale Auszahlung erscheint, auf einer anderen Ebene zu größeren Verlusten führen kann.

In dem Maße jedoch, in dem Ökonomie und Soziologie auf kybernetische Modelle setzten und sich eine erste Ernüchterung über die Möglichkeiten der Spieltheorie einstellte, wurden die militärischen Analysten zu ihren enthusiastischen Nutzern. »Womöglich«, so Andrew Glikman, »war der schädlichste Effekt der Spieltheorie in den Händen von RAND der Hang zur

---

184 Bateson zit. nach Heims 307f. (Übers. C.P.).
185 In seinem Vortrag *Some Moral and Technical Consequences of Automation* vom 27.12.1959.

Paranoia, der sich beim Modellieren der feindlichen Psyche einstellte.«[186] Schon ein leicht verschobener Blick auf das Emblem der Spielthorie, die *payoff*-Matrix des Gefangenendilemmas, zeigt warum:

	abrüsten	aufrüsten
abrüsten	5 \ 5	-10 \ 10
aufrüsten	10 \ -10	-5 \ -5

Als Rüstungsspirale beschriftet erhellt sich, dass nur ein fehlender Kommunikationskanal zwischen den Gefangenen eine Abrüstung verhindert, die eine bestmögliche Verteilung *für beide* Seiten in Aussicht stellen würde. Weil aber beide Spieler gleichermaßen auf maximale Auszahlung bedacht sind, müssen sie von ihrem jeweiligen Gegenüber annehmen, dass dieser eine Strategie wählt, die für ihn selbst eine maximale Auszahlung bedeuten würde, für sie aber einen maximalen Verlust. Die Paranoia der Spieltheorie besteht also darin, die eigene Politik nicht auf die Annahme zu gründen, was die andere Seite mit erfahrungsgemäßer Wahrscheinlichkeit tun wird, sondern in der Hypothese, dass sie der eigenen Seite das Schlimmste anzutun bestrebt ist, das in ihrer Macht steht. Und bei ausreichender Propagierung des Modells wird diese Einschätzung auch gerne mit Erfahrung vertauscht. Beide Parteien rüsten folglich auf und verlieren gleichermaßen. Etwas dramatischer nennt sich dieses Spiel *chicken* und besteht darin, dass beide Spieler mit Autos auf einen Abgrund zurasen. Bekanntlich wurde es nicht nur von James Dean gespielt, sondern war auch das Lieblingsbeispiel Herman Kahns für die von ihm und Thomas Schelling bei RAND entwickelte Abschreckungstheorie:

	kooperieren	verweigern
kooperieren	1 \ 1	-10 \ 10
verweigern	10 \ -10	-100 \ -100

Kahn, der sich im Titel seines Hauptwerks *On Thermonuclear War* zum Clausewitz eines global-nuklearen Kriegstheaters erklärte, hatte diese Matrix in ein hypothetisches *Doomsday-Device* gegossen, das sein faszinierter Leser Stanley Kubrick unvergesslich in Szene setzen sollte.[187] Der Unterschied zum Gefangenendilemma liegt darin, dass die Strafe für beiderseitige Nichtkooperation erheblich höher ist als die Auszahlung für einseitige. Blau muss folglich Rot

---

186 Andrew Yale Glikman, *The Rhetoric of Stochastic Politics & Deadly Calculations*, 1988 (ccwf.cc.utexas.edu/~glik/deadcalc/DeadlyCalculations.html; Übers. C.P.).
187 *Dr. Strangelove or: How I Learned to Stop Worrying and Love the Bomb*, 1964. Kubrick ließ (obwohl es ein Schwarzweißfilm war) den Tisch des *War Room* grün streichen, damit die Darsteller der Militärs und Berater sich wie am Pokertisch fühlen.

von seiner Absicht nicht zu kooperieren überzeugen, damit Rot aus Angst auf Kooperationskurs einlenkt und umgekehrt. Trotz oder wegen der völlig transparenten Rationalität ist die Bewegung hin zum Abgrund beiderseitiger Nichtkooperation wegen der verminderten Gewinnchancen bei beiderseitiger Kooperation noch erheblich stärker als im Gefangenendilemma.

Thomas Schelling, in der Zeit des steilen Aufstiegs von RAND seit 1946 einer ihrer maßgeblichen Analysten, betrachtete »seinen Gegenstand konsequent innerhalb des Terrains der Spieltheorie«,[188] und der *Fourth Annual Report* von 1950 konstatiert dementsprechend:

> »[Bei] der Analyse von Systemen für strategisches Bombardement, Luftverteidigung, Luftversorgung oder psychologische Kriegführung werden die benötigten Informationen, die durch Überwachung, Studium oder Forschung bei RAND entwickelt oder erlangt wurden, hauptsächlich vermittels mathematischer Methoden und Techniken in Modelle integriert. [...] In diesem umfassenden Forschungsfeld [...] bildet die mathematische Spieltheorie, wie sie von Neumann-Morgenstern bereitgestellt wird, die leitende Philosophie.«[189]

Die RAND *Corporation*, als deren Berater von Neumann zeitweilig tätig war, avancierte damit zum Hauptquartier für die Verbreitung und Anwendung der Spieltheorie.[190] Diese Akzeptanz von oberster Stelle reflektiert nicht nur, wie hilfreich sie politisch war, die Angelegenheiten des Staates ›wissenschaftlich‹ erscheinen zu lassen. Die Verbreitung der von Neumann'schen Spieltheorie charakterisiert gewissermaßen die Eisenhower-Administration und ihr Denken in Fronten von *us* und *them*, ihr Streben nach mechanischer und depersonalisierter Entscheidung, den Hang zu simplistischen Modellen von Zweckhaftigkeit, die Überschätzung der Effektivität und einen gewissen Konservatismus gegenüber bestehenden Institutionen. In der dauerhaften Einrichtung des Kalten Krieges zur Vermeidung eines heißen erwies sich die Spieltheorie als probates Medium, unendliche Berechnungen, Vermutungen und Unterstellungen durchzuführen, deren Ergebnisse jedoch – anders als in den bisherigen Kriegsspielen – niemals an Realdaten überprüfbar sein würden. Der Erfolg der spieltheoretischen Kalkulation von Erst- und Zweitschlägen lag gerade darin, dass sie sich *nicht* am Ernstfall erweisen durften. Und der Erfolg der Spieltheorie bestand folglich darin, ebenso hypothetisch zu sein wie der Krieg selbst, den sie permanent prozessierte.

---

188 Heims, S. 320.
189 Zit. nach Fred Kaplan, *The Wizards of Armageddon*, Stanford ²1991, S. 91 (Übers. C.P.); vgl. Gregg Herken, *Counsels of War*, New York 1985, Kapitel 18 und 19; John McDonald, *Strategy in Poker, Business and War*, New York 1950.
190 Zu Neumanns verschiedenen Beratertätigkeiten vgl. Apray, Kapitel 9.

6. Die sechziger Jahre

> »The total nuclear exchange is very easy to computerize. We can, and generally do, use computers.« *Wilson, S. 124*

Vietnam

Harry Summers kolportiert einen aufschlussreichen Witz der späten 1960er Jahre, der präzise die Computerspiel-Probleme beschreibt, die der ausgebrochene Vietnamkrieg als lokaler, heißer Guerillakrieg im Gegensatz zum globalen, dauernd aufgeschobenen Kalten Krieg offensichtlich machte:

> »Als 1969 die Nixon Administration an die Macht kam, wurden alle Daten über Nordvietnam und die Vereinigten Staaten in einen Pentagon-Computer eingegeben – Bevölkerung, Bruttosozialprodukt, Fertigungskapazitäten, Anzahl von Panzern, Schiffen und Flugzeugen, Stärke der Armeen […]
> Dann wurde der Computer gefragt: ›Wann werden wir siegen?‹
> Er brauchte nur einen Augenblick für die Antwort: ›Ihr habt 1964 gesiegt!‹«[191]

Tatsächlich wurde bei ARPA, einem der führenden Auftraggeber für Computerspiele, schon 1964 auffällig, dass der Vietnamkrieg nicht den Vorhersagen der benutzten Modelle folgte, und man beauftragte *Abt Associates* mit der Entwicklung eines Computerspiels, das »major aspects of internal revolutionary conflict« und »counter insurgency« simulieren sollte.[192] Eine beachtenswerte Marginalie ist, dass gleichzeitig mit der spieltechnischen Modellierung des ›Konflikts‹ in Vietnam auch die von ihm induzierten Konflikte in den USA und anderswo zum Spiel wurden. James F. Dunnigan, Präsident von SPI (*Simulations Publications, Inc.*), dem Verlag hunderter kommerzieller Kriegsspiele, begann seine Karriere 1967 bei *Avalon Hill* (dem Verlag, den Roberts zum Vertrieb von *Tactics* gegründet hatte) und arbeitete 1968 unter dem kaum jugendfreien Arbeitstitel *Up against the Wall, Motherfucker!* an einem Spiel über die Studentenunruhen an der *Columbia University*, deren ehemaliger Rektor nebenbei Eisenhower hieß. Das leider nie erschienene Spiel hätte unter Organisatoren von De-Eskalation vermutlich zahlreiche Freunde gefunden, denn eine scharfe Grenze zwischen dem Ernst staatsgewaltlicher oder militärischer Applikation und der Folgenlosigkeit privater Unterhaltung ist kaum auszumachen. Ein weiteres kommerzielles Spiel Dunnigans über Indochina wurde um 1972 von US-Militärs für eine fiktive Krisensituation in Thailand benutzt, indem man einfach die Daten austauschte, Berechnungsverfahren und Spielmittel jedoch beibehielt. *Firefight*, ein anderes Spiel des gleichen Autors, erschien 1974 sogar zuerst als *US Army Training Device* zur Ausbildung von Platoon-Führern, basierte auf den aktuellen Waffenspezifikationen und offiziellen taktischen Richtlinien und wurde wenig später unverändert kommerzialisiert. Angemessenerweise beendete Dunnigan seine Karriere nach dem Konkurs von SPI als Berater des *Department of Defense* – unter anderem für die *Operation*

---

191 Harry G. Summers, *On Strategy. A Critical Analysis of the Vietnam War*, Carlisle Barracks (Army War College) 1981, zit. nach Allen, S. 140.
192 Dazu Wilson, Kapitel 9, hier S. 142; Hausrath, Kapitel 9.

Desert Storm. Denn der Beginn der Heimcomputer-Ära hatte diesem Zweig der Spiele-Industrie eine größere Krise beschert, da der Computer nicht nur einen *single-player*-Modus bot, sondern auch das Ausmaß spielerischer Bürokratie drastisch reduzierte.

Vorerst interessiert jedoch nur, was die Modellierungsprobleme des Vietnamkrieges waren und welche neuen Verfahren für Computerspiele er heraufführte. Anders als beim globalen nuklearen Schlagabtausch, der in von Neumann'schen Begriffen verfasst ist, spielen in einem Guerillakrieg schwerer quantifizierbare Faktoren wie Einfallsreichtum, Loyalität, Sabotage, psychologische Kriegführung usw., aber auch politisches Ansehen und Unterstützung im In- und Ausland eine entscheidende Rolle. Die dafür von Bernard Fall (dem »No. 1 pessimist about U.S. victory«[193]) aufgestellte Formel lautete in Anlehnung an Gabriel Bonnetts Indochina-Erfahrung: $RW = G + P$, also *Revolutionary Warfare = Guerilla methods + Psychological-political operations*.[194] Alfred Blumstein vom *Institute of Defense Analysis* beschrieb (bezogen auf den aktuellen Anlass Vietnam) den Guerillakrieg mit der Gleichung $TT + TG = TN$.[195] Dabei bezeichnet TT drei Arten der Autarkie (»self sufficiency« in ideologischer, logistischer und technologischer Hinsicht), TG drei Faktoren für Bereitschaft (»personal vigilance« in Form von Gesundheit, »conduct and behavior« und »creative initiative«) und TN drei Persönlichkeitsparameter (»respect of person«, »community destruction (recognition)« und »collective rise (station, position)«). Mit solchen Ansätzen stellten sich nicht nur ganz neue Fragen nach den relevanten Wissensfeldern und ihrer Quantifizierung, sondern auch – vor allem durch die »Personalisierung« – das Problem nach den Agenten der Kriegshandlungen, also nach dem, was die Spieltheorie bei RAND in von Neumann'scher Tradition allgegenwärtiger Pokerspieler vernachlässigt hatte. Wie misst man ideologische Heimatgefühle? Wie lassen sich logistische Kompetenz, kulturelle Prägung und Kreativität modellieren? Bezeichnet der von Neumann'sche Egoismus tatsächlich die universale Strategie aller Spieler, die Formel, nach der sich Ereignisse unter Akteuren zusammenfassen lassen? Diese und andere Fragen des Vietnamkriegs an das Computerspiel lassen sich vielleicht zu drei Problemen zusammenfassen, die für die Geschichte der Spiele in den 1960er Jahren relevant sind und ein viertes implizieren.

Erstens bedarf es der Integration mehrerer Spiele (und damit zahlreicher, wenn nicht sogar aller denkbaren Wissensfelder), um eine Situation adäquat zu modellieren, in der Politik, Wirtschaft und Technologie, aber auch Psychologie, Kultur und Geschichte ineinander greifen und nicht nur Linearitäten, sondern auch Singularitäten und Emergenzphänomene produzieren. Die Planung einer ›besten Welt‹ (und sei sie auch so klein wie Vietnam) erfordert es, eine geradezu unüberschaubare Anzahl von Faktoren zwecks Modellbildung

---

193 Hausrath, S. 246.
194 Bernard Fall, *The Two Vietnams. A Political and Military Analysis*, New York ²1967; Gabriel Bonnett, *Les Guerres Insurrectionelles et Revolutionnaires*, Paris 1958.
195 Alfred Blumstein, »Strategic Models of Counterinsurgency«, in: *Proceedings of the 13th MORS Conference*, Washington 1964, S. 164-168.

zu evaluieren, sie in einen Zusammenhang zu bringen und sie zu einem Funktionsablauf zu verzahnen oder in ein Programm zu gießen. Die bisher noch weitgehend getrennten Spiele auf taktischer oder strategischer, auf sozialer oder logistischer, auf militärischer oder politischer Ebene bedurften also gewissermaßen eines verbindenden, koordinierenden und valorisierenden, kurz: eines verwaltenden und regulierenden Meta-Spiels. Zur Ermöglichung dieser transversalen Steuerung wäre nicht zuletzt eine Konvertierbarkeit oder Kompatibilität der einzelnen Spiele erforderlich, für die sich der in den 1960ern gerade erst als universale Maschine realisierte und für verschiedenste Aufgaben erprobte Computer anbot (vgl. Kapitel I).

Dieses kybernetische Ensemble oder Zusammenspiel lässt sich *zweitens* am einfachsten auf der Basis von Agenten bewerkstelligen (vgl. Kapitel II), die wiederum die Verfahren linearer bzw. prozeduraler Programmierung vor Probleme stellen, die angemessen nur durch objektorientierte Programmierung zu lösen sind. Die Herausforderung eines Netzwerks interdependenter Modelle und die Vermehrung der Datenklassen verlangte also eine rationale Beschreibungssprache für Simulationen. Die Begründung objektorientierter Programmierung mit *Simula*, *Simscript* oder später *Smalltalk* könnte sich im Rückblick wohl als doppelgesichtiges Resultat der Berechnungsprobleme des Vietnamkriegs erweisen.

Drittens erscheint der Vietnamkrieg als Anlass zu grundlegender Kritik und Erweiterung der von Neumann'schen Spieltheorie. Das Gedächtnis der Spieler erweist sich als alles andere als irrelevant, und Kooperation scheint sich manchmal doch mehr auszuzahlen als voreilige Gewinnmaximierung, so dass beispielsweise eine ›Historisierung‹, eine Öffnung der Spieltheorie zu vergangenen wie zukünftigen Zügen, notwendig erscheint. Vor allem aus den ersten beiden Problemen ergibt sich darüber hinaus ein *viertes*, nämlich das der Verwaltung und Visualisierung einer rapide ansteigenden Datenmenge. Für diese Unmengen von Daten, die schon innerhalb der einzelnen Modelle schwierig zu beherrschen waren, bedurfte es angesichts ihrer Integration und Interdependenz neuer Techniken der Dateneingabe und -aufbereitung, also einer Neugestaltung des Interfaces, an dem sich das Zusammenspiel von Spieler und Spiel ereignet.

Integration

Bei den Versuchen, Gleichungen wie die Blumensteins in sogenannten »Guerilla-Modellen« zu implementieren, lassen sich zwei Ansätze unterscheiden: Zum einen die Adaption von vorhandenen (Kriegs)Spielen, zum anderen die Entwicklung originärer Spiele, die in den kybernetikbegeisterten 1960ern vornehmlich Computerspiele sind. Für die Adaption seien hier als prominenteste Beispiele TACSPIEL und THEATERSPIEL, für die Neuentwicklung AGILE und TEMPER erwähnt.[196]

---

196 Dazu einführend Allen, Kapitel 9; Wilson, Kapitel 9.

Game Controller bei der Vorbereitung der Displays von *TACSPIEL*. Die Tafeln wurden zur späteren Analyse nach jedem Zug fotografiert und archiviert

THEATERSPIEL und TACSPIEL waren einander ergänzende Entwicklungen des *Operations Research Office* aus den 1950er Jahren. Was im einen Spiel auf strategischer Ebene gespielt wurde, war im anderen in taktische Einzelspiele auflösbar, oder umgekehrt: was sich in vielen kurzen, taktischen Spielen an Daten ergab, konnte auf Theaterebene aufgehoben und weiterverarbeitet werden. Wenngleich der Begriff Modularität vielleicht zu euphemistisch scheint, so gab es doch immerhin schon eine Form der Rückkopplung zwischen zwei Ebenen, wie sie McCarthy durch seine Diversifizierung der Spiele angedeutet und Norbert Wiener in seiner Kritik der Spieltheorie gefordert hatte. In den 1960er Jahren fand nun tatsächlich eine Modularisierung zum sogenannten THEATERSPIEL *Cold War Model* statt, im Zuge derer (und angesichts der aktuellen Probleme) auch die taktischen Routinen zu einem TACSPIEL *Guerilla Model* umgeschrieben wurden. Man entwickelte und modifizierte die vorhandenen »intelligence model«, »military model« und »logistics model« und fügte neue »nonmilitary«-Modelle für ökonomische, politische, psychologische und soziologische Aspekte hinzu.[197] Entscheidend ist jedoch das Steuer-Modul, das diese verschiedenen Sub-Modelle zu evaluieren hat, das also bei jedem Spielzug deren Werte abfragt, sie gewichtet, mit den »political objectives« abgleicht und über den nächsten Zug entscheidet. Damit stellte sich nicht nur die Frage nach einer übergeordneten, die Einzelhandlungen organisierenden und durchziehenden Rationalität (also die Frage nach dem Spieler im von Neumann'schen Sinn). Zugleich stellt sich auch aufgrund der Anfragen der Einzelmodule, die ja aus den Planquadraten auf TACSPIEL-Ebene resultieren, ein Bewertungsproblem von Zügen, das dem des Schachspiels verwandt ist, an dem sich ja die »Intelligenz« von spielenden Computern erweisen soll. Vietnam wurde folglich, um es spielbar zu machen, in ein diskretes Raster von Parzellen zerlegt, von denen jede durch eine Tabelle numerischer Werte beschrieben werden konnte. Aus diesen zahlreichen Einzelwerten ergibt sich

---

197 Billy L. Himes/Dino G. Pappas/Horace H. Figuers, *An Experimental Cold War Model.* THEATERSPIEL*'s Fourth Research Game*, RAC-TP-120, 1964.

Der Spielraum des blauen Teams in *TACSPIEL*, hier mit je einem Spieler für Artillerie, Luftwaffe und technische Wartung

eine zusammenfassende Beschreibung jedes Feldes als eines homogenen, das eindeutig charakterisierbar ist als BB, BS, BA, BC und NN bzw. RC, RA, RS, RB.[198] Ziel des Spiels ist es nun, aus R-Feldern B-Felder zu machen, was aber angesichts der Parameter, die über R und B entscheiden, nicht mehr unter der schlichten Devise von »find, fix, fight, and finish« erfolgen kann. Vielmehr muss es darum gehen, die Unterstützung der Bevölkerung einer bestimmten Region zu gewinnen, also deren Sicherheit zu gewährleisten und zugleich deren ökonomische Entwicklung und ihren sozialen Zusammenhalt zu steuern. Die Front liegt damit gewissermaßen im Dschungeldickicht politischer und wirtschaftlicher Kontrolle über einzelne Spielfelder und damit im Ringen um die Loyalität einzelner Bevölkerungszentren. Zu den entscheidenden Faktoren gehört beispielsweise, wie viel nichtmilitärisches Personal an welchen Orten sein kann, um Sympathien zu gewinnen – seien es Zahnärzte, Schulgründer oder Ausbilder. Das Maß der Sympathie bemisst sich dann beispielsweise an der Zahl der versorgten Kriegswaisen, der Menge von verarzteten Patienten, den Kilometern gebauter oder reparierter Straßen und Brücken oder auch an der Stundenzahl gesendeter Radiopropaganda.

Diese Verarbeitung von Einzelfeldern erfolgte im TACSPIEL *Guerilla Model* durch ein algorithmisches Regelwerk von ca. 460 Seiten in der Tradition des rigiden Kriegsspiels, nach dem in kleinem Maßstab ($1-\frac{1}{4}$ km² Auflösung) und

---

198 BB (oder »both blue«) bedeutet von Blau bewaffnet und Blau unterstützend; BS Blau unterstützend; BA von Blau bewaffnet; BC von Blau kontrolliert; NN neutral und entsprechend für Rot.

Treibstoff oder Munition? – Logistik-Experten bei der Abwägung zwischen Klasse III- und Klasse IV-Versorgung in *TACSPIEL*

TACSPIEL-Kontrollraum im Überblick (hinten mit Uhr und Zufallsgenerator)

hoher Geschwindigkeit (30-Minuten-Intervalle) gespielt wurde. Dabei oblag die Entscheidung, welche Spielfelder entscheidend sind (im Jargon: »strategic hamlets«) der THEATERSPIEL-Ebene und ihrem »hamlet evaluation system«, die dann die Ressourcen-Werte an die verarbeitenden TACSPIEL-Subroutinen übergab. Diese verarbeiteten selbstverständlich nicht nur die üblichen Gefechtsparameter und die neu hinzugekommenen Symapthiepunkte, sondern verhandelten auch (und ebenfalls erstmals) verschiedene Formen von Terrorismus und Truppenmoral nicht durch Zufallsgeneratoren, sondern durch Quantifizierung psychologischer Kriegführung. Vietnam wurde also nebenbei zu einem Testfeld von Sozialingenieuren, die Realdaten vom laufenden Kriegsgeschehen abzogen, zu Modellen verarbeiteten und die daraus gerechneten Werte unter den Versuchsbedingungen des realen Kriegsgeschehens zurückspielten und überprüften. Vietnam war also auch ein Experiment zur Entwicklung besserer Computerspiele. So führten beispielsweise RAND-Angestellte für eine Studie dieser Art 850 Interviews mit gefangenen Vietcong, die bis in deren (Alp-)Träume vordrangen.[199] Zum »upgrading« oder »downgrading« der Effektivität des Gegners auf einem Spielfeld rechnete TACSPIEL daher mit Attentaten auf Zivilisten, auf Bürgermeister, Verwaltungsbeamte, Lehrer oder Ärzte, mit dem Niederbrennen unbewaffneter Dörfer, der Vernichtung von Lebensmittelvorräten, mit der Sabotage von Transport- und Informationsnetzen oder mit Entführung und Folter. Gegen solche Optionen nimmt sich der Funktionsumfang aktueller kommerzieller Strategiespiele geradezu bescheiden.

Gleichwohl die Kombination THEATERSPIEL/TACSPIEL (zumindest auf taktischer Ebene) vollständig quantifizierbar und algorithmisch organisiert war, wurde sie nicht auf Computern implementiert.[200] Vielmehr liefen beide Spiele unter einem kaum vorstellbaren Verwaltungs- und Rechenaufwand auf manueller Papierbasis. Die JWGA setzte daher – auch unter der Direktive von McNamaras *high-tech*-Begeisterung – nicht auf diese Adaptionen älterer Spiele, sondern auf ambitionierte, originäre Computerspiel-Lösungen, die auf taktischer Ebene beispielsweise AGILE-COIN, auf strategischer TEMPER hießen.

Ziel der Entwicklung von AGILE war es, ein einzelnes Spielfeld als Dorf (*village*) zu modellieren und die erforderlichen Parameter und Algorithmen bereitzustellen, die die Kontrollbedingungen und -möglichkeiten eines solchen Dorfes computergerecht beschreiben. Auch hier gab der Auftraggeber ARPA wenig später eine Datenerhebung am Kriegsschauplatz in Auftrag.[201] In der Zwischenzeit ermittelte man nach 20 historischen Fallstudien als Hauptvariablen »information«, »loyality« und »effective military force« und spielte 15 analoge Testversionen mit Fachberatern des MIT und aus Harvard. Im ersten Spiel befanden sich sechs ›Dorfbewohner‹ in einem Raum und wurden abwechselnd von Regierungsvertretern und Revolutionären besucht. Beide hatten Spielkarten, die Soldaten, Nahrung und Ernteversprechen repräsentierten, um nach amerikanischem Brauch *hearts and minds* der Dorfbewohner zu gewinnen. Ziel der ›Vertreter‹[202] war es, vier von sechs Dorfbewohnen über drei Spielzüge loyal zu halten, also erfolgreich von ihnen validiert zu werden. Schon das zweite Spiel führte terroristische Akte ein, verteilte die Parteien auf

---

199 Angeblich träumt man dort selten von Sex, dafür aber häufig von »aggressive social interaction«. Vgl. W. P. Davison/J. J. Zasloff, *A Profile of Viet Cong Cadres*, Santa Monica 1966 (RAND RM 4983-ISA/ARPA); Frank H. Denton, *Some Effects of Military Operations on Viet Cong Attitudes*, Santa Monica 1966 (RAND RM 49 66-ISA/ARPA); Michael R. Pearca, *Evolution of a Vietnamese Village. Part I: The Present, After Eight Month of Pacification*, Santa Monica 1965 (RAND RM 4552-ARPA).

200 Dass in THEATERSPIEL später auch ein IBM 7040 verwendet wurde, verschlägt wenig, denn er wurde nur als *Werkzeug* zur Erleichterung der Buchführung, nicht aber als *Medium* des Spiels selbst verstanden.

201 Simulmatics Corporation, *A Socio-Psychological Study of Regional/Popular Forces in Vietnam*, Final Report, September 1967.

202 Im Jargon der frühen SIMULA-Entwürfe könnte man von »Kunden« sprechen, die sich an »Stationen« anstellen um einen *service-part* zu erledigen (vgl. S. 295f.).

Süd-Vietnam und seine Provinzen...

angrenzende Räume und modellierte ein Nachrichtensystem. Erfolg bemaß sich nun auf Seiten der Aufständischen daran, 40% der Bevölkerung über drei Züge loyal zu halten und damit zugleich die eigene Stärke um 20% zu erhöhen, wohingegen die Regierung um zu gewinnen 20% Aufständische auf ihre Seite ziehen und folglich 80% der Bevölkerung loyal halten musste. Das dritte Spiel (um die Aufzählung abzubrechen) führte eine Zeitverzögerung ein, um die Bedenkzeit der Bevölkerung abzubilden und installierte eine Dorfverwaltung, deren Vertreter natürlich einem Anschlag zum Opfer fallen oder bestochen werden konnten. Und so weiter. Nach dem fünfzehnten Spiel waren hunderte von Faktoren und Interdependenzen erspielt, wobei man nicht einmal vergessen hatte, sich als Selbstporträt ins Dorf einzuarbeiten, nämlich in Form soziologischer Umfragen, deren Ergebnisse auf die Stimmung im Dorf rückwirken. Man war nun bereit, die Ergebnisse in *flowcharts* zu transkribieren, wobei die analog eingespielten Daten für das »counterinsurgency-training« innerhalb der militärischen Ausbildung weiterverwendet werden konnten.[203] Bemerkenswert ist, dass sich bei AGILE – und gleichzeitig den für Action-Spielen erwähnten Studien – ein Konzept spielerischer Interaktivität zwischen Computer und Benutzer/Spieler herausbildet und damit die Frage nach einem Interface virulent wird.

203 Abt Associates, Inc., *Counter-Insurgency Game Design Feasability and Evaluation Study*, 1965.

... und die Provinzen als Spielfelder modelliert. Hier die Ausgangssituation von Blau mit Sympathieverteilung und verfügbaren Streitkräften

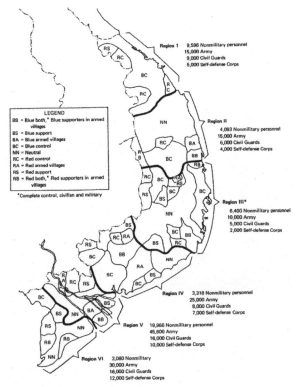

So spielten sich die handbetriebenen Spiele meist in mehreren getrennten Räumen ab, und je nachdem ob und wie Kommunikation als Modellierungsproblem betrachtet wurde, führten die Spielerteams abwechselnd ihre Züge aus und teilten sie – durch einen ›Vertrauten‹, ein control team oder auch einen Computer prozessiert – dem jeweils anderen Spielerteam mit. Oder beide Spielerteams trafen ihre Entscheidungen parallel und übergaben die Werte einer zentralen Instanz. In diesem Fall wurden dann die Eingaben gegeneinander verrechnet und im gemeinsamen Ergebnis dargestellt. Damit die Spielerteams über die Entscheidungen des Gegners informiert sind, wurden diese beispielsweise auf zwei Folien aufgetragen, die anschließend übereinander in beide Räume projiziert wurden oder in einem zentralen Raum von beiden Teams begutachtet werden konnten. Auf den in Reißwitz'scher Tradition meist verwendeten, maßstabsgetreuen Terrainmodellen konnten die Figuren ebenfalls nach beiden Verfahren bewegt werden. Das dreidimensionale, farbige Display dieser Tische, ergänzt durch Karten an den Wänden und normalerweise bevölkert von mehreren tausend Figuren findet sich zwar in perfekter Nachahmung auf heutigen Bildschirmen wieder, war aber für die gerade erst entstehende Computergrafik der 1960er Jahre und die arbeitswissenschaftliche Erforschung der Interaktion mit Bildschirmen eine völlig unvorstellbare Aufgabe.

Kontrollraum des *Naval Electronic Warfare Simulator* (*NEWS*), seit 1958 in Betrieb

Die Computerspiele hingegen waren zu dieser Zeit durch eine ebenso zeit- wie kostenintensive Logistik von Programmierung und Auswertung bestimmt, in der die eigentliche Prozessierungszeit kaum eine Rolle spielte. Die Entwicklung der Programme dauerte Monate, manchmal sogar Jahre, und die Auswertung der Daten beschäftigte die Analysten meist ebenso lange. Die Rechenzeit, die oft nur wenige Minuten oder Stunden betrug, ließ während des Programmvollzugs keine Benutzereingriffe zu und sonderte lediglich nach ihrem Ende endlose Zahlenkolonnen ab. Schon deshalb war Gamows Ansatz der Iteration eine insofern computergerechte Lösung, als sie die Programmierungszeit senkte, aber den Rechendurchsatz drastisch erhöhte.

Die dritte und wohl prominenteste Visualisierungslösung für die Spiele der 1960er Jahre waren die später in unzähligen Filmen mythisierten Großdisplays der Kommandozentralen. Der monumentale *Naval Electronic War Simulator* (NEWS) am *US Naval War College* in Newport beispielsweise arbeitete mit einem illuminierten Screen, auf den die Spielsymbole projiziert wurden. Ein »weapon/damage-computer« pflegte die Berechnungstabellen und führte Protokoll. NEWS konnte maximal 48 Objekte (Schiffe oder Flugzeuge) kontrollieren und darstellen, die über 20 Kommandoräume gesteuert wurden und verfügte über einen Zufallsgenerator, der Waffenfehlfunktionen und die Unzuverlässigkeit von Radar- oder Sonarsignalen einspielen konnte. Seitlich des zentralen Bildschirms waren der Zustand jedes Schiffes oder Flugzeuges, Kurs und Flughöhe und Zustand der Bewaffnung ablesbar. Die Projektion kannte zudem vier diskrete Vergrößerungsstufen (40-4000 Seemeilen im Quadrat), und die Verarbeitung der Bewegungsdaten durch einen Computer erlaubte

DIE SECHZIGER JAHRE

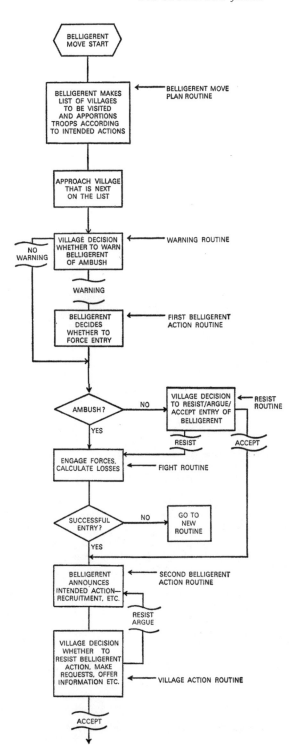

Grobes Flussdiagramm
der Entscheidunglogik
von *AGILE-COIN*

eine Zeitachsenmanipulation (5, 10, 20 und 40-fache Beschleunigung, aber auch Standbild und – dank der Protokollierung – Rückwärtslauf).

NEWS folgte also dem Dispositiv der Radarbildschirme, die seit *Whirlwind* bewegte Bildpunkte und alphanumerische Ausgaben in einem Display vereinten. Nur überlagert er – dem Prinzip der Folien folgend – gewissermaßen mehrere Radarbildschirme. Dass dies auf der Basis von Lichtbildprojektion und Balkendiagrammen aus Glühbirnen geschieht, verschlägt in diesem Zusammenhang weniger als die Tatsache, dass mit solchen Verfahren nur bestimmte Dinge visualisierbar sind. NEWS wurde nicht wegen seiner Störanfälligkeit, sondern vor allem wegen seiner limitierten Darstellungsmöglichkeiten Ende der 1960er Jahre allmählich außer Betrieb genommen und durch die universal ansteuerbaren und gerade arbeitswissenschaftlich evaluierten Computerbildschirme ersetzt.[204] Man könnte diesen hybriden Verbund aus getrennten Techniken für Bild, Schrift und Zahl daher vielleicht mit Morton Heiligs *Sensorama* oder den großen Flugsimulatoren vergleichen (vgl. S. 87f. bzw. S. 68ff.), bei denen es sich ebenfalls um hybride und hoch entwickelte analoge Darstellungsarchitekturen handelte, deren Bestandteile später zu Computergrafik homogenisiert wurden.

Betrachtet man diese drei Dispositive – Folien und Sandkästen, nachträgliche alphanumerische Daten, Radarbildschirme – so werden die Probleme sichtbar, die bei einem Computerprogramm wie AGILE bezüglich der möglichst effektiven (und das heißt: interaktiven) Steuerung von Loyalität, Information und Gefecht entstehen. Die Lösung bestand zunächst in einer kommandozeilenorientierten Befehlssprache, die Eingaben wie diese ermöglicht:

```
BSIZR (Insurg) = 50
```
heißt: »Die Rebellen haben eine Stärke von 50 Mann.«
```
BSIZTV (Insurg-3, Insurg) = 70
```
heißt: »Die Rebellen teilen Dorf 3 mit, sie hätten 70 Mann.«
```
VSIZPB (3, Insurg) = 70
```
heißt: »Dorf 3, den Rebellen loyal, glaubt den Rebellen.«
```
VSIZTV (3, 7, Insurg) = 80
```
heißt: »Dorf 3 will den Rebellen helfen und übermittelt einen übertriebenen Bericht von deren Stärke an Dorf 7.«
```
VSIZPB (7, Insurg) = 55
```
heißt: »Dorf 7, der Regierung loyal, schenkt dem Bericht von Dorf 3 wenig Vertrauen.«
```
VSIZTB (7-Gov, Insurg) = 55
```
heißt: »Dorf 7 gibt der Regierung seine Schätzung der Stärke der Rebellen.«
```
BSIZPB (Gov, Insurg) = 52
```
heißt: »Die Regierung verringert die Schätzung von Dorf 7 leicht.«[205]

Mit Wilson etwas euphemistisch, aber im damals üblichen Interface-Verständnis einer ›Kommunikation‹ mit dem Computer als »socratic dialogue«

---

204 Brewer/Shubik, S. 118-125.
205 Die Befehle selbst sind zusammengesetzt: B und V meinen »belligerent« bzw. »village«; SIZ bedeutet »size«; R, P und T beziehen sich auf den Zustand der Information (»real«, »perceived«, »transmitted«); vgl. Wilson, S. 148 (Übers. C.P.).

bezeichnet,[206] markiert die Rückkopplung von Spieler und Programm im organisierenden, formatierenden und unhintergehbaren Medium einer Benutzeroberfläche die basale Anordnung aller heutigen, kommerziellen Strategiespiele. Man muss nicht mehr programmieren können, um mit dem Computer Krieg zu spielen. Und darin (gleichwohl noch auf Texteingaben und nicht auf graphischer Manipulation) nimmt die grundlegende Situation aller heutigen kommerziellen Strategie-Computerspiele ihren Ausgang. Hinzu kommt, dass AGILE nicht nur die Dorfbevölkerung spielen, sondern auch noch die Rolle der Regierung und/oder der Revolutionäre übernehmen konnte, also einen *single-player*-Modus zuließ.

Was AGILE auf taktischer Ebene zu implementieren suchte, geschah auf strategischer durch TEMPER (*Technological, Economic, Military, Political Evaluation Routine*), einem Unternehmen, das Hausrath zu Recht als »das ambitionierteste rigide Projekt eines strategischen Spiels« bezeichnet.[207] Entworfen bei *Raytheon*, einem der heute noch einflussreichsten Entwickler, sollte TEMPER auf globaler Ebene die Beziehungen zwischen maximal 39 Staaten und zudem 20 mögliche Konfliktregionen modellieren. TEMPER weist (schon durch den leitenden Designer Clark Abt) im Modellierungsansatz zahlreiche Ähnlichkeiten zu AGILE auf. Da man sich in Details verlieren könnte, sei nur angemerkt, dass TEMPER Daten von 117 Nationen akkumulierte, die als »actors« auftreten können und deren Beziehungen in sieben Hinsichten modelliert werden (»military, economic, political, scientific, psychological, cultural, ideological«).[208] Entscheidungen dieser Agenten des Welttheaters werden u.a. gefällt nach »ideal sensing, reality sensing, ideal-to-real-discrepancy measuring, ressource allocating, international and interbloc bargaining, alliance formation, operation and dissolution«. Jede dieser Entscheidungen auf einem der sieben Gebiete hat Rückwirkungen auf die anderen sechs (der Krieg also sowohl auf die Wissenschaft als auch auf die Ökonomie und umgekehrt, usw.), und die Auswirkung jeder Entscheidung auf jedem der Gebiete beeinflusst die Beziehung zu anderen Ländern auf jedem einzelnen Gebiet. Dabei steuerte speziell im militärischen Bereich ein Eskalationsabschätzungmodul die Aktionen, die von einem kleineren Aufstand in einem Dritte-Welt-Land bis zum »full scale

---

206 Vgl. Pflügers Epochen der Computer-Benutzer-Verhältnisse (Kapitel I, Anm. 197).

207 Hausrath, S. 267; vgl. Clark C. Abt, »War Gaming« in: *International Science and Technology*, August 1964, S. 20-37; Morton Gordon, *International Relations Theory in the* TEMPER *Simulation*, Abt Associates, Inc. 1965.

208 Auch auf das ebenfalls in den 1960er Jahren von dem Rüstungslieferanten *McDonnell Douglas* entwickelte *Douglas Thread Analysis Model* soll hier nicht näher eingegangen werden (vgl. einführend Hausrath, S. 234-242). Es zeichnet sich durch die Modellierung von 135 Nationen aus, die im Bild eines Netzwerkes oder kantengewichteten Graphen über 18 000 mögliche Beziehungskanäle unterhalten, über die politische, ökonomische, militärische oder diplomatische Differenzen kommuniziert werden. Die Hoffnung bestand darin, aus den Flüssen dieses computersimulierbaren Netzwerks frühzeitig entstehende Krisen ablesen zu können, die in sechs verschiedene Krisentypen münden können, die wiederum ein je unterschiedliches Eingreifen eines US-amerikanischen (Welt-)Netzwerkadministrators verlangen.

```
World Type I:    "One World"
        1985—U.S./U.S.S.R./Europe/China

World Type II:   "Three and One"
        1977—IIA:  U.S.—U.S.S.R./Europe/China
        1981—IIB:  U.S.S.R.—U.S./Europe/China
         —  IIC:  Europe—U.S./U.S.S.R./China (eliminated)
        1976—IID:  China—U.S./U.S.S.R./Europe

World Type III:  "Two and Two"
        1978—IIIA: U.S./U.S.S.R.—Europe/China
        1973—IIIB: U.S./Europe—U.S.S.R./China
        1980—IIIC: U.S./China—U.S.S.R./Europe

World Type IV:   "Two and One and One"
        1979—IVA:  U.S./U.S.S.R.—Europe—China
        1974—IVB:  U.S./Europe—U.S.S.R.—China
        1972—IVC:  U.S./China—U.S.S.R.—Europe
        1982—IVD:  U.S.S.R./Europe—U.S.—China
        1983—IVE:  U.S.S.R./China—U.S.—Europe
         —  IVF:  Europe/China—U.S.—U.S.S.R. (eliminated)

World Type V:    "Multipolarity"
        1975—U.S.—U.S.S.R.—Europe—China

World Type VI:   "Wild Card"
        1984—Examples:
                    Rich—Poor
                    White—Colored
                    Wars of Religion
```

Computergenerierte mögliche Welten aus den späten 1960er Jahren

nuclear exchange« reichen konnten – gewichtet übrigens nach dem Gesichtspunkt des »dollar value of daily damage«.

TEMPER handelt von dem Anspruch eines enzyklopädischen Wissens, von der Modellierung einer Welt im Weltmaßstab oder (mit Borges) von einer »Karte des Reiches im Maßstab 1:1«. TEMPER riskiert damit, wie jede perfekte Kolonialverwaltung, einen »Perceptual Doomsday.«[209] Die Hoffnung, die sich jedoch an ein vollständiges Wissen von der Welt und eine vollständige Mathematisierung ihrer Verarbeitungsregeln knüpft, besteht bekanntlich darin, zukünftige Weltzustände vorherzusagen. TEMPER besaß daher eine manipulierbare Zeitachse, die mit einer Auflösung von einer Woche bis zu zehn Jahre simulierter Zeit in 30-40 Minuten Simulationszeit verarbeiten konnte. Trotz der zahlreichen und teilweise originellen Szenarien, die dadurch generiert wurden, war der Erfolg äußerst beschränkt – nicht zuletzt deshalb, weil Modelle dieser Art als Beratungsinstanzen in die konkrete Politik einbezogen wurden und daher sich selbst zum blinden Fleck hatten. Vornehmlich war es jedoch der Mangel an programmgerechten Daten, der zur Einstellung des Projektes führte, denn für einen effizienten Betrieb wäre es nötig gewesen, die gesamte Welt zu rastern und mit Sekretären zu überziehen, die – ähnlich den Stationen der numerischen Meteorologie – das System ununterbrochen mit aktuell er-

---

[209] Bernhard Siegert, »Perceptual Doosday«, in: *Europa – Kultur der Sekretäre*, Hg. B. Siegert/ J. Vogl, Zürich/Berlin 2003.

hobenen Daten aus den verschiedenen Wissensfeldern versorgt hätten, um die kommenden politischen (Wetter)Lagen zu prognostizieren.

Der Vergleich liegt schon deshalb nahe, weil sich mit TEMPER in gewisser Weise ein Bogen zur numerischen Meteorologie schließt. Die ökonomischen, politischen und militärischen Datenerhebungen an Messpunkten, die gleichmäßig über den ganzen Globus verteilt sind, scheinen die Messung von Drücken, Feuchtigkeiten und Luftbewegungen in einem Netz weltzeitsynchronisierter Wetterstationen zu wiederholen. Die rot und blau markierten Zonen Vietnams erscheinen als in sich homogene Planquadrate wie zuvor die roten und weißen Felder Richardsons, die für globale Prognosen durch wenige Werte beschrieben werden können, in sich jedoch rekursive (in einer gröberen Auflösung aber vernachlässigbare) Verwirbelungen aufweisen, die durch höher auflösende Routinen wie AGILE behandelt werden können. Ein strategisches Programm wie TEMPER mit seinen taktischen Unterprogrammen wiederholt dabei die Funktionsweise des Richardson'schen »computing theatre«: Die Berechnungen der einzelnen Zellen oder Sub-Modelle werden von einer zentralen Steuereinheit zu diskreten Zeitpunkten abgefragt, gewichtet und zu einem globalen Bild des Wetters oder eben der ›Großwetterlage‹ verrechnet, das – adäquate Modellierung und entsprechende Rechenleistung vorausgesetzt – auch Prognosen zulässt. Sogar die Richardson'sche Echtzeit-Visualisierung auf einer Weltkarte scheint in den Großdisplays verwirklicht. Und wie beim Wetter gilt natürlich das besondere Interesse den möglichen Krisengebieten, also den militärischen Wirbelstürmen, den ökonomischen Tiefdruckgebieten oder den putschistischen Gewittern. Nur dass eben, dem prognostischen Anspruch beider Unternehmungen entsprechend, das Wetter sich allenfalls vorhersagen, aber nicht verändern lässt, wohingegen sich absehbare Katastrophen anderer Art durch das Eingreifen einer ›unsichtbaren‹ (aber gewiss amerikanischen) Hand ins Reale abwenden lassen und das Klima wohltemperiert bleibt. Mit TEMPER scheint also John von Neumanns Hoffnung auf die Möglichkeit von »weather control« (mit oder auch ohne atomare Macht) zurückzukehren.

Das Problem der Dateneingabe spiegelt sich jedoch im Problem der Datenaufbereitung und -ausgabe. Für die weitere Geschichte der Computerspiele ist daher bemerkenswert, dass die Menge der von TEMPER prozessierten Daten und regulierten Wechselwirkungen völlig inkommensurabel geworden wäre. TEMPER ist nicht nur insofern ein Computerspiel, als die quantitative Geschwindigkeitssteigerung der Datenverarbeitung in eine qualitativ neue Rechenbarkeit umschlägt, sondern auch insofern, als es ohne eine neue Form der Benutzung und Darstellung, der Wissensbearbeitung und -aufbereitung namens Interface inkommensurabel bleibt. »Das Ziel besteht darin, ein Spiel zu schaffen, das ebenso gut von zwei Marsmenschen gespielt [...] wie von einem Spieler gespielt werden kann, der erhebliche Kenntnisse und Erfahrung in Bezug auf diese Dinge besitzt«, hatte Herman Kahn zehn Jahre zuvor gelegentlich rigider Kriegsspiele geschrieben und damit den Außerirdischen an

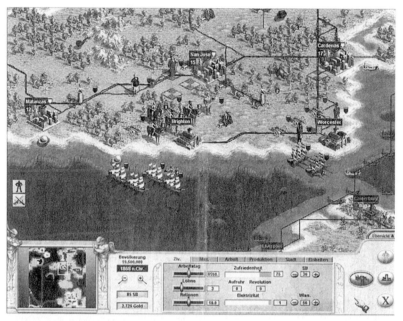

Szene aus *Civilization III* (1999): Unter dem Punkt »Ziv.« finden sich die Schieberegler für »Arbeitstag«, »Löhne«, »Rationen« und die Anzeigen für Zufriedenheit, Stromversorgung, Wahrscheinlichkeit eines Aufruhrs usw.

die Stelle des taylorschen Gorillas gesetzt.[210] Anlässlich von TEMPER als projektierter Krönung aller rigiden Kriegsspiele hieß dies:

> »Das Ziel war, eine Kathodenstrahlröhre oder ein vergleichbares Display zu haben, das es dem Laien ermöglichen sollte, das Spielen in fünf oder zehn Minuten zu erlernen. ›Worauf wir hinarbeiten‹, erklärte [Clark] Abt einmal einer bundesstaatlichen Gruppe für strategische Studien, ›ist ein System mit fünfzehn Knöpfen, fünf für jede der militärisch-politischen Funktionen. Ein Knopf könnte die Variable steuern, mit der der Benutzer arbeiten will, ein anderer könnte die geographische Region kontrollieren usw. Mit einigen Einstellungen und einem Karten-Display sollte es dann möglich sein, die meisten Komplexitäten des Modells darzustellen.‹«[211]

Seit der Einführung graphischer Benutzeroberflächen haben kommerzielle Strategiespiele dieses Problem durch die Maus, durch Buttons, Menüs und Schiebebalken gelöst. Im Bild von TEMPER besteht ihr Spiel darin, die Daten einzelner Sub-Modelle so zu verändern, dass – je nach Spielvorgabe – Konflikte entweder vermieden oder ausgetragen werden müssen, um einer bestimmten Partei zum Vorteil zu gereichen. Die Beziehung dieser Modelle untereinander ist jedoch hinter dem Interface verborgen, das ihre Steuerung zugleich erst ermöglicht. Die Funktionsweise der künstlichen Welt bleibt, damit sie funktionieren kann, dem Spieler unzugänglich. Durch die konstitutive

---

210 Herman Kahn, *War Gaming*, Santa Monica 1954, S. 4.
211 Wilson, S. 157 (Übers. C.P.).

wechselseitige Verbergung des Interface ergibt sich gewissermaßen eine symmetrische Anordnung mit einer Steuerungsroutine namens Spieler auf der einen und einer Steuerungsroutine namens TEMPER auf der anderen Seite. Am Interface erscheinen nur einzelne Wissensbereiche oder Sub-Modelle (Ernährung, Medizin, Bildung, usw. – je nach Spiel), deren Daten der Spieler manipuliert. Diese Eingaben werden vom Hauptprogramm gegen alle anderen Bereiche abgeglichen und als Zug-Ergebnis an den Spieler zurückgegeben, worauf dieser wiederum Abgleichungen vornimmt. Der Spieler irritiert das System mit seinen Eingaben, dessen Ausgaben irritieren ihn und nötigen zu neuen Eingaben. Es ist ein Spiegel-Spiel regelungstechnischer Instanzen, in dem der Spieler selbst zum Programm oder zu einer zweiten »Technological, Economic, Military, Political Evaluation Routine« wird, die eine Welt temperiert.

Kritik der Spieltheorie

Balance of Power hieß eines der erfolgreichsten und mehrfach prämierten kommerziellen Computer-Strategiespiele der 1980er Jahre, das den Kalten Krieg zu seinem Ende noch einmal ›als Farce‹ in Jugendzimmern und Mittagspausen nachspielbar machte. Ziel des Spiels war es, *nicht* Krieg zu führen und trotzdem zu gewinnen. John von Neumanns Spieltheorie der vorangegangenen, ›tragischen‹ Version war seit ihren Anfängen 1928 selbst eine Gleichgewichtstheorie im physikalischen Sinne eines Ausgleichs zweier oder mehrerer symmetrisch entgegengesetzter Kräfte, zu der sie mit dem Zwei-Personen-Nullsummenspiel den Existenzbeweis eines Gleichgewichts für den speziellen Fall einer Gesellschaft von zwei Personen geliefert hatte. Angesichts von Modellen wie AGILE oder TEMPER wurde jedoch deutlich, welche Tragweite die Wiener'schen und Bateson'schen Vorwürfe von Statik, Paranoia und mangelnder transversaler wie hierarchischer Rückkopplung hatten. Die 1960er Jahre brachten daher – und der Vietnamkrieg ist nur einer der Auslöser – zahlreiche Kritiken und Erweiterungen als Rettungsversuche der etablierten Spieltheorie hervor. Diese kamen sowohl von der Seite militärischer Strategen als auch (und häufiger) aus der politischen und ökonomischen Theorie und zeichneten sich vor allem dadurch aus, dass sie verschiedene Neumann'sche Abstraktionen (Ausschluss von Psychologie, Gedächtnis und Kommunikation, Reduktion eines Spiels auf einen Zug usw.) zurückzuweisen suchten, diese zugleich aber wieder mathematisch ›aufzuheben‹ gezwungen waren.[212]

Der RAND-Stratege Thomas Schelling versuchte beispielsweise, die Spieltheorie durch eine »Koordinationstheorie« zu kulturalisieren, die Einschätzungen des Gegners ermöglicht, auch wenn es durch mangelnde Kommunikation keine Information über diesen anderen ›Gefangenen‹ gibt.[213] Schelling setzte bei Alltagsbeispielen an, um zu zeigen, dass es bei gleichen Spielern in

---

212 Auf die Pole »homo oeconomicus«, »homo sociologicus« und »homo ludens« fokussiert bei Julian Nida-Rümelin, »Spielerische Interaktion«, in: *Schöne neue Welten?*, S. 129-140.
213 Thomas Schelling, *The Strategy of Conflict*, Cambridge 1960.

mehreren strukturell vergleichbaren Spielen sogenannte ausgezeichnete Lösungen (*prominent solutions*) gibt. Das bekannteste Beispiel ist wohl jenes *blind date* in New York, bei dem die Verabredeten weder Zeit noch Ort wissen, aber die meisten Testpersonen den Informationsstand der *Grand Central Station* um 12:00 Uhr mittags wählen. Schellings Koordinationstheorie diente gewissermaßen der Ermittlung von Nieder-Entropie-Zonen der Verlässlichkeit, die (im Beispiel) auf New York beschränkt sein mögen, aber ausbaufähig waren zu einer Theorie ›selbstverständlicher Auszahlungen‹ (*tacit bargaining*), die im Frieden wie in begrenzten Kriegen den politischen Alltag erleichtern. Aus anderen Texten Schellings[214] ist leicht herauszulesen, dass diese Ermittlung vermeintlich kulturfreier Selbstverständlichkeiten letzten Endes nur zwei Funktionen hat: das ›touristische‹ Briefing der Befehlshaber und die Ermittlung des Nicht-Selbstverständlichen. Beides ist – so Schelling – am besten auf der Basis spielerischer Interaktivität, also in der Form von *edutainment*, zu implementieren:

> »Die Leute lernen wahrscheinlich mehr über die Geografie, die Verteilung der Bevölkerung, das Telefonsystem, die jüngste Geschichte, die politischen Persönlichkeiten, die diplomatischen Verwicklungen, das Wetter, die Stadtpläne, das Militär, die politischen und ethnischen Gruppen und all die anderen ›touristischen‹ Informationen eines Landes, wenn sie ein Spiel dieser Art mitmachen als bei einem Paukkurs, der über einen vergleichbaren Zeitraum von zwei bis drei Tagen liefe. […] Es bringt ihm [dem Spieler] mehr, als er durch Briefings, Vorlesungen, Lektürekurse oder Weiterbildungsprogramme irgendwelcher Art lernen könnte.
> Wir sind ein wenig wie die Leute, die Kindern Intelligenztests vorlegen und sie bitten, eine weitere Zahl zu der Serie von 2, 4, 8 hinzuzufügen, 16 erwarten und statt dessen 4 bekommen, weil irgendein Kind dachte, es sei ein logarithmischer Zyklus und darauf besteht, dass dies das ›offensichtliche‹ Muster der Zahlen ist.«[215]

Schellings *prominent solutions* beschreiben also das, was unter Ausnahmezuständen lokal noch funktioniert und folglich auch ein Ziel darstellt. Obwohl oder weil Schelling ein intimer Kenner der mathematischen Spieltheorie ist, lässt seine Kritik die universale Rationalität der höchsten Auszahlung unberührt. Sie ist vielmehr ein pädagogisches Plädoyer für ein Spiel, das es ermöglicht, die Auszahlung dadurch zu erhöhen, dass man den unbeschriebenen Gegner kulturell kontextualisiert und rahmt. Schellings Erweiterung der Spieltheorie rückt damit in die Nähe der Agentenkonzepte eines *thinking red*.

Etwas anders liegt der Fall bei Anatol Rapoport, der eine Kritik des Rationalitätsprinzips der Spieltheorie selbst anstrebte.[216] Der einzige Weg die rationale Dichotomie der Spieler zu überwinden, sei die Wiedereinführung von Bewusstsein (*conscience*) in Spiele, und Rapoport schlägt dafür eine Art Kant'schen Imperativ vor:

> »Der Spieler, der [Kooperation] wählt, tut dies, weil er spürt, dass dies die richtige Wahl ist. Er spürt, dass er sich so verhalten sollte, wie er sich wünscht, dass der

---

214 Robert Levine/Thomas Schelling/William Jones, *Crisis Games 27 Years Later: Plus c'est déjà vu*, Santa Monica 1991 [1964] (RAND P-7719).
215 Schelling 1991, S. 24ff, 33 (Übers. C.P.).
216 Anatol Rapoport, *Strategy and Conscience*, New York 1964.

andere sich verhält. Er weiß: Wenn beide sich so verhalten wie er erwartet, werden beide profitieren. Ich unterstelle, dass es dafür einigermaßen zwingende Gründe gibt...«[217]

Diese Empfehlung durchkreuzt gewissermaßen die strategische Vernunft des Neumann'schen Spielers, die eine unbedingte Nicht-Kooperation empfehlen würde. Um diesen Widerspruch aufzufangen, muss Rapoport das bei von Neumann sorgfältig herauspräparierte einzelne Spiel wieder serialisieren, historisieren und folglich eine Gedächtnisinstanz auf Seiten der Spieler einführen. In einer Art testamentarischer Verdopplung muss jedes Gefangenendilemma mindestens zweimal gespielt werden, wobei beide Spiele in einem ›Überspiel‹ (*supergame*) aufgehoben sind. Dadurch erhöht sich die Zahl der möglichen Strategien: Beispielsweise kann Spieler A im ersten Spiel kooperativ sein und im zweiten Spiel die Strategie des Gegners übernehmen, womit er sich als »rechtschaffener Mann mit einem Ausgangsvorrat an gutem Willen« erweisen würde. Rapoport bezieht sich mit seinen Ausführungen zum prinzipiell guten Willen vor allem auf die von Herman Kahn mit kokettem Zynismus präsentierte Theorie eines ebenso überraschenden wie vernichtenden Erstschlags, der bei seinem Gelingen eine maximale Auszahlung ergeben würde. Gleichwohl er keinen Ausweg findet, der auf Kommunikation verzichten könnte, war Rapoports Ansatz bedeutsam für weitere Versuche, die Vorteile der spielerischen Kooperation zu beweisen.

Für die entsprechenden Lösungen bedurfte es jedoch der Integration der Verhandlungstheorie, wie sie von dem dänischen Nationalökonomen Frederik Zeuthen (etwa gleichzeitig mit Neumanns Spieltheorie, aber ohne Kenntnis derselben) begründet wurde.[218] Zwar behandelt auch von Neumann den Fall der Koalitionsspiele, aber das Entscheidende, die Kooperation und die dazu nötigen Verhandlungen (sei es in Familien, Firmen, auf dem Marktplatz oder zwischen Staaten) bleibt ausgeklammert. Zeuthens Theorie hingegen hatte genau dieses Problemfeld, das nicht im Einzugsbereich des Ethischen liegt, anhand der Führung von Kollektivvertragsverhandlungen zwischen Unternehmen und Gewerkschaften umrissen. Institutionen wie RAND hatten die Spieltheorie zu einer Zeit begeistert aufgenommen, zu der Ökonomie, Sozial- und Politikwissenschaften schon erhebliche Zweifel äußerten. John F. Nash beispielsweise hatte schon in den 1950er Jahren versucht, Verhandlungstheorie und Spieltheorie kompatibel zu machen.[219] Die durch Verwendung des Brouwer'schen Fixpunktsatzes komplizierte mathematische Lösung[220] war jedoch nicht nur abstrakt, sondern auch eingeschränkt auf Verhandlungen, bei denen die Beteiligten vollständig über die Strategien,

---

217 Zit. nach Wilson, S. 178; vgl. Anatol Rapoport, »The Use and Misuse of Game Theory«, in: *Scientific American*, 207(1962), S. 108-114, 117f.
218 Vgl. Frederik Zeuthen, »Economic Warfare«, in: *Problems of Monopoly and Economic Warfare*, London ²1968, S. 104-135.
219 John F. Nash, »The Bargaining Problem«, in: *Econometrica*, 17(1950), S. 155-162; ders., »Two-Person Cooperative Games«, in: *Econometrica*, 21(1953), S. 128-140; vgl. auch R. Axelrod, *The Evolution of Cooperation*, New York 1984.

Wertvorstellungen und den Wissensstand aller Verhandlungspartner unterrichtet sind. Die entscheidende Lösung von John C. Harsanyi (die ihm, Nash und Reinhard Selten mit großer Verspätung den Nobelpreis eintragen sollte) bestand darin, die Strategiewahl der Teilnehmer von unsicherem, nur wahrscheinlichem Wissen abhängig zu machen, Zeuthens Ansatz auf höchstem Niveau zu formalisieren und damit die gesamte Theorie des ›freien‹ aber auch des oligopolistischen Marktes auf Verhandlungstheorie zu reduzieren.[221] Dabei beriefen sich die Kritiker der Spieltheorie und Vertreter einer Wohlfahrtsökonomie darauf, dass die unschönen Ergebnisse des Utilitarismus in dem Moment verschwänden, in dem nicht mehr Einzelhandlungen, sondern Regeln zum Ziel ethischer Entscheidungen gemacht würden. Das Konzept der »rational expectation« folgert daher: »Das gegenseitige Wissen bzw. die öffentliche Erwartung, dass man allgemein geltende Gesellschaftsregeln und nicht Einzelhandlungen zur Richtschnur hat, hat mit notwendiger Sicherheit eine weit höhere soziale Wohlfahrt zur Folge, als wenn jeder auf sich selbst gestellt wäre.«[222] Kooperation bringt also – so die kurze Lehre der langen Rede – mehr als *minimax*-Lösungen. Unter minimal demokratischen Regeln (so müsste eine Schlussfolgerung lauten) verwandeln sich also kompetitive Egoisten schon deshalb leicht in kooperierende Altruisten, weil sie dadurch höhere Auszahlungen zu erwarten haben. Und zweitens könnte man unter der Bedingung von Gedächtnis folgern, dass Spieler aus Konflikten lernen und die erfolgreichsten sich (zumindest bis zum Auftreten einer Regeländerung) vermehren.

Dieser Entwicklungsgedanke firmiert seit den 1970er Jahren und John Maynard Smith unter dem Siegel »evolutionäre Spieltheorie« und führt zurück zu den Computerspielen. In einem Bild Sewall Wrights kann die Evolution als Optimierungsaufgabe auf einer »Fitnesslandschaft«, also in Form einer speziellen Kostenfunktion, veranschaulicht werden.[223] Dazu müsste der Grad der Verwandtschaft zwischen den verschiedenen Genotypen vermessen, als Abstand aufgetragen und jedem ein Fitness-Wert zugeordnet werden. In einer Animation dieses Bildes würde dann eine Bewegung hin zu Fitness-Bergen zu beobachten sein (die sich natürlich auch einfach auf den nächstbesten Hügel konzentrieren könnte, der auf Dauer nicht der verlässlichste sein

---

220 Vgl. John von Neumann »Über ein ökonomisches Gleichungssystem und eine Verallgemeinerung des Brouwer'schen Fixpunktsatzes«, in: *Ergänzungen eines Math. Coll.*, Hg. K. Menger, Wien 1937, Bd. 8, S. 73-83.
221 John C. Harsanyi, »Cardinal Welfare, Individualistic Ethics, and Interpersonal Comparisons of Utility«, in: *Journal of Political Economy*, 63(1955), S. 309-316; ders., »Ethics in Terms of Hypothetical Imperatives«, in: *Mind*, 47(1958), S. 305-316; ders., »Approaches to the Bargaining Problem Before and After the Theory of Games«, in: *Econometrica*, 24(1956), S. 144-157; ausformuliert in ders., *Rational Behavior and Bargaining Equilibrium in Games and Social Situations*, Cambridge 1977; John C. Harsanyi/Reinhard Selten, *A General Theory of Equilibrium Selection in Games*, Cambridge, Mass. 1988.
222 Eckehart Köhler, »John C. Harsanyi als Vollender der Sozialtheorie«, in: Weibel, S. 484-486.
223 Sewall Wright, »The Roles of Mutation, Inbreeding, and Selection in Evolution«, in: *Int. Proceedings of the Sixth International Congress on Genetics*, Bd. 1, 1932, S. 356-366.

muss). Die interessante Wendung, die die Spieltheorie nimmt, wenn sie sich an diesem Darstellungsmodus orientiert, ist, dass sie nun eine große Bevölkerung von Spielern zu ihrem Gegenstand macht, von denen manche die eine, manche eine andere Strategie spielen und deren Interdependenz über eine Serie von Spielen beobachtet. Die Auszahlung der jeweiligen Spieler bestimmt dann ihren Fortpflanzungserfolg, wobei die nachfolgende Generation die Strategie der vorangegangenen erbt.[224] Durch dieses Emporkommen der Angepasstesten müsste die Häufigkeit der erfolgreicheren Strategien zunehmen, d.h. nach von Neumann müsste sich die Population der Kooperationsverweigerer am stärksten vermehren.

Ähnlich wie bei der Lösung des Vierfarbenproblems durch Appel und Haken (Kapitel I, Anm. 123) spielte bei dieser Argumentation der Computer eine entscheidende Rolle, da ein Beweis nicht analytisch, sondern nur algorithmisch zugänglich scheint. Und ein angemessenes algorithmisches Modell zur Beobachtung evolutionärer Prozesse stand seit John von Neumanns Theorie zellulärer Automaten und John H. Conways Miniatur eines *Game of Life* von 1968 (vgl. S. 257) auch schon bereit. Der zelluläre Automat ist nicht nur eine vollständig künstliche und damit intelligible Welt, durch die das komplexe Verhalten von Evolution modelliert werden kann, sondern besitzt auch (eben seit Burks und Conway) eine computergerechte Darstellungsform solcher Prozesse. Der erstaunliche Versuch (und die Ironie) der evolutionären Spieltheorie, die nur unter Computer(grafik)bedingungen überhaupt denkbar ist, besteht also darin, die Spieltheorie von Neumanns durch eine Modellierung derselben als zellulären Automaten zu widerlegen.

Auf einem quadratischen Raster lässt man beispielsweise jede Zelle mit jeder angrenzenden Zelle ihrer Moore-Umgebung ein Gefangenendilemma spielen. In einem solchen außentotalistischen, digitalen Automaten hätte jede Zelle eine zu Lebzeiten unveränderliche Strategie (kooperieren/verweigern) und nach erfolgtem Spiel mit ihren acht Nachbarn einen gewissen Auszahlungbetrag, der über einen Nachkommen entscheidet, die ihre Strategie erbt. Das Ergebnis ist ebenso erwartbar, wie es zunächst erstaunlich scheint. Die unkooperative Zelle gewinnt zunächst, wenn sie allen acht Nachbarn die Kooperation verweigert, besetzt folglich zum nächsten Intervall alle acht angrenzenden Plätze und ist damit von acht Verweigerern umgeben. Jeder dieser neuen Verweigerer hat nun mindestens drei Nachbarn, die ebenfalls verweigern und höchstens fünf, die er ausbeuten kann. Jeder dieser Nachbarn hat jedoch seinerseits mindestens fünf Nachbarn, die kooperieren, und höchstens drei, die ihn ausbeuten. Wenn es relativ wenig kostet, ausgebeutet zu werden, wird der kooperierende Nachbar mehr Punkte sammeln und kann in der nächsten Generation das Feld eines Verweigerers mit Nachkommen besetzen. Das Resultat ist folglich, dass man mit Nachbarn spielt, bei denen es sich

---

224 Eines der jüngsten Experimente dieser Art bestand darin, das Evolutionsmodell des kommerziellen Strategiespiels *Creatures* mit dem Simulator des *Eurofighter* kompatibel zu machen. Nach etwa 4000 Generationen bewiesen die eher schlicht organisierten Kreaturen erstaunliche Flugfähigkeiten (»Zehntausend stürzten ab«, in: *Der Spiegel*, 23(1998), S. 192ff.).

lohnt, kooperativ zu bleiben, denn wenn man sie allzu oft ausbeutet, werden sie durch Verweigerer ersetzt. Bei einer zufälligen Ausgangsstreuung von Verweigerern und Kooperateuren ist ein Schwanken der Verteilung zu beobachten, aber keine der beiden Strategien wird letztlich eliminiert.

Das Bateson'sche Argument einer ›Statik‹ der Spieltheorie ist damit zwar temporal aufgelöst, nicht jedoch räumlich. Daher bleibt der Einwand bestehen, dass in einer ständig durchmischten, anonymen Gesellschaft Kooperation schwieriger herzustellen ist als in einer räumlich strukturierten Population, die eine stabile Diversität aufweist und daher einen höheren Minderheitenschutz bietet. (So wie beispielsweise Ökosysteme von Raub- und Beutetieren länger überleben als ein homogener Lebensraum, weil sie ein Flickwerk von Territorien oder Spielfeldern bilden.) Zwar könnte man einwenden, dass es Spielen wie *Life* gerade nicht um zufällige Streuungen als Ausgangszustände ging, sondern um die Herstellung von möglichst stabilen oder ›wandernden‹ Populationen. Doch auch dieses Argument beseitigt nicht das Problem, dass ein Modellverbund von Spieltheorie und zellulären Automaten erstens nicht in der Lage ist, Beziehungen von Zellen zu modellieren, die das räumliche Nebeneinander überspringen, zweitens keine Steuerungshierarchien kennt (und daher maßstabslos ist) und drittens die Erweiterung zu binärer Kooperation/Nichtkooperation nur eine sehr dürftige Parametrierungsmöglichkeit darstellt. Modelle wie AGILE, TEMPER oder *Douglas Thread Analysis* boten wesentlich effektivere Weisen der Modellierung einer Welt, in der nationalstaatliche Grenzen keine Zellen mehr formulieren, sondern eine Technik Beziehungen »von Pol zu Pol« (Ernst Jünger) unterhält, in der Steuerungshierarchien von Globalität über Blockzugehörigkeit, Wirtschaftsverbünde, Nationalstaaten bis hinab zu einzelnen Dörfern und Vietcong-Träumen herrschen und in der jedes Spielfeld, das auf einer bestimmten Ebene homogen erscheint, auf einer nächsttieferen Ebene in verschiedene Sub-Modelle zerfällt, deren Interaktion nicht durch geographische Nähe, sondern über Kanäle kommuniziert wird.

object oriented programming

Als Programmieraufgabe der 1960er Jahre lässt sich daher die rekursive Implementation der Differenz von Steuerung und Gesteuertem ausmachen. AGILE koordinierte (um im Beispiel zu bleiben) für jedes Spielfeld mehrere interdependente Einzelmodule, formulierte dabei jeweils Gesamtzustände, welche wiederum einer Steuerung durch Programme wie TEMPER übergeben wurden, die die Beziehung dieser taktischen Elemente regelten. Daraus ergaben sich wiederum Eingabedaten für AGILE, die von den Modulen jedes Spielfelds verarbeitet werden mussten. Diese (im Problemhorizont der Strategiespiele der 1960er Jahre entstandene) Vorstellung ist Informatikern heute unter dem Begriff »objektorientierte Programmierung« allzu bekannt. Damals jedoch fiel sie erst einmal in das Aufgabengebiet einer noch jungen Kybernetik, die ihre ›experimentelle Epistemologie‹ (McCulloch) in Form von *Systems Ana-*

lysis auf verschiedenen Wissensgebieten zu erproben suchte und im Computer ihr Universalmedium gefunden hatte. Drei kleine Zitate mögen hierzu genügen. So schreibt Douglas Knight im Vorwort zur dritten Jahrestagung der *American Society for Cybernetics* 1971:

> »Das Anliegen dieser Tagung bestand darin, die Leute mit Problemen und die Leute mit Technologien zusammenzubringen, um zu beobachten, ob sich im Zusammenspiel zwischen beiden irgendwie nützliche Handlungsperspektiven ergeben würden. Viele der Teilnehmer wurden wegen ihrer Erfahrung in der Entwicklung von Simulationen bedeutender Sozialsysteme ausgewählt.«[225]

Die Tagung selbst, deren Beiträge allesamt noch in den 1960ern entstanden, brachte Teilnehmer der führenden Institute wie MIT, *Harvard* und *Yale* mit Computerfirmen wie IBM und UNIVAC und Regierungsbeauftragten zusammen, um die Vorteile von Computern für Simulation und Modellbildung zu diskutieren und die Utopie einer Verschmelzung von Informatik, Systemanalyse und Gesellschaftswissenschaften zu träumen. Im gleichen Band spekuliert Harold Guetzkow – Programmierer der *Inter-Nation Simulation* als erstem Computerspiel internationaler Beziehungen – über verbale und mathematische Modelle, also über Geschichtsschreibung und Programmierung oder auch (mit Heidegger) über technische und überlieferte Sprache:

> »Auf der Schwelle zum letzten Drittel des zwanzigsten Jahrhunderts scheint es machbar, die Konsolidierung unseres Wissens um internationale Beziehungen durch die Benutzung von Simulationen zu beschleunigen. Verbale Bemühungen, das vorhandene Wissen ganzheitlich und integriert zu präsentieren, finden sich in Lehrbüchern. [...] Allerdings sind deren Inhalte theoretisch unscharf und ihre Datenbanken zum größten Teil anekdotisch. [...] Mathematische Formulierungen [...] liefern zwar nur eine Teilansicht, sind dafür aber von der Struktur her expliziter und in ihrem Datenunterbau systematisch.«[226]

Der Computer als Medium der Simulation von Weltpolitik führt in dieser Utopie zur beschleunigten ›Konsolidierung‹ des Wissens und einer Lösung des poetologischen Problems der ›Datenbanken‹ der Historiographie. Was TEMPER gerade noch zum Scheitern brachte, die mangelhafte Verfügbarkeit und Aktualität von datenbankgerecht formatiertem Wissen, wird nun gewissermaßen zum systematischen Programm. Wie bei der Arbeitswissenschaft müssen nämlich zugleich mit und durch die Daten auch die zu lösenden Probleme durch Wissens- und Medientechnologien ge- und erfunden werden. Erst diese machen bestimmte Daten relevant und auffindbar und dimensionieren oder formatieren wiederum den Problemhorizont, innerhalb dessen dann die Daten eine Lösung ermöglichen werden. Doch die Spekulation Guetzkows bezieht sich nicht nur auf eine positivistische ›Verdatung‹ von Geschichte, ein *data mining* in den Erzählungen der Historiographen, sondern impliziert auch eine

---

225 Douglas Knight, »Preface«, in: *Cybernetics, Simulation, and Conflict Resolution*, Hg. Knight/Curtis/Fogel, New York 1971, S. xv (Übers. C.P.).
226 Harold Guetzkow, »Simulations and the Consolidation and Utilization of Knowledge about International Relations«, in: *Cybernetics, Simulation, and Conflict Resolution*, S. 12 (Übers. C.P.).

Gesetzmäßigkeit, die der begrenzten Rechenkapazität von Geschichtsphilosophen und Anekdotenschreibern entgehen musste.

> »Diese neu entstandene Disziplin [Kybernetik] versucht die Regeln und Gesetze zu formulieren, auf denen eine Gesellschaft gegründet ist, und auf dieser Basis ein Modell zu etablieren, mit dessen Hilfe sich die Ausgänge verschiedener sozialer Ereignisse untersuchen lassen. Diese Wissenschaft wird, wenn sie einmal entwickelt ist, in der Lage sein, dem Menschen zu helfen, seine Zukunft mit größerem Weitblick und mehr Genauigkeit zu bestimmen als jemals zuvor. Natürlich kann auch die Soziometrie wie jedes andere Wissen pervertiert und zum Nachteil der Menschheit verwendet werden. Was immer geschehen mag – sicher ist, dass dieses neue Gebiet ohne die Unterstützung durch Computer nicht möglich wäre.«[227]

An solchen Zitaten (so sehr sie auch die Begründung der Kybernetik als epistemologisches Experiment zu einer Erklärungswissenschaft umdeuten und so sehr sie ihre kontra-anthropozentrischen Konsequenzen als futurologische Hoffnungen missverstehen) werden immerhin einige Leitmotive der kybernetischen Rede der späten 1960er Jahre deutlich: 1. gelten Simulationen unbestreitbar (und im doppelten Wortsinn) als das Werkzeug der Zukunft; 2. erscheint der Computer das bevorzugte Medium dieser Simulationen; 3. gelten Simulationen als wertfrei und alle negativen Effekte sind auf menschlichen Missbrauch zurückzuführen; und 4. sind Simulationen schlicht eine Segnung der Gesellschaft.[228] Da die 60er zugleich das Jahrzehnt waren, in dem der Computer als eine universale Maschine exploriert wurde, die (zuweilen schon in Hardwarevergessenheit) über Software spezifiziert werden kann, lässt sich neben den ersten Applikationen nicht nur ein Boom spezialisierter Programmiersprachen verzeichnen, sondern auch der Versuch, eine universale und maschinenunabhängige Programmiersprache zu entwickeln, mittels derer verschiedenste Software schnell entwickelt werden kann. ALGOL stellte 1960 einen ersten Versuch in diese Richtung dar, ebenso wie die Weiterentwicklung ALGOL 68.

Im Falle der Programmierung von Simulationen sollte diese standardisierende Lösung SIMULA heißen und von Kristen Nygaard und Ole-Johan Dahl seit 1961 entwickelt werden. Nygaard arbeitete an Monte-Carlo-Methoden bei der Entwicklung des ersten norwegischen Kernreaktors, seit 1952 im Bereich des *Operations Research* und zur Entstehungszeit von SIMULA am *Norwegian Defense Research Establishment* (NDRE). Dabei stellte sich heraus, dass militärische und zivile Modellierungsprobleme so verschieden nicht sind:

> »Bei vielen der zivilen Aufgaben stellte sich heraus, dass es um die gleichen methodologischen Probleme geht: die Notwendigkeit, Simulationen zu benutzen, das Bedürfnis nach Konzepten und einer Sprache zur Systembeschreibung, das Fehlen von Werkzeugen zur Herstellung von Simulationsprogrammen. Diese Erfahrung war der unvermittelte Anstoß für die Ideen, die 1961 die Entwicklung von Simula einleiteten.«[229]

---

227 Ralph Kochenburger/Carolyn Turcio, *Computers in Modern Society*, Santa Barbara 1974, S. 196 (Übers. C.P.).
228 Vgl. Benedict Dugan, *Simula and Smalltalk. A Social and Political History* (www.cs.washington.edu/homes/brd/history.html).

Not tat lediglich die Entwicklung eines Formulierungswerkzeugs, einer formalen Sprache als Diskursbedingung für Aussagen, die in die gleiche Problemklasse fallen, »eine Reihe grundlegender Begriffe, die Zugang, Verstehen und Beschreiben all dieser anscheinend äußerst unterschiedlichen Phänomene ermöglichen«.[230] Und dies sollte SIMULA sein:

> »›SIMUlation LAnguage‹ stellt einen Versuch dar, dieser Herausforderung im Hinblick auf Netzwerke von diskreten Ereignissen zu begegnen, d.h. solchen, bei denen der Fluss aus diskreten Einheiten zusammengesetzt gedacht werden muss, die eine Verarbeitung [*service*] an diskreten Verarbeitungsstellen [*service elements*] fordern und diese Stellen zu bestimmten Zeitpunkten betreten und verlassen. Beispiele solcher Systeme sind etwa Kartenverkaufsstellen, Fließbänder, […] neuronale Systeme oder die nebenläufige Verarbeitung [*concurrent processing*] von Programmen auf Computern.«[231]

Das Konzept von SIMULA basierte also zunächst auf dem Bild eines Netzwerkes mit aktiven ›Stationen‹ und einem passiven Fluss von ›Kunden‹. Diese Stationen haben jeweils einen *queue part* und einen *service part*, wobei Letzterer eine Serie formalisierter Ausdrücke darstellt. Der Kunde hingegen hat nur ihn charakterisierende Variablen. Im Verlauf eines Programms wird der Kunde gewissermaßen an einem *service part* einer Station generiert bzw. bearbeitet und dann in die Warteschlange (*queue*) einer nächsten Station gestellt, bis er seinen Weg vollzogen hat. Die Verarbeitung an einzelnen Stationen findet zu diskreten Zeitpunkten statt (*discrete event system*). SIMULA als Programmiersprache für derartige Probleme war ursprünglich als Ergänzung (oder *package*) für ALGOL konzipiert, das die rekursive und multiple Verwendung von benutzerdefinierten Datentypen wie Kunden erlaubte. Bald zeigte sich jedoch ein Problem in der Stack-Verwaltung von ALGOL, das unter dem Regime eines einzelnen dynamischen Stacks lief, wohingegen die Kunden eines quasi-parallel arbeitenden Simulationsmodells angemessener nach einem *queue*-Prinzip abgefertigt werden. Der Versuch, die ALGOL-Stackverwaltung durch einen *multistack* zu ersetzen, führte zur Verwerfung des *package*-Konzepts und zum Projekt eines eigenen SIMULA-Compilers. Die Untersuchungen zu möglichen Anwendungsgebieten, bei denen ja – Nygaards Feststellung folgend – militärische wie zivile Anwendungen programmiertechnisch zusammenfallen, umfassten Probleme wie Produktionsabläufe, administrative Verfahren, Lagerhaltung, Transportwesen, (Flug)Hafenverwaltung, Computerkonstruktion und -programmierung, ›soziale Systeme‹, aber auch die Ausbreitung von Epidemien und Krisenmanagement. Dabei wurde auffällig, dass das Netzwerk-Konzept auch umgekehrt denkbar ist: aktive Kunden und von ihnen benutzte, passive

---

229 Kristen Nygaard/Ole-Johan Dahl, »The Development of the Simula Languages«, in: *History of Programming Languages*, Hg. R.L. Wexelblat, New York 1981, S. 440 (Übers. C.P.).
230 Kristen Nygaard/Ole-Johan Dahl, »SIMULA – An ALGOL-Based Simulation Language«, in: *Communications of the ACM*, 9(1966), S. 671 (Übers. C.P.).
231 1962 in München vorgetrages Konzept unter dem Titel »SIMULA. An Extension of ALGOL to the Description of Discrete-Event Networks«, zit. nach Jan Rune Holmevik, »Compiling SIMULA. A Historical Study of Technological Genesis«, in: *IEEE Annals of the History of Computing*, 16,4(1994), S. 25-37 (Übers. C.P.).

Stationen. Wenn die Kunden nun aktiv hinsichtlich ihrer Bewegung von Station zu Station sind und passiv lediglich bei der Interaktion mit den *service points*, dann übersteigt dies das Bild des Netzes, indem gewissermaßen die Intelligenz des Labyrinthes auf den Labyrinthgänger übertragen wird. Was man – vielleicht nur aus der gesicherten Position des historischen Rückblicks – schon als Agentenkonzept bezeichnen könnte, bildete also den Kern von SIMULA I:

> »Kurz gesagt, ein Prozess kann als eine generalisierte ALGOL-Prozedur mit quasi-parallelen Eigenschaften verstanden werden. Dieser entscheidende Durchbruch im Februar 1964 implizierte, dass die schlichte Idee eines Systems, das durch eine allgemeine mathematische Struktur beschrieben wird, durch ein wesentlich aussagekräftigeres Konzept ersetzt wurde. Das System, so die neue Auffassung, setzte sich aus einer Reihe interagierender Prozesse zusammen, die während der Ausführung des Hauptprogramms quasi-parallel als ALGOL-Stapel operieren.«[232]

Dieser Wechsel von mathematischer Struktur zu interagierenden Parallelprozessen kann nicht nur (wie üblich) als Abkehr von einer imperativischen und sequentiellen Programmierung gelesen werden, sondern zugleich auch im Horizont einer versagenden Spieltheorie und den neuen Modellierungsweisen des Vietnamkriegs. Die Notwendigkeit der Verknüpfung und Interaktion verschiedener Wissensgebiete (Politik, Geschichte, Kultur, Logistik, Technologie usw.) kann als Modellierungsfrage verstanden werden, auf die das Konzept interagierender Parallelprozesse die Antwort ist. Dass dabei aktive Kunden vorgesehen sind, die in dieses kybernetische Arrangement eingreifen und bestimmte Eigenschaften haben, macht es möglich, über das Bild des universalen Egoisten der Spieltheorie hinauszugehen. Ein Agent mit bestimmten, ihm eigentümlichen Eigenschaften bedeutet die Möglichkeit eines gewissermaßen ›objektiven roten Denkens‹. Im Gegensatz zu den Rollenspielen des freien Kriegsspiels, die fortwährend Paradoxa erzeugten, indem sie notgedrungen amerikanische Offiziere (»ersatz people« mit Robert A. Levine) anwiesen, wie der Feind zu denken, ist durch das objektorientierte Konzept aktiver Kunden oder Agenten ein bestimmtes Entscheidungsverhalten nicht nur parametrierbar, sondern vor allem auch reproduzierbar.

Um 1966 war dieses Konzept, das mit SIMULA 67 die Begründung aller objektorientierten Programmierung darstellt und zu *Smalltalk* und *C++* führen wird, spruchreif:

> »Im Dezember 1966 […] wurde die Idee des Prefixing eingeführt. Ein Prozess, später Objekt genannt, konnte nun als aus zwei Ebenen bestehend betrachtet werden: Einer Präfix-Ebene, die Verweise auf seinen Vorgänger und Nachfolger und eine Anzahl anderer Einstellungen enthält, und eine Hauptebene, die die Attribute des betreffenden Objekts enthält. Neben diesem wichtigen neuen Feature führten sie [Dahl und Nygaard] den Begriff der Klassen ein, der einfach ausgedrückt als hochverfeinerte Version des Activity-Konzepts von SIMULA I beschrieben werden kann. Dieses mächtige neue Konzept machte es möglich, Hierarchien von Klassen und Unterklassen von verknüpften Objekten aufzubauen. Als ein Beispiel

---

232 Holmevik (231; Übers. C.P.).

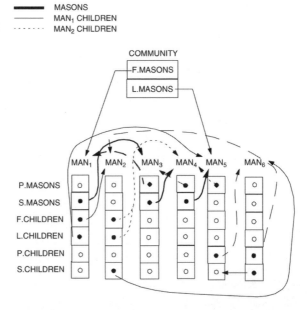

Schematische Darstellung der *Simscript*-Definition »every MAN may belong to the MASONS, own some CHILDREN, and belong to the CHILDREN«

können wir uns die Klasse ›Fahrzeuge‹ vorstellen, die als Generalisierung der Unterklassen ›PKW‹, ›Bus‹ und ›Lastwagen‹ verstanden werden kann. Mit anderen Worten: Das grundlegende Konzept vom Sprechen in allgemeinen und spezifischeren Begriffen wurde übernommen, um die Wirklichkeit im Rahmen einer Programmiersprache auszudrücken.«[233]

Da die Verarbeitungsgeschwindigkeit gegenüber dem analogen, freien Spiel extrem ansteigt, können bei gleichen Kundenparametern (etwa ›Iwan 1‹, ›Iwan 2‹, ›Iwan 3‹, ›Sam‹ usw.) also zahlreiche Spiele unter Veränderung der Umgebungsparameter gespielt werden und umgekehrt. Ein kleines Beispiel mag dies verdeutlichen. Eine der ersten Test-Anwendungen von SIMULA betraf den Rüstungslieferanten *Raufoss Amunisjonsfabrikker*.[234] Das Programm zur logistischen Optimierung der Produktion bestand aus 1 130 Lochkarten, die in 50 Sekunden compiliert wurden, und simulierte zweieinhalb Tage realer Produktionszeit in 22 Sekunden Rechenzeit. Den Vergleichsmaßstab bietet ein lediglich computerunterstütztes Spiel aus dem gleichen Jahr:

---

233 Holmevik (231; Übers. C.P.).
234 Dabei sollte es nicht irritieren, dass SIMULA gemeinhin als (ost)europäisches Phänomen gehandelt wurde, wie Nygaard selbst nahe legt: »My last visit to the U.S. was in 1970. At that time the class concept only had a certain curiosity and entertainment value« (zit. nach Wexelblat, S. 485; in den späten 1960ern wurde SIMULA beispielsweise, wie Holmevik berichtet, auf einem russischen URAL-16-Rechner implementiert.) In den USA wurde – und dies übersah Nygaard anscheinend – seit 1962 das heute noch gebräuchliche *Simscript* zur Programmierung von Simulationen entwickelt, das zahlreiche Eigenschaften mit SIMULA teilt und sich in seiner Syntax an gesprochenes Englisch anlehnt (vgl. *Simscript II.5 Programming Language*, CACI Products Co., La Jolla 1997; *Simscript II.5 Reference Handbook*, CACI Products Co., La Jolla 1997).

»1966 sah ich beim Spielen eines Luftfahrt-›Kriegsspiels‹ zu, das am British Air Transport Staff College in East Burnham regelmäßig zum Training von Führungskräften der BOA und BOAC benutzt wird. Bei dieser Gelegenheit wurde es [jedoch] von Besucherteams von KLM, SAS und Lufthansa gespielt. Jedes der drei Unternehmen begann das Spiel unter gleichen Bedingungen. Seine Flotte bestand aus 10 Düsenflugzeugen und 20 Propellermaschinen. Ein Netzwerk von Routen stellte sechs Teilstrecken mit Längen zwischen 300 und 1.200 Meilen bereit. Sechs Sitzplatz-Konfigurationen standen für jeden Flugzeugtyp bereit, und die Sitzverteilungen und Buchungen konnten so kombiniert werden, dass alle 48 auf dem Reisemarkt üblichen Möglichkeiten abgedeckt werden. Jedes Team wurde angewiesen, sich in in Bezug auf sechs Funktionen zu organisieren: Finanzierung, Einkauf, Produktion, Marketing, Personal, Forschung sowie allgemeine Verwaltung. Die Kosten waren für jede einzelne Operation festgelegt (£3.000 für einen Check des Flugzeugs nach 200 Betriebsstunden, £200 für eine Änderung der Sitzverteilung). Vorteile konnten durch Investitionen in neun mögliche Arten von Marktforschung erzielt werden, und der Computer konnte Sand ins Getriebe streuen, indem er, per Zufallsprinzip, einen 14-tägigen Technikerstreik erzeugte. Das Spiel dauerte 14 Tage und beschrieb ein Bilanzjahr simulierter Operationen. Lufthansa hatte, wenn ich mich recht erinnere, einen leichten Vorsprung und 5 Betriebsmonate noch vor sich [...]«[235]

Die Ersetzung von Teams durch Agenten ermöglicht nicht nur eine mehr als zweihundertfache Beschleunigung und erlaubt beispielsweise einen *singleplayer*-Modus, wie er für kommerzielle Computerspiele unabdingbar ist. Sie ermöglicht vielmehr die gezielte Manipulation von Spielregeln (beispielsweise Reservierungskosten) bei gleich bleibendem Verhalten der verschiedenen Spieler (*Lufthansa*, KLM, SAS) oder auch die Manipulation von Spielercharakteren unter konstanten Spielregeln oder zuletzt die Anbindung neuer Wissensfelder an ein unverändertes System von Spielregeln und Spielcharakteren. Die Entlinearisierung durch das Konzept von *classes* und *objects* erlaubt jene Rückkopplung mehrerer Ebenen und Prozesse, die Norbert Wiener an der Neumann'schen Spieltheorie vermisst hatte. Die Geschwindigkeitssteigerung lässt zudem zahlreiche Iterationen zu und schließt damit an Gamows zehn Jahre älteres *Maximum Complexity Computer Battle* an, das Wiederholungen nur auf die sehr beschränkten Gewissheiten technischer Daten gründen und nur auf einem sehr beschränkten Feld wie Panzertaktik durchführen konnte. Und da das Gamow'sche Spiel eines war, das sich für das Unerwartete interessierte, für Krisen, Eskalationen oder sogar Singularitäten, formuliert es die angemessene Frage angesichts eines eskalierenden Krieg wie dem in Vietnam. Objektorientierung dient dazu, diese Frage nicht nur auf verschiedenen Wissensgebieten, sondern auch unter Berücksichtigung horizontaler und vertikaler Verknüpfungen und Verschachtelungen formal zu explizieren. Der Vietnamkrieg wird gewissermaßen objektorientiert prozessiert.

---

235 *Aeroplane*, 6.10.1966, zit. nach Wilson, S. 185 (Übers. C.P.). Übrigens hatten auch Nygaard und Dahl ein Programm für *Scandinavian Airline System* (SAS) geschrieben.

7. Die siebziger Jahre

> »Games are the vehicle with which society will change the computer.«
> Chris Crawford

In der zweiten Hälfte der 1970er Jahre erschienen, ausgehend von PONG, zahlreiche Actionspiele und dedizierte ›Spielekonsolen‹ (wie sie bis heute in Hardwarevergessenheit heißen), gegen Ende des Jahrzehnts und mit dem Beginn der Heimcomputer-Ära dann auch Adventurespiele wie ZORK, da diese nicht eines Joysticks oder Paddles, sondern einer Tastatur zur Steuerung bedurften. Das Strategiespiel ist insofern ein Sonderfall, als es *als Spiel* bereits vollständig entwickelt ist und in Modellen wie AGILE schon alle Elemente eines Computerspiels (*single-player*-Modus, vollständige Implementierung auf Computerbasis, Interface) in sich vereinigt und ›nur noch‹ auf eine andere Hardware übertragen werden muss. Im militärischen Bereich jedenfalls gab es um 1970/71 etwa 450 Modelle, Simulationen und Spiele, von denen ca. 150 reine Computerspiele waren.[236] Strategiespiele bedürfen wie Adventures einer Tastatur, und wollte man überhaupt ein ›erstes‹ kommerzielles Spiel nennen, so könnte dies vielleicht Chris Crawfords TANKTICS für den 1978 eingeführten *Atari 800* sein, das in seiner Namenswahl sehr bewusst an Roberts' kommerzielles, analoges Zwei-Personen-Spiel TACTICS und zugleich an Gamows militärisches, digitales und spielerloses Panzerspiel *Tin Soldier* erinnert, die beide zwei Jahrzehnte zuvor etwa gleichzeitig erschienen und beide erstmals das hexagonale Raster einsetzten.

Dass die Emergenz von Heim- und Personalcomputer historisch ein anderes Problemfeld bezeichnet als die Emergenz der Spiele, wird schon daran deutlich, dass bis heute noch eine Trennung zwischen PC's und Spielekonsolen besteht, neue Spiele meist auf einem dieser Systeme entstehen und dann (oft nachträglich oder gar nicht) auf das jeweils andere portiert werden.[237] Gleichwohl also eine Genealogie des ›privaten‹ Computers hier nicht geleistet werden kann, sollen doch zumindest – und ausgehend von der Weiterentwicklung des Konzepts objektorientierter Programmiersprachen – einige Hinweise in Bezug auf die Strategiespiele gegeben werden.

Computer für alle

Was mit SIMULA I als lokales Problem der Stack-Verwaltung im speziellen Kontext der Simulationsprogrammierung begann, was in SIMULA 67 mit dem dominanten Paradigma imperativischer und sequentieller Anwendung von Befehlen brach, wurde bei der Entwicklung von *Smalltalk* nicht nur aufgenommen, sondern bekam manifestösen Charakter. Denn während beide Entwicklungen auf die Zeit des Vietnamkriegs datierbar sind, zeigt sich bei genauerer Betrachtung ein Generationenwechsel, der vielleicht dem zwischen

---

236 Nach Schätzung von Brewer/Shubik, S. 70.
237 Weshalb in der Literatur auch die überflüssige Unterscheidung von Video- und Computerspielen getroffen wird – ganz so als ob Videospiele keiner Computer bedürften.

Spielen für den Weltfrieden: die *Spacewar*-Olympiade mit fünf Teilnehmern im Jahr 1972 (hier der glückliche Gewinner Bruce Baumgart)

Tennis for Two und *Spacewar* entspricht. Dahl und Nygaard wurden in den 30er Jahren geboren, promovierten Mitte der 1950er und waren in den 1960ern als Forscher tätig. Die *Smalltalk*-Generation hingegen war in den 1940er Jahren geboren, Alan Kay beispielsweise reichte seine Dissertation 1969 ein und begann seine Tätigkeit bei XEROX und später bei *Atari* in den 1970er Jahren.[238] Die San Francisco Bay Area war um 1970 politisch wie künstlerisch einer der turbulenteren Orte und wurde von einem völlig anderen Forschungsklima bestimmt als die Norwegische Rüstungs- und Nuklearforschung der 1960er Jahre. Der Vietnamkrieg und die Campusunruhen hatten eine Aufmerksamkeit dafür geschärft, welche Rolle Wissenstechnologien für die Organisation von Macht spielen. Gleichwohl Stanford relativ ruhig blieb und XEROX PARC weit weniger hippiesk war, als der Mythos es manchmal glauben lassen mag, blieben die Lektüren von '68 nicht spurenlos. XEROX profitierte zu dieser Zeit davon, dass die Universitäten durch das *Mansfield Amendment* einem stärkeren Anwendungsdruck ausgesetzt waren, und Kay wurde Chef der *Learning Research Group* (LRG). Spiele wie *Spacewar* galten dieser (sich gerade an Forschungsinstitutionen etablierenden) Hacker-Generation als prominentestes Beispiel einer Aneignung von hardwaregewordener Verwaltungstechnik an den Schaltstellen der Macht, und die Ent- und Verwendung des Computers

---

238 Wo einer seiner Mitarbeiter übrigens Chris Crawford hieß.

Computer-Utopien: Das Ende der Industriegesellschaft (1977, links) und der Aufstieg in ande-

(und sei es auch nur zum Druck von Flugblättern) als politischer Akt. Spiele wie *Spacewar* bedeuten einen »administrative headache«, wie Stewart Brand im *Rolling Stone* schrieb:

> »Es [*Spacewar*] war das nichteheliche Kind aus der Verbindung von Computern und Grafikdisplays. Es war nicht Teil eines großen Plans von irgendjemand. Es diente keiner anspruchsvollen Theorie. [...] In jenen Zeiten des Batch-Processing und des passiven Konsumismus (Daten waren etwas, das man an den Hersteller schickte, wie Farbfilm) war *Spacewar* eine Häresie, nicht bestellt und unwillkommen. Die Hacker haben *Spacewar* gemacht, nicht die Planer. [...] Es diente in erster Linie als Kommunikationsinstrument zwischen Menschen. [...] Es erfüllte menschliche Bedürfnisse, nicht die von Maschinen. [...] *Spacewar* dient dem Weltfrieden. Wie überhaupt alles schicke Herumspielen mit Computern und jede Beschäftigung mit Computern zu unseren ureigenen Zwecken[239]

Was sich im anarchistischen Potential der Spiele als ›Menschenfreundlichkeit‹ oder *user friendlyness* ankündigt und sich in einer Demokratisierung des Wissens und einer Ermächtigung des Benutzers (auch zum Programmierer) erfüllen soll, bedarf allerdings bestimmter Hard- und Software. Im Bereich der Hardware war dies Kays berühmtes *Dynabook*:

> »Es speichert eine Million Buchstaben und besorgt die ganze Textverwaltung für dich – bearbeiten, anzeigen, suchen, Dinge dieser Art. Es wird Grafikfunktionen haben, mit denen man Skizzen und Zeichnungen anfertigen kann. Alan will auch Sound einbauen, so dass man es zum Komponieren benutzen kann. Als Sprachfunktion ist *Smalltalk* dabei, womit man ganz einfach seine eigenen Sachen programmieren kann. Das Interface soll so eine Art Bastelspielzeug sein. Und natür-

239 Brand (Übers. C.P.).

lich spielt es [das *Dynabook*] *Spacewar*. […] Alan ist entschlossen, die Kosten unter $500 zu halten, so dass Schulen die *Dynabooks* aus ihrem Lehrbuch-Etat kostenlos zur Verfügung stellen können.«[240]

Und im Bereich der Anwendungssoftware sollte Engelbarts System zur Textmanipulation »computing power to the people« bringen:

>»Das zugrunde liegende Medium ist das an Doug Engelbarts Augmentation Research Center entwickelte Textverarbeitungssystem, das dem Benutzer, wie Doug sich ausdrückt, erlaubt, in bisher unerreichbaren Breiten und Tiefen der Informationsmatrix deines Wissens zu ›fliegen‹. Frag nach dem Punkt so-und-so in deinem Archiv; pling, da ist er. Mach einige Änderungen; schon geändert. Leg Suchbegriffe fest, hier und da; schon getan. Finde ein Zitat in einem Dokument aus der Datei eines Freundes; pling, pling, pling, gefunden. Füge der Aussage eine Unteraussage hinzu, mach einen Querverweis und erlaube wechselseitigen Zugriff; bereitgestellt. Füge ein Diagramm und zwei Fotos hinzu; skaliert und hinzugefügt. Schick das ganze Dokument zu Händen dieser Leute; geschickt. Und noch eins auf Papier nach Washington; brrzzz, ausgedruckt, sogar mit adressiertem Umschlag.«[241]

Das entscheidende Spiel findet jedoch, wie Kay richtig erkannt hatte, nicht nur in Actionspielen im Weltraum und mit Textbausteinen statt, sondern während des Prozesses der Programmierung selbst. Der McLuhan-Leser Kay denkt folglich den Computer nicht mehr als Werkzeug, sondern als Medium, weniger in Begriffen von Repräsentation, als in solchen von Simulation:

>»Jede Botschaft ist in gewissem Sinne die Simulation einer Idee. Diese mag darstellend oder abstrakt sein. Das Wesen eines Mediums beruht hauptsächlich auf der Art, wie Botschaften eingebettet, geändert und dargestellt werden. Auch wenn Digitalrechner ursprünglich dazu entworfen wurden, arithmetische Berechnungen durchzuführen, bedeutet ihre Fähigkeit, die Details jedes deskriptiven Modells simulieren zu können, dass der Computer, als Medium betrachtet, alle anderen Medien sein kann, wenn zufrieden stellende Verfahren der Einbettung und Anzeige entwickelt werden.«[242]

Was anlässlich von SIMULA an objektorientierter Programmierung nur zur Lösung ebenso zivil- wie militärlogistischer, konkreter Probleme entwickelt und auch weitgehend in diesem Kontext rezipiert wurde, tritt nun bei *Smalltalk* mit sozialrevolutionärer Attitüde an:

>»Die ›offizielle‹ Welt der Informatik nahm *Simula* erst einmal nur als neues Werkzeug wahr, um neue, abstrakte Datentypen zu definieren. […] Wir [Alan Kay, Dan Ingalls usw.] waren gelinde gesagt ziemlich verblüfft darüber, denn uns hatte *Simula* etwas viel Packenderes geraunt als die bloße Neuimplementierung einer schwachen und vergänglichen Idee. Für mich bedeutete *Simula*, dass man Bindungen und Zuordnungen ab sofort durch Ziele ersetzen konnte.«

---

240 William English, zit. nach Brand.
241 Brand (Übers. C.P.).
242 Alan Kay/Adele Goldberg, »Personal Dynamic Media«, in: *Computer*, March 1977, S. 31 (Übers. C.P.). Seine *Atari*-Kollegin Brenda Laurel nannte das bekanntlich »fantasy amplifier«.

```
to ship :size
  penup, left 180, torward 2 *:size, right 90
  forward,1 *:size, right 90
  pendown, forward 4 *:size, right 30, forward 2 *:size
  right 120, forward 2 *:size
  right 30, forward 4 *:size
  right 30, forwarg 2 *:size
  right 120,forward 2 *:size
  left 150, forward:size * 2 * sqrt 3
  left 330, forward:size * 2
  right 60, forward:size * 2
  lefl 380, fowad:size 2 sqrt 3
   penup, left 90, forward:size, right 90,
  forward 2 *:size
end to

to flame :size
  penup, left 180, forward 2 + sqrt 3, pendown
  triangle size, forward .5*:size
  triangle 1.5 *:size, forward .5*:size
  triangle 2 *:size, forward .5 *:size
  triangle 1 *:size, forward 1 *.size
  etc...
end to

to flash
  etc...
to retre
  etc....
to torp
  etc..

to spaceahip :pilot :thrust :steer :trigger
use :numtorps :location:(x:y):speed :direction
repeat
  moveship
  if :trigger and:numtorps <3
  then create torpedo :speed :direction :location.
  ?crash :self
  display ship
  pause until clock =   :time + :movelag
end to

to moveship
  make :speed be :speed + (:spscale * :thrust)
  make :direction be :direction + (:diracale * :steer)
     rem 360
  make :location:x be :location:x + (:lscale *:speed *
        * cos :direction) rem 1024
  make :locatlon:y be :location:y + (:lscale *:speed *
        * sin :directtion) rem 1024
end to

...
```

Auszüge aus Alan Kays Version von *Spacewar*, für jedermann selbst nachzuprogrammieren

»Es [*Smalltalk*] wurde zum Vorbild eines neuen Umgangs mit Computern [*new computing*], teilweise auch, weil wir uns eigentlich an einem qualitativen Sprung in den Grundannahmen versuchten– einem neuen Kuhn'schen Paradigma im gleichen Geiste wie die Erfindung der Druckerpresse – und deshalb extrem hohe Ansprüche stellten«.[243]

243 Alan Kay, »The Early History of Smalltalk«, in: *Proceedings of the History of Programming Languages Conference*, ACM Sig Plan Notices. 28,3(1993), S. 25, 1 (Übers. C.P.).

Kinder beim Selbstunterricht am abstrakten Montessori-Formgut (links) und am Computer (rechts)

Und getreu dem damaligen Slogan »let the student program the computer, not the other way around«, hat der proklamierte Paradigmenwechsel vor allem pädagogische Implikationen. Siebzig Jahre nachdem eine lebensreformbewegte Ellen Key das »Jahrhundert des Kindes« ausgerufen hatte, echote ein computerbegeisterter Alan Kay schlicht mit der nächsten Generation von »power users«. Das Kind erscheint als Metonymie des Hackers, weil es die Stärke der Respektlosigkeit gegenüber tradierten Rechts- und Nutzungszusammenhängen besitzt, weil es keine Angst vor Computern hat, und weil es hohe, unerwartete und allzu ›menschliche‹ Ansprüche stellt. Das Kind ist – wie zuvor nur der Hacker – ein unbekümmerter Autodidakt, der die Dinge spielerisch erforscht und in dessen Spiel die Elemente ihrer Kontexte entbunden werden, um überraschende Vereinigungen einzugehen.[244] In den Worten der LRG hieß dies: »Sie [Kinder als *power user*] wollen verändern, entdecken und gestalten. [...] Kinder sind noch nicht in dem Maße gegen Versagen sozialisiert wie Erwachsene und deshalb eher bereit, neue Gebiete zu erforschen. [...] Kinder wären der wahre Test der Aussagekraft, Erweiterbarkeit und der konzeptuellen Grenzen dieses neuen Paradigmas der Programmierung.«[245] Das ›gebundenfreie‹ Experimentieren der Reformpädagogik – von den *jeux educatifs* der Fröbel'schen Baukästen bis zu Maria Montessoris *Casa dei bambini* mit ihrem Selbstunterricht am abstrakten Formengut – feiert bei Kay (und vor allem bei Papert) seine Wiederkehr unter kybernetischen Bedingungen. Im lernfähigen

---

244 Deshalb konnte sich beispielsweise auch der *AI*-Experte Seymour Papert bei der Entwicklung von LOGO auf Piaget berufen (vgl. A. Borodin, A./C.C. Gotlieb, *Social Issues in Computing*, New York 1973).

245 Dugan (Übers. C.P.).

computer-kid findet gewissermaßen der Jünger'sche Analphabet seine Erfüllung, dessen Alphabetisierung am informatischen Spielmaterial jene Sprache lehrt, die ›im Arbeitsraume gültig ist‹. Trainierten Kinder am stummen Montessori-Material (das gewiss nicht zufällig den eignungsdiagnostischen Spielen der *Army Mental Tests* oft verblüffend ähnelt) vermeintlich noch ihr Denken selbst, so ereignet sich nun Rückkopplung. Kinder sollen – so der Glaube an *Smalltalk*, LOGO und ähnliche Versuche – das Denken lernen, in dem sie den Computer denken machen, sollen unterrichtet werden, indem sie selbst zu Unterrichtenden werden, programmiert werden, indem sie programmieren.

> »Viele von uns setzen sich deshalb dafür ein, dass Kinder sich mit Computern gründlich auskennen und sie fließend beherrschen, weil Computer wie Literatur, Mathematik, Wissenschaft, Musik und Kunst einen ganz bestimmten Denkansatz fördern, der im Gegensatz zu anderem Wissen bzw. anderen Denkansätzen unsere Fähigkeit, die Welt zu verstehen, wesentlich fördert.«[246]

Die Skinner'sche »programmed instruction« von Reiz und Reaktion erscheint – am Interface objektorientierter Programmierung gespiegelt – auf der anderen Seite in Form einzugebender *programming instructions*.

Es verschlägt wenig, dass das *Smalltalk*-Release von 1980 kaum eines dieser Versprechen einzulösen vermochte, ebenso wenig wie die Tatsache, dass die proklamierte *computer literacy* sich nach einer kurzen BASIC-Phase der Homecomputer (und abgesehen von einigen kleineren Gemeinden) inzwischen nurmehr auf die Bedienung kommerzieller Programme beschränkt. Insofern hat vielleicht das Paradigma der bloß ›präskriptiven‹ und unhintergehbaren Spieleoberflächen, die doch nur Türöffner zu der geräumigeren Welt

---

246 Kay 1993, S. 29.

der ›metapräskriptiven‹ Programmiersprachen sein sollten, gesiegt und uns alle zu Spielern gemacht. Medienhistorisch bleibt allenfalls offen, welche »ways of thinking« formatiert werden, wenn die Begriffe von Mensch und Maschine oszillieren, wenn sie anlässlich jeder neuen Kopplung in einen Zustand der Unentscheidbarkeit geraten und welche »other ways« dann den Menschen und sein Spiel ausmachen sollen.

Pädagogisches Nachspiel

Als in der Meiji-Zeit das Telefon in Japan eingeführt wurde, konnte man in den Tageszeitungen das Gerücht lesen, dass die Cholera durch Telefone übertragen werde.[247] Und bekanntlich haben alle medienhistorischen Schwellen und Verschiebungen in der Ordnung des Wissens solchen Spekulationen Raum gegeben – sei es die Verderbnis durch Lesesucht, die Verdummung durch das Fernsehen oder der Untergang des Abendlandes durch Mobiltelefone. So begründet beispielsweise die *Bundesprüfstelle für jugendgefährdende Schriften* – und dieses Beispiel ist nur eines von unzähligen – die Indizierung des Strategiespiels *Panzer General* wie folgt:

> »Das Spiel *Panzer General* ist für Jugendliche aufgrund der Auslassung historischer Zusammenhänge und der Verharmlosung der Rolle der deutschen Wehrmacht im Zweiten Weltkrieg [...] als sehr problematisch und politisch desorientierend einzuschätzen. [...] Eine völlig unkritische Übernahme der Terminologie des 2ten Weltkrieges (Bsp. ›Blitzkrieg‹) sowie die Unterlegung von Kriegsszenarien mit harmloser, ruhiger und dem dargestellten Inhalt zuwiderlaufender Musik. Weiterhin werde der Spieler in einen Zustand der gespannten Erwartung des ›Endsieges‹ versetzt.«[248]

Der Hersteller fordere, so heißt es weiter,

> »Kinder und Jugendliche [auf ...], über Stunden kriegerische Handlungen, Vernichtung, Bombardierung und Zerstörung spielerisch einzuüben [...] So könnte dieses Handbuch in Verbindung mit dem Spiel als ein Lehrbuch zur Führung des Zweiten Weltkrieges angesehen werden. Der Spieler hat die Aufgabe, Polen zu zerstören und einzunehmen. Hat er dieses geschafft, gilt es Nordafrika und Ägypten zu bezwingen; anschließend gilt es, in einem erfolgreichen Kampf die Rote Armee zu besiegen und Moskau einzunehmen. [...] Sein Inhalt ist geeignet, Kinder und Jugendliche sozialethisch zu desorientieren.«

Wesentlich kürzer als die Begründung fällt die Beschreibung dessen aus, was eigentlich den Spielraum des Spielers bemisst, worin also das Spiel des Spiels besteht:

> »Ein jedes *Panzer General*-Szenario setzt sich aus einer bestimmten Zahl an Runden zusammen. Im Wechsel mit dem Computer zieht der Spieler seine Einheiten, versorgt sie mit Nachschub, gibt Angriffsbefehle etc. Während jedes Angriffes erscheinen kurze Simulationen des Kampfes auf dem Bildschirm. [...] Mit erfolg-

---

247 Kolportiert von Hiroshi Masuyama in *Künstliche Spiele*, S. 44.
248 www.bpb.de/snp/referate/bpjs_pgindex.htm.

reichem Vorantreiben der Schlacht erhält der Spieler Prestigepunkte, mit denen er neue Einheiten plazieren oder geschwächte Truppenteile verstärken kann.«

In seiner Berufung führt der Hersteller *Strategic Simulations, Inc.* unter anderem an, dass Spieler die eingeblendeten, gewalttätigen *Darstellungen* (wohlgemerkt nicht ›Simulationen‹, wie die Gutachter glauben) erfahrungsgemäß gelangweilt überspringen, um so schnell wie möglich wieder zum interaktiven Teil des Spielverlaufs zurückzukehren. Etwas weniger vorsichtig drückte sich der Rezensent von *Power Play* anlässlich der Auslobung zum »Strategiespiel des Jahres 1994« aus: *Panzer General* »schafft es erstmals, das ansonsten staubtrockene Genre der Weltkrieg 2-Hexfeld-Strategicals für eine breitere Spielmasse gefällig und selbsterklärend zu präsentieren«.[249] Nicht um Polen geht es also, sondern um *usability*, nicht um die Rolle der Wehrmacht, sondern um die Homöostatik eines Regelsystems, dem nichts entkommt.

Rechtfertigung durch Selbsterklärungsfähigkeit, ansprechende graphische und akustische Implementierung sowie motivierende Steuerungs- und Kontrollmöglichkeiten stehen also auf der ›bösen‹ Seite der Hersteller, Vorwürfe der NS-Terminologie, zynischer Inhalt und Einübung von Krieg hingegen auf der ›guten‹ Seite der Pädagogen. Das Gute und das Schöne, das Ethische und das Ästhetische, Inhalt und Form, die Zwecke und die Technik, usw. – so lauten die ebenso variierenden wie wohlbekannten Begriffspaare, die den Motor der Produktion von Indizierungen und Interpretationen am Laufen halten. Im Vertrauen auf die Ausdruckshaftigkeit einer Identitätsästhetik glaubt man gar, dass verstörende Ereignisse auch einer aufwühlenden Musik bedürften (wahrscheinlich eines Zwölfton-Stückes), ohne zu bedenken, dass dies die erforderliche Konzentration auf die zu bespielenden Parameter erheblich beeinträchtigen würde.

Die dabei gängige Verwechslung der Ebenen (nicht der ›Kampf‹ wird ›simuliert‹, sondern eine modellhafte Simulation einer effizienten Lösung wird visualisiert) erscheint als Preis, um den die Kommensurabilität des Computers selbst erkauft wurde, als sich ein Interface zwischen Daten und Benutzer schob. (Und dass die hermeneutische Aufmerksamkeit so besorgt auf Bilder und Texte blickt, mag nicht zuletzt daran liegen, dass die Vermenschlichung des Computers ein utopisch-pädagogisches Programm entworfen hatte.) Es geht folglich nicht um NS-Terminologie oder Pornographie oder um die Frage, ob Waffen töten oder Menschen, ob Gedichte mit Herzblut oder mit »Dinte« geschrieben werden. Gewalt entscheidet sich nicht am Fotorealismus von Blut, das nur Zeichen (oder Mythos) eines Realismus ist, so wie die Detailversessenheit den Wirklichkeitseffekt des Naturalistischen Romans begründet oder die Ejakulation den Verismus der Porno verbürgt.[250] Computerspiele handeln nicht von japanischen Niedlichkeiten oder indiziertem Splatter, sondern von Usability und damit von Computerspielen selbst. Angesichts der Technologie von Computerspielen stellt sich nicht die Frage nach ihren

---

249 *Power Play*, 4(1995), S. 116.
250 Claus Pias, »Jeder Schlag ist eine Antwort, jeder Treffer ein Gespräch«, in: *Frankfurter Allgemeine Zeitung*, 14. 5. 2002.

Inhalten oder ihrem Missbrauch, sondern gilt es, der Verwunderung über ihre bloße Existenz als »diskursive Praxis« in einem archäologischen Sinne nachzuspüren. So kann sich die Frage nach einer wie immer gearteten »Ideologie« allenfalls darauf richten, inwiefern

> »diese, ohne sich mit dem Wissen zu identifizieren, aber auch ohne es auszulöschen oder es auszuschließen, sich in ihm lokalisiert, bestimmte seiner Gegenstände strukturiert, bestimmte seiner Äußerungen systematisiert und einige seiner Begriffe und Strategien formalisiert; sie kann gestellt werden, insoweit diese Erarbeitung das Wissen skandiert, es modifiziert und zum Teil neu verteilt, zum Teil bestätigt und gelten läßt«.[251]

Dass (mit einem Wort Ernst Gombrichs) Inhalte nicht wie Kartoffelsäcke auf Lastwagen geladen werden, ist zwar trivial, dass es aber überhaupt zu bestimmten historischen Zeitpunkten Säcke und Lastwagen gibt und dass sie irgendwann zusammen ein Transportwesen bilden keineswegs. Ebenso liegt eine mögliche ›Ideologie‹ nicht außerhalb der Computerspiele und schlägt sich anschließend erst in deren ›Inhalt‹ nieder, sondern sie liegt im »Formationssystem ihrer Gegenstände, ihrer Äußerungstypen, ihrer Begriffe [und] ihrer theoretischen Wahlmöglichkeiten« selbst.[252]

Liest man folglich die *positiven* Empfehlungen der *Bundesprüfstelle*, dann weist »hochwertige pädagogische Software« Kriterien auf wie die Anregung der »entwicklungsrelevante[n] Teilfertigkeiten« von »Feinmotorik«, »Reaktionsvermögen«, »Konzentration«, »Problemlösen« oder »logischem Denken«, die jeweils einen »wichtigen Teil der Persönlichkeit« fördern sollen. Ferner werden hochwertige graphische und akustische Gestaltung angeführt, »Qualität der Programmoberfläche«, Motivation und Einübung des Umgangs mit Computern (»z.B. Tastatursteuerung, Prinzip der Menüsteuerung, Programmaufruf«).[253] Wenn Programmierer damit argumentieren, dass sich Spielmotivation nicht aus dem Dargestellten, sondern aus der Steuerungstechnik selbst speist und wenn zugleich die Pädagogik die dazu notwendigen Spielkompetenzen als »wertvoll« erachten kann, dann sind ihre Aussagen anscheinend falsch angelegt. Wenn die »hochwertige graphische Gestaltung« einer Programmoberfläche die Voraussetzung für eine spielerische Herausbildung von ›entwicklungsrelevanten‹ Fertigkeiten ist, dann hat sie – und zwar unabhängig von dem, ›was‹ sie darstellt – psychophysiologisch richtig Maß genommen und eine der Spielaufgabe angemessene Kanalbreite gewählt. Die Aporie der pädagogischen Arbeitsaufgabe besteht wohl darin, dass sie mit ihrem Begriff von Ideologie und ihren hermeneutischen und ikonographischen Methoden die Ebene der Möglichkeitsbedingungen von Aussagen nicht erreichen kann und sich gewissermaßen auf ›pedantischem‹ Terrain bewegen muss. Wenn jedoch auf beiden Seiten die gleichen Argumente fallen, dann besteht immerhin Aussicht, dass die hier unternommene, medienhistorische Genealogie des Computerspiels ihren Gegenstand nicht gänzlich verfehlt hat. Dass

---

251 Foucault, S. 263f.
252 Foucault, S. 258.
253 *Qualitätsstandards für Lern- und Spielsoftware* (www.bpb.de/snp/referate/hagemann.htm).

die Lernaktivitäten bei der Eroberung Polens auf dem Bildschirm die gleichen sind, wie die bei der Leitung eines Pizzaservice, bei der Aufzucht einer Ameisenpopulation oder bei der Verwaltung einer Weltraumkolonie markiert nur, dass eine auf Hard- und Software tiefer gelegte Kritik nötig ist. Wenn es sich erweist, dass Feinmotorik und Reaktion sowohl an realen Radarobjekten, als auch an den Interfaces von Textverarbeitungen, als auch zugleich in wertvollen wie indizierten Spielen relevant sind; wenn logisches Schließen sich sowohl in Telefonnetzen, als auch bei der Lektüre von Hypertext, als auch in Adventurespielen ereignet; wenn ein bestimmtes Problemlösen sowohl auf die Verwaltung von Lagern und Fluggesellschaften, als auch auf das Führen von Kriegen, als auch auf das Spielen von Strategiespielen applizierbar ist; wenn zuletzt all die dazu benötigten Wissenselemente aus so heterogenen Bereichen wie Experimentalpsychologie und Informatik, Meteorologie und Narratologie, Mathematik und Elektrotechnik sich an der Schwelle des Computerspiels einfinden – dann mag es erlaubt sein, von einer »Episteme des Computerpiels« zu sprechen.

★ ★ ★

Nachwort

Ausgerechnet Friedrich Schiller, dessen berühmter Halbsatz in keiner Festrede über die Menschlichkeit des Spiels fehlen darf, war es, der zugleich eine Betrachtung von Spielen als »Medium«[1] und damit eine Medientheorie soufflierte, die sich gleichermaßen aufs Größte, nämlich den »ästhetischen« als »wirklichen« Staat, und aufs unteilbar Kleinste, nämlich die »Einheit der menschlichen Natur« richtet.[2] So verweisen die Fragen seiner eigenen Schrift, die Fragen von Staatskunst und Anthropologie, ununterbrochen auf ein Mittleres und damit auf eine mediale Kultur des Spiels: Denn vermittelnd zwischen Leben und Gestalt, zwischen Kraft und Gesetz, zwischen dem Wirklichen und dem Problematischen, Naturstaat und Vernunftstaat usw. ereignet sich etwas, das je nachdem »Kultur«, »Mensch« oder »Spiel« heißt. Kultur, Mensch oder Spiel fallen schon deshalb zusammen, weil sie allesamt sich anschicken, eine leere Mitte zu besetzen, einen Ab- oder Ungrund aufzufüllen, einen Graben zwischen aufragenden Dichotomien zu schließen, und (je nachdem, welches Bild man benutzen will) Passagen herzustellen, »Wechselwirkungen« zu vermitteln, »Urteile« zu ermöglichen oder »Gleichgewichte« zu tarieren. Als Füllung sind sie aber zugleich das, was immer eine Fassung fordert und bestimmt; das, was die Figur einer Frage erhalten muss, um Antwort auf sie sein zu können; das, was die Polaritäten erzeugen muss, um oszillierend und produktiv zwischen ihnen vermitteln zu können. Oder (mit Schiller) der Ort, »wo die Wirksamkeit des einen die Wirksamkeit des andern zugleich begründet und begrenzt, und wo jeder einzelne für sich gerade dadurch zu seiner höchsten Verkündigung gelangt, daß der andere tätig ist.«[3] Als Spiel erscheint damit eine Art umfassender, medialer Regelungstechnik, die ihre Urteile nicht nur im Ästhetischen vorbereitet, sondern auch nach Kriterien der Effizienz fällt und die sowohl das Funktionieren von Kunst wie auch beispielsweise die Funktionen von »Policey« beschreibt.[4]

Zwar mögen in der Abstraktheit des *play* die Konkreta der *games* untergegangen sein (vgl. S. 203f.). Doch im Schatten der vermeintlich »großen« kulturanthropologischen, psychologischen und pädagogischen Fragen nach innerer Welt und äußerer Realität (Winnicott), nach Selbst-Distanz (Schechner) und nach der Transzendierung von Ordnung und Unordnung (Sutton-Smith), nach der gemeinschaftsstiftenden Kraft des Spiels (Geertz) und nach Energiehaushalten (Groos), nach Sozialisationsfunktionen (Mead) und nach dem Spiel als Kultur schaffender Lebensäußerung (Huizinga) usw. hat sich ein

---

1   Schiller, Bd. 5, S. 604.
2   Schiller, Bd. 5, S. 607.
3   Schiller, Bd. 5, S. 611.
4   Joseph Vogl, »Staatsbegehren. Zur Epoche der Policey«, unveröffentlicher Vortrag, Schillertage, Weimar 1999.

materialer Eigensinn der Spiele herausgestellt und ist mit dem Computer ein kategorial neuer Typus von Spielmaschinen entstanden, die unbeeindruckt den ludischen Haushalt von Leben und Sprache, Krieg und Ökonomie organisieren. Spätestens seitdem die Kybernetik eine Epochenschwelle zu markieren sucht, die der »anthropologischen Illusion« (Foucault) ein Ende setzt und das Spielfeld verschiebt, ist »der Mensch« zumindest in dem Sinne unscharf oder verwechselbar geworden, als er nicht mehr das Zentrum einer auf seiner Freiheit fundierten Spieltheorie bilden kann. Wo Kybernetik als seinsgeschichtliche Lösung des »Mißverhältnis[ses] zwischen Natur und Mensch« erscheint, weil sie umfassender ist »als die Sphäre von Geist und Natur«, dann stellen die künstlichen Welten des Computerspiels nicht zuletzt exemplarisch die Frage nach der »Humanität« dieser hybriden Sphäre, die Max Bense einmal mit dem Satz beantwortete: »Nur antizipierbare Welten sind programmierbar, nur programmierbare sind konstruierbar und human bewohnbar.«[5]

Wie immer es auch um diese Hoffnung bestellt sein mag: Computerspiele markieren heute allerorts, ob zum Guten oder zum Schlechten, den Austragungsort solcher Programmierungen. Sie sind experimentelle, ›rechnende Räume‹ (Zuse), die in unterschiedlichste Wissenscorpora transplantiert werden können – sei es ins Unbewusste (Lacan), in die Gesellschaft (Deleuze), in die Kunst (Bense), in die Forschung (Eigen/Winkler), in die Pädagogik (Kay/Papert), in die Ökonomie (Neumann/Morgenstern) oder in die Epistemologie selbst (Lyotard). Überall dort, wo es um die Enumeration von Möglichkeiten, um hypothetische Lösungen oder um virtuelle Ereignisse geht, bestimmen Computerspiele die Lage und stecken die Reichweite dessen ab, was »Spielen« in informatisierten Gesellschaften heißen mag. Überall, wo es beispielsweise darum geht, ökonomische, militärische oder soziale Szenarien zu untersuchen, wo es darum geht, eine ›Schrift des Lebens‹ und ihre aktuellen wie virtuellen Verkörperungen durchzubuchstabieren oder darum, in einem »postmodernen Wissen« Spiele mit »vollständiger Information« zu spielen – überall dort geht es um einen Reichtum kombinatorischer Virtualitäten, die kein Leibniz'scher Gott mehr vorformuliert, sondern die mit Rückkopplungen arbeiten und Unvorhersehbarkeiten produzieren.

So scheint es, dass die angestammten Konsistenzversuche des Anthropozentrismus brüchig werden und sich zugleich eine Wendung in der seit Schiller eröffneten Dichotomie von *play* und *game* abzeichnet. Computerspiele bezeichnen eine Theoriekonstellation, in der es nunmehr Sache der *games* ist, das *play* der Gesellschaft, des Lebens oder des Wissens zu denken.

★ ★ ★

---

5   Max Bense, »Kybernetik oder Die Metatechnik einer Maschine«, in: *Ausgewählte Schriften*, Bd. 2, Stuttgart 1998, S. 429-446.

Literatur

A

3400 Reference Manual, Lexidata Corporation, Billerica 1981
Clark C. ABT, »War Gaming« in: *International Science and Technology*, August 1964, S. 20-37
Giorgio AGAMBEN, »Notes sur le Geste«, in: *Traffic*, 1(1990)
PAVEL S. ALEXANDROV, *Combinatorial Topology*, Bd. 1, Rochester ²1956
Thomas B. ALLEN, *War Games*, New York 1987
Tim ANDERSON/Stu GALLEY, »The History of Zork«, in: *The New Zork Times*, 1-3(1985) (ftp.gmd.de/if-archive)
G. R. ANDLINGER, »Business Games – Play One!«, in: *Harvard Business Review*, March-April 1958, S. 115-125
G. R. ANDLINGER, »Looking Around: What Can Business Games Do?«, in: *Harvard Business Review*, July-August 1958, S. 147-152
Apollo Domain Architecture, Apollo Computer, Billerica 1981
Kenneth APPEL/Wolfgang HAKEN, »The solution of the four-color problem«, in: *Scientific American*, 237(1977), S. 108-121
Arbeit Entropie Apokalypse. Reagans gesammelte Alpträume (www.anarchie.de/reag_g.html)
The Art of Human-Computer Interface Design, Hg. B. Laurel, Reading, Mass. 1990
ArtCom Magazine, 43-44/1990
ARISTOTELES, *Kategorien*, Hg. K. Oehler, Darmstadt ²1986
Oliver M. ASHFORD, *Prophet or Professor. The Life and Work of Lewis Fry Richardson*, Bristol 1985
William ASPRAY, *John von Neumann and the Origins of Modern Computing*, Cambridge, Mass. 1990
Morton M. ASTRAHAN/John F. JACOBS, »History of the Design of the SAGE Computer – The AN/FSQ-7«, in: *Annals of the History of Computing*, 5,4/1983, S. 340-349
Erich AUERBACH, *Mimesis. Dargestellte Wirklichkeit in der abendländischen Literatur*, Basel/Stuttgart ⁸1988
Auge und Affekt. Wahrnehmung und Interaktion, Hg. G. Koch, Frankfurt a.M. 1995
John L. AUSTIN, *How to do things with words*, Oxford 1962
Austria im Rosennetz, Hg. P. Noever, Wien 1996
Robert AXELROD, *The Evolution of Cooperation*, New York 1984

B

Ursula BAATZ/Wolfgang MÜLLER FUNK, *Vom Ernst des Spiels. Über Spiel und Spieltheorie*, Berlin 1993
Charles BABBAGE, *Passagen aus einem Philosophenleben*, Hg. B. Dotzler, Berlin 1997
From Barbie to Mortal Kombat. Gender and Computer Games, Hg. J. Cassell/H. Jenkins, Cambridge, Mass. 1998
Steven C. BANKES, *Methodological Considerations in Using Simulation to Assess the Combat Value of Intelligence and Electronic Warfare*, Santa Monica 1991 (RAND N-3101-A)
Paul BARAN, *Introduction to Distributed Communications Network*, Santa Monica 1964 (RAND RM-3420-PR)
Roland BARTHES, *Das semiologische Abenteuer*, Frankfurt a.M. 1988
Gregory BATESON, *Ökologie des Geistes. Anthropologische, psychologische, biologische und epistemologische Perspektiven*, Frankfurt a.M. 1985
Mariano B. BATALLA, *The Learning Curve and the Reliability of Learning Scores in a Body Maze*, Berkeley 1936
Claude BAUM, *The System Builders. The Story of SDC*, System Development Corp., Santa Monica 1982
Franciska BAUMGARTEN, *Arbeitswissenschaft und Psychotechnik in Rußland*, München/Berlin 1924
Karl BEDNARIK, *Die Programmierer. Eliten der Automation*, Frankfurt a.M. 1967
Richard BELLMAN, *Dynamic programming*, Princeton 1957
Hellmuth BENESCH, *Automatenspiele. Psychologische Untersuchungen an mechanischen und elektronischen Spielgeräten*, Heidelberg 1992
Walter BENJAMIN, *Illuminationen*, Frankfurt a.M. ⁷1991
David S. BENNAHUM, *Extra Life. Bekenntnisse eines Computerspielers*, Stuttgart 1999

Bruce W. BENNETT/Clark M. JONES/Arthur M. BULLOCK/Paul K. DAVIS, *Main Theater Warfare Modelling in the* RAND *Strategy Assessment System (3.0)*, Santa Monica 1988 (RAND N-2743-NA)

Max BENSE, »Über Labyrinthe«, in: *Ästhetik und Engagement*, Köln/Berlin 1970, S. 139-142

Max BENSE, »Kybernetik oder Die Metatechnik einer Maschine«, in: *Ausgewählte Schriften*, Bd. 2, Stuttgart 1998, S. 429-446

Emile BENVENISTE, »Der Begriff des ›Rhythmus‹ und sein sprachlicher Ausdruck«, in: *Probleme der allgemeinen Sprachwissenschaft*, München 1974, S. 363-373

Peter BERZ, *Bau, Ort, Weg*, unveröffentlichter Vortrag Galerie Aedes, Berlin 15.2.1998

Peter BERZ, *08/15. Ein Standard des 20. Jahrhunderts*, Berlin (Diss.) 1997

W. BEWLEY/T. ROBERTS/T. SCHROIT/W. VERPLANK, »Human factors testing in the design of Xerox's 8010 Star office workstation«, in: *Proceedings of the ACM Conference on Human Factors in Computing Systems*, 1983, S.72-77

William C. BIEL, *The Effect of Early Inanition Upon Maze Learning in the Albino Rat*, Baltimore 1938

Helmut BIRKHAN, »Laborintus – labor intus. Zum Symbolwert des Labyrinths im Mittelalter«, in: Fs. Richard Pittioni, Wien 1976, S. 423-454 (*Archaeologica Austriaca*, Beiheft 14)

Annette BITSCH, »*always crashing in the same car*«. *Jacques Lacans Mathematik des Unbewußten*, Weimar 2001

Vilhelm BJERKNES, »Das Problem der Wettervorhersage, betrachtet vom Standpunkte der Mechanik und der Physik«, in: *Meteorologische Zeitschrift*, 1(1904), S. 1-7

C. BLAIR, »Passing of a great mind«, in: *Life*, 25.2.1957, S. 96.

Marc S. BLANK/Stuart W. GALLEY, »How to Fit a Large Program Into a Small Machine«, in: *Creative Computing*, July 1980, S. 80-87

Steve BLOOM, *Video Invaders*, New York 1982

Alfred BLUMSTEIN, »Strategic Models of Counterinsurgency«, in: *Proceedings of the 13th MORS Conference*, Washington 1964, S. 164-168

Jörg BOCHOW, *Das Theater Meyerholds und die Biomechanik*, Berlin 1997

Sharla P. BOEHM/Paul BARAN, *Digital Simulation of Hot-Potato Routing in a Broadband Distributed Communications Network*, Santa Monica 1964 (RAND RM-3103-PR)

David J. BOLTER, *Turing's Man. Western Culture in the Computer Age*, Harmondsworth 1986

Gabriel BONNETT, *Les Guerres Insurrectionelles et Revolutionnaires*, Paris 1958

Edwin G. BORING, *A History of Experimental Psychology*, New York ²1950

Arno BORST, *Das mittelalterliche Zahlenkampfspiel*, Heidelberg 1986

Stewart BRAND, »Sapcewar. Fanatic Life and Symbolic Death Among the Computer Bums«, in: *Rolling Stone*, 7.12.1972 (www.baumgart.com/rolling-stone/spacewar.html)

Gabriele BRANDSTETTER, *Tanz-Lektüren. Körperbilder und Raumfiguren der Avantgarde*, Frankfurt a.M. 1995

Horst BREDEKAMP, *Antikenglauben und Maschinensehnsucht*, Berlin 1993

Claude BREMOND, »Die Erzählnachricht«, in: *Literaturwissenschaft und Linguistik. Ergebnisse und Perspektiven*, Hg. J. Ihwe, Frankfurt a.M. 1972, S. 177-217

Claude BREMOND, *Logique du récit*, Paris 1973

J. E. BRESENHAM »A Linear Algorithm for Incremental Digital Display of Circular Arcs«, in: *Communications of the ACM*, 20/1977, S. 100-106

Garry D. BREWER/Martin SHUBIK, *The War Game. A Critique of Military Problem Solving*, Cambridge, Mass. 1979

I. N. BRONSTEIN/K. A. SEMENDJAJEW, *Taschenbuch der Mathematik*, Frankfurt a.M. ²²1985

Curtis BROWN, *Behaviorism: Skinner and Dennett* (www.trinity.edu/cbrown/mind/behaviorism.html)

Warner BROWN, *Auditory and Visual Cues in Maze Learning*, Berkeley 1932

B. BRUCE/D. NEWMAN, »Interacting Plans«, in: *Cognitive Science*, 2(1978), S. 195-233

Roger W. BRUCKER/Richard A. WATSON, *The Longest Cave*, New York 1976

W. L. BRYAN/N. HARTER, »Studies on the telegraphic languages. The acquisition of a hierarchy of habits«, in: *Psychological Review*, 6(1899), S. 345-337

Mary Ann BUCKLES, *Interactive Fiction. The Computer Storygame ›Adventure‹*, University of California at San Diego (Diss.) 1985

Building Simulation Models with Simscript II.5, CACI Products Co., La Jolla 1999

Clark BULLITT, *Rambles in Mammoth Cave During the Year 1844 by a Visiter*, New York (Reprint) 1973

Arthur W. BURKS/Alice R. BURKS, »The ENIAC. First General-Purpose Electronic Computer«, in: *Annals of the History of Computing*, 3,4(198), S. 310-389

Arthur W. BURKS/Herman H. GOLDSTINE/ John von NEUMANN, »Preliminary Discussion of the Logical Design of an Electronic Computing Instrument«, in: *John von Neumann. Collected Works*, Hg. A. H. Taub, Bd. 5, New York 1963, S. 35-79

Vannevar BUSH, »Mechanical Solutions of Engineering Problems«, in: *Tech. Engineering News*, 9(1928)

Vannevar BUSH, »As We may Think«, in: *Atlantic Monthly*, 176,1(1945), S. 101-108

Vannevar BUSH, *Pieces of action*, New York 1970

»Interview mit Nolan Bushnell, Erfinder von Pong und Atari-Gründer«, in: *Telepolis* (www.heise.de/tp/deutsch/special/game/2525/1.html)

Frederik J. J. BUYTENDIJK, *Wesen und Sinn des Spiels. Das Spielen der Menschen und Tiere als Erscheinungsform der Lebenstriebe*, Berlin 1934

C

Roger CAILLOIS, *Die Spiele des Menschen. Maske und Rausch*, Stuttgart 1960

Norman CAMERON, *Cerebral Destruction in its Relation to Maze Learning*, Princeton 1928

James H. CAPSHEW, »Engineering Behavior: Project Pigeon, World War II, and the Conditioning of B. F. Skinner«, in: *Technology and Culture*, 34(1993), S. 835-857

Jamie G. CARBONELL, *Subjective Understanding. Computer Models of Belief Systems*, New Haven (Diss.) 1979

Paul E. CERUZZI, *A History of Modern Computing*, Cambridge, Mass. 1998

Franz Dominik CHAMBLANC, *Das Kriegsspiel, oder das Schachspiel im Großen. Nach einer leicht faßlichen Methode dargestellt*, Wien 1828

R. L. CHAPMAN/J. L. KENNEDY, »The Background and Implications of the Systems Research Laboratory Studies«, in: *Air Force Human Engineering. Personnel and Training Research*, Hg. G. Finch/F. Cameron, Washington 1955, S. 65-73

Noam CHOMSKY, Rezension zu Skinners *Verbal Behavior*, wieder in: *Readings in the Philosophy of Psychology*, Hg. N. Block, Vol. 1, Harvard 1980

Noam CHOMSKY, *Strukturen der Syntax*, Den Haag 1973

Gaetano CIPOLLA, *Labyrinth. Studies on an Archetype*, New York 1987

Wallace CLARK, *The Gantt Chart*, London ^{3}1952

Carl von CLAUSEWITZ, *Vom Kriege*, Augsburg 1998

Scott COHEN, *Zap! The Rise and Fall of Atari*, New York 1984

Hugh M. COLE, *The Ardennes. Battle of the Bulge*, Washington 1965

A Computer Perspective. Background to the Computer Age, by the Office of Charles and Ray Eames, Cambridge, Mass. ^{2}1990

Computer als Medium, Hg. N. Bolz/F. Kittler/G. C. Tholen, München 1994

Computer Games, Hg. D. N. L. Levy, 2 Bde., New York/Berlin/Heidelberg 1988

Nic COSTA, *Automatic Pleasures. The History of the Coin Machine*, London 1988

Matthew J. COSTELLO, *The Greatest Games of All Time*, New York 1991

Wolfgang COY, *Reduziertes Denken. Informatik in der Tradition des formalistischen Forschungsprogramms*, Forschungsberichte des Studiengangs Informatik der Universität Bremen 2(94)

Jonathan CRARY, »Modernizing Vision«, in: *Vision an Visuality. Discussions in Contemporary Culture*, Hg. H. Foster, Seattle 1988, S.29-44

Chris CRAWFORD, *The Art of Computer Game Design*, [o.O.] 1982 (www.erasmatazz.com)

Martin van CREFELD, *Supplying War. Logistics from Wallenstein to Patton*, New York 1977

Cybernetics, Simulation, and Conflict Resolution, Hg. D. E. Knight/H. W. Curtis/L. J. Fogel, New York 1971

Cyborg Worlds. The Military Information Society, Hg. L. Levidow/K. Robins, London 1989

D

DANNHAUER, »Das Reißwitzsche Kriegsspiel von seinem Beginn bis zum Tode des Erfinders 1827«, in: *Militair-Wochenblatt*, 56(1874), S. 527-532

Arthur C. DANTO, *Analytical Philosophy of History*, Cambridge 1965

G. B. DANZIG, »Linear programming and extensions«, in: *Econometrica*, 17(1949), S. 200-211

Lorraine DASTON, *Classical Probability in the Enlightenment*, Princeton 1988

Paul K. DAVIS, »Applying Artificial Intelligence Techniques to Strategic Level Gaming and Simulation«, in: *Modelling and Simulation Metho-*

dology in the Artificial Intelligence Era, Hg. M. Elzas/T. I. Oren/B. P. Zeigler, North Holland 1986, S. 315-338

S.W. DAVIS/J. G.TAYLOR, *Stress in the Infantry Combat*, Chevy Chase 1954 (ORO-T-296)

W. P. DAVISON/J. J. ZASLOFF, *A Profile of Viet Cong Cadres*, Santa Monica 1966 (RAND RM 4983-ISA/ARPA)

N. DEHN, »Memory in Story Invention«, in: *Proceedings of the Third Annual Conference of the Cognitive Science Society*, Berkeley 1981, S. 213-215

Manuel DELANDA, *War in the Age of Intelligent Machines*, New York 1991

Gilles DELEUZE/Michel FOUCAULT, *Der Faden ist gerissen*, Berlin 1977

Gilles DELEUZE/Félix GUATTARI, *Rhizom*, Berlin 1977

Gilles DELEUZE, *Unterhandlungen 1972-1990*, Frankfurt a.M. 1993

Daniel C. DENNETT, *Brainstorms. Philosophical Essays on Mind and Psychology*, Cambridge 1978

Frank H. DENTON, *Some Effects of Military Operations on Viet Cong Attitudes*, Santa Monica 1966 (RAND RM 49 66-ISA/ARPA)

Duane DEPAIPE, *Gunpowder from Mammoth Cave.The Saga of Saltpetre Mining Before and During the War of 1812*, Hays, Kansas 1985

Jacques DERRIDA, »Point de la folie – maintenant l'architecture«, in: *Psyché. Inventions de l'autre*, Paris 1987

Paul DICKSON, *The Electronic Battlefield*, Bloomington 1976

Reinhard DIESTEL, *Graphentheorie*, Berlin 1996

Digital Illusion. Entertaining the Future with High Technology, New York 1998

Wilhelm DILTHEY, *Das Erlebnis und die Dichtung*, Göttingen [12]1921

Söke DINKLA, »Vom Zuschauer zum Spieler. Utopie, Skepsis, Kritik und eine neue Poetik der Interaktiven Kunst«, in: *Interact. Schlüsselwerke interaktiver Kunst*, Ostfildern 1997 (Kat. Wilhelm Lehmbruck Museum, Duisburg 1997), S. 6-21

J. R. DOMINICK, »Video Games. Television Violence and Aggression in Teenagers«, in: *Journal of Communication*, 34(1984), S. 136-147

Penelope Reed DOOB, *The Idea of the Labyrinth from Classical Antiquity through the Middle Ages*, Ithaca/London 1992

M. DORVAL/M. PEPIN, »Effect of PlayingVideo Games on a Measure of SpatialVisualization«, in: *Perceptual Motor Skills*, 62(1986), S. 159-162

Bernhard DOTZLER, *Papiermaschinen. Versuch über* COMMUNICATION & CONTROL *in Literatur und Technik*, Berlin 1996

Benedict DUGAN, *Simula and Smalltalk. A Social and Political History* (www.cs.washington.edu/homes/brd/history.html)

James F. DUNNIGAN, *Complete War Games Handbook*, NewYork 1980

Trevor N. DUPUY, *Numbers, Predictions and War. Using History to Evaluate Combat Factors and Predict the Outcome of Battles*, London 1979

Stefan DÜSSLER, *Computerspiel und Narzißmus. Pädagogische Probleme eines neuen Mediums*, Eschborn 1989

Manfred DWORSCHAK, »Gefräßige Scheibe«, in: *Der Spiegel* 29(1999), S. 181

M.G. DYER, *In Depth Understanding. A Computer Model of Integrated Processing for Narrative Comprehension*,Yale University, Department of Computer Science,Technical Report 219(1982)

E

Umberto Eco, *Das offene Kunstwerk*, Frankfurt a.M. 1973

Umberto Eco, »Kritik des Porphyrischen Baumes«, in: *Im Labyrinth der Vernunft. Texte über Kunst und Zeichen*, Leipzig 1990, S. 89-112

Presper Eckert Interview (www.si.edu/resource/tours/comphist/eckert.htm)

Paul N. EDWARDS, *The Closed World. Computers and the Politics of Discourse in Cold War America*, Cambridge, Mass. 1996

E. A. EGLI/L. S. MEYERS, »The Role ofVideo Games Playing in Adolescent Life: Is there Reason to be Concerned?«, in: *Bulletin of Psychosometric Society*, 22(1984), 309-312

Manfred EIGEN/Ruthild WINKLER, *Das Spiel. Naturgesetze steuern den Zufall*, München/Zürich [3]1979

S. M. EKER/J.V.TUCKER, »Tools for the Formal Development of Rasterisation Algoritihms«, in: *New Advances in Computer Graphics. Proceedings of CG International '89*, Hg. R. A. Earnshaw/B. Wyvill, Berlin 1989, S. 53-89

Simon EGENFELDT-NIELSEN/Jonas HEIDE SMITH, *Computerspillet. Legetøj for en senmoderne kultur*, BA Kopenhagen 1998 (dorit.ihi.ku.dk/~heide/senmoderne.html)

Mircea ELIADE, *Initiation, rites, sociétés secrètes*, Paris 1976

Th. EMDEN-WEINERT et al., *Einführung in Graphen und Algorithmen*, Berlin 1996 (www.informatik.hu-berlin.de/~weinert/graphs.html)

Douglas C. ENGELBART, »A Conceptual Framework for the Augmentation of a Man's Intellect«, in: *Vistas in Information Handling*, Hg. P. W. Howerton/D. C. Weeks, Washington 1963, Bd. 1, S. 1-29

Douglas C. ENGELBART, *A possible research activity toward a technique for teaching coordinate physical skills*, SRI File, 23.9.1960 (www.histech.rwth-aachen.de/www/quellen/engelbart/B15_F5_CoPhySkill.html)

Douglas C. ENGELBART/William K. ENGLISH, »A Research Center for Augmenting Human Intellect«, in: *AFIPS Proceedings of the Fall Joint Computer Conference*, 33(1968), S. 395-410

William K. ENGLISH/Douglas C. ENGELBART/Melvyn L. BERMAN, »Display Selection Techniques for Text Manipulation«, in: *IEEE Transactions on Human Factors in Electronics*, HFE-8(1), March 1967, S. 5-15

ENIAC *History Overview* (seas.upenn.edu/~museum/hist-overview.html)

Wolfgang ERNST, »Bauformen des Zählens. Distante Blicke auf Buchstaben in der Computer-Zeit«, in: *Literaturforschung heute*, Hg. E. Goebel/W. Klein, Berlin 1999, S. 86-97

Robert R. EVERETT/Charles A. ZRAKET/Herbert D. BENINGTON, »SAGE – A Data-Processing System for Air Defense«, in: *Annals of the History of Computing*, 5,4(1983)

F

Jill FAIN et al., *The ROSIE Language Reference Manual*, Santa Monica 1981 (RAND N-1647-ARPA)

R. A. FAIRTHORNE, »Some Clerical Operations and Languages«, in: *Information Theory*, London 1956, S. 111-120

Bernard FALL, *The Two Vietnams. A Political and Military Analysis*, New York ²1967

Marshall FEY, *Slot Machines. A Pictorial History of the First 100 Years of the World's Most Popular Coin-Operated Gaming Device*, Reno ²1989

Michael V. FINN/Glenn A. KENT, *Simple Analytic Solutions to Complex Military Problems*, Santa Monica 1985 (RAND N-2211-AF)

Dan FLEMING, *Powerplay. Toys as popular culture*, Manchester/New York 1996

Vilém FLUSSER, »Für eine Phänomenologie des Fernsehens«, in: *Lob der Oberflächlichkeit. Für eine Phänomenologie der Medien*, Mannheim ²1995, S. 180-200

The First Century of Experimental Psychology, Hg. E. Hearst, Hillsdale 1979

Menso FOLKERTS, »Die Rithmachia des Werinher von Tegernsee«, in: *Vestigia Mathematica. Studies in Medieval and Early Modern Mathematics in Honour of H. L. L. Busard*, Amsterdam/Atlanta 1993, S. 107-142

L. R. FORD Jr./D. R. FULKERSON, »Maximum flow through a network«, in: *Canad. J. Math.*, 8(1956), 399-404

Michel FOUCAULT, *Archäologie des Wissens*, Frankfurt a.M. 1973

Amy FRIEDLANDER, *Natural Monopoly and Universal Service. Telephones and Telegraphs in the U.S. Communications Infrastructure 1837-1940*, Reston 1995

Amy FRIEDLANDER, *Emerging Infrastructure. The Growth of Railroads*, Reston 1995

T. FRIEDMAN, »Making Sense of Software. Computer Games and Interactive Textuality«, in: *Cybersociety*, Hg. S.G. Jones, Thousand Oaks/London/New Delhi 1995, S. 73-89

Max FRIEDRICH, »Über die Apperceptionsdauer bei einfachen und zusammengesetzten Vorstellungen«, in: *Philosophische Studien*, Hg. W. Wundt, Bd. 1, Leipzig 1883, S. 39-77

Jürgen FRITZ, »Jenseits des Joysticks. Neue. Tendenzen bei den Spielcomputern«, in: *Spielmittel aktuell*, 2(1988), S. 44-46

Friedrich FRÖBEL, *Theorie des Spiels I. Kleine pädagogische Texte*, Hg. E. Blochmann/G. Geißler, Weinheim ³1963.

M. FULLER/H. JENKINS, »Nintendo and the New World Travel Writing. A Dialogue«, in: *Cybersociety*, Hg. S. G. Jones, Thousand Oaks/London/New Delhi 1995, S. 57-72

G

C. W. GAILEY, »Mediated Messages. Gender, Class, and Cosmos in Home Video Games«, in: *Journal of Popular Culture*, 27(1993), S. 81-97

S. W. GALLEY/Greg PFISTER, *MDL Primer and Manual*, MIT Laboratory for Computer Science 1977

W. Timothy GALLWEY, *The Inner Game of Tennis*, New York 1974

Game Studies. The International Journal of Computer Game Research, Hg. E. Aarseth, 1(2001)

Shaun GEGAN, *Magnavox Odyssey FAQ*, 29.10.1997 (home.neo.lrun.com/skg/faq.html)

Roland GELATT, *The Fabolous Phonograph 1877-1977*, London ²1977

M. GERHARD/H. SCHUSTER, *Das digitale Universum. Zelluläre Automaten als Modelle der Natur*, Braunschweig 1995

Daniel GETHMANN, »Unbemannte Kamera. Zur Geschichte der automatischen Fotografie aus der Luft«, in: *Fotogeschichte*, 73(1999), S. 17-27

James GIBSON, *The Perfect War. Technowar in Vietnam*, New York 1987, S. 396-399

Sigfried GIEDION, *Die Herrschaft der Mechanisierung. Ein Beitrag zur anonymen Geschichte*, Hg. H. Ritter, Hamburg 1994

Frank B. GILBRETH/Lilian M. GILBRETH, *Verwaltungspsychologie. Die arbeitswissenschaftlichen Grundlagen für die Ermittlung und Einführung von Verfahren, die den größten Wirkungsgrad bei geringstem Kraftaufwand ermöglichen. Ein Handbuch für den heranwachsenden Techniker, Ingenieur und Betriebsleiter*, Berlin 1922

Frank B. GILBRETH/Lilian M. GILBRETH, *Angewandte Bewegungsstudien. Neun Vorträge aus der Praxis der wissenschaftlichen Betriebsführung*, Berlin 1920

Frank B. GILBRETH, *Bewegungsstudien. Vorschläge zur Steigerung der Leistungsfähigkeit des Arbeites*, Berlin 1921

Frank B. GILBRETH/Lilian M. GILBRETH, *Ermüdungsstudium. Eine Einführung in das Gebiet des Bewegungsstudiums*, Berlin 1921

Frank B. GILBRETH/Lilian M. GILBRETH, »Classifying the Elements of Work«, in: *Management and Administration*, August 1924

Frank B. GILBRETH/Lilian M. GILBRETH, »Application of Motion Study«, in: *Management and Administration*, September 1924

Andrew Yale GLIKMAN, *The Rhetoric of Stochastic Politics & Deadly Calculations*, 1998 (ccwf.cc.utexas.edu/~glik/deadcalc/DeadlyCalculations.html)

Stephen B. GODDARD, *Getting There. The Epic Struggle between Road and Rail in the American Century*, New York 1994

Erving GOFFMAN »Fun in Games«, in: *Encounters*, Indianapolis 1961, S. 17-81

Erving GOFFMAN, *Rahmen-Analyse. Ein Versuch über die Organisation von Alltagserfahrungen*, Frankfurt a.M. 1977

Herman H. GOLDSTINE/John von NEUMANN, »Planning and Coding Problems for an Electronic Computing Instrument«, in: *John von Neumann. Collected Works*, Hg. A. H. Taub, Bd. 5, New York 1963, S. 81-235

Herman H. GOLDSTINE, *The Computer from Pascal to von Neumann*, Princeton 1972

Nelson GOODMAN, *Sprachen der Kunst*, Frankfurt a.M. 1995

Morton GORDON, *International Relations Theory in the* TEMPER *Simulation*, Abt Associates, Inc. 1965

Walter GÖRLITZ, *Kleine Geschichte des deutschen Generalstabs*, Berlin 1967

J. M. GRAETZ, »The origin of Spacewar«, in: *Creative Computing*, 1981 (www.wheels.org/spacewar/creative/SpacewarOrigin.html)

Patricia M. GREENFIELD, *Mind and Media. The Effects of Television, Video Games and Computers*, Aylesbury 1984

Patricia M. GREENFIELD, »Video Games as Cultural Artifacts«, in: *Interacting with Video*, Hg. P. M. Greenfield/R. R. Cocking, Cambridge, Mass. 1996

J. GEGOR/R. FÜLÖP-MILLER, *Das russische Theater*, Leipzig/Wien 1928

Harold GUETZKOW, *Simulation in International Relations*, Englewood Cliffs 1963

Guided Missiles and Techniques, Summary Technical Report, NDRC, Washington 1946

Hans Ulrich GUMBRECHT, »Rhythmus und Sinn«, in: *Materialität der Kommunikation*, Hg. H. U. Gumbrecht/K. L. Pfeiffer, Frankfurt a.M. 1988, S. 714-729

H

Ian HACKING, *The Emergence of Probability. A Philosophical Study od Early Ideas About Probability, Induction and Statistical Inference*, Cambridge 1975

Katie HAFNER/Matthew LYON, *Where Wizards Stay Up Late. The Origins of the Internet*, New York 1996

Wolfgang HAGEN, *Von NoSource zu Fortran*, Vortrag auf dem Kongress »Wizards of OS«, Vortrag Berlin 16.07.99 (www.is-bremen.de/~hagen/notofort/NoSourceFortran/index.htm)

Wulf R. HALBACH, *Interfaces. Medien- und kommunikationstheoretische Elemente zu einer Interface-Theorie*, München (Diss.) 1994

G. Stanley HALL, *Aspects of Child Life and Education*, Boston 1907

John C. HARSANYI, »Cardinal Welfare, Individualistic Ethics, and Interpersonal Comparisons of Utility«, in: *Journal of Political Economy*, 63(1955), S. 309-316

John C. Harsanyi, »Ethics in Terms of Hypothetical Imperatives«, in: *Mind*, 47(1958), S. 305-316

John C. Harsanyi, »Approaches to the Bargaining Problem Before and After the Theory of Games«, in: *Econometrica*, 24(1956), S. 144-157

John C. Harsanyi, *Rational Behavior and Bargaining Equilibrium in Games and Social Situations*, Cambridge 1977

John C. Harsanyi/Reinhard Selten, *A General Theory of Equilibrium Selection in Games*, Cambridge, Mass. 1988

John C. Harsanyi, *Papers in Game Theory*, Dordrecht 1982

Sam Hart, *Video Game History* (www.physics.arizona.edu/~hart/vgh/)

Sam Hart, *Gender and Racial Inequality in Video Games*, (www.physics.arizona.edu/~hart/vgh/genracinequal.html)

Eduard von Hartmann, *Kategorienlehre*, Leipzig ²1923

Nicolai Hartmann, *Der Aufbau der realen Welt. Grundriß der allgemeinen Kategorienlehre*, Berlin ³1964

Wolfgang Haubrichs, »Error inextricabilis. Form und Funktion der Labyrinthabbildung in mittelalterlichen Handschriften«, in: *Text und Bild. Aspekte des Zusammenwirkens zweier Künste in Mittelalter und früher Neuzeit*, Hg. C. Meier/U. Ruberg, Wiesbaden 1980, S. 63-174

Alfred H. Hausrath, *Venture Simulation in War, Business, and Politics*, New York 1971

Frank Heart/Robert Kahn/Severo Ornstein/William Crowther/David Walden, »The Interface Message Processor of the ARPA Computer Network«, *Spring Joint Computer Conference of the American Federation of Information Processing Societies*, 1970

Herbert Heckmann, *Die andere Schöpfung. Geschichte der frühen Automaten in Wirklichkeit und Dichtung*, Frankfurt a.M. 1982

Martin Heidegger, *Die Technik und die Kehre*, Stuttgart ⁹1996

Martin Heidegger, »Sprache«, in: *Überlieferte Sprache und technische Sprache*, St. Gallen 1989

Stefan Heidenreich, »Icons: Bilder für User und Idioten«, in: *Icons*, Hg. R. Klanten, Berlin 1997

Steve J. Heims, *John von Neumann and Norbert Wiener. From Mathematics to the Technologies of Life and Death*, Cambridge, Mass. ²1984

Bettina Heintz, *Die Herrschaft der Regel. Zur Grundlagengeschichte des Computers*, Frankfurt a.M./New York 1993

Olaf Helmer, *Strategic Gaming*, Santa Monica 1960 (RAND P-1902)

Johann Christian Ludwig Hellwig, *Versuch eines aufs Schachspiel gebaueten taktischen Spiels von zwey und mehreren Personen zu spielen*, Leipzig 1780

Gregg Herken, *Counsels of War*, New York 1985

Leonard Herman, *Phoenix. The Fall & Rise of Home Videogames*, Union 1994

William T. Heron, *Individual Differences in Ability Versus Chance in the Learning of the Stylus Maze*, Baltimore 1924

Jessie C. Herz, *Joystick Nation. How Videogames Gobbled Our Money, Won Our Hearts, and Rewired Our Minds*, London 1997

Billy L. Himes/Dino G. Pappas/Horace H. Figuers, *An Experimental Cold War Model*. THEATERSPIEL's Fourth Research Game, RAC-TP-120, 1964

Lynn B. Hinds/Theodore O. Windt, Jr., *The Cold War as Rhetoric. The Beginnings, 1945-1950*, New York 1991

Ernst Hirt, *Das Formgesetz der epischen, dramatischen und lyrischen Dichtung*, Hildesheim 1972

A History of ›Adventure‹ (people.delphi.com/rickadams/adventure/a_history.html)

A History of Computing in the Twentieth Century, Hg. N. Metropolis/J. Howett/G.-C. Rota, New York/London 1980

Gustav Renée Hocke, *Die Welt als Labyrinth. Manier und Manie in der europäischen Kunst*, Hamburg 1978

Andrew Hodges, *Alan Turing: The Enigma*, New York 1983

Jan Rune Holmevik, »Compiling SIMULA. A Historical Study of Technological Genesis«, in: *IEEE Annals of the History of Computing*, 16,4(1994), S. 25-37

Charles H. Honzik, *Maze Learning in Rats in the Absence of Specific Intra- and Extra-Maze Stimuli*, Berkeley 1933

Charles H. Honzik, *The Sensory Basis of Maze Learning in Rats*, Baltimore 1936

Matthias Horx, *Chip Generation. Ein Trip durch die Computerszene*, Reinbek 1984

C. E. B. von Hoverbeck, *Das preußische National-Schach*, Breslau 1806

Nigel HOWARD, »The Mathematics of Meta-Games«, in: *General Systems*, 11(1966), S. 167-200

Herbert HRACHOVEC, *Bewegte Bilder, gesteuert durch Gegenreaktion*, unveröffentlichter Vortrag, Weimar 1998

Thomas P. HUGHES, *Networks of Power. Electrification in Western Society 1880-1930*, Baltimore 1983

Johan HUIZINGA, *Homo Ludens. Vom Ursprung der Kultur im Spiel*, Hamburg 1956

Hyperkult. Geschichte, Theorie und Kontext digitaler Medien, Hg. M. Warnke/G. C. Tholen/W. Coy, Basel/Frankfurt a.M. 1997

I J

Daniel INGALLS, »Design Principles Behind Smalltalk«, in: *BYTE Magazine*, August 1981

Roman INGARDEN, *Vom Erkennen des literarischen Kunstwerks*, Tübingen 1968

Interaktiv. Im Labyrinth der Wirklichkeiten, Hg. W. Zacharias, Essen 1996

William IVIN, *On the Rationalization of Sight*, New York 1975

Scott JACOBI, *The History of Video Games, an Independent Study* (www.seas.upenn.edu/~sjjacobi/IndStudy.html)

John F. JACOBS, »SAGE Overview«, in: *Annals of the History of Computing*, 5,4(1983)

Tommy R. JENSEN/Bjarne TOFT, *Graph Coloring Problems*, New York 1995

Ulla JOHNSSON-SMARAGDI/Keith ROE, *Teenagers in the New Media World. Video Recorders, Video Games and Home Computers*, Lund 1986

Reginald V. JONES, *Most Secret War*, London 1978

William M. JONES, *On the Adapting of Political-Military Games for Various Purposes*, Santa Monica 1986 (RAND N-2413-AF/A)

Journal of Computer Game Design, 1987-1993

Ernst JÜNGER, *Der Arbeiter. Herrschaft und Gestalt*, Stuttgart 1982

Dieter JUNGNICKEL, *Graphen, Netzwerke und Algorithmen*, Heidelberg 1987

K

Herman KAHN, *On Thermonuclear War. Three Lectures and Several Suggestions*, Princeton 1961

Herman KAHN, *Thinking About the Unthinkable*, New York 1962

Robert D. KAISER, *The Ultimate Odyssey² and Odyssey³ FAQ*, 12.5.1999 (home.neo.lrun.com/skg/02faq.txt)

Immanuel KANT, »Logik«, in: *Werke in zehn Bänden*, Hg. W. Weinschedel, Bd. 5, Darmstadt 1983

Immanuel KANT, *Kritik der reinen Vernunft*, Hg. R. Schmidt, Hamburg ³1990

Fred KAPLAN, *The Wizards of Armageddon*, Stanford ²1991

Ernst KAPP, »Die Kategorienlehre in der aristotelischen Topik«, in: *Ausgewählte Schriften*, Berlin 1968, S. 215-253

John F. KASSON, *Civilizing the Machine. Technology and Republican Values in America 1776-1900*, New York 1976

Alan KAY, *The Reactive Engine*, Diss. University of Utah 1969

Steven KENT, *Electronic Nation* (www.videotopia.com/edit2.htm)

Steven KENT/Jer HORVITZ/Joe FIELDER, *History of Video Games*, (www.videogamespot.com/features/universal/hov/hov01.html)

Karl KERÉNYI, »Labyrinth-Studien«, in: *Humanistische Seelenforschung*, Wiesbaden 1978, S. 226-273

Hermann KERN, *Labyrinthe. Erscheinungsformen und Deutungen*, München ³1995

Marsha KINDER, *Playing With Power in Movies, Television, and Video Games. From Muppet Babies to Teenage Mutant Ninja Turtles*, Berkeley 1991

Tracy KIDDER, *Die Seele einer neuen Maschine. Vom Entstehen eines Computers*, Reinbek 1984

F. W. KITCHENER, *Rules for War Games on Maps and Tactical Models*, Simla 1895

Friedrich KITTLER, *Grammophon Film Typewriter*, Berlin 1986

Friedrich KITTLER, »Fiktion und Simulation«, in: *Philosophien der neuen Technologie*, Hg. Ars Electronica, Berlin 1989, S. 57-80

Friedrich KITTLER, »Rockmusik – Ein Mißbrauch von Heeresgerät«, in: *Appareils et machines a représentation*, Hg. C. Grivel, Mannheim 1988, S. 87-102

Friedrich KITTLER, »Eine Kurzgeschichte des Scheinwerfers...«, in: *Der Entzug der Bilder. Visuelle Realitäten*, Hg. M. Wetzel/H. Wolf, München 1994, S. 183-189

Friedrich KITTLER, »Die Evolution hinter unserem Rücken«, in: *Kultur und Technik im 21. Jahrhundert*, Hg. G. Kaiser/D. Matejovski/J. Fedrowitz, Frankfurt/New York 1993, S. 221-223

Friedrich KITTLER, *Ein Tigertier, das Zeichen setzte. Gottfried Wilhelm Leibniz zum 350. Ge-*

burtstag (www.uni-kassel.de/wz2/mtg/archiv/kittler.htm)

Norman M. KLEIN, »In Labyrinthen spielen«, in: *Telepolis* (www.heise.de/tp/deutsch/special/game/3239/1.html)

Gottfried KNAPP, »Vom Flipperkasten zum Computerspiel«, in: *Kursbuch ›Computerkultur‹*, März 1984, S. 153ff.

Helen Lois KOCH, *The Influence of Mechanical Guidance Upon Maze Learning*, Princeton 1923

Jörg KOCH, *Digitale Wiedergeburt. Vom Überleben von Konsolenspielen wie »Vectrex« in der Emulatorenszene* (www.heise.de/tp/deutsch/inhalt/co/2466/1.html)

Ralph KOCHENBURGER/Carolyn TURCIO, *Computers in Modern Society*, Santa Barbara 1974

Irmgard KOWATZKI, *Der Begriff des Spiels als ästhetisches Phänomen*, Frankfurt a.M. 1973

Kurt KRACHEEL, *Flugführungssysteme – Blindfluginstrumente, Autopiloten, Flugsteuerungen*, Bonn 1993 (*Die deutsche Luftfahrt*, Bd. 20)

Sybille KRÄMER, *Berechenbare Vernunft. Kalkül und Rationalismus im 17. Jahrhundert*, Berlin, New York, 1991

Sybille KRÄMER, »Zentralperspektive, Kalkül, Virtuelle Realität. Sieben Thesen über die Weltbildimplikation symbolischer Formen«, in: *Medien-Welten Wirklichkeiten*, Hg. G.Vattimo/W. Welsch, München 1998, S. 149-172

Sybille KRÄMER, »Geist ohne Bewußtsein? Über einen Wandel in den Theorien vom Geist«, in: *Geist – Gehirn – künstliche Intelligenz. Zeitgenössische Modelle des Denkens*, Hg. S. Krämer, Berlin/New York 1994, S. 71-87

Künstliche Spiele, Hg. G. Hartwagner/S. Iglhaut/F. Rötzer, München 1993

Kursbuch Medienkultur. Die maßgeblichen Theorien von Brecht bis Baudrillard, Hg. C. Pias/J.Vogl./L. Engell/O. Fahle/B. Neitzel, Stuttgart 1999

Gerhard KURZ, »Notizen zum Rhythmus«, in: *Sprache und Literatur in Wissenschaft und Unterricht*, 23(1992), S. 41-45

L

Rudolf von LABAN, *Kunst der Bewegung*, Wilhelmshaven ²1996

Jacques Lacan, *Das Seminar II. Das Ich in der Theorie Freuds und in der Technik der Psychoanalyse (1954-1955)*, Hg. N. Haas, Weinheim 1980

Andreas LANGE, »Computerspiele erobern Gebrauchselektronik. Spielhallenklassiker wie ›Tron‹ feiern ihr Comeback in Telefonen«, in: *Telepolis* (www.heise.de/tp/deutsch/inhalt/co/2467/1.html)

Zachary F. LANSDOWNE, *User's Guide to* OPUS: *Optimal Prefertial Utility and Strategies Program*, Santa Monica 1989 (RAND N-2903-AF)

Pierre Simon LAPLACE, *Philosophischer Versuch über die Wahrscheinlichkeit*, Leipzig 1932

Brenda LAUREL, *Towards the Design of a Computer-based Interactive Fantasy System*, Ohio State University (Diss.) 1986

Brenda LAUREL, *Computers as Theatre*, Reading, Mass. 1991

W. S. LEARNED/Ben D. WOOD, »The Student and His Knowledge«, Carnegie Foundation for the Advancement of Teaching, Bulletin 29(1938)

P. David LEBLING/Marc S. BLANK/Timothy A. ANDERSON, »Zork: A Computerized Fantasy Simulation Game«, in: *IEEE Computer*, 4/1979, S. 51-59

P. David LEBLING, *The MDL Programming Environment*, MIT Laboratory for Computer Science, 1979

P. David LEBLING, »Zork and the Future of Computerized Fantasy Simulations«, in: *BYTE Magazine*, December 1980, S. 172-182

Michael LEBOWITZ, »Creating Characters in a Story-Telling Universe«, in: *Poetics*, 13(1984), S. 171-194

Michael LEBOWITZ, »Memory-Based Parsing«, in: *Artificial Intelligence*, 21(1983), S. 285-326

C.Y. LEE, »An algorithm for path connection and its applications«, in: *IRE Trans. Electr. Comput.* EC-10, 1961, S. 346-365

Wendy G. LEHNERT, »Plot Units and Narrative Summarization«, in: *Cognitive Science*, 7(1983), S. 293-332

Gottfried Wilhelm LEIBNIZ, *Die Theodicee*, übers. v. J. H. v. Kirchmann, Leipzig 1879

Stanislaw LEM, *Summa technologiae*, Frankfurt a.M. ²1978

Robert LEVINE/Thomas SCHELLING/William JONES, *Crisis Games 27 Years Later: Plus c'est déjà vu*, Santa Monica 1991 (RAND P-7719)

David LEVY/Monroe NEWBORN, *Chess and Computers*, Berlin/Heidelberg/New York 1982

Pierre LÉVY, *Die kollektive Intelligenz. Eine Anthropologie des Cyberspace*, Mannheim 1997

Steven LEVY, *Hackers. Heroes of the Computer Revolution*, London 1984

Joseph C. R. LICKLIDER/G. A. MILLER, »The Perception of Speech, in: *Handbook of Experi-*

mental Psychology, Hg. S. S. Stevens, New York 1951

Joseph C. R. LICKLIDER, »Man-Computer Symbiosis«, in: IRE Transactions on Human Factors in Electronics, HFE-1(1967), S. 4-11 (Reprint bei digital, Systems Reseach Center, Palo Alto 1990)

Joseph C. R. LICKLIDER, »The Computer as a Communication Device«, in: Science and Technology, April 1968 (Reprint bei digital, Systems Reseach Center, Palo Alto 1990)

Joseph C. R. LICKLIDER, Libraries of the Future, Cambridge, Mass. 1966

Jürgen LINK, Versuch über den Normalismus, Opladen 1999

Konrad LISCHKA, Spielplatz Computer. Kultur, Geschichte und Ästhetik des Computerspiels, Hannover 2002

Literaturwissenschaft. Einführung in ein Sprachspiel, Hg. H. Bosse/U. Renner, Freiburg i.B. 1999

William R. LIVERMORE, American Kriegsspiel. A Game for Practicing the Art of War Upon a Topographical Map, Boston 1897

Geoffrey R. LOFTUS/Elizabeth F. LOFTUS, Mind and Play. The Psychology of Video Games, New York 1983

Hans LÖSENER, Der Rhythmus in der Rede. Linguistische und literaturwissenschaftliche Aspekte des Sprachrhythmus, Tübingen 1999

Laurence LOUPPE, »Der Körper und das Unsichtbare«, in: Tanz in der Moderne. Von Matisse bis Schlemmer, Hg. K. Adelsbach/A. Firmenich, Köln 1996 (Kat. Kunsthalle Emden), S. 269-276

Katherine Eva LUDGATE, The Effect of Manual Guidance Upon Maze Learning, Princeton 1923

Niklas LUHMANN, »Erziehung als Formung des Lebenslaufs«, in: Bildung und Weiterbildung im Erziehungssystem. Lebenslauf und Humanontogenese als Medium und Form, Hg. D. Lenzen/N. Luhmann, Frankfurt am Main 1997, S. 11-29

Frederick Hillis LUMLEY, An Investigation of the Responses Made in Learning a Multiple Choice Maze, Princeton 1931

Rudolf M. LÜSCHER, Henry und die Krümelmonster. Versuch über den fordistischen Charakter, Tübingen 1988

Joy Medley LYONS, Mammoth Cave. The Story Behind the Scenery, Las Vegas 1991

Jean François LYOTARD, Das postmoderne Wissen. Ein Bericht, Graz/Wien 1986

Jean François LYOTARD, Grabmal des Intellektuellen, Graz/Wien 1985

M

Donald A. MACFARLANE, The Rôle of Kinesthesis in Maze Learning, Berkeley 1930

T. MALONE, »How Do People Organize Their Desks? Implications for the Design of Office Information Systems«, in: ACM Transactions on Office Information Systems 1,1(1983), S. 99-112

Top Management Decision Simulation, Hg. Elizabeth Marting, New York 1956

Heinz Herbert MANN, »Text-Adventures. Ein Aspekt literarischer Softmoderne«, in: Besichtigung der Moderne. Bildende Kunst, Architektur, Musik, Literatur, Religion. Aspekte und Perspektiven, Hg. H. Holländer/C. W. Thomsen, Köln 1987, S. 371-378

Lev MANOVICH, The Mapping of Space. Perspective, Radar, and 3-D Computer Graphics (jupiter.ucsd.edu/~manovich/text/mapping.html)

William Henry MATTHEWS, Mazes and Labyrinths. Their Story and Development, London 1922

J. MCCARTHY/M. L. MINSKY/N. ROCHESTER/C. E. SHANNON, A Proposal for the Dartmouth Summer Research Project on Artificial Intelligence, 31.8.1955 (www-formal.stanford.edu/jmc/history/dartmouth/dartmouth.html)

John MCDONALD, Strategy in Poker, Business and War, New York 1950

George H. MEAD, Mind, Self, and Society, Chicago 1934

Warren S. MCCULLOCH/Walter PITTS, »A Logical Calculus Immanent in Nervous Activity«, in: Bulletin of Mathematical Biophysics, 5(1943), S. 115-133

James R. MEEHAN, The Metanovel. Writing Stories by Computer, Yale University, Department of Computer Science, Technical Report 74(1976)

Medien und Öffentlichkeit. Positionierungen Symptome Simulationsbrüche, Hg. R. Maresch, München 1996

Henri MESCHONNIC, Critique du rythme, anthropologie historique du langage, Paris 1982

Eva MEYER/Jacques DERRIDA, »Labyrinth und Archi/Textur«, in: Das Abeneuer der Ideen. Architektur und industrielle Revolution, Berlin 1984

Gust De MEYER, De geschiedenis en de impact van videogames, Leuven 1998

Wsewolod E. MEYERHOLD, »Der Schauspieler der Zukunft und die Biomechanik«, in: *Theaterarbeit 1917-1930*, Hg. R. Tietze, München 1974, S. 72-76

Microworld Simulations for Command and Control Training of Theater Logistics and Support Staffs, Santa Monica 1998 (RAND MR-929-A)

Militair-Wochenblatt 402(1824), S. 2973f.

Military Enterprise and Technological Change. Perspectives on the American Experience, Hg. M. R. Smith, Cambridge, Mass. 1987

Lawrence H. MILLER/Jeff JOHNSON, »The XEROX Star. An Influential User Interface Design«, in: *Human-Computer Interface Design: Success Stories, Emerging Methods, and Real-World Context*, Hg. H. M. Rudisill/C. Lewis/P. G. Polson/T. D. McKay, San Francisco 1996, S. 70-100

A Million Random Digits with 100,000 Normal Deviates, RAND Corporation, Glencoe 1955

Franco MINGANTI, *Updating (Electronic) Storytelling*, (node9.phil3.uni-freiburg.de/1997/Minganti.html)

Marvin MINSKY, »A Framework for Representing Knowledge«, in: *Mind Design*, Hg. J. Haugeland, Cambridge, Mass. 1981, S. 95-128

Philip MIROWSKI, »When Games Grow Deadly Serious. The Military Influence on the Evolution of Game Theory«, in: *Journal of Political Economy*, 23(1991), S. 227-255

Philip MIROWSKI, *Economics becoming a Cyborg Science*, Cambridge 2002

Walter MOEDE, *Die Experimentalpsychologie im Dienste des Wirtschaftslebens*, Berlin 1922

Roger C. MOLANDER/Andrew S. RIDDLE/Peter A. WILSON, *Strategic Information Warfare. A New Face of War*, Santa Monica 1996 (RAND MR-661-OSD)

Abraham MOLES/Elisabeth ROHMER/P. FRIEDRICH, *Of Mazes and Men – Psychology of Labyrinths*, Strasbourg 1977

Alexander M. MOOD, *War Gaming as a Technique of Analysis*, Santa Monica 1954 (RAND P-899)

E.F. MOORE, »The shortest path through a maze«, in: *Proc. Internat. Symp. Theory Switching*, Part II, Cambridge, Mass. 1959, S. 285-292

J. L. MORENO, *Gruppentherapie und Psychodrama*, Stuttgart 1959

C. Lloyd MORGAN, *An Introduction to Comparative Psychology*, London 1894

Stuart MOULTHROP, »Reading From the Map. Metonymy and Metaphor in the Fiction of Forking Paths«, in: *Hypermedia and Literary Studies*, Hg. P. Delany/G. P. Landow, Cambridge, Mass. 1991, S. 119-132

Thomas MÜLLER/Peter SPANGENBERG, »Fernsehen – Radar – Krieg«, in: *HardWar/SoftWar. Krieg und Medien 1914 bis 1945*, Hg. M. Stingelin/W. Scherer, München 1991, S. 275-302

Hugo MÜNSTERBERG, *Psychology and Industrial Efficiency*, 1913 (www.yorku.ca/dept/psych/classics/Munster/Industrial/)

Hugo MÜNSTERBERG, *Grundzüge der Psychotechnik*, Leipzig 1914

Brad MYERS, »A Brief History of Human Computer Interaction Technology«, in: *ACM Interactions*, 5(1998) (www.cs.cmu.edu/~amulet/papers/uihistory.tr.html)

N

John F. NASH, »The Bargaining Problem«, in: *Econometrica*, 18(1950), S. 155-162

John F. NASH »Two-Person Cooperative Games«, in: *Econometrica*, 21(1953), S. 128-140

NAUMANN, *Das Regiments-Kriegsspiel*, Berlin 1877

Oskar NEGT/Alexander KLUGE, *Geschichte und Eigensinn*, Frankfurt a.M., 1993

Britta NEITZEL, *Gespielte Geschichten. Struktur- und prozessanalytische Untersuchungen der Narrativität von Videospielen*, Weimar (Diss.) 2000

Graham NELSON, *The Craft of the Adventure. Five Articles on the Design of Adventure Games*, Oxford [2]1995 (ftp.gmd.de/if-archive/programming/general-discussion/Craft.Of.Adventure.tex)

Graham NELSON, *Inform 6.15. Technical Manual*, rev. 22.3.1998 (www.gnelson.demon.co.uk/TechMan.txt)

Graham NELSON, *The Z-Machine Standards Document*, Version 1.0, rev. 30.9.1997 (www.gnelson.demon.co.uk)

Ernst Neufert. Normierte Baukultur im 20. Jahrhundert, Hg. W. Prigge, Frankfurt a.M. 1999

The Neumann Compendium, Hg. F. Bródy/T. Vámos, Singapore/New Jersey/London/Hong Kong 1995

John von NEUMANN, »Zur Theorie der Gesellschaftsspiele«, in: *Mathematische Annalen*, 1928, S. 295-320

John von NEUMANN/Oskar MORGENSTERN, *Theory of Games and Economic Behavior*, Princeton 1944

John von NEUMANN, »Probabilistic Logics and the Synthesis of Reliable Organisms From Unreliable Components«, in: *Collected Works*, Hg. A. H. Taub, Bd. 5, New York 1963, S. 329-378

John von NEUMANN, *Theory of Self-Reproducing Automata*, Hg. A. W. Burks, Urbana/London 1966

John von NEUMANN, *Die Rechenmaschine und das Gehirn*, München ⁶1991

Otto NEURATH, *International Picture Language. The First Rules of Isotype*, London 1936

Otto NEURATH, *Modern Man in Making*, New York 1939

Allen NEWELL/J. C. SHAW/Herbert A. SIMON, »Chess-Playing Programs and the Problem of Complexity«, in: *IBM Journal of Research and Development*, 2(1958), S. 320-335

Allen NEWELL/Herbert A. SIMON, *Human Problem Solving*, Englewood 1972

J. NIELSEN/R. MOLICH, »Heuristic Evaluation of User Interfaces«, in: *Proceedings of the ACM Conference on Human Factors in Computing Systems*, 1990, S. 249-260

J. E. NOLAN, »Tactics and the Theory of Games. The Theory of Games Applied to the Battle of Guadalcanal«, in: *Army*, August 1960, S. 77-81

J. D. NORTH, *The Rational Behaviour of Mechanically Extended Man*, Boulton Paul Aircraft Ltd., Wolverhampton 1954

Kristen NYGAARD/Ole-Johan DAHL, »The Development of the SIMULA Languages«, in: *History of Programming Languages*, Hg. R. L. Wexelblat, New York 1981

Kristen NYGAARD/Ole-Johan DAHL, »SIMULA – An ALGOL-Based Simulation Language«, in: *Communications of the ACM*, 9(1966)

Kristen NYGAARD/Ole-Johan DAHL, »The Development of the Simula Languages«, in: *History of Programming Languages Conference, ACM SIGPLAN Notices*, 13,8(1978)

O P

Wilhelm OSTWALD, *Der energetische Imperativ*, Leipzig 1912

Larry OWENS, »Vannevar Bush and the Differential Analyzer: The Text and Context of an Early Computer«, in: *Technology and Culture*, 1960, S. 63-95

Peter PARET/Gordon A. CRAIG, *Makers of Modern Strategy. From Machiavelli to the Nuclear Age*, Princeton 1968

Mel PARK, »Colossal Cave Revisited«, in: *TidBITS. A Newsletter for Mac Users*, #229(1994) (ftp.gmd.de/if-archive/info/Colossal-Cave.TidBITS)

Rainer PAUL/Jürgen SCRIBA, »Die Fronten sind überall«, in: *Der Spiegel* 37(1999), S. 288-292

Günther PATZIG, »Bemerkungen zu den Kategorien des Aristoteles«, in: *Einheit und Vielheit*, Fs. C. F. v. Weizsäcker, Hg. E. Scheibe/G. Süssmann, Göttingen 1973, S. 60-76

Michael R. PEARCA, *Evolution of a Vietnamese Village. Part I: The Present, After Eight Month of Pacification*, Santa Monica 1965 (RAND RM 4552-ARPA)

Fleming Allen PERRIN, *An Experimental and Introspective Study of the Human Learning Process in the Maze*, Princeton 1914

Jörg PFLÜGER, »Hören, Sehen, Staunen. Zur Ideengeschichte der Interaktivität«, unveröffentlichter Vortrag, Kassel 6.2.1999

Jean PIAGET, *Nachahmung, Spiel und Traum*, Stuttgart ³1993 (*Gesammelte Werke*, Bd. 5)

Claus PIAS, »Spielen für den Weltfrieden«, in: *Frankfurter Allgemeine Zeitung*, 8.8.2001

Claus PIAS, »Punkt und Linie zum Raster. Zur Genealogie der Computergrafik«, in: *Ornament und Abstraktion*, (Kat. Fondation Beyeler, Basel), Köln 2001, S. 64-69

Claus PIAS, »Digitale Sekretäre: 1968, 1978, 1998«, in: *Europa – Kultur der Sekretäre*, Hg. B. Siegert/J. Vogl, Berlin, Zürich 2002

Claus PIAS, »Wie die Arbeit zum Spiel wird. Die informatische Verwindung des thermodynamischen Pessimismus«, in: *Anthropologie der Arbeit*, Hg. U. Bröckling/E. Horn, Tübingen 2002, S. 209-229

Claus PIAS, »Der Hacker«, in: *Grenzverletzer. Von Schmugglern, Spionen und anderen subversiven Gestalten*, Hg. E. Horn/S. Kaufmann/U. Bröckling, Berlin 2002, S. 248-270

Claus PIAS, »Mit Computern spielen. Ping/pong als Urszene des Computerspiels«, in: *Technik und Spiel*, Hg. S. Poser/K. Zachmann, Frankfurt a.M. 2002

Claus PIAS, »Die kybernetische Illusion«, in: *Medien in Medien*, Hg. I. Schneider/C. Liebrand, Köln 2002

Claus PIAS, »Jeder Schlag ist eine Antwort, jeder Treffer ein Gespräch«, in: *Frankfurter Allgemeine Zeitung*, 14.5.2002

Steven POOLE, *Trigger Happy. Videogames and the Entertainment Revolution*, New York 2000

Fletcher PRATT, *Fletcher Pratt's Naval War Game*, Milwaukee 1976

Proceedings of the Workshop on Modeling and Simulation of Land Combat, Hg. L.G. Callahan, Atlanta 1983

Proletkult 1: System einer proletarischen Kultur/ Proletkult 2: Zur Praxis und Theorie einer proletarischen Kulturrevolution in Sowjetrußland 1917-1925, Hg. P. Gorsen/E. Knödler-Bunte, Stuttgart 1974

Q R

A. F. QUATTROMANI, *Catalog of Wargaming and Military Simulation Models*, Washington 1982

Anatol RAPOPORT, »The Use and Misuse of Game Theory«, in: *Scientific American*, 207(1962), S. 108-114, 117f.

Anatol RAPOPORT, *Strategy and Conscience*, New York 1964

Georg Heinrich Rudolf Johann Baron von REISZWITZ, *Anleitung zur Darstellung militärischer Manöver mit dem Apparat des Krieges-Spieles*, Berlin 1824

George Leopold Baron von REISZWITZ, *Taktisches Kriegs-Spiel oder Anleitung zu einer mechanischen Vorrichtung um taktische Manoeuvres sinnlich darzustellen*, Berlin 1812

Howard RHEINGOLD, *Tools for Thought*, New York 1985 (www.rheingold.com/texts/tft/)

Lewis F. RICHARDSON, *Weather Prediction by Numerical Process*, London 1922

Lewis F. RICHARDSON, »The Supply of Energy From and to Atmospheric Eddies«, in: *Proceedings of the Royal Society*, A 97(1920), S. 354-373

Louis N. RIDENOUR, »Bats in the Bomb Bay«, in: *Atlantic Monthly*, December 1946

Louis N. RIDENOUR, »Doves in the Detonator«, in: *Atlantic Monthly*, Januar 1947

RM-9400 Series Graphic Display System Software Reference Manual, Ramtec Corporation, Santa Clara 1979

Alain ROBBE-GRILLET, *Der Augenzeuge*, Frankfurt a.M. 1986

Alain ROBBE-GRILLET, *Die Niederlage von Reichenfels*, Reinbek 1967

Axel ROCH, »Die Maus. Von der elektronischen zur taktischen Feuerleitung«, in: *Lab. Jahrbuch für Künste und Apparate*, Hg. S. Zielinski/N. Röller/W. Ernst, Köln 1996

Keith ROE/Daniel MUIJS, »Children and Computer Games«, in: *European Journal of Communication*, 13(1998), S. 181-200

Claude Ambrose ROGERS, *Packing and Covering*, Cambridge 1964

A. ROSENFELD, »Arcs and Curves in Digital Pictures«, in: *Journal of the ACM*, 20(1973), S. 81-87

Marshal ROSENTHAL, *Dr. Higinbotham's Experiment. The First Video Game or: Fun With an Oscilloscope* (www.dicovery.com/doc/1012/world/inventors100596/inventors.html)

Jeff ROTHENBERG/Sanjai NARAIN, *The RAND Advanced Simulation Language Project's Declarative Modeling Formalism (DMOD)*, Santa Monica 1994 (RAND MR-376-ARPA)

Florian RÖTZER, »Aspekte der Spielkultur in der Informationsgesellschaft«, in: *Medien Welten Wirklichkeiten*, Hg. G. Vattimo/W. Welsch, München 1998, S. 149-172

J. T. ROWELL/E. R. STREICH, »The SAGE system training program for the Air Defense Command«, in: *Human Factors*, October 1964, S. 537-548

S

Farrand SAYRE, *Map Maneuvers and Tactical Rides*, Springfield 1908-11

Simon SCHAFFER, »Astronomer's Mark Time: Discipline and the Personal Equation«, in: *Science in Context*, 2(1988), S. 115-145

Simon SCHAFFER, »OK Computer«, in: *Ecce Cortex. Beiträge zur Geschichte des modernen Gehirns*, Hg. M. Hagner, Darmstadt 1999, S. 254-285

Wolfgang SCHÄFFNER, »Nicht-Wissen um 1800. Buchführung und Statistik«, in: *Poetologien des Wissens um 1800*, Hg. J. Vogl, München 1999, S. 123-144

R. C. SCHANK, »The structure of Episodes in Memory«, in: *Representation and Understanding. Studies in Cognitive Science*, Hg. D. Bobrow/A. Collins, New York 1975

Thomas SCHELLING, *The Strategy of Conflict*, Cambridge 1960

Hans SCHEUERL, *Das Spiel. Untersuchungen über sein Wesen, seine pädagogischen Möglichkeiten und Grenzen*, Weinheim/Basel [11]1990

Friedrich Schiller: »Über die ästhetische Erziehung des Menschen in einer Reihe von Briefen«, in: *Sämtliche Werke*, Hg. G. Fricke/H. G. Göpfert/H. Stubenrauch, München [3]1962, Bd. 5, S. 570-669

Ralf SCHLECHTWEG-JAHN, »Computerzombie oder Homo ludens? Tendenzen der Forschung zum Computer- und Videospiel«, in: *Zeitschrift für Semiotik*, 19(1997), S. 317-327

Christoph SCHLIEDER, »Räumliche Repräsentation im diagrammatischen Schließen«, in: *Perspektive in Sprache und Raum. Aspekte von Repräsentation und Perspektivität*, Hg. C. Umbach/M. Grabski/R. Hörnig, Wiesbaden 1997, S. 127-145

Manfred SCHMELING, *Der labyrinthische Diskurs. Vom Mythos zum Erzählmodell*, Frankfurt a.M. 1987

Ivo SCHNEIDER, *Die Entwicklung der Wahrscheinlichkeitstheorie von den Anfängen bis 1933*, Berlin 1989

Schöne neue Welten? Auf dem Weg zu einer neuen Spielkultur, Hg. F. Rötzer, München 1995

Willam SCHWABE/Lewis M. JAMISON, *A Rule-Based Policy-Level Model of Nonsuperpower Behavior in Strategic Conflicts*, Santa Monica 1982 (RAND R-2962-DNA)

William SCHWABE, *An Introduction to Analytic Gaming*, Santa Monica 1994 (RAND P-7864)

Frederic D. SCHWARZ, »The Patriarch of PONG«, in: *Invention and Technology*, Fall 1990, S. 64 (www.fas.org/cp/pong_fas.htm)

Georg SEESSLEN/Christian ROST, *PacMan & Co. Die Welt der Computerspiele*, Reinbek 1984

Lee K. SEITZ, *Classic Video Games Literature List* (http://home.hiwaay.net/~lkseitz/cvg/cvglit.shtml)

Reinhard SELTEN, *Models of Strategic Rationality*, Dordrecht 1988

Michel SERRES, »Das Kommunikationsnetz: Penelope«, in: *Hermes I. Kommunikation*, Berlin 1991, S. 9-23

Claude E. SHANNON, »Programming a Computer for Playing Chess«, in: *Philosophical Magazine*, 41(1950), S. 256-275

Claude E. SHANNON, »A Chess-Playing Machine«, in: *Scientific American*, 182(1950), S. 48-51

Claude E. SHANNON, »Presentation of A Maze-Solving Machine«, in: *Cybernetics. Circular Casual and Feedback Mechanisms in Biological and Social Systems*, Hg. H. von Foerster, New York 1951

Claude E. SHANNON/Warren WEAVER, *Mathematische Grundlagen der Informationstheorie*, München/Wien 1976

Norman Z. SHAPIRO/H. Edward HALL/Robert H. ANDERSON/Mark LACASSE, *The RAND-ABEL Programming Language*, Santa Monica 1985 (RAND R-3274-NA)

Norman Z. SHAPIRO et al., *The RAND-ABEL Programming Language: Reference Manual*, Santa Monica 1988 (RAND N-2367-1-NA)

David SHEFF, *Nintendo – »Game Boy«. Wie ein japanisches Unternehmen die Welt erobert*, München 1993

Bernhard SIEGERT, »Das Leben zählt nicht. Natur- und Geisteswissenschaften bei Dilthey aus mediengeschichtlicher Sicht«, in: *dreizehn vortraege zur medienkultur*, Hg. C. Pias, Weimar 1999, S. 161-182

Herbert A. SIMON, *The Sciences of the Artificial*, Cambridge, Mass. 1980

Simscript II.5 Programming Language, CACI Products Co., La Jolla 1997

Simscript II.5 Reference Handbook, CACI Products Co., La Jolla 1997

B. Frederic SKINNER, »Autobiography«, in: *A History of Psychology in Autobiography*, Hg. Edwin G. Boring/Gadner Lindzey, Vol. 5, New York 1967, S. 387-413

B. Frederic SKINNER, *The Shaping of a Behaviorist*, New York 1979

B. Frederic SKINNER, *Particulars of My Life*, New York 1976

B. Frederic SKINNER, *A Matter of Consequences*, New York 1983

B. Frederic SKINNER, »Superstition in the pigeon«, in: *Journal of Experimental Psychology*, 38(1948), S. 168-172

B. Frederic SKINNER, »Two Types of Conditioned Reflex and a Pseudo Type«, in: *Journal of General Psychology*, 12(1935), S. 66-77

B. Frederic SKINNER, »Are Theories of Learning Necessary?«, in: *Psychological Review*, 57(1950), 193-216

B. Frederic SKINNER, *Cost of Homing Units, Personnel and Organization Required. Discussion and Analysis*, General Mills Final Report, 21.2.1944

B.F. Skinner and Behaviorism in American Culture, Hg. L. D. Smith/W. R. Woodword, Bethlehem 1996

Robert SLATER, *Portraits in Silicon*, Cambridge, Mass. 1987

Sarah SLOANE, *Interactive Fiction, Virtual Realities, and the Reading-Writing Relationship*, Ohio State University (Diss.) 1991

J.W. SMITH, *Determination of Path-Lengths in a Distributed Network*, Santa Monica 1964 (RAND RM-3578-PR)

The Social Construction of Technological Systems. New Directions in the Sociology and History of Technology, Hg. W.E. Bijker/T. Hughes/T. Pinch, Cambridge, Mass. 1987

Robert D. SPECHT, *War Games*, Santa Monica 1957 (RAND P-1401)

Julian STALLABRASS, *Gargantua. Manufactured Mass Culture*, London/New York 1996

Tom STANDAGE, *The Victorian Internet. The Remarkable Story of the Telegraph and the Nineteenth Century's On-Line Pioneers*, New York 1998

John M. STAUDENMAIER, *Technology's Storytellers. Reweaving the Human Fabric*, Cambridge, Mass. 1985

Wolf-Dieter STEMPEL, »Erzählung, Beschreibung und der historische Diskurs«, in: *Geschichte – Ereignis und Erzählung*, Hg. R. Koselleck/W.-D. Stempel, München 1973, S. 325-346 (*Poetik und Hermeneutik* V)

William A. STEWART/E.S. WAINSTEIN, RAND *Symposion on Pilot Training and the Pilot Career. Final Report*, Santa Monica 1970

The Study of Games, Hg. E. M. Avedon/B. Sutton-Smith, New York 1979

Supplement zu den bisherigen Kriegsspiel-Regeln, von einer Gesellschaft preuß. Offiziere bearbeitet, Berlin 1828

Strategien des Scheins. Kunst Computer Medien, Hg. F. Rötzer/P. Weibel, München 1991

Ivan SUTHERLAND, *Sketchpad. A Man-Machine Graphical Communication System*, MIT (Diss.) 1963

T

Robert E. TARJAN, »Depth first search and linear graph algorithms«, in: *SIAM J. Comput.*, 1(1972), S. 146-160

Gaston TARRY, »Le problème des labyrinthes«, in: *Nouv. Ann. Math.*, 14(1895)

Frederick Winslow TAYLOR, *Die Betriebsleitung, insbesondere der Werkstätten*, Berlin ³1919

Frederick Winslow TAYLOR, *Die Grundsätze wissenschaftlicher Betriebsführung*, München 1913

Edward L. THORNDIKE, »Animal Intelligence. An Experimental Study of the Associative Process in Animals«, in: *Psychological Monographs*, 2(1898)

Edward L. THORNDIKE, *Animal Intelligence. Experimental Studies*, New York 1911

M.A. TINKER, »Wundt's doctorate students and their theses 1875-1920«, in: *American Journal of Psychology*, 44(1932), S. 630-637

Larry TESLER, »The Smalltalk Environment«, in: *BYTE Magazine*, August 1981 (www.byte.com/art/9608/sec4/art3.htm)

Dave THOMAS, *Travels with Smalltalk* (www.stic.org/VisitingAuthor/DAT.htm)

Tzvetan TODOROV, »The Two Principles of Narrative«, in: *Diacritics*, Fall 1971, S. 37-44

Tzvetan TODOROV, »Les catégories du récit littéraire«, in: *Communications*, 7(1966), S. 125-151

Tzvetan TODOROV, »Categories of the Literary Narrative«, in: *Film Reader*, 2(1977), S. 19-37

Edward Chace TOLMAN, *Degrees of hunger, reward and nonreward, and maze learning in rats*, New York 1976

Henry R. TOWNE, »The Engineer as an Economist«, in: *Transactions of the American Society of Mechanical Engineers*, 7(1886), S. 425-432

K. A. TRAMM, *Psychotechnik und Taylor-System*, Berlin 1921

Adolf TRENDELENBURG, *Geschichte der Kategorienlehre*, Berlin 1846

Henry S. TROPP, »A Perspective on SAGE. Discussion«, in: *Annals of the History of Computing*, 5,4(1983)

Alan M. TURING, »Digital Computers Applied to Games«, in: *Faster Than Tought*, Hg. B.V. Bowden, London 1953

Alan M. TURING, *Intelligence Service. Schriften*, Hg. F. Kittler/B. Dotzler, Berlin 1987

Sherry TURKLE, *The Second Self. Computers and the Human Spirit*, New York 1984

V W

George E. VALLEY jr. , »How the SAGE Development began«, in: *Annals of the History of Computing*, 7,3(1985)

Stanley C. VANCE, *Management Decision Simulation*, New York 1960

Joseph VOGL, »Grinsen ohne Katze. Vom Wissen virtueller Objekte«, in: *Orte der Kulturwissenschaft*, Hg. H. C. v. Hermann/M. Midell, Leipzig 1998, S. 40-53

»Zur Vorgeschichte des v. Reißwitz'schen Kriegsspiels«, in: *Militair-Wochenblatt* 73(1874), S. 693f.

Hao WANG, »Games, Logic and Computers«, in: *Scientific American*, 213(1965), S. 98-106

John B. WATSON, »Psychology as the Behaviorist Views It«, in: *Philosophical Review*, 20(1913), S. 158-177

Paul WATZLAWICK/Janet H. BEAVIN/Don D. JACKSON, *Menschliche Kommunikation. Formen, Störungen, Paradoxien*, Bern ⁴1974

Peter WEIBEL, *Jenseits von Kunst*, Wien 1997

George L. WEISS, »Battle for Control of the Ho Chi Minh Trail«, in: *Armed Forces Journal*, 15(1977), S. 19-22

Joseph WEIZENBAUM, »ELIZA – A Computer Program for the Study of natural Language Communication between Man and Machine«, in: *Communications of the ACM*, 26(1983), S. 23-28

Joseph WEIZENBAUM, *Die Macht der Computer und die Ohnmacht der Vernunft*, Frankfurt a.M. 1977

Herbert G. WELLS, *Little Wars*, New York 1973

Werkraum Meyerhold. Zur künstlerischen Anwendung seiner Biomechanik, Hg. D. Hoffmeier/K. Völker, Berlin 1995

Hermann WEYL, »Die heutige Erkenntnislage der Mathematik«, in: *Gesammelte Abhandlungen*, Hg. K. Chandrasekharan, Berlin/Heidelberg/New York 1968, Bd. 2, S. 511-542

Hayden WHITE, *Auch Klio dichtet oder Die Fiktion des Faktischen. Studien zur Tropologie des historischen Diskurses*, Stuttgart 1991

Norbert WIENER, »Newtonscher und Bergsonscher Zeitbegriff«, in: *Kybernetik. Regelung und Nachrichtenübertragung im Lebewesen und in der Maschine*, Düsseldorf/Wien 1992, S. 63-81

Rolf T. WIGAND/Steven E. BORSTELMANN/ Franklin J. BOSTER, »Electronic leisure. Video Game Usage and the Communication Climate of Video Arcades«, in: *Communication Yearbook*, 9(1986), S. 275-293

Spenser WILKINSON, *Essays on the War Game*, London 1887

Frederic C. WILLIAMS, »Cathode Ray Tube Storage«, in: *Report on a Conference on High Speed Automatic Computing Mchines*, Hg. M.V. Wilkes, Cambridge 1949

Michael R. WILLIAMS, *A History of Computing Technology*, Washington ²1997

Donald W. WINNICOTT, *Vom Spiel zur Kreativität*, Stuttgart 1973

Terry WINOGRAD/Fernando FLORES, *Erkenntnis Maschinen Verstehen*, Berlin ²1990

Irene M. WITTE, *Gilbreth – Taylor – Ford. Gegenwartsfragen der amerikanischen und europäischen Arbeitswissenschaft*, München/Berlin 1924

Ludwig WITTGENSTEIN, *Philosophische Untersuchungen*, Frankfurt a.M. ⁶1989 (Werkausgabe, Bd. 1)

Ludwig WITTGENSTEIN, *Tractatus logico-philosophicus*, Frankfurt a.M., ⁶1989 (Werkausgabe, Bd. 1)

Andrew WILSON, *The Bomb and the Computer. Wargaming from Ancient Chinese Mapboard to Atomic Computer*, New York 1968

Roberta WOHLSTETTER, *Pearl Harbor. Warning and Decision*, Stanford 1962

Stephen WOLFRAM, *Theory and Application of Cellular Automata*, Singapur 1986

The World of Mathematics, Hg. J. Newman, Bd. 4, New York 1956

Sewall WRIGHT, »The Roles of Mutation, Inbreeding, and Selection in Evolution«, in: *Int. Proceedings of the Sixth International Congress on Genetics*, 1932, Bd. 1, S. 356-366

Wilhelm WUNDT, »Über psychologische Methoden«, in: *Philosophische Studien*, Hg. W. Wundt, Bd. 1, Leipzig 1883, S. 1-38

Wilhelm WUNDT, *Beiträge zur Theorie der Sinneswahrnehmung*, Leipzig/Heidelberg 1862

Charles A. WÜTHRICH, *Discrete Lattices as a Model for Computer Graphics: An Evaluation of their Dispositions on the Plane*, Zürich (Diss.) 1991

Y Z

M. YAZDANI, *Generating Events in a Fictional World of Stories*, University of Exeter, Computer Science Department, Technical Report R-113, 1983

Robert M. YERKES, »The Mental Life of Monkeys and Apes«, in: *Behavior Monographs* 3(1916)

Clarence S. YOAKUM/Robert M. YERKES, *Army Mental Tests*, New York 1920

Clarence S. YOAKUM, »Plan for a Personnel Bureau in Educational Institutions«, in: *School and Society*, May 1919, S. 556-559

Edna YOST, *Frank and Lilian Gilbreth*, New Brunswick 1949

»Zehntausend stürzten ab«, in: *Der Spiegel*, 23(1998), S. 192ff.

Frederik ZEUTHEN, »Economic Warfare«, in: *Problems of Monopoly and Economic Warfare*, London ²1968, S. 104-135

Siegfried ZIELINSKI, »Elektronische Bildschirmschlachten. Kritisch betrachtete Computerspiele«, in: *Zoom*, 9(1983)

Slavoj ZIZEK, *Liebe Dein Symptom wie Dich selbst. Jacques Lacans Psychoanalyse und die Medien*, Berlin 1991

Slavoj ZIZEK, »Man stirbt nur zweimal«, in: *Journal*, Psychoanalytisches Seminar Zürich, 17(1988), S. 51-60

Konrad ZUSE, *Rechnender Raum*, Braunschweig 1968

Konrad ZUSE, *Der Computer – Mein Lebenswerk*, München 1970

Glossar

A/D analog/digital

AI Artificial Intelligence

Akkumulator →Register im Rechenwerk; →CPU

ALGOL ALGOrithmic Language; höhere Programmiersprache

Algorithmus Problemlösungsverfahren mittels einer endlichen Folge von eindeutig bestimmten und tatsächlich durchführbaren Teilhandlungen; wird ein Algorithmus in eine für Maschinen verständliche Folge von Anweisungen codiert, dann liegt ein Programm vor

alphanumerisch bei Daten: aus Buchstaben und Ziffern bestehend

analog gleichsinnig; dem Messwert einer kontinuierlich erfassten Größe proportional abgebildetes und jede Stufigkeit einnehmendes Signal

ARPAnet Advanced Research Project Agency network; ältestes paketvermittelndes →TCP/IP-Netzwerk

array Aufgebot, Schlachtordnung; Bereich von Daten oder Bauteilen mit vergleichbaren Eigenschaften; in einigen Programmiersprachen Deklaration zum Aufbau ein- oder mehrdimensionaler Datenfelder

ASCII American Standard Code for Information Interchange; Norm zur Repräsentation von 128 Zeichen, Sonderzeichen und Kommandos

Assembler 1. Programm zur Übersetzung von Assemblersprache in Maschinensprache 2. niedere, maschinennahe Programmiersprache, bei der die Instruktionen durch Abkürzungen (→mnemonics) repräsentiert werden; A. steht zwischen Maschinensprache und höheren Programmiersprachen und ist prozessorspezifisch

Bandbreite Differenz zwischen maximaler und minimaler Frequenz eines Kommunikationskanals

batch-Betrieb (-Programm) Stapelverarbeitung; Modus, in dem der Computer vorgegebene Routinen meist selbständig und ohne Dialog abarbeitet

Betriebssystem Für den Betrieb eines Rechners notwendiges Programm zur Verwaltung seiner Ressourcen und Betriebsmittel (Anwender, Prozesse, Peripheriegeräte, Daten usw.)

binär zweiwertig

bit 1. binary digit; binärer Schaltzustand 0 oder 1 (aus oder ein); kleinste speicherbare Einheit in einem digitalen System; →Byte 2. basic indissoluble information unit; Einheit für den kleinsten Informationsgehalt einer Nachricht in der Informationstheorie

bitmap punktweise gerasterte Darstellung von Zeichen und Bildelementen auf dem Bildschirm, Drucker oder Plotter

black box Betrachtung eines Systems von außen anhand seiner Ein- und Ausgaben

brute force rohe Gewalt; nicht optimiertes Umsetzen einer Lösung

buffer Puffer; Zwischenspeicher zwischen Systemkomponenten mit unterschiedlichem Arbeitstempo oder asynchron kommunizierenden Komponenten

bug Wanze; Fehler in Hard- oder Software

Bus Sammelbegriff für die Gesamtheit aller Adress-, Daten- und Steuerkanäle in einem Computersystem

byte aus acht →bit bestehende Grundeinheit der Datenverarbeitung

C höhere Programmiersprache

C++ Obermenge der Programmiersprache C für das objektorientierte Programmieren

CAD Computer Aided Design

CAM Computer Aided Manufacturing

cartridge transportables Speichermodul

compiler Sprachübersetzer; übersetzt den gesamten →Quellcode auf einmal; →interpreter

constraint Einschränkung; Plausibilitäten oder Integritäten überprüfende Regel

CPU Central Processing Unit; zentrales Rechenwerk eines Computers

CRT Cathode Ray Tube; Kathodenstrahlröhre

debugging Suche und Beseitigung von Fehlern in Programmen oder Hardware

dediziert einer bestimmten Aufgabe gewidmet; z.B. ist ein Server dediziert, wenn er nicht gleichzeitig als Arbeitsstation nutzbar ist, sondern ausschließlich Netzfunktionen wahrnimmt

default Vorgabewert in der Konfiguration von Hard- oder Software

device Peripheriegerät; alle Außengeräte aus der Sicht des Rechners wie Drucker, Maus, Tastatur, Festplatte usw.

Dimension Ausdehnung; meist im Zusammenhang mit →arrays gebraucht

diskret nur bestimmte, feste Zustände kennend

dummy Blindwert, Platzhalter; Parameter, Attribut oder Anweisung mit reiner Attrappenfunktion

dynamisch den aktuellen Bedürfnissen angepasst; dynamische Variablen sind solche, die zur Laufzeit des Programms entstehen können

Emulation Simulation der Verfahren, Parameter oder Konfigurationen anderer Eingabe-, Verarbeitungs- oder Ausgabesysteme

Entscheidung auf die Verifikation einer Bedingung folgende Antwort mit in der Regel anschließender Verzweigung in einem Programm

flag Flagge; Marke vom Umfang eines →Bit für die Registrierung eines Status in der Hard- oder Software

flow chart Flussdiagramm; Ablaufplan für Daten, Operationen und Instruktionen

FORTRAN FORmula TRANslation; höhere Programmiersprache

Framerate Bildwiederholfrequenz; Anzahl der vollständigen Bilder, die in jeder Sekunde von einer Grafikkarte aufgebaut werden

gesture recognition maschinelle Erkennung von Bewegungszusammenhängen

GUI Graphical User Interface

history Geschichte; in eine separate Log-Datei oder einen Pufferspeicher geschriebenes Protokoll der jüngsten Aktivitäten eines Prozesses

IF/THEN in vielen Sprachen realisierte bedingte Verzweigung

Implementierung Erfüllung, Realisierung; Umsetzung eines konzeptuellen Modells in ein Software-Modell; Eingliederung einer Komponente in eine bestehende System- und Arbeitsumgebung

internet logisches Netzwerk, das mehrere ihm zu Grunde liegende, physikalische abstrahiert

interpreter Sprachübersetzer; übersetzt den →Quellcode beim Ablauf Anweisung für Anweisung; →compiler

interrupt Unterbrechung; durch ein systeminternes oder -externes Signal (interrupt request) verursachte Unterbrechung in der sequentiellen Instruktionsverarbeitung des Prozessors, die zur Bearbeitung einer Ausnahmeverarbeitung geht. Nach der Ausnahmeverarbeitung wird der Kontext restauriert und die Programmbearbeitung an der unterbrochenen Instruktion wieder aufgenommen

I/O Input/Output

IP Internet Protocol; →TCP/IP

Iteration ein iterativer →Algorithmus enthält eine Wiederholung in der, ausgehend von bekannter Information, Zwischenergebnisse erzeugt werden, die wiederum die Basis für die Zwischenergebnisse im nächsten Iterationsschritt bilden; →Rekursion

Kernspeicher Speichertechnologie; Leitermatrix mit Eisenringen in den Kreuzungen

Klasse Datenstruktur-Deklaration in der objektorientierten Programmierung; Beschreibung der Eigenschaften und des Verhaltens einer Menge nahezu gleicher Objekte (Instanzen)

Kompatibilität gegenseitige Verträglichkeit von Hard- und Software-Systemen oder deren Komponenten untereinander

Konfiguration Anpassen eines Datenverarbeitungssystems an die speziellen Bedürfnisse anderer Systemkomponenten

Konsole Bedienungseinheit beim Rechner; hier meist als Spielkonsole: Heimcomputer mit proprietärem Betriebssystem zur Benutzung von Spielesoftware

lightpen/lightgun Lichtgriffel; Eingabegerät zur Abtastung einer Koordinate vom Bildschirm

LISP LISt Processing; höhere Programmiersprache

LOGO höhere Programmiersprache

LSI Large Scale Integration; Chips mit 100-100000 Bauteilen

mainframe Großrechner

Maschinensprache Programmiersprache mit direkter →Byte-Eingabe als Instruktionen

Methode in der objektorientierten Programmierung eine Operation, mit welcher ein Objekt seinen Zustand verändert; eine Methode im Zielobjekt wird durch eine zugehörige Funktion im Quellobjekt aktiviert

mnemonic Merkhilfe; →assembler

Monte Carlo Algorithmen und Methoden, die auf Zufallszahlen beruhen

node Knoten; Stelle, an der die Kanäle eines Netzwerks zusammenlaufen bzw. verteilt werden

packet Paket; geschlossene Gesamtheit von Daten, die in einem vernetzten System vom Sender zum Empfänger gelangen müssen

packet switching Paketvermittlung; Datenfernübertragung mit blockweiser Pufferung und Weiterleitung der Datenpakete, z.B. in →TCP/IP

Parameter Hilfsgröße, Richtgröße, Steuerwert; von einer Funktion oder Prozedur entgegengenommener und in ihrem Inneren weiterverarbeiteter Wert

parser Programm zur Zerlegung eines Codes in eine Baumstruktur mit anschließender syntaktischer Prüfung; z.B. Bestandteil von →compilern

Pascal höhere Programmiersprache

Plotter Zeichenmaschine mit einem in x-y-Richtung bewegten Schreibstift

polling Abfrage- und Abholbetrieb; Fernabfrage von Meldungen, Gerätestatus oder anderen Daten bei Peripheriegeräten; dient oft dazu, eine Ausnahmeverarbeitung zu starten →interrupt

Potentiometer Widerstandsregler

Quellcode in einer höheren Programmiersprache geschriebenes und noch in ihrem Klartext lesbares Programm

RAM Random Access Memory; flüchtiger Arbeitsspeicher mit wahlfreiem Schreib-/Lese-Zugriff

Rastergrafik →bitmap

realtime Echtzeit; zwingende Beantwortung oder Bearbeitung innerhalb eines fixen Zeitfensters

record Datensatz

refresh periodische Wiederaufbereitung von Zuständen in Speicherbausteinen, sofern diese dynamisch und demnach flüchtig sind

Register schneller Zwischenspeicher im Prozessor für Adressen, Befehle, Status, Operanden oder Zwischenergebnisse

Rekursion ein rekursiver →Algorithmus enthält zunächst noch ungelöste Probleme, zu deren Lösung man denselben Algorithmus nochmals anwenden muss; →Iteration

Routine Teil eines Programms mit eigener Aufgabe oder Funktion

routing Wegwahl; Tätigkeit eines **Routers** bei optimierter Verlegung von Bahnen auf elektronischen Platinen; optimierte Routenwahl eines Datenpakets in einem vernetzten System

runtime während des Programmablaufs auftretend

scheduler Terminvergeber; Teil des Betriebssystems, der den nebenläufigen Prozessen den Prozessor als Betriebsmittel zuweist

SIMULA höhere Programmiersprache

skalierbar bei Betriebssystemen die Möglichkeit eines einzigen Betriebssystems, auf Computern unterschiedlicher Größe und Herkunft zum Einsatz zu kommen

Smalltalk höhere Programmiersprache

TCP/IP Transmission Control Protocol; dem →IP aufliegendes Protokoll; TCP kapselt die Daten in ein sogenanntes Segment und besorgt dessen sicheren Transport durch eine virtuelle, bidirektionale Verbindung

thread Kontrollfluss; leicht gewichtiger Prozess; kleinste, für sich ausführbare Programmsequenz im Kontext und Adressraum eines Prozesses

trigger (Gewehr-)Abzug; automatisches oder manuelles Signal, das Vorgänge auslöst, z.B. eine Synchronisation

TTL Transistor To Logic; Familie von digitalen Schaltkreisen

Vektorgrafik Darstellung von Zeichen und Bildelementen aufgrund der Koordinaten der Führungspunkte und gestalterischen Parametern; →**bitmap**

verbose redselig; →**Parameter** zur Wiedergabe von Echos, Fehlermeldungen, Hilfe usw. in knapper (**OFF**) oder ausführlicher Form (**ON**)

★ ★ ★

Credits

Für Anregungen, Ratschläge, Unterstützung und Korrekturen beim Entstehen dieser Arbeit danke ich Joseph Vogl, Friedrich Kittler, Walter Bauer-Wabnegg und Katrin Lehmann sowie Peter Berz, Horst Bredekamp, Paul Edwards, Lorenz Engell, Wolfgang Ernst, Susanne Holl, Esther Knoblich, Britta Neitzel, Howard Rheingold, Gabriele Schaller, Jackie Tschumper (RAND), Martin Warnke, Hartmut Winkler und Charles Wüthrich.

Außerdem danke ich *FrameMaker7* und Ingola Lammers, die den Text in die neue Rechtschreibung übersetzt haben, und besonders Annett Zinsmeister, die weit mehr getan hat, als nur ein Glossar zu erstellen.

C. P.

Index der Beteiligten

A

Abt, Clark 286
Adorno, Theodor W. 131
Advanced Research Project Agency (ARPA) 92, 119, 271, 277
Adventure 120-122, 124-128, 142, 163, 182
Aerostructor 68
Affen 20-21, 30-31, 112, 286
Age of Empires 220
AGILE 147, 151, 273, 277-278, 281-283, 285, 287, 292, 299
Airplane Stability and Control Analyzer (ASCA) 68-69
ALGOL 294-296
American Cave Research Foundation 120
American Kriegsspiel 227
American Management Association 265
American Society for Cybernetics 293
Analytical Engine 198
Anders, Günther 261
Andlinger, G. R. 265
Andy Capp's Bar 113
Arendt, Hannah 41
Aristoteles 129-130, 146
ARPAnet 119, 122-123, 127, 170, 175, 178, 184
Äsop 169
Atomic Energy Commission 242
Austin, John L. 138

B

Babbage, Charles 195, 198-199
Bach, Johann Sebastian 82
Baer, Ralph 96, 105-107, 109-110
Balance of Power 287
Barthes, Roland 132, 143-146, 153, 155, 159, 171
BASIC 305
Bateson, Gregory 268, 287, 292
Bell Laboratories 69
Bellman, Richard 178
Benjamin, Walter 39
Bense, Max 312
Benson, Oliver 147, 263
Berman, Melvyn L. 98-101
Bernal, J. D. 232
Berz, Peter 164, 177
Bessel, Friedrich W. 16
Bethlehem Steel Corporation 59
Bird's Eye Bomb 65

Bishop, Stephen 119, 124
Bitsch, Annette 193
Bjerknes, Vilhelm 234-237, 243
Bolt, Beranek & Newman 92, 119-120
Bolter, David J. 187
Bonnett, Gabriel 272
Booth, A. D. 74
Borges, Jorge Luis 241
Brandstetter, Gabriele 46, 48
Brecht, Bertolt 83
British Air Transport Staff College 298
Brody, Richard 147
Brookhaven National Laboratory (BNL) 13, 84
Bundesprüfstelle für jugendgefährdende Schriften 306, 308
Burks, Arthur 257
Bush, Vannevar 58-61, 63-64, 96-97, 132, 173, 180-181, 185, 242
Bushnell, Nolan 15, 24, 105, 110-113
Business Management Game 265

C

C++ 296
Campanella, Tommaso 167
Carr, Harvey 20
Celestial Trainer 68
Chamblanc, Franz Dominik 215-216
Chaplin, Charles 49
Chomsky, Noam 62, 137
Civilization III 286
Clausewitz, Carl von 78, 191, 234, 245, 269
Cold War Game 262
Colomb, Philip 228
Columbia University 22, 271
Comenius, Johannes Amos 167-168
Command & Conquer 197
Communist Mutants from Space 100
Computer Space 111-112
Container 175
Conway, John Horton 257-258, 260, 291
Crawford, Chris 251, 299-300
Cronenberg, David 136
Crowther, Patricia 120
Crowther, William 119-124, 128, 147, 163, 170-171, 176
Custers Revenge 107

D

Dahl, Ole-Johan 294-296, 298, 300

Das Kriegsspiel, oder das Schachspiel im Großen 215-216
Day of the Tentacle 142
DEC PDP-1 82, 85-86, 92
DEC PDP-10 127
DEC PDP-11 112
Deleuze, Gilles 12, 55-56, 96, 182, 312
Dennett, Daniel C. 62
Dennis, Jack 81
Department of Defense 93, 271
Derrida, Jacques 122
Differential Analyzer 57-62, 68-69, 242
Dilthey, Wilhelm 162
Doom 127
Doomsday-Device 269
Dotzler, Bernhard 167
Douglas Thread Analysis Model 283, 292
Dragon's Lair 144
Dragons and Dunegons 121
Duchenne, Guillaume-Benjamin 47
Dunnigan, James F. 271
Dynabook 301-302

E

Eco, Umberto 134
EDSAC 73
EDVAC 73
Eigen, Manfred 259, 312
Eliade, Mircea 165
ELIZA 129
Engelbart, Douglas 44, 78, 96-104, 302
Engels, Friedrich 30
English, William K. 98-101, 302
ENIAC 69, 72, 157-159, 243, 253, 261
Euler, Leonhard 170-171
Expensive Calculator 82
Expensive Planetarium 82
Expensive Typewriter 82, 96

F

Fairchild Channel F 110
Fall, Bernard 272
Firefight 271
FLIT 81
Floor Games 251
Florez, Louis de 67, 69
Forrester, Jay 68-70
FORTRAN 95, 120, 125, 180
Foucault, Michel 9-10, 134, 254, 308, 312
Franke, Herbert W. 255
Freud, Sigmund 29
Friedrich Wilhelm III. 217
Friedrich, Max 13, 17, 19-20, 65
Frye, Northrop 172

G

Gallwey, Timothy 115-116
Game of Life 257-258, 260, 291-292
Gamow, George 237, 249-253, 259, 262-263, 280, 298-299
Garwood, F. 232
Gastev, A. K. 50, 52-53
Geertz, Clifford 311
Giedion, Siegfried 29
Gilbreth, Frank B. 29, 32-46, 48-49, 51, 54, 59-60, 66, 90, 93, 112, 195, 264-265
Glikman, Andrew 268-269
Goffman, Erving 136
Goldhamer, Herbert 262
Gombrich, Ernst 308
Goodman, Nelson 49
Görlitz, Walter 225
Government Code and Cyper School 202
Grad-Ungrad-Spiel 193
Graetz, J. M. 84
Grafacon 99, 101
Greene, Jay R. 265
Greenwich Observatory 16
Groos, Karl 311
Guattari, Félix 12, 182
Guetzkow, Harold 146, 262-263, 293
Gulf Strike 251
Gumbrecht, Hans Ulrich 50, 95
Gunairstructor 68

H

Hacking, Ian 224
Hagen, Wolfgang 124-125, 158-159
Hall, Stanley 20
Haraway, Donna 68
Harsanyi, John C. 290
Harvard Graduate School of Business Administration 264
Hausrath, Alfred 206, 244, 246, 266, 283
Hazen, Harold 58
Heidegger, Martin 47, 55, 122, 135, 293
Heidenreich, Stefan 102
Heilig, Morton 87-88, 282
Heintz, Bettina 73
Hellwig, Johann Christian Ludwig 204-215, 221, 224-225, 258
Higinbotham, William 13-15, 81, 107, 110, 198
Hilbert, David 157, 199-200
Hilgers, Philipp von 222
Honeywell DDP-516 123
Hoverbeck, C. E. B. von 213-215
Huizinga, Johan 311

I

IBM 650 265
IBM 701 244
IBM 704 80
IBM 7040 277
IBM 7090 80, 180, 203
IBM AN/FSQ-7 76, 78
IBM/360 100
Indiana Jones III 142
Infantry Fighting Vehicle (IFV) 52
Infiltration Surveillance Center 100
Ingalls, Dan 302
Ingarden, Roman 125
Inner Game Institute 115
Institute for Advanced Studies (IAS) 76
Inter-Nation Simulation (INS) 146, 262-263, 293
Internet Message Processor (IMP) 119

J

Jeu de la Fortification 204
Jeu de la Guerre 204
Johns Hopkins University 20, 251, 264
Joint War Games Agency (JWGA) 260, 277
Joystick 85, 99, 101, 103, 107, 299
Jünger, Ernst 53-55, 292, 305

K

Kafka, Franz 163
Kahn, Herman 252, 260, 265, 269, 285-286, 289
Kay, Alan 31, 112, 142, 205, 300-305, 312
Kay, Lily 256
Kenner, Hugh 57
Key, Ellen 304
Kimball, George E. 232
Kittler, Friedrich 12, 17, 30, 59, 113, 134, 187, 202, 204, 219
Knee Control 99, 101
Knight, Douglas 293
Köhler, Wolfgang 21
Kotok, Alan 80, 85, 203
Krämer, Sybille 124, 197
Kriegsspiel 216, 219-226, 228, 231, 244, 251, 279
Kubrick, Stanley 109, 269

L

La Fontaine 169
Laban, Rudolf 46-48
Labyrinth des Heiligen Bernhard 168-169
Lacan, Jacques 130, 193, 312
Lanchaster, Frederick William 229-231, 234
Laurel, Brenda 51

Le Clerc, Sébastien 169
Lebling, David 134
Lebowitz, Michael 152-156
Leibniz, Gottfried Wilhelm 161, 168, 184-187, 189, 195, 312
Leinfellner, Werner 261
Levine, Robert A. 296
Lewin, Kurt 122
Licklider, Joseph C. R. 44, 92-96, 98, 101-102, 113, 175-176
Lightgun/Lightpen 70, 77-78, 84, 89, 91, 97, 99, 101, 105-106
Link Trainer 68-69
Link, Edwin 68
Link, Jürgen 31
LISP 127
Livermore, W. R. 227
Lockheed Martin 106
LOGO 305
Luhmann, Niklas 142, 162
Lyotard, Jean François 138-142, 182-183, 312

M

M-20 203
MACRO 81
Macy Conferences 65
magnetic drum buffer 72
Manhattan Project 13, 249
Manovich, Lev 77
Map Manoeuvres and Tactical Rides 228
Marx, Karl 56
Massachusetts Institute of Technology (MIT) 80-81, 84, 147, 203, 258, 277, 293
  Acoustic Lab 92
  Dynamic Modelling Group 127, 134
  Electronic Systems Lab 90
  Radiation Lab 13
  Servomechanism Lab 68
  Servomechanisms Lab 69, 90
Matrixdrucker 92
Maus 91, 98-101
Maximum Complexity Computer Battle 251, 298
Maze Test 25
McArthur 261
McCarthy, John 79-80, 203
McCarthy, William 228-229, 234, 274
McCulloch, Warren S. 254, 292
McDonnell-Douglas 98, 283
McKinsey & Co. 265
McLuhan, Marshall 302
Mead, George Herbert 311
MEMEX 180-183, 185
Mercury Delay Line 73-74
Meyerhold, Wsewolod E. 50-51
Minsky, Marvin 136

Missile Command 28
Mitchell, Bill 117
Model, Walter 245
MONOPOLOGS 265
Montessori, Maria 304
Moreno, Jacob 261
Morgenstern, Oskar 191, 261, 264, 270, 312
Morse, Phillip M. 232
Müffling, Karl von 218-219, 244
Münsterberg, Hugo 33, 39

N

Nash, John F. 289
National Defense Research Committee 64
National Research Council 21
Naval Electronic War Simulator (NEWS) 280, 282
Naval Ordnance Laboratory 249
Naval War College 227
Naval War College (Tokyo) 245
Navy Bureau of Ordnance 242
Neumann, John von 66, 72, 74, 76, 82, 157-162, 175, 191-195, 197, 203, 225, 233, 239, 241-244, 253-257, 259, 261-262, 264, 266-268, 270, 272-274, 285, 287, 289-291, 298, 312
Neurath, Otto 23
Newell, Allen 79, 203
Nietzsche, Friedrich 113, 115
Northwestern University 146
Norwegian Defense Research Establishment (NDRE) 294
Nygaard, Kristen 294-298, 300

O

Odyssey 77, 96, 105, 107-110, 113-114
On-Line System (NLS) 98
Operations Research Office 237, 274
Oszilloskop 13-14, 17, 21

P

PacMan 26-27, 104, 117
Panofsky, Hans 243
Panzer General 306-307
Panzer General II 252
Papert, Seymour 142, 304, 312
Parser 134-138, 161, 183
Pelican Missile 65
Perrault, Charles 169
Piaget, Jean 116-118, 304
Picasso, Pablo 36
Pitts, Walter 254
Planimeter 57
Platon 165
Poe, Edgar Allan 163, 193
POLEX 147

PONG 12, 15, 84, 105, 110-114, 116, 142, 228, 299
Popper, Karl 61
Potentiometer 14
Preußisches National-Schach 213-215
Product Integraph 58
Proust, Marcel 125

R

Radar 63, 70
Rapoport, Anatol 288-289
Ratten 176-177
Raufoss Amunisjonsfabrikker 297
Raytheon 283
Reagan, Ronald 22, 53
realMyst 142
Regiments-Kriegsspiel 227
Reißwitz, Georg Heinrich von 217, 219-221, 224-225
Reißwitz, Georg Leopold von 217
Research and Development (RAND) Corporation 121, 147-149, 179-180, 231, 262, 265, 268-270, 272, 277, 287, 289
Richardson, Lewis Fry 235, 237-241, 243, 259, 285
Riepe, Manfred 98
Robbe-Grillet, Alain 132-133
Roberts, Charles S. 251-252, 271, 299
Roch, Axel 99-100
Royal Airforce Fighter Command Headquarter 232
Rule Oriented System for Implementig Exercise (ROSIE) 149

S

SAGE 70, 76-79, 89, 93-94
Samba de Amigo 49
Sanders Associates 105
Sayre, Farrand 228
Schachspiel 194, 197-200, 202-204, 206-207, 209-211, 213, 215-218, 274
Schäffner, Wolfgang 224
Schaufeln 31
Schelling, Thomas 269-270, 287-288
Schiebespiel 200
Schiller, Friedrich 204, 221, 311-312
Schreibtisch 44-45
Science Application, Inc. (SAI) 148
Scott, Andrew 147
Searle, John 221
Seeßlen, Georg 18
Sensorama 87-88, 282
Serres, Michel 182
Shannon, Claude E. 25-26, 80, 89, 169, 176-177, 193-194, 198, 201-203, 241

Shockley, William 73
Siegert, Bernhard 16, 29, 284
Simon, Herbert A. 79, 203
Simple Diplomatic Game 147, 263
Simscript 273, 297
SIMULA 273, 277, 294-297, 302
SIMULA 67 296, 299
SIMULA I 296, 299
Simuland 147
Simulations Publications, Inc. (SPI) 271
Sketchpad 84, 89-92
Skinner, B. Frederic 44, 61-68, 79
Skinner-Box 63-64
Sloterdijk, Peter 125
Smalltalk 273, 296, 299-303, 305
Smith, Adam 30, 195
Smith, John Maynard 290
Snyder, Richard 146
Sokolow 51
Solitaire 200
Spacewar 80, 84-86, 110-111, 142, 198, 300-303
Stanford Artificial Intelligence Lab (SAIL) 120
Stanford Research Institute (SRI) 98
Stockham, Thomas 81
Stroud, John 65
Supplement zu den bisherigen Kriegsspiel-Regeln... 216, 220-223
Sutherland, Ivan 84, 89-92, 110
Sutton-Smith, Brian 311

T

TACSPIEL 273-277
TACSPIEL Guerilla Model 274-275
TALE SPIN 153
TANKTICS 299
Tarde, Gabriel 267
Tarry, Gaston 178
Taste/Tastatur 14, 17, 27-28, 37-38, 49, 72, 80, 84, 91, 98, 120, 299, 308
Tauben 20, 62-63, 65-68
Taylor, Frederick Winslow 29-35, 38, 51, 53, 59, 93, 112, 230, 264, 286
Telefon 26, 71, 143, 178, 180, 306
Telegraph 17, 27-28, 104, 172, 176, 214, 238
TEMPER 147, 273, 277, 283-287, 292-293
Tennis for Two 13-15, 81, 105, 110, 198, 228, 300
The Duel 228
THEATERSPIEL 273-274, 276-277
THEATERSPIEL Cold War Model 274
Thorndike, Edward L. 20-21, 23, 25
Tic-Tac-Toe 198
Tin Soldier 237, 249-252, 257, 299
Titchener, Edward B. 20
Tomb Raider 37

Torres y Quevedo, Leonardo 199
Torsionsverstärker 59
Towne, Henry R. 264
Travis, A. E. 68
Turing, Alan M. 73, 76, 129, 157, 198, 200-202, 253-254
Turkle, Sherry 53
TX-0 74, 80-82, 84-85, 96
TX-2 81

U

U.S. Army Management School 265
United States Patent Office 88, 106
UNIVAC 73, 264
UNIVERSE 152-153, 156
University of Chicago 242
University of Michigan 257
University of Utah 110
Up against the Wall, Motherfucker! 271
URAL-16 297

V

Vektorbildschirm 72, 78, 82, 84-85, 91-92, 99, 282
Vergil 164
Versuch eines aufs Schachspiel gebaueten taktischen Spiels... 204-213
Vogl, Joseph 184, 186, 246, 311

W

Walden, David 119, 122-123
Watson, John B. 43-44
Watson, W. E. P. 68
Weber, Max 195
Weickmann, Christoph 204
Weizenbaum, Joseph 129
Wells, H. G. 251
Western Electric 69
Weyl, Hermann 199-200
Whirlwind 68-72, 76, 78, 82, 84, 89, 93, 243, 282
White, Hayden 153, 166, 172
Wiener, Norbert 29, 66, 198-199, 201, 268, 274, 287, 298
Wilkinson, Spenser 227
Williams Tube 60, 73-77, 82-83, 92
Witte, Irene M. 29-30
Wittgenstein, Ludwig 13, 19
Wolfram, Stephen 259
Woods, Don 120-121, 124, 128
Wright, Sewall 290
Wundt, Wilhelm 13, 16-20, 31, 33, 61

X

XEROX Star 24, 102-103

Y

Yerkes, Robert M. 20-26, 28, 32
Yoakum, Clarence S. 20-26, 28

Z

Zeuthen, Frederik 289-290
ZIGSPIEL *(Zone of Interior Ground Defense Game)* 264-265
Zizek, Slavoj 250
ZORK 126-128, 130, 132, 134, 139, 142-143, 174-175, 187, 299
Zork Implementation Language (ZIL) 127
Zuckerman, Solly 232
Zuse, Konrad 82, 198, 258, 312
Zworykin, Vladimir 242